VINDOBONA

VERLAG SEIT 1946

RISTO IVANOVSKI

Wo das **Slawische** und **Keltische** wurzeln

Das Keltisch = Pelasgisch = Slawisch

VINDOBONA
VERLAG · SEIT 1946

Bibliografische Information
der Deutschen Nationalbibliothek:

Die Deutsche Nationalbibliothek
verzeichnet diese Publikation in
der Deutschen Nationalbibliografie.
Detaillierte bibliografische Daten
sind im Internet über
http://www.d-nb.de abrufbar.

© 2025 Vindobona Verlag
in der novum publishing gmbh
Rathausgasse 73, A-7311 Neckenmarkt
office@vindobonaverlag.com

ISBN 978-3-903574-76-2
Lektorat: Laura Oberdorfer
Umschlagfotos: Gulnara Mirgunova,
SoundOfSunset | Dreamstime.com
Umschlaggestaltung, Layout & Satz:
Vindobona Verlag

Gedruckt in der Europäischen Union
auf umweltfreundlichem, chlor- und
säurefrei gebleichtem Papier.

DIE KELTEN

1. Name[1]

Gallia est omnis divisa in partes tres, quarum unam incolunt Belgae, aliam Aquitani, tertiam, qui ipsorum lingua Celtae, nostra Galli appelantur. „Ganz Gallien besteht aus drei Teilen, deren einen die Belger, deren anderen die Aquitaner bewohnen, während im dritten Teil das Volk lebt, das sich selbst Kelten nennt, in unserer Sprache aber Gallier heißt." Mit diesem Satz eröffnet Caesar sein autobiographisches Werk (commentarii) über den Gallischen Krieg 58 bis 51 v. Chr., das Generationen von Schülern als Lehrbuch des Lateinischen gedient hat. Wer waren diese Kelten?

Im gesamten Raume nördlich der Alpen sind die Kelten das älteste namentlich bekannte Volk. Die Vorbewohner können wir nur mit modernen Kunstwörtern von Typus „Urnenfelderkultur" oder „Schnurkeramiker". Die griechischen Autoren verwendeten die Formen Keltoi (so Herodot),[2] Keltai (so Strabon) und Galatai (so Pausanias), die Lateiner Celtae (so Livius) oder Galli (so Caesar). Alle diese Namensformen bezeichnen dasselbe, im Deutschen „Kelten" genannte Volk. Es handelt sich bei diesem Namen um eine Selbstbezeichnung, sie wird vermutungsweise mit „die Kühnen" übersetzt. Heute werden die Kelten in Gallien als Gallier und die in Galatien als Galater unterschieden, während der Name „Kelten" als Oberbegriff dient. Die Germanen[3] haben die Kelten die „Welschen" genannt, indem sie den Stammesnamen der ihnen südlich benachbarten keltischen Volcae,[4]

---

1 Alexander Demandt, Die Kelten, Verlag C.H.Beck oHG, München 2014.
2 Es gab keine Griechen, sondern die Hellenen und die Makedonier. Sie sprachen das Barbarisch der Pelasger.
3 German war nur ein slawischer Gott.
4 Volcae = Volk: Volk = Polk + a = Polka: Polk = Volk und Polka nur sog. Slawisch: Vulgär = Volg. nur Volk.

die noch zu Caesars Zeit in Mitteldeutschland lebten, auf die Kelten insgesamt ausdehnten und später sogar die Romanen damit bezeichneten. Das Wort „welsch" steckt in zahlreichen deutschen Namen und Begriffen: Wallis, Wallonen, Wals, Cornwall, aber auch in Wallach und Walnuss.

Das in der Selbstbezeichnung der Kelten zum Ausdruck kommende Zusammengehörigkeitsgefühl schlägt sich in einem Abstammungsmythos nieder. Caesar (IV 18, 1) berichtet, alle Kelten hielten sich für Nachkommen des Gottes Dispater, zu deutsch „Gottvater". Der Name Dispater ist wortgeschichtlich mit Jupiter und Zeus verwandt; der gemeinte Gott aber wurde von den Römern mit dem Gott der Unterwelt, Hades/Pluton gleichgesetzt, der bei den Kelten auch Cernunnos heißt. Die Vorstellung, vom Gott der Unterwelt abzustammen, entspricht einem Glauben an Bodenständigkeit, an Autochthone.

Daneben entstand unter griechischem Einfluss die Sage, der Urvater der Kelten sei der Heros Galates. Solche namengebenden (eponymen) Heroen sind in der antiken Mythologie häufig. Galates soll ein Sohn des Herakles gewesen sein. Herakles zählte zu den großen Wanderheroen der Antike. Während Dionysos im Osten bis Indien gezogen sein soll und Odysseus ziemlich alle zu Wasser erreichbaren Orte besucht hätte, fabulierte man von der Reise des Herakles zu den Hesperiden im Westen, wobei er überall die Frauen verführt und seine Nachkommen hinterlassen habe. So wie später die Burgunder mit ihrem Anspruch auf Verwandtschaft mit Rom, die Franken und die Sachsen mit ihrer Herleitung von den aus Babylon nach Holstein gesegelten Makedoniern Alexanders, haben auch schon Gebildete der römischen Kaiserzeit versucht, durch eine etymologische Abstammungslegende ihre Zugehörigkeit zur mediterranen Kulturwelt zu erweisen.

Über ein halbes Jahrtausend wurde die Geschichte Westeuropas von den Kelten bestimmt. Ihre Stämme fassen wir als politische Gebilde in der Zeit vom 6. Jahrhundert vor bis zum 1. Jahrhundert nach Christus. Für Griechen und Römer waren die

Kelten Barbaren,[5] entsprachen dem damit verbundenen Bild und haben zu dessen Prägung beigetragen. Als nördliche Nachbarn der mediterranen Poliswelt (Welt der Stadtstaaten) gehören sie zu den antiken Randkulturen. Dieser Begriff darf nicht abwertend verstanden werden. Er entspringt der ethnologischen Beobachtung, dass der kulturelle Austausch nicht immer gleich erfolgt: Oft besteht ein „kulturelles Gefälle", denn stets gab es „Entwicklungsvölker", die von ihren weiter fortgeschrittenen Nachbarn mehr gelernt als diesen vermittelt haben. Die mehr Einflüsse aufgenommen als ausgestrahlt haben. Caesar (VII 22) nennt die Gallier ein Volk, das höchst geschickt darin sei, Anregungen und Erfindungen von anderen, woher auch immer, aufzugreifen und auszunutzen. So haben die Kelten von den Griechen und Römern Schrift- und Geldwirtschaft übernommen, beides aber nie völlig ausgebildet, bevor sie ihre politische Selbstständigkeit verloren. Dies wiederum beruht auf ihrer militärischen Unterlegenheit. So wie die Völker der übrigen antiken Randkulturen, waren auch die Kelten den Römern unter gleichen Rahmenbedingungen im Felde nicht gewachsen; die römischen Legionen waren stets besser bewaffnet, disziplinierter und besser organisiert. Gleichwohl hatten die Kelten den Römern auf dem technischen Sektor manches zu bieten. (s. u.)

Trotz ihrer hohen historischen Bedeutung sind die Kelten von der politischen und ethnischen Landkarte Europas verschwunden. Nach ihrer durch Reiterei und Eisenwaffen erleichterten großen Expansion, die von Irland bis Zentralanatolien reicht, und den engen Berührungen mit den Völkern des Mittelmeerraums sind die Kelten im Zuge der Hellenisierung im Osten und der Romanisierung im Westen bis auf geringe Reste im Celtic Fringe untergegangen[6], genauer: In den nachfolgenden Völkern

---

5 Barbaren mit dem Barbarisch: die Makedonier mit Koine aus Alexandria (300), die Römer seit 240 Jahren v. Chr.

6 Hellenisierung mit der Koine aus makedonischem Alexandria und Romanisieren mit Latein seit 240 v. Chr.

aufgegangen. Im Mittelalter jedoch treten sie wieder in Erscheinung und haben im Zuge dreier Renaissancen das Kulturleben
Europas befruchtet. Diese Renaissancen verbinden sich bis in
die jüngste Zeit mit den Namen Artus, Ossian und – man ver-
zeihe! – Asterix.

2. Ursprung und Quellen

Unser Wissen über die Kelten beziehen wir in erster Linie von
den griechischen und römischen Schriftstellern. Anlass für die
Berichterstattung sind in der Regel kriegerische Begegnungen.
Die ältesten Nachrichten stammen von zwei Historikern aus dem
griechischen Kleinasien, Hekataios von Milet und Herodot von
Halikarnassos. Hekataios schrieb in der Zeit um 500 v. Chr., er
nennt das Hinterland der ligurischen Küste und von Marseille –
griechisch Massalia, lateinisch Massilia – Keltikê (gê), „keltisches
Land", wo auch die Stadt Nyrax liege. Mit einiger Wahrscheinlichkeit lässt sich Nyrax mit dem Königsreich Noricum in Kärnten
und der Steiermark gleichsetzen, so dass damals der Alpenraum
und das Rhônetal als keltisch angesprochen werden dürfen.

Herodot (II 33; IV 49) überliefert aus der Zeit um 450, der
Istros, d. h. Donau, entspringe im Land der Kelten, bei der
Stadt Pyrene. Meint er hier die Pyrenäen? Sie wären dann aus
seiner Perspektive mit dem Schwarzwald verschmolzen. Die
Kelten lebten, so schreibt er, außerhalb der Säulen des Herakles – wenn man sie nämlich zu Schiff erreichen wollte, denn
das Hinterland von Marseille war von Liguren bewohnt – und
seien das „vorletzte" Volk in Europa nach Western hin. Das
letzte Volk im Westen wäre dann in Portugal anzunehmen.
Demnach besiedelten die Kelten um 500 v. Chr. das Voralpen-
land und mittlere Frankreich.

Unter den späteren Autoren griechischer Zunge berichten
über die Kelten in Sonderheit Polybios in seinem um 150 v. Chr.
abgefassten, größtenteils verlorenen Geschichtswerk; der Stoiker

Posedonnios, der um 90 v. Chr. Gallien und Spanien[7] bereist hat, dessen griechisch verfasste Völkerkunde von Diodor benutzt wurde, sonst jedoch nur in Zitaten erhalten ist; weiterhin der unter Augustus schreibende Geograph Strabon, der Reiseschriftsteller Pausanias aus dem 2. Jahrhundert n. Chr und die Enzyklopädie antiker Tafelkultur des Athenaios aus Naukratis in Ägypten, verfasst um 200 n. Chr.

Die lateinische Literatur übertragt Caesar in seinen anfangs erwähnten sieben Büchern „De bello Gallico ausführlich, vor allem in seinem Gallierexkurs (VI 11-20). Dieses Werk ist gemeint, wenn, wie hier, hinter Caesars Namen Buchnummer und Paragraphe in Klammern zitiert werden. Caesar hat als Prokonsul 58 bis 51 v. Chr. Gallien erobert und Land und Leute dabei gründlicher kennengelernt als irgendjemand vor ihm. Trotz des immer wieder erhobenen und stellenweise begründeten Vorwurfs einer déformation historique (Rambaud 1966) bleibt Caesar als Quelle unersetzbar. Einzelne Meldungen aus zweiter Hand verdanken wir weiterhin den unter Augustus entstandenen lateinischen Geschichtswerken von Livius, Pompeius Trogus beziehungsweise Justin, Tacitus (um 100)[8] und Ammianus Marcellinus (um 400).

Caesar ist der erste antike Autor, der zwischen Kelten und Germanen unterschieden hat. Seinen genannten Exkurs über die Gallier folgt ein solcher über die Germanen. Vor der Zeit Caesars herrschte die Ansicht, dass West-, Mittel- und Nordeuropa ausschließlich von keltischen Stämmen bewohnt seien. Es ist möglich, dass bereits Poseidonios den Unterschied erkannt hat, da er die Sprache der germanischen Teutonen anscheinend nicht als gallisch betrachtete. Die Gleichsetzung der beiden Völker

---

7 Spanien: Span = s pan = Pan: s = mit (nur sog. slawisch) pan Pan = Pan; Pan der Gott, Hirten- und Waldgott; Pan = Herr (poln., tschech. und slowak.); Aus Pan-Untergrund des Baumes macht man panica (makedonisch) = Teller

8 Es gab keine Germanen, sondern nur die Kelten. Tacitus war nur Falsifikat-Germania von Mittelalter.

beruhte auf der weitgehenden Übereinstimmung in Wesensart und Lebensform, auf ihrer Nachbarschaft und darauf, dass der Name Germani höchstwahrscheinlich eine keltische Fremdbenennung für die sich selbst als Sweben bezeichnenden Völker rechts des Rheins darstellte. Der Name Germani findet sich überdies für zwei rein keltische Stämme an der oberen Rhônu und in Spanien. Obschon die Verschiedenheit von Kelten und Germanen seit Caesar und erst recht seit der „Germania" des Tacitus jedem Römer bekannt sein konnte, haben einzelne Autoren bis in die byzantinische Zeit[9] die Germanen unbeirrt zu den Kelten gezählt, so Appian, Cassius Dio und das große byzantinische Lexikon aus dem 10. Jahrhundert, die Suda.

Der nach antiker wie moderner Ansicht entscheidende Grund für die Verschiedenheit von Kelten und Germanen liegt in der Sprache. Das Keltische, das in ganz Gallien gesprochen wurde, ebenso in Britannien und Galatien, gehört zu den 1810 von dem Dänen Conrad Malte Brun so benannten indogermanischen Sprachen. Wir besitzen keine längeren keltischen Texte, nur etwa 60 Inschriften der vorchristlichen Zeit. Dazu kommen Namen auf Münzen und Glossen antiker Autoren sowie eine Fülle von Personen- und Ortsnamen. Keltische Namen für Flüsse, Berge, zuweilen auch Siedlungen begegnen uns in einem Gebiet, dessen Nordgrenze von Niederrhein über das keltische „Eisenach" bis nach Böhmen verläuft. Keltisch oder vorkeltisch sind die Namen vieler deutscher Flüsse, so die von Rhein, Lippe, Ruhr, Lahn, Main, Nidda, Necker und Tauber. Auch Donau, Isar und Lech tragen keltische Namen. Der Gesamtraum keltischer Ortsnamen greift über ganz Frankreich, bis nach Mittelspanien und Britannien.

Die Sprachwissenschaft unterscheidet zwischen zwei Formen des Keltischen, dem Q- Keltischen und dem P-Keltischen. Q-Keltisch hat beispielsweise die Form equos für Pferd, P- Keltisch die Form epos. Wir finden im Kernraum, das heißt in Gallien

---

9 Oströmisches Reich, nur seit 16. Jahrhundert als byzantinisch (Byzanz).

und England mit Wales und Cornwall, aber auch in Galatien das P-Keltische, durchsetzt mit wenigen Resten von Q-keltischen Ortsnamen (Sequana – Seine), während in Irland, Schottland und in Spanien das Q-Keltische herrschte, das als Gälisch oder Goidelisch bis in der Gegenwart gesprochen wird. Das Q-Keltische zeigt engere Verwandtschaft zum Lateinischen (equus), und das erlaubt den Schluss, dass das Q-Keltische die ältere Variante ist, die aus dem späten 2. Jahrtausend stammt,[10] als Urkelten und Uritaliker noch Nachbarn in Mitteleuropa waren. Im Zentralraum hat sich die Sprache zum P-Keltischen fortgebildet, ohne, dass die konservativen Randzonen dieser Entwicklung gefolgt sind. Eine verwandte Erscheinung zeigt das kanadische Französisch, wo sich Eigenarten gehalten haben, die im Mutterland verschwunden sind.

Aus der Zeit und dem Raum, für welche eine keltische Besiedlung bezeugt ist, stammt ein geschlossener Komplex gleichartiger Bodenfunde, der seit 1872 nach einer fundreichen Sandbank im Neuenburger See in der Westschweiz als Latènekultur bezeichnet wird. Es ist die jüngere, von 450 v. Chr. bis zur Römerzeit gerechnete Eisenzeit. Sie bildet den Abschluss der Urgeschichte in Mitteleuropa. Da die Latènekultur sich kontinuierlich aus der Hallstattkultur, benannt nach dem wichtigsten Ort des keltischen Salzbergbaus im Salzkammergut, d. h. aus der älteren Phase der Eisenzeit, heraus entwickelt hat, werden auch bereits deren Träger als Kelten angesprochen. Sie umspannt in Süddeutschland die Zeit von etwa 800 bis 450 v. Chr.

Die Kelten der Hallstatt- und Latènezeit sind archäologisch sehr gut bezeugt. Wir kennen zahlreiche Höhensiedlungen (Oppida), denken wir an den Mont Auxois (das antike Alesia), den Mont Beuvray (das antike Bibracte), an die Heuneburg bei Hundersingen an der oberen Donau oder den Glauberg in der hessischen Wetterau. Die wichtigsten Funde lieferten

---

10 Europa war nur durch und aus der Balkanhalbinsel angesiedelt worden. Rind und Pferd waren nur balkanisch.

unberührte Fürstengräber, darunter das im 480 v. Chr. Angelegte und 1953 aufgedeckte Hügelgrab von Vix beim Oppidum
Mont Lassois mit reichstem Inventar, ausgestellt in Châtillon-
sur-Seine, der 1977 entdeckte Tumulus von Hochdorf beim
Oppidum Hohenasperg aus der Zeit 540 v. Chr. mit kostbaren
Beigaben, heute im Landesmuseum Stuttgart, sowie das Grab
von Glauberg, entdeckt 1994, aus dem 5. Jahrhundert. Die Zahl
der hallstattzeitlichen Grabhügel allein in Württemberg wird
auf fast 7000 geschätzt.

Für die weiter zurückliegenden Perioden werden die Annahmen über das, was „keltisch" heißen darf, ungewisser. Ob
die der Hallstattzeit vorausgegangene Urnenfelder Bronzezeit
(1200 bis 800 v. Chr.) oder gar davon anzusetzende Hügelgräber
Bronzezeit (1500 bis 1200 v. Chr.) bereits von keltisch Sprechende getragen wurde, bleibt umstritten. Der Begriff „Protokelten"
ist eine Verlegenheitslösung. Nach der herrschenden Ansicht ist
die Ausbreitung der Urnenfelder um v. Chr. mit der Wanderung
der Indogermanen nach Westen gleichzusetzen. Der Historiker
steht bei den Kelten vor demselben Problem, das mit der Herkunft der Griechen, Germanen und Slawen verbunden ist. Die
Anfänge sind dunkel. Letztlich läuft die Frage nach dem Ursprung
der Kelten auf einen Streit um Worte hinaus. Da wir niemals
wissen werden, seit wann sich Menschen selbst als Kelten betrachtet haben, bleibt es uns überlassen, welche Fundgruppen
wir als keltisch bezeichnen. Und wüssten wir, wie lange es die
Selbstbezeichnung der Kelten gibt, so wäre daraus deren ethnische Identität ebenso wenig zu folgern wie aus der nominellen
Kontinuität der „Preußen". Was haben die alemannischen Hohenzollern auf dem deutschen Kaiserthron außer dem Namen
mit den Pruzzen an den masowischen See gemein?

3. Ausbreitung nach Westen

Klarer wird die Geschichte der Kelten nach der Zeit um 500 v. Chr. Sie ist gekennzeichnet durch eine rasche Expansion aus dem Voralpenraum in alle Himmelsrichtungen außer nach Norden, wo die gleichfalls vordringenden Germanen entgegenstanden (s. Abb. 1). Der nördlichste bisher bekannte keltische Fürstensitz in der Glauberg am Rande der Wetterau, 20 km nördlich des Mains. Die Keltisierung erfolgte einerseits durch die Verbreitung keltischer Lebensformen und keltischer Sprache, andererseits durch wellenartige Wanderbewegungen der Kelten selbst. Mitunter spricht der Wandergeist aus den Stammesnamen. Der Name der Tektosagen bedeutet die „Dachsucher", verweist auf die Wohnungsnot, kann also erst auf der Wanderschaft entstanden sein. Der Name der Allobroger in Savoyer bedeutet alienigenae, „die andernorts Geborener", und muss ihnen als Fremdbezeichnung von vorher dort angekommenen oder in der Nähe lebenden Kelten verliehen worden sein. Die Dynamik der keltischen Expansion nahm die der Germanen in der Völkerwanderung vorweg und ist mit denselben Voraussetzungen verkoppelt: Kriegsgeist, Kinderreichtum und eine einfache, ländliche Lebensform. „Lieber sterben, als tatenlos altern", lautet eine bei Silius Italicus (I 225), einem Dichter aus neronischer Zeit, überlieferte Maxima der Kelten – und danach haben sie gelebt.

Züge in den Westen führten zu einer Keltisierung ganz Galliens, weniger intensiv Spaniens (Keltiberer), wo der Landschaftsname Gallaecia im Nordwesten auf sie verweist, und Britannien, wo die frühersten keltischen Funde in der Nähe der Themsemündung solchen aus der Champagne gleichen. Sie gehören ins 5. Jahrhundert v. Chr. Die Kelten Britanniens lebten nach dem Zeugnis Strabons (IV 5, 2) in besonders einfachen Verhältnissen. Um 75 v. Chr. überrannten die Belgen Südengland und schufen die Ordnung, die Caesar wenig später dort vorfand. Die von ihnen hinterlassene Sachkultur, überwiegend Grabbeigaben, entspricht wiederum genau den archäologischen Funden der gleichen Zeit aus Nordfrankreich. Eine Parallelität, die sich ein weiteres Mal im 6. Jahrhundert n. Chr. zwischen der Keramik der Sachsen in Britannien und jener in Holstein wiederholt. Hibernia, Irland, wurde von den keltischen Scotti besetzt, die in die Spätantike nach Caledonia hinübergriffen, doch ist der Name „Schottland" erst seit dem hohen Mittelalter gebräuchlich. Im 4. Jahrhundert n. Chr. plünderten die irischen Schotten gemeinsam mit den kaledonischen Pikten das römische Britannien, das damals ärger noch von den germanischen Sachsen heimgesucht wurde. Bei Dicuil (s. u.) und anderen späteren Geografen umfasst der Name „Britannien" auch Irland.

Folgenschwerer war die Bewegung nach Süden. Die bei Livius (V 33f.) erhaltene Wandersage berichtet, in der Zeit des fünften Römerkönigs Tarquinius Priscus, also um 550 v. Chr., hätten in Gallien die Biturigen die höchste Macht besessen. Ihr König Ambicatus, der das Keltenland (Celticum) tapfer und glücklich regierte, wollte das Land von seiner Übervölkerung befreien und schickte in hohem Altar die Söhne seiner Schwester, Bellovesus und Segovesus, auf die Suche nach neuen Wohnstätten. Das Los kündete den Willen der Götter: Segovesus erhielt den Herkynischen Wald, das heißt Mitteldeutschland, Bellovesus aber das sehr viel erfreulichere Italien. Mit einer großen Schar aus sieben Stämmen kam er über die Alpen.

Etwas anders lautet die in der Weltgeschichte des Justin (XXIV 4,1) erhaltene Sage des romanisierten Galliers Pompeus Trogus. Er nennt die Zahl von 300 000 Kelten, die in der Heimat kein Brot mehr finden und den Vogelzeichen folgend in einem ver sacrum über die Alpen zogen, „als erste nach Hercules", teils nach Pannonien, teils in die Po-Ebene. Der Begriff ver sacrum, „heiliger Frühling", bezeichnet ein bei den frühen Italikern übliches Ritual: In einem Notjahr gelobt das Volk, alles, was das kommende Frühjahr bringt, den Göttern zu opfern. Die dann geborenen Kinder werden großgezogen und auf Landsuche in die Fremde geschickt.

Die Abwanderung nach Italien kann die Ursache zweier archäologischer Befunde im nördlichen Voralpenraum aus der Zeit vor 400 darstellen. Es ist zum einen die statisch signifikante Zunahme an Gräbern von Frauen, die offenbar nur zum

14

kleineren Teil den Männern über die Alpen gefolgt sind, und zum anderen ein sogenannter Zerstörungshorizont, das heißt Spuren von gleichzeitig niedergebrannten Behausungen. Gewöhnlich deutet derartiges auf Kriegsereignisse; hier aber denken wir an den Bericht Caesars (I 5), dass die Helvetier vor ihrem Auszug ihre Siedlungen zerstört haben.

Das von den Kelten besiedelte Norditalien hieß fortan Gallia Cisalpina, dass aus römischer Sicht „diesseits der Alpen gelegene' Gallien", während das „jenseitige" Gallia Transalpina auch als Gallia Comata[11] (coma – das lange Haar) oder als Gallia Bracata[12] (bracae – die lange Hose) firmiert wurde, nachdem die Gallier in Italien die römische Tracht angenommen hatten, so dass ihr Land auch als Gallia Togata[13] bezeichnet wurde. Die Kelten erscheinen in Italien in mehreren Stämmen. Die Insubrer besetzten die Gegend um das von Bellovesus gegründete Mediolanum, Mailland,[14] die Cenomanen die Landschaft um Brixia, Brescia und Verona,[15] die Boier den Raum um Bononia, Bologna,[16] und die Senonen die Küste um Ariminum, Rimini. Die Verbindung über die Alpen blieb erhalten, die zwischen Schwäbischer Alb und Inn wohnenden Raeter wurden keltisiert. Was die Gallier in den Süden lockte, waren nach Livius das Obst und der Wein. Die in der Po-Ebene[17] ansässigen Nordetrusker konnten den

---

11 Gallia = Galli a = weiblich: Galli = gali = streichen; Comata = coma ta: ta = sog. Slawische (makedonische) Endung;

12 „Gallia Bracata" a = weiblich: Gallia und Bracata; Bracata = braca (bracae) ta: ta = sog. Slawisch = Makedonisch.

13 Togata = toga ta; Prostata = prosta ta: prost (einfach) a (weiblich) ta (sog. slawisch); Apostat = Apostata = aposta ta;

14 Milano = mil ano: mil = lieb- Milan = Lieber; o = neutrum; Kiev = Kiew = Kiewo = Kiew o = neutrum- sog. Slawisch ...

15 Verona = veron a = weiblich: Wer = Ver-a = Vera = Glaube(n); Vertrauen; Verba = Vesprechen; veren = gertreu usw.

16 Bologna; bol = Schmerz; Bologna = Bolonja = Schmerzhaft; Bologna = Bolonja mit a = weilblich usw.

17 Ebena = Ravenna: eben zu sein; Ravenna = Raven = eben; a = weibliche Endung nur sog. Slawisch = Makedonisch;

Einmarsch nicht verhindern. Sie verloren ihre 18 Städte. In einzelnen Fällen, so in Marzabotto südlich von Bologna, haben Archäologen die etruskische Siedlung noch im Zustand gleich nach der Eroberung vorgefunden, mit den Waffen und den Gefallenen zwischen den Trümmern.

Auch die Römer haben unter den Kelten gelitten. Sie erlebten damals ihren ersten Sacco di Roma. Nach der bei Livius (V 33ff.) erhaltenen, patriotisch überformten Traditionen hatten die gallischen Senonen unter Brennus die nördlich von Rom liegend Etruskerstadt Clusium, Chiusi, angegriffen. Die Bewohner wandten sich an Rom für Hilfe. Der Senat schickte drei Gesandte aus dem Geschlecht der Fabier, doch richteten diese bei den Galliern nichts aus, die Fremden forderten Land. Der Kampf ging weiter und an ihm nahmen die römischen Gesandten aufseiten Clusimus teil. Einer tötete sogar einen Keltenfürsten. Brennus forderte für diese Rechtsverletzung Genugtuung, die jedoch wurde von Senat und Volk verweigert. Die Römer zogen den Senonen entgegen, erlitten aber am 18. Juli 387 am Bach Allia, 20 km nördlich von Rom, eine vernichtende Niederlage.

Die siegreichen Kelten marschierten auf der Via Salaria nach Rom, aus dem die meisten Bewohner geflohen waren, und besetzten die Stadt. Gemäß der älteren, schon in den „Annalen" des Dichters Ennius um 180 v. Chr. (Vers 228 Skutsch) fassbaren Tradition nahmen die Gallier auch die Burg ein, nach der jüngeren, annalistischen Überlieferung hielt das Capitol stand. Einen nächtlichen Versuch, den Felsen zu erklettern, sollen die der Juno heiligen Gänse durch ihr Schnattern verraten und verhindert haben. Sie hüteten dem Tempel der Ehegöttin, der da stand, wo sich heute die Kirche Santa Maria in Aracoeli erhebt. Ihren Beinamen Moneta,[18] die Mahnerin (von monere), hat Juno

---

18 Mones: Mone + t = Monet + a (♀) = Moneta = mone ta; Minotaur = mino taur = t aur = a ur = Rind; min = mina = Menschen: Man-Min-Mon-Mun … + če = Manče-Minče-Monče Diese sind heute als makedonische Vornamen/Namen heute in Gebrauch.

wohl aber nicht erst damals erhalten. Da in ihrem Heiligtum die Münzstätte war, gewann moneta schon bei Ovid die Bedeutung „Münze". Das deutsche Wort stammt daher.

Die Römer hatten sich nach Veji zurückgezogen und mussten den Abzug der Gallier nach sieben Monaten mit Geld erkaufen. Als die vereinbarte Menge von tausend Pfund geliefert wurde, warf Brennus noch sein Schwert in die Waagschale und antwortete auf den Widerspruch der Römer (aber gewiss nicht auf Lateinisch): „Vae victis!", „Wehe den Besiegten!" So lesen wir bei Livius (V 48, 9). Das Wort ist schon bei Plautus um 200 v. Chr. geflügelt. Während der Verhandlungen des Senates mit Brennus soll Camillus ein Heer gesammelt und die abziehenden Senonen besiegt haben, so dass die Schätze zurückkamen und die Waffenehre wiederhergestellt war. Die ältere, bei PlIybios (II 22) erhaltene Überlieferung spricht von einer gelungenen Heimkehr der Kelten samt ihrer Beute. Der „dies ater Alliensis", der „schwarze Tag von der Allia", blieb Staatstrauertag bis in die Spätantike. Mit ihm beginnt die traumatische Angst der Römer vor den nördlichen Barbaren.

Nach ihrem Sieg sind einzelne Keltenscharen durch ganz Italien hindurchgestoßen. Sie wurden von Dionysios I., dem Tyrannen von Syrakus, angeworben und, wie Xenophon in seinen „Hellenika" (VII 1, 20) dartut, 368 v. Chr. den durch Epameinondas bedrängten Spartanern zu Hilfe gesandt. Damals erschienen sie zum ersten Male in Hellas. Auch die Etrusker und Karthager bedienten sich keltischer Söldner. Der keltische Ausdruck für Söldner lautet „Geasaten" (Speermänner), wie Orosius (IV 13, 5) feststellt. Wenn sie von anderen Autoren als besonderer Stamm betrachtet wurden, mag das damit zusammenhängen, dass sie sich in Gruppen unter eigenen als Königen – so jedenfalls bei Polybios (II 22, 2) – titulierten Führern anwerben ließen.

In den folgenden Jahren kam es noch zu weiteren, teilweise bis Apulien führenden Raubzügen und Zusammenstößen mit Rom, die ebenfalls legendär ausgeschmückt wurden. Um 360 v. Chr. besiegte Titus Manilus Imperiosus die Gallier an der Brücke über den Anio-Aniene östlich von Rom. Die Kelten wurden Rom zum letzten Male gefährlich, als der Punier Hannibal 218 v. Chr. aus Spanien und Südfrankreich über die Alpen kam und zum Kampf gegen Rom aufrief. Er fand in der Gallia Cisalpina Gehör. Insubrer und Boier schlossen sich ihm an und vertrieben die Römer, die sich bei ihnen angesiedelt hatten. Im Jahre 207 unterstützten die cisalpinen Kelten Hasdrubal, der aus Spanien seinen Bruder Hannibal über die Alpen zur Hilfe gekommen war, ihn aber nicht erreichte. Nach dem Abzug der Punier aus Italien 203 v. Chr. nahmen die Römer Rache. Mit den Isubrern und Cenomanen kam es zu einer Verständigung, aber die Boier wurden weitgehend vertrieben oder ausgerottet, die Gallia Cisalpina wurde romanisiert.[19] Sulla richtete sie als Provinz ein, Caesar rekrutierte hier seine Legionen zum Kamp gegen die Gallia Transalpina.

4. Züge in den Osten

Aus ihren Stammsitzen in Süddeutschland und Frankreich sind die Kelten nach Osten vorgedrungen. Bereits Ende des 5. Jahrhunderts v. Chr. besetzten sie Böhmen (Boiohaemum), das seinen Namen den keltischen Boiern verdankt, und erbauten die Burgen (oppida) Stradonitz und Pressburg. Von dort zogen Keltenscharen weiter nach Schlesien und Siebenbürgen. Die Keltisierung[20] der illyrischen Ostalpen vollzog sich im 3. Jahrhundert v. Chr. Das schon genannte regnum Noricum hatte sein Zentrum auf dem von den Österreichern vorbildlich erforschten

---

19 Die Römer sprachen nur Barbarisch = Pelasgisch (Dionysius von Hallikarnas – er lebte im Rom 1. Jh. n. Chr.)
20 Europa war ein genetisch-geographisches Gebiet, wo ein Volk mit dem Barbarischen = Pelasgischen leben konnte.

Magdalensberg in Kärnten (Virunum), die Bewohner hießen Norici oder Taurisci.[21]

Kleinere Gruppen erreichten schon früh das Schwarze Meer. Seit dem 4. Jahrhundert erscheinen die Kelten als Verbündete der Makedonen gegen die Illyrier. 335 schworen sie gemäß Strabon (VII 3,8) Alexander dem Großen die Treue und zwar mit einer Formel, deren konditionale Selbstverfluchung ähnlich tausend Jahre später noch bei den irischen Gälen (Thurneysen 1921, S. 150; 199) vorkommt: „Wir wollen Treue halten, oder aber der Himmel möge niederstürzen und uns zerschmettern, die Erde sich öffnen und uns verschlingen, das Meer sich erheben und uns ersäufen." Von dieser Formel scheint Alexanders Lehrer Aristoteles, so in seiner „Nikomachischen Ethik" (1115b 25), gehört zu haben, hat sie aber wohl missverstanden, wenn er schreibt, das Übermaß an Kühnheit bei den Kelten erkenne man daran, dass sie nicht einmal die Gewalt von Erdbeben oder Seestürmen zu fürchten behaupteten. Denn mit Katastrophen dieser Art mussten die Kelten in ihrer Heimat nicht rechnen.

Im Jahre 324 finden wir Kelten unter den Gesandten der Westvölker an Alexanders Hof in Babylon. Im Jahre 280 durchstießen keltische Heere Makedonien, nach Diodor (XXII 9,1) gefolgt von 2 000 Lastfahrzeugen.[22] Der Führer, wieder ein Brennus, besiegte und tötete 279 v. Chr. den Makedonenkönig Ptolemaios. Das unbesiegte reiche Apollonheiligtum von Delphi wurde geplündert, ein Teil der Beute gelangte später in den Tempel im südlichen Tolosa, Toulouse, wo er 106 v. Chr. den Römern in die Hände fiel. Auf die griechische Welt hat die Plünderung Delphis großen Eindruck gemacht; man fabelte vom persönlichen Eingreifen der Götter, die den Rückzug des

---

21 Taurisci Barbarisch = Pelasgisch; Taurisci = Taur ...: Taur = t (a) aur = Stall; Aur = a ur oder Tur = Rind-Rinderhirt;

22 Lastfahrzeuge wurden von Rindern gezogen. Das Rind und das Pferd waren in Europa nur balkanisch. Also, die Kelten stammten von der Balkanhalbinsel und Kleinasien, andere Tiere mit gleicher Abstammung

Barbaren erzwungen hätten. Im fernen Alexandria[23] flocht der Dichter Kallimachos in seinem Hymnus auf Apollons Insel Delos diese Verse ein: „Und ein Kampf wird kommen dereinst, für uns alle zusammen,/später wenn gegen Hellas sie die barbarischen Schwerter/zücken werden und wenn sie den keltischen Kriegsgott beschwören,/spätgeborne Titanen im Sturm vom äußersten Westen/sausen heran wie Flocken im Schnee, ohne Zahl wie die Sterne …"

Auf dem Weg nach Südosten ließen sich mehrere Keltengruppen an der mittleren und unteren Donau nieder. An den Unterläufen von Sava, Drau und Morawa siedelten die Skordisker. Sie vermischten sich mit den ansässigen Thrakern, bewahrten aber bis in die Kaiserzeit ihre rauen Sitten: Sie sollen Totenschädel als Trinkschalen benutzt haben. Dass sie den Besitz von Geld verschmäht hätten, weil das nur Unheil bringe, glauben wir Athenaios (234 AB) ungern. Sie kämpften mit wechselndem Erfolg gegen die Römer und gründeten die von jenen ausgebaute Stadt Singidunum – Belgrad.

Im Zuge des großen Keltenvorstoßes nach Südosten ließ in Thrakien am Südfuß des Haimosgebirges (Balkan) 278 v. Chr. die Gefolgschaft des Königs Kommonttorios nieder. Er baute sich die Residenz Tylis bei dem heutigen bulgarischen Dorf Tulowo. Von dort aus ließ er seine Krieger ausschweifen; die griechische Stadt Byzantion musste ein halbes Jahrhundert lang Tribut zahlen, bis der Keltenkönig Kauros 212 v. Chr einem Angriff der Thraker unterlag. Das Keltenreich von Tylis verschwand aus der Geschichte.

Während des Vorstoßens von 280 gelang 20 000 Kelten, davon 10 000 Kriegern, unter ihren Königen Lonorius und Lutarius der Übergang über die Meerenge nach Kleinasien. Zunächst waren sie Söldner der Könige von Bithynien, später kämpften sie als solche für alle kriegerischen Mächte der Mittelmeerwelt,

---

23 Alexandria (a = ♀); Alex … = Aleksander = ale, ksander = ksandar = Kasandar = kasan (beißt) dar (Gabe); ale = are = Ares;

im Westen bis Rom, Massilia und Kartagen; selbst bei den Ptolemäern in Ägypten dienten sie zu Tausenden. 268 v. Chr. wurden sie in der „Elefantenschlacht" vom Seleukidenkönig[24] Antiochos[25] I. besiegt, erhielten jedoch Siedlungsraum im fortan so genannten Galatien, im Halysbogen Zentralkleinasiens. Sie hatten – so wie beim Alpenübergang zuvor – das Land, das sie plünderten beziehungsweise besetzten, im Voraus durchs Los geteilt. Der unter Kaiser Hadrian (117–138) schreibende Historiker Appian nennt die Namen der drei Stämme: Tektosagen um Tavium, Trokmer in und um Ankyra, Ankara, und Tolisroboier (oder Tolistoagier) um Pessinus.

In der Folgezeit traten die Galatenstämme regelmäßig in Erscheinung, wenn die Nachbarmächte im Kampf lagen. Mit den griechischen Königen von Pergamon stritten sie dauernd. Attalos[26] I, um 235 v. Chr., verweigerte ihnen die von seinen Vorgängern gezahlten Stillhaltegelder. In der Schlacht bei Magnesia am Sypylos 190 v. Chr. kämpften sie auf Seiten des Seleukidenkönigs Antiochos III. gegen die Römer. Nach deren Sieg strafte 189 v. Chr. der Konsul Manlius Vulso den Tolistoagierkönig Ortiagon, der die Herrschaft über ganz Galatien erstrebte, und nahm angeblich 40 000 Gefangene mit. Trotzdem hat Oriagon dem griechischen König von Pergamon Eumenes[27] II. zu schaffen gemacht. Im Jahre 166 gelang diesem ein Sieg, doch hinderten ihn die Römer daran, die Galater zu unterwerfen.

---

24 Seleuk = sele (Seleno = Mond) uk; uka = Wissen; na + uka = nauka = Wissenschaft; Glauk = gla (Kopf) uk (Wissen)

25 Antiochos = anti ...; Antigen = anti gen; Antigon = anti gon; Gonade aus goni = hetzen (jagen); progon = vertreiben;

26 Attalos = atal os; v (va) + ata = vata = Vater; vat (i) + kan = vatkan = Vatikan = vati kann (Khan = Chan); ota = otec = Vater;

27 Eumenes = e umenes = umen es: umen = klug; umen = um men: um = Sinn; men = Menes = Manes = Mann = Mensch; und Opium = Betäubungsmittel. nur Opium = opi um: opi-ti (opiani ...) = an/betrinken; um = Vernuft, Verstand, Sinn;

Die Siege der Attaliden über die Galater haben Ausdruck gefunden in drei Denkmalgruppen, die zum Bedeutendsten gehören, was die griechische Skulptur hervorgebracht hat. Attalos stiftete nach seinem Sieg am Kaikos um 235 v. Chr. der Athena Nikephporos auf der Burg von Pergamon eine Gruppe von Bronzestatuen, die sogenannten „Großen Gallier", von denen Marmorkopien erhalten sind. Es handelt sich um den „Sterbenden Gallier", das heißt einen Trompetenbläser, heute im Museo Capitolino zu Rom, und um den Gallier, der sein Weih und sich selbst ersticht, aus der Sammlung Ludovisi, seit kurzem im Palazzo Altemps in Rom zu sehen. Die Kopien hatte Caesar beziehungsreich nach seinem Sieg über die Westkelten für seine später an Sallust gelangten Gärten herstellen lassen.

Um 160 v. Chr. entstand das zweite Siegesmonument, die Gruppe der „Kleinen Gallier" an oder auf der Südmauer der Akropolis von Athen. Es zeigte einerseits den Kampf der Athener gegen Amasonen parallelisiert mit der Schlacht bei Marathon, anderseits die Gigantomachie der Götter parallelisiert mit dem Sieg der Pergamener über die Galater. Diese Gruppe lässt sich im Quadrat interpretieren: Zweimal entsprechen sie einem mythischen Ereignis, zweimal einem Sieg der Kultur über die Barbarei. Diese von Pausanias (I 25,2) beschriebene, unterlebensgroße Gruppe ist ebenfalls nur aus römischen Kopien bekannt.

Bedeutender noch ist der Große Altar von Pergamon, von Eumenes II. um 166 v. Chr. für Zeus und Athena[28] gestiftet. Der umlaufende Fries zeigt wiederum den Kampf der Götter gegen die Giganten, von jedem antiken Betrachter erkannt als mythisches Vorbild des Galatersieges. Eine ähnliche Parallele könnte hinter der in Pergamon entstandenen (sogenannten weißen) Gruppe von Apollon und Marsyas stehen: Auch hier findet sich der Sieg einer griechischen Gottheit über die Hybris eines asiatischen Unholds (Kay Ehling). In der Spätantike wurde der Pergamonaltar

---

28 Athena = athen a (♀); Athena = Atina: v + Atin = Vatin (Vaterin); n + Atin = Natin; t + Atin = Tatin (Vaterin) …

zu den Sieben Weltwundern gezählt, dennoch hat man ihn in byzantinischer Zeit auseinandergenommen und in eine Festungsmauer der durch die Araber bedrohten Stadt verbaut. Nach der Entdeckung durch den Tiefbauingenieur Carl Humann begann eine Ausgrabung 1878 unter seiner Leitung; er starb 1896 und liegt in Pergamon auf der oberen Angora begraben.

Fortgeführt wurden die Arbeiten im Auftrag der Berliner Museen durch Alexander[29] Conza und Theodor Wiegend. Gemäß Vertrag mit der Hohen Pforte vom 16. August 1879 kamen die Platen nach Deutschland und erregten großes Aufsehen. Das leidenschaftliche Pathos und die dynamische Bewegungsvielfalt entsprachen nicht der Formel Winckelmanns von „edler Einfalt und stiller Größe" und führten zur Bildung der Stilbegriffs „hellenischer Barock". Jakob Burckhardt reiste nach Berlin und schrieb am 10. August 1882 an Max Alioth: „'Fres von Pergamon! Alles voll der wütendsten Vehemenz und im allergrößten Still, der ein gutes Stück Kunstgeschichte auf den Kopf stellt!'"

5. Die Wirtschaft

Die Gallier besaßen eine hochstehende Wirtschaft, die weiter entwickelt war als die der gleichzeitigen Germanen, Italiker und Etrusker. Die Viehzucht galt vor allem den Schweinen und den Rindern.[30] Bei den Rindern heben die antiken Autoren die gute Rasse, bei den Schweinen die Menge hervor. Die Haustiere waren indessen erheblich kleiner als ihre heutigen Artgenossen. Die Knochenfunde von Manching bezeugten u. a. 42 % Rinder

---

29 Alexander; Kasandra = kasan dr a (♀): dr = dar; Alexandar = ale xandar – Bitola Ale, Ochrid (MK): Are = Ares = Gott

30 Haustiere in Europa hatten balkanische Abstammung. Die Hörner der Wikinger waren wie die Hörner des balkanischen (illyrischen) Rindes, aber nicht aus europäischem Rind, das wild war und viel längere Hörner hatte …

und 32 % Schweine. Das (Wild-) Schwein wird in der keltischen Kunst so oft dargestellt, dass man es geradezu als National-symbol verstehen konnte, analog dem Eichbaum,[31] von dessen Früchten es sich nährt. Wildbret ist unter den Knochenfunden jedoch selten. Grundnahrungsmittel waren Getreide und Hül-senfrüchte. Die Gallier kannten ursprünglich weder Ölbaum noch Weinstock.[32]

Im vielseitig entfalteten Landbau finden wir das System der Koppelwirtschaft: Ein bestimmtes Land wird mehrere Jahre als Acker verwendet, speziell zum Getreideanbau, dann län-gere Zeit als Weide. So erholt sich der Boden. Außer der natür-lichen Düngung während der Weidephase kannten die Kelten den künstlichen Dung mittels Kalks und Mergels, der auch ge-handelt wurde. Die Koppelwirtschaft bedingt das Einfrieden der Äcker, dies wiederum setzt Privatbesitz am Boden voraus. Gemeinbesitz gab es gemäß Diodor (V 34,3) bei den keltiberi-schen Vaccae, die ihr Land gemeinsam bestellten, den Ertrag verteilten und jeden, der etwas beiseitegebracht hatte, mit dem Tode bestraften. Erst mit einer intensiven Bodennutzung kam es zum Privateigentum. Die lange beliebte Lehre vom Ur-kommunismus, die sich auf ähnliche Produktionsformen bei den Germanen stützt, kann damit freilich nicht die Egalität der Gesellschaft erweisen. Denn in der Gemeinde entschieden die Angesehensten. Gemeinbesitz verbürgt nicht Gemeinsinn; Zwist gab es immer. Um Streit zu vermeiden, wurde das Eigen-tum eingeführt, und seit es das gibt, streitet man über nichts lieber als über Eigentum.

Die eigentliche Stärke der keltischen Wirtschaft lag ähn-lich wie bei den Etruskern in der Metallindustrie. Die Kupfer-gruben aus dem Salzburger Land versorgten zeitweise ganz

---

31 Die Eiche war Zeus gewidmet worden. Zeus wurde als Stier darge-stellt: Zeus, u = v = b, s = u, Zebu-Rind Indiens;
32 Getreide, Hülsenfrüchte, Obst stammten in Europa von der Balkan-halbinsel und Kleinasien ab. Alles aus dem Süden.

Mitteleuropa. Sehr früh wurde das für die Bronze wichtige Zinn in Cornwall abgebaut. Ein ägyptischer Papyrus aus dem frühen ersten Jahrtausend v. Chr. enthält das Wort pretan für Zinn, das dem Namen Britannia zugrunde liegen könnte, so wie Kypros die „Kupferinsel"[33] und Kreta die „Kreideinsel" ist. Die Bronze behielt auch in der Eisenzeit Bedeutung. Sie rostet nicht, lässt sich vergolden und in Folge ihrer Geschmeidigkeit mit dem Treibhammer formen. So etwa zu Helmen, zu reliefverzierten Eimern (situla) und Kesseln, dem noch in der irischen Sage wichtigsten Hausgerät der Kelten.

Berühmt war der Goldreichtum Galliens. Er stammt aus Goldsand führenden Flüssen und von den Westalpen. Polybios (XXXIV 10,10) erwähnt den aufsehenerregenden Fund einer Goldader in Noricum um 150 v. Chr. Der 106 v. Chr. von den Römern geplünderte Tempelschatz von Tolosa/Toulouse enthielt fünf Millionen Pfund Gold. Als Caesar mit seiner Beute den italischen Geldmarkt überschwemmte, sank nach dem Zeugnis Suetons (54) der Goldpreis. Silber wurde durch die Keltiberer in Spanien gewonnen. Jedoch haben erst die Karthager dort den Bergbau im größeren Stil eingeführt, als sie nach dem verlorenen Ersten Punischen Krieg durch die Barkiden Familie die iberische Halbinsel unter ihre Kontrolle gebracht hatten.

Die Geräte aus Buntmetall sind die wichtigsten Zeugnisse für den Kunstsinn der antiken Kelten. Arbeiten in Leder, Holz und Gewebe haben sich kaum erhalten. Ähnlich dem ländlichen Kunsthandwerk anderer Zeiten dominierte eine dekorative, abstrakte Ornamentik in geometrischen Formen. Menschen und Tiere werden nicht naturalistisch, sondern stark vereinfacht mit verzogenen Proportionen wiedergegeben. Die Elemente erscheinen im Bedeutungsmaßstab, nicht ihren realen

---

33 Kupfer = kuper = kupr- Kuprum, k = c; Kup = Kip, Kupar = Kipar = Cypern = Cupern; aus Kupfer Kip/Kup = Bildsäule, Standbild, Statue/ Bildhauer. Also, Statue von stati = stehen, makedonisch stoi = Stoik mit Säulen bis Stoizismus...

Größenverhältnissen entsprechend. Kennzeichnend sind fantastische Fabelwesen, zusammengefügt aus menschlichen und tierischen Körperteilen, schwungvoll stilisierte Figuren, oft in Reihung gleicher oder abgewandelter Form. Südliche Anregungen werden aufgenommen und umgesetzt. Die Resultate verraten: Wo nicht die Hand individueller Meister, so doch das Stilempfinden des Volkes. Eindrucksvoll ist die vielfarbige, mit Mustern aller Art verzierte Irdenware der Hallstattzeit. Griechische Vorbilder zeigen sich in den Steinskulpturen der Kelten. Sie beginnen im 6. Jahrhundert v. Chr. mit dem Herrn von Hirschlanden, gefolgt von der Glauberg Statue aus dem 5. Jahrhundert (s. Abb. 2.)[34]. Die Stücke sind selten.

Das wichtigste Metall war das Eisen. Zweihundert Jahre später als in Italien begann die Verhüttung in Gallien. Die seit dem 7. Jahrhundert dort hergestellten Latèneschwerter sind technisch besser als die zeitgleich gefertigten der Römer. Das lateinische Wort für Schwert „gladius" (Gladiole ist eine Schwertlilie) stammt aus dem Keltischen. Wie solche Kulturübernahmen stattfanden, wird aus zufällig erhaltenen Nachrichten deutlich. Der ältere Plinius berichtet in seiner „Naturgeschichte" (XII 5) – dieses Werk ist stets gemeint, wenn im Folgenden auf eine Stelle bei Plinius verwiesen wird –, dass um 400 v. Chr. in Rom ein keltischer Helvetier namens Helico alias Elico gelebt habe, der für seine Handwerks- oder Schmiedekunst (ars fabrilis) berühmt war und seinen Landsleuten Feigen und Trauben, Öl und Wein als Zeugnis für das schöne Leben in Italien heimgebracht hat.[35]

Aus dem Bielersee bei Bern stammt ein Schwert mit einer Schlagmarke: zwei gegenständige Steinböcke an einer Palme

---

34 Abb. 2: Der Keltenfürst von Glauberg, Sandstein, frühes 5. Jahrhundert v. Chr. (Ohne Entwicklungsperiode-sie laufte nur auf Balkanhalbinsel und Kleinasien mit dem Levante [Mittelmeerländer östlich von Italien], R.I.).

35 Da es keine Weinrebe in Rußlan und westlicher gibt, ist es Europa noch nicht ganz besiedelt worden.

und in griechischen Buchstaben[36] der Name KORISIOS; andere Klingen zeigen einen Reiter, einen Fußabdruck, einen Stier,
einen Eber oder eine Maske. Waren das Firmensymbole, Besit-
zermarken oder Heilzeichen? Die berühmten norischen Schwerter (Noricus ensis) bestanden, technologisch nachgewiesen, aus
Stahl. Diodor (XVI 94,3) fand es berichtenswert, dass die Mörder
von Philipp II., dem Vater Alexanders, bei ihrem Attentat einen
keltischen Dolch benutzte.[37]

Die Kelten haben in Mitteleuropa den Bergbau eingeführt.
Erzbergwerke lagen in Britannien, wo die Eisenverarbeitung
erst im 6. Jahrhundert beginnt, in Aquitanien, in Lothringen,
im Siegerland, in Noricum und in Böhmen. Stollen erreichten
eine Tiefe bis zu 100 Metern. Einzelne dieser Arbeitsplätze
sind archäologisch gut erforscht und machen es möglich, den
arbeitsteiligen Herstellungsprozess genau zu rekonstruieren,
so Camp d'Affrique bei Nancy. Im ersten vorchristlichen Jahrhundert gewann die keltische Eisenindustrie das Ausmaß von
Großbetrieben. In Manching sind bisher rund 200 verschiedenen Typen eiserner Geräte gefunden worden. Als Eisenschmiede
und Bergleute sind die Kelten in die germanische Mythologie
eingegangen, wenn die Sieben Zwerge Schneewittchens über der
römerzeitlichen Genius Cucullatus mit Recht auf den „hilfreichen
Kleinen im Kapuzenmantel" des Keltenglaubens zurückgeführt
werden (R. Egger 1948). Unser Wort „Eisen" ist ein keltisches
Lehnwort; ebenso „Ger", „Glocke" und „Brünne", wahrscheinlich auch „Ofen", ursprünglich in der Funktion als Schmelzofen.

Die handwerkliche Überlegenheit der Kelten zeigt sich weiterhin darin, dass sie den Germanen die bei den Ägyptern schon
im dritten Jahrtausend v. Chr. bekannte Töpferscheibe und die
Drehmühle vermittelt haben. In vielen Produktionszweigen

---

36 Die Slawen waren nach Slowo = Buchstabe: die Buche = buka + va =
   bukava = bukawa- Wörte mit v-n-t.
37 Wo es in Europa Erz aus allen Mineralen gab, siedelten sich die Bal-
   kanier/Kleinasianier, die Levante usw. an.

haben die Kelten Hervorragendes geleistet, denken wir an die Emailkunst, die Glasherstellung (namentlich in Bibracte), die Leder- und Textilverarbeitung, die Drechslerei und Wagnerei. Die von den Kelten erfundenen zweiachsigen Wagentypen wurden noch bis ins 19. Jahrhundert als Postkutschen verwendet. Mehrfach spricht Caesar von Brücken in Gallien (I 7; VII 19). Auch die Römer haben von den Kelten gelernt, wie die etwa 200 keltischen Lehnwörter für Waffen, Fahrzeuge und Textilien im Lateinischen beweisen. Wie bei den meisten Völkern war die Textilarbeit bei den Kelten eine Domäne der Frauen. Kennzeichen keltischer Kleidung waren die zum Reiten erforderlichen Hosen (bracae) mit Beinen und die vor Kälte und Regen schützenden Mäntel (mantum) mit Ärmeln. Die lateinischen Begriffe caliga, caligula für „Soldatenstiefel" sind ebenfalls keltisch. Auch das Pferdegeschirr haben die Römer von den Kelten übernommen und nur mit Zierstücken bereichert. Als Kuriosum betrachteten die Römer die noch in der Spätantike verwendete keltische Mähmaschine (vallus)[38], einen mit Messern bestückten große Kamm zwischen zwei Rädern, der von Eisen geschoben wurde. Plinius (XVIII 72) beschreibt das Gerät; Abbildungen besitzen wir auf Grabreliefen aus Trier, Köln, Koblenz und Luxemburg.

Schon in der Hallstattzeit war die Salzgewinnung ein wichtiger Gewerbezweig der Kelten. Wie das Erz, so suchten sie auch das Salz unter Tage. Die seit 1846 erforschten Stollen von Hallstatt erreichten eine Teufe mehr als 200 m und eine Gesamtlänge von mindestens 5 500 m. Die Technik des Abbaus ist-namentlich auf dem Dürrnberg bei Hallen an der Salz archäologisch gut ermittelt: Alle dazu erforderlichen Geräte, bis zu den Kienspänen, wurden gefunden. Tausende von Gräbern aus dem 7. und 6. Jahrhundert bezeugten eine florierende Industrie. Der Name „Hallstatt" bedeutet „Salzstadt" sowie auch „Hallen", „Halle" und das schwäbische ‚Hall' mit „Salz" zusammenhängen. Während im

---

38 Vallus = vall … Also v = w, vall = val = bran = talas = Welle; A + talas = Atalas = Atlas als Gebirge in den Wellen.

Alpengebiet Steinsalz unter Tage abgebaut und dann weiterverkauft wurde, hat man an anderen Orten salzhaltige Quellen im Siedeverfahren ausgebeutet, so etwa im hessischen Bad Nauheim.

Im gesamten Keltengebiet gab es Fernhandel, im geringeren Umfang mit den Bernsteinländern, im größten mit der mediterranen Welt. Ausgeführt wurden aus den keltischen Alpen Steinsalz und Bergkristall, aus Kornwall das Zinn, das teils von kartaginischen Seeleuten über den Golf von Biscaya, teils durch keltische und griechische Händler auf der Seine-Rhône-Route in den Süden gelangte. Die antiken Berichte über die sagenhaften Zinninseln (Kassiteriden), so bei Strabon (III 5, 11), beziehen sich sicher auf Britannien. Daneben lieferten die Kelten Söldner und Sklaven. Nach Strabon (IV 4,3) versorgten die Kelten Italien mit Pökelfleisch und Mänteln. Plinius (XIX 7; 13) rühmt die Schönheit der in Italien begehrten gallischen Frauenkleider aus Leinen, ebenso Polster und Kissen, die in Gallien erfunden worden seien.

Unter den Einfuhrgütern sind neben Wein und Öl die überwiegend mit dem Trinkwesen verbundenen, künstlerischen bedeutsamen etruskischen Schnabelkannen und Becken aus Bronze zu nennen und die griechischen Amphoren, vielfach bemalte attische Keramik aus einzelnen Siedlungen und zahlreichen Gräbern des Keltenlandes. Umschlagplatz war Massilia, griechischen Ursprungs sind zwei der drei Löwen-Attischen (Besatzstücke) am Bronzekessel von Hochdorf, der Greifenkessel von La Garenne und die an verschiedenen Orten gefundenen Korallen, die gemäß keltischem Glauben, wie Plinius (XXXII 23) meldet, Gefahren abwenden sollten. Das Grab von Vix enthielt außer zwei schwarzfigurigen, attischen Trinkschalen aus der Zeit um 520 v. Chr. den schönsten und größten frühgriechischen Bronzekrater, den wir besitzen. Er wurde um 480 in Großgriechenland gearbeitet, wiegt 208,6 kg und ist mit Deckel 1,84 m hoch. Sein Halsband ziert ein Fries von Viergespannen, gelenkt von behelmten Kriegern, die Henkel, die wegen der Größe des Gefäßes nur dekorative Bedeutung haben, zeigen Medusenköpfe.

Auf Verbindungen nach Osten verweist das prachtvolle Golddiadem mit Pegasusmotiven aus demselben Grab, eine griechisch-skythische Arbeit. Noch weiter in den Orient führen der auf der Achalm bei Reutling gefundene Weihrauch, das Elfenbein am Mobiliar des Grabes von Grafenbühl am Hohenasperg sowie ein (problematischer) Textilfund: Im Hügelgrab Hohmichele bei der Heuneburg wurde 1937 chinesische Rohseide gefunden, wie sie bisher nur von den Agora-Funden aus Athen bekannt ist. Caesar (VI 17) berichtet, dass die Kelten den Gott Teutates, von den Römern Mercurius genannt, am höchsten verehrten, der auf Reisen schütze und beim Geldgewinn und Handel (ad quaestus pecuniae mercaturasque) Hilfe böte. Er war der Gott der Geschäftsleute. Das römische Wort für den ledernen Geldsäckel „bulga" stammt aus dem Keltischen; es liegt unserem „Budget" zugrunde.[39]

Seit etwa 400 v. Chr. finden wir Münzen bei den Kelten. Die Typen sind vom griechischen Geld abhängig. Insbesondere die Goldstater und Tetradrachmen Philipps II. von Makedonien wurden im großen Umfang nachgeprägt. Die Westkelten bevorzugten Gold, die Ostkelten Silber. Die Münzbilder zeigen dabei Stufen fortschreitender Verwilderung und Barbarisierung, so hätte ein Grieche das bezeichnet, oder zunehmender Stilisierung, ja Dämonisierung, so interpretiert das die moderne Ästhetik. Die naturalistische Figur der antiken Vorlage, auf der Vorderseite ein Kopf, auf der Rückseite ein Pferd, eine Gottheit oder sonst ein Symbol, wird von Kopie zu Kopie bis zur Unkenntlichkeit ins Ornamentale aufgelöst, bis auf den sogenannten Regenbogenschüsselchen bloß noch Punkte und Linien übrig bleiben (s. Abb. 3).[40] In Aremorica-Bretagne[41] sind keltische Münzen gefunden worden, die den syrakusischen Arethusa-Typen des 4. Jahrhunderts nachgeprägt sind. Offenbar handelt es sich bei

---

39 Bulga nur bulga, g = k, bulka (der Mohn) als wild; in keinem Fall Budget, nie l = d ... Bulg = Vulg = vulg-är, Volg

40 Abb. 1: Britannische Münzen und ihr griechisches Vorbild (links)

41 Bretagne = Britannien, Brigien, Brig ... Brigitta; Brigien = Frigien = Frisien = Frisland usw.

den Vorbildern um Münzen aus dem Sold der Krieger, die bei dem Tyrannen Dionysios I. im Dienst standen (s. o.) und so den Weg in den Norden gefunden haben.

Der Übergang zur Geldwirtschaft zeigte positive wie negative Auswirkungen. Caesar erzählt von einträglichen Zöllen, die von Adligen eingezogen wurden und deren Reichtum begründeten. Auch das Kreditwesen florierte bereits samt seinen üblen Begleiterscheinungen, etwa der Versklavung von Zahlungsunfähigen. Mehrere gallische Buchstaben fanden sich auf den Münzen, darunter drei durch Caesar bekannte Männer: Dumnorix, Litaviccus und Vercingetorix. Mit dem Sieg Roms endete die keltische Prägung. Die wichtigste Münzstätte der nun römischen Typen blieb aber Lugdumum/Lyon.

Nach griechischem Vorbild sind die Kelten zur Verwendung der Schrift übergegangen. Doch haben sie diese, ähnlich wie zuvor die Mykenäer das Linear B, nur zu praktisch technischen Zwecken verwendet, nicht für Literatur. Caesar (I 29; VI 16) bezeugt Bürgerlisten in griechischen Buchstaben bei den Helvetiern. Der Kontakt lief über Massilia. Dorthin schickten die Gallier während der späten Republik ihre Söhne zur Schule, von dort holten sie sich Redner und Ärzte. Massilia war in römischer Zeit dreisprachig. Der Schriftgebrauch der Kelten wird bestätigt durch archäologische Funde, sowohl von Inschriften, überwiegend auf Grabsteinen, beginnend um 500 v. Chr. an den lombardischen Seen, später zahlreich um Narbonne, als auch durch Schreibgerät, so in Manching, wo Griffel und vom Besitzer griechisch signierte Töpfe gefunden wurden.

Aus jüngerer Zeit kennen wir die Verwendung des lateinischen, iberischen und nordetruskischen Alphabets. Unter mediterranem Einfluss haben die Kelten auch Siegerringe benutzt. Trogus (Justin XLIII 4, 1f) bemerkt, durch den Verkehr mit den Griechen Massilias hätten die Gallier ihrem barbarischen Lebensstil überwunden und nicht nur Wein- und Ölbaumkultus, Ackerbau und Städtewesen übernommen, sondern auch die gesittete Lebensart. Er lobt ihre Bereitschaft, Gesetzen und nicht Waffen zu gehorchen: „Legibus, non armis vivere."

6. Die Religion

Religion und Mythologie der Kelten haben stets eine besondere Faszination ausgestrahlt. Die reiche und dennoch weitgehend unklare Überlieferung hat selbst angesehene Gelehrte zu höchst gewagten Spekulationen veranlasst. Diese Theorien sind umso problematischer, je poetischer sie klingen. Was nicht aus keltischen oder griechisch-römischen Quellen zu belegen ist, bleibt hypothetisch, insbesondere die oft so fantasievolle Deutung der keltischen Bildwerke.

Caesar (VI 16) bescheinigt den Galliern eine tiefe Religiosität. Ihre Götter wurden von den Römern ihren eigenen gleichgestellt (interpretatio Romana), der Teutates dem Merkur, der Gernunnos dem Pluton, Grannus dem Pluton, der Lenus dem Mars[42] usw., doch gab es auch unübertragbare Götternamen wie die Stutengöttin Epona, wie Rosmerta, die Gefährtin Merkurs, oder die zumal am Niederrhein im gallisch-germanischen Grenzreich verehrten drei Matronen. Sie erscheinen auf Votivsteinen der Römerzeit im Bilde, im Rheinland mit verschiedenen, meist keltisch-germanischen Beinamen. Matronensteine finden sich ähnlich in der Provence und auf Irland. Es muss eine zugehörige Mythologie gegeben haben, die wir nicht mehr besitzen; drei göttliche Frauen kennen wir ebenfalls aus der griechisch-römischen und aus der germanischen Religion, denken wir an die Gorgonen, an die Chariten beziehungsweise Grazien oder die drei Schicksalsgöttinnen, die bei den Griechen Moiren, bei den Römern Parzen und bei den Germanen Nornen heißen. In christlicher Zeit wurden daraus die „drei Marien", Embede, Warbede und Wilbede, so im Dom zu Worms.

Erinnerungen an Keltenkulte haben sich trotz kirchlichen Protests lange gehalten. Dazu eine Überlieferung aus dem Hessenland. Sie betrifft das Frau-Hollen- oder Wildfrauengestühl

---

42 Mars = m ars = Ares. Makedonisch: Bitola-ale/Ochrid-are, Alexander: are/ale [Gott] što (was) praviš (machst) ti (du)?

über dem Niddatal nahe dem Glauberg. Hier im Angesicht der (1923/1924 zu Bautwecken zerstörten) „Totenstadt" von Niedermockstadt (mit mindestens 120 Grabhügeln) erhebt sich auf der gegenüberliegenden rechten Flussseite über einer kleinen Hügelgräbergruppe ein der Uferberglehne vorgelagerter Hügel. Zu ihm pflegten bis in die Mitte des 19. Jahrhunderts die Bewohner sämtlicher umliegender Orte, nachdem sie sich in Blofeld versammelt hatten, damit sie am Himmelfahrtstag auszuziehen konnten, um dort ein Fest zu feiern. Oberhalb dieses Hügels aber befindet sich auf dem Plateau der Berglehne, dem Hohenberg, der sogenannte Frau-Hollen-Stuhl, ein durch Steinsetzung künstlich hergerichteter Platz, dessen Mittelpunkt eine mächtige Basaltbank von dreieinhalb Metern Länge, zwei Metern Breite und einem Meter mittlerer Höhe bildet. Sie ist augenscheinlich von Menschenhand als Opferstein ausgearbeitet worden, denn sie trägt auf der Oberfläche nebeneinander drei fast rechteckige (also künstliche) Vertiefungen von etwa 50 cm Durchmesser und 24 cm Tiefe (K. Demandt, Geschichte des Landes Hessen, 1972, S. 88).

Die Galater verehrten insbesondere die bei den Griechen Artemis genannte Göttin. Dies beruht auf der altorientalisch-kleinasiatischen Mutterreligion, die im vielgestaltigen Kult der Magna Mater zum Ausdruck kommt. In Babylon hieß sie Astarta, in Ägypten Isis, in Ephesos die „vielbrüstige" Artemis oder Diana, die wir aus der Apostelgeschichte des Lukas (19, 23ff.) kennen. Das Zentrum des Kybele-Kultes war Pessinus in Phrygien, es lag im Machtbereich der Galater. Die Göttin wurde dort anikonisch, verkörpert in einem Meteor verehrt.

Die Kosmogonie der Kelten rechnete, ähnlich der griechisch-römischen, mit einer Ewigkeit der Welt, die allerdings durch Feuer- oder Wasserkatastrophen unterbrochen werde, so Strabon (IV, 4,4). Der ausgeprägte Unsterblichkeitsglaube begegnet in der Form der Seelenwanderung, so Caesar (VI 14), der damit die Tapferkeit der Gallier erklärt. Diodor (V 28, 6) stellt dem die ähnliche Lehre des Pythagoras zur Seite, ohne jedoch eine Abhängigkeit der einen Doktrin von der anderen anzunehmen.

Eine Parallele findet ebenso Valerius Maximus (II 6, 10) in der bei den Kelten verbreiteten und bei Pythagoras möglichen Annahme, dass Schulden noch im Jenseits zurückgezahlt werden könnten, so dass es kein Unglück sei, mit einem Guthaben zu sterben. Mit der Metempsychose ist ein Fortleben der Seelen „apud inferos", d. h. in der Unterwelt, unverträglich. Doch gab es auch diese Vorstellung, denn Diodor (a. O.) überlieferte, die Kelten hätten ihren Toten auf den Scheiterhaufen Briefe an Verstorbene ins Jenseits mitgegeben.

Wie die Germanen verehrten die Kelten ihre Götter in heiligen Hainen, keltisch „nemeton". Hier wurden außer den Kultgeräten die Feldzeichen und Kriegstrophäen aufbewahrt sowie Beutegut und Weihegaben. Letztere versenkte man auch in heiligen Seen und Flüssen, in denen Wasser- und Unterweltsgötter verehrt wurden, so in der Duxer Riesenquelle bei Teplice in Nordböhmen. Tausende von Frauenringen und -fibeln (Gewandspangen) aus dem 4. Jahrhundert v. Chr. kamen dort zutage. In Latène am Neuenburger See wurden 166 Schwerter und 269 Lanzenspitzen geborgen.

Soweit es sich bei den Opfergaben um Gebrauchsgegenstände handelt, wurden diese oft zuvor bewusst beschädigt: Halsringe wurden zerbrochen, Wagen zerlegt, Schwerter verbogen. Damit minderte man den Anreiz für Diebe und erfüllte dennoch das Gelübde. Auch bei Grabbeigaben lässt sich diese Sitte zuweilen beobachten, so im Hügel von Hochdorf. Die Keltenschätze erregten ob ihres Reichtums das Staunen der Griechen und Römer. Poseidonios (Diodor V 25ff.) verwunderte sich über die Menge des Goldes. Andere Berichterstatter heben freilich die düstere Seite hervor. Nach den Scholien zu Lucan (I 445) wurden die Opfer für Teutates in Wasserkesseln ertränkt. Derselbe Dichter (III 399) berichtet von einem heiligen Hain bei Massilia mit plumpen hölzernen Götterfiguren und Schlachtaltären, die ebenso wie die Baumstämme ringsum in schaurige Finsternis vom Blut der Menschenopfer trieften; ein Ort, wo es von Schlangen wimmele, so grauenvoll, dass sich kein Vogel dorthin traue, kein Windhauch und kein Blitz. Caesars Soldaten, die Holz holen sollten, hätten sich zu sehr gefürchtet, um dort Bäume zu fällen, bis der Imperator selbst zur Axt griff.

Kultanlagen aus der Hallstattzeit haben die Form von Opferplätzen und werden seit dem 3. Jahrhundert v. Chr. architektonisch ausgestaltet. Eigentümlich ist der in Gallien und Britannien häufig nachgewiesene gallorömische Umgangstempel, ein quadratischer Holzbau mit pyramidenförmigem Dach und einer umlaufenden Vorhalle (s. Abb. 4)[43] Er erinnert an einen heiligen Hain. Die in Stein erhaltenen Bauten, namentlich der aus Ziegeln errichtete sogenannte Janus-Tempel von Augustodunum/Autun, sind in römischer Zeit errichtet worden. Für kultische und politische Versammlung dienten ebenfalls die in Süddeutschland geläufigen sogenannten Viereckschanzen, die zunächst an die Reste römischer Kastellen denken ließen, im Inneren jedoch fundarm sind und meist nur eine Opfergrube oder einen Brunnen aufweisen (s. Abb. 5).[44] Nach dem Zeugnis des Poseidonis (Athenaios 152D) haben die Kelten in „viereckigen Einschließungen von zwölf Stadien (1 500 Schritte) Seitenlänge" ihre Gelage abgehalten, die dadurch zugleich Kultmahle waren. Neue Forschungen machen indes wahrscheinlich, dass die meisten dieser Umwallungen Gehöfte waren, „aedificia privata" (Caesar I 5,2).

Die Götterbilder bestanden aus Holz; solche aus Stein oder Metall waren bei den Kelten ebenso unüblich wie bei den Germanen. Wir besitzen nur sehr wenige Skulpturen, die dafür in Betracht kommen. Die ithyphallische Figur von Hirschlanden, heute in Stuttgart, gilt als das Bild eines Verstorbenen. Ebenso stellt die 1996 auf dem Glauberg gefundene Kriegerstatue einen Fürsten dar, wie der Fundort – ein Hügelgrab – und eine Halskette von ungewöhnlicher Form belegen, wobei letztere auf dem Stein wiedergegeben ist und als goldenes Original im Grab

---

43 Abb. 4: Gallorömischer Umgangstempel von Autun, Rekonstruktionszeichnung
44 Abb. 5 Viereckschanzen

lag (s. o. Abb. 2). Die bildlichen Darstellungen der keltischen Götter stammen erst aus römischer Zeit und sind zunehmend dem Reichsstil angeglichen worden. Eigentümlich keltisch sind die Jupiter-Giganten-Säulen, die auf Viergöttersteinen (Juno, Minerva, Herkules, Mercurius) stehen. Einige von ihnen haben sich erhalten, andere kennen wir aus Lebensbeschreibungen spätantiker Missionare in Gallien, die diese Idole gestürzt haben. Die keltische Religion hat sich auf dem Lande noch weit in die christliche Zeit hinein, sicher bis ins 5. Jahrhundert n. Chr., behauptet.

Das eindrucksvollste Bildzeugnis heidnisch-keltischer Religiosität ist der rätselhafte Silberkessel von Gundestrup im Nationalmuseum von Kopenhagen (s. Abb. 6).[45] Der 69 cm breite, 42 cm hohe Kessel wurde in Stücken 1891 im „Fuchsmoor" bei Grundstrup in Dänemark gefunden und ist mithin germanisches Beutegut gewesen, das – wie die Moorleichen und viele andere Moorfunde – vermutlich nach einem Sieg über die Kelten den Unterweltsgöttern geopfert worden war. Die ehemals vergoldeten Platten zeigen den Geweihgott Gernunnos, identifiziert durch einen römischen Altar mit Inschrift, der unter dem Chor von Notre-Dame in Paris entdeckt wurde. Weiterhin abgebildet sind Götterbilder mit Wendelringen, Fabelwesen, Tiere, darunter grotesk verzeichnete Elefanten, die ebenso wie ein Delfinreiter und eine an Mithras gemahnende Stiertötung auf mediterranen Einfluss hinweisen. Die Motive stehen ohne erkennbare Beziehung nebeneinander, ähnlich den Figuren auf gallischer Terra-Sigillata-Keramik der frühen Kaiserzeit. Wahrscheinlich stammt der Gundestrup-Kessel aus dem ost-keltisch-thrakischen Raum. Die Datierung schwankt zwischen 200 vor und 100 n. Chr.

Während Griechen, Römer und Germanen keine hauptamtlichen Priester kannten, deren Funktion vielmehr Laien

---

45 Abb. 6. Kessel von Gundestrup, Cernunnos-Platte. Natioinalmuseum Kopenhagen

übertrugen, gab es bei den Kelten einen Priesterstand. Das waren die Druiden.[46] Der Name ist verwandt mit dem griechischen „drys" = Eiche und lässt sich dabei mit „Eichenpriester" wiedergeben. Nach Plinius (XVI 249ff.) war ihnen der Eichbaum heilig, nebst der auf ihm wachsenden Mistel, die der Druide am 6. Tag nach Neumond im weißen Gewand mit goldener Hippe („falx" bezeichnet jedes krumme Messer) schnitt, um daraus einen Trank zu brauen, der Gesundheit und Fruchtbarkeit versprach. Misteln wachsen auf Eichen höchst selten und eben dieser Seltenheit halber (und nicht, weil Misteln überhaupt selten sind, wie Plinius schreibt) waren sie heilig.

Die Druiden gehörten neben den Rittern zum gallischen Adel. Sie waren gemäß Caesar (VI 14, 1) von Abgaben und vom Wehrdienst befreit, erst im gallischen Mythos treten sie auch kämpfend auf. Wer Druide werden wolle, schreibt Caesar, müsse zwanzig Jahre lernen: lange Gedichte, Lehren für die Jugend über die Seele, die Sterne, die Erde, die Natur und die Götter. Die Druiden sprachen in Form von Rätsel oder Bildern über Welt und Geschichte, über Rechte und Sitten. Caesar betont, dass diese Traditionen nur mündlich weitergegeben werden dürfen. Da die Kelten Buchstaben kannten und benutzten, liegt hier offenbar eine bewusste Verweigerung vor, die eine Profanierung des Mythos verhindern und die Macht und das Ansehen des Druidenstands schützen sollte. Im 3. Jahrhundert n. Chr. erfand ein irischer Weiser die Ogamschrift. Sie ist abgeleitet aus dem lateinischen Alphabet und wurde überwiegend für Inschriften auf Grab- und Grenzsteinen genutzt, öfters auch als Bilingue. Sie war mithin keine Geheimschrift.

Im Jahr 61 v. Chr. kam der Häduer Divitiacus in politischem Auftrag nach Rom und war dort Hausgast bei dem von ihm verehrten Cicero (De divinatione I 90). Dieser Druide wird als naturkundig bezeichnet, er kenne Künftiges aus Vogelzeichen.

---

46 Druiden, u = v, drviden, drvit = drv it: drv = drvo = Baum; Auf Pan = Grundbaum der Eiche formiert sich Kreuz

Weissagung wurde in Gallien somit wie bei den Etruskern und Römern durch Vogelschau (auguria) betrieben. Manche Autoren unterscheiden die Seher (vates) von den Priestern. Wahrscheinlich ist das lateinische Wort „vates" aus dem Keltischen entlehnt. Wenn es von den Silurern in Wales heißt, dass sie sich besonders auf die Weissagung verstanden, so könnte diese Notiz bei Solin (22,7), einem Kuriositätensammler aus dem 3. Jahrhundert, auf die Druiden verweisen. Plinius (XXX 13) nennt sie Seher und Ärzte. Auch das Kalenderwesen unterstand ihnen, wir kennen es aus dem Mondkalender von Coligny. Dieses 1897 gefundene, von einem römischen Altmetallhändler in 150 Bruchstücke zerlegte Bronzeblech ist das umfangreichste, erhaltene, altkeltische Schriftstück. Es stammt aus dem späten 2. Jahrhundert n. Chr. und hatte sicher kultische Bedeutung, die im Einzelnen freilich ebenso unklar ist wie die anderen Kalender der Frühzeit.

Neben ihren religiösen Funktionen erfüllen die Druiden auch politische und juristische Aufgaben. Nach Caesar (VII 33,3) ernannten sie in einem Interregnum den Oberbeamten. Regelmäßig versähen sie Richterfunktionen. In allen Streitfragen, öffentlich wie privat, hätten sie zu entscheiden: bei Verbrechen und Mord, Erbauseinandersetzungen und Grenzkonflikten. Sie setzten die Strafe fest, und wer sich ihnen nicht unterwerfe, werde von der Teilnahme an den Staatskulten ausgeschlossen. Die Exkommunikation erklärt Caesar für die allerschwerste Strafe, sie habe die allgemeine Ächtung zur Folge. Strabon (IV 4, 4) rühmt die Gerechtigkeit der Druiden. Dion Chrysostomos (or. 49, 8) berichtet, ohne die Druiden dürfe kein König etwas unternehmen oder entschieden, so dass in Wahrheit sie regierten. Die Kaiser Tiberius (14–37 n. Chr.) und Claudius (41–54 n. Chr.) verboten die Druiden aus politischen und humanitären (s. u.) Gründen, doch haben sie noch im Zivilaufstand 69/70 n. Chr. eine Rolle gespielt und Rom den Untergang prophezeit. Dass im späten 3. Jahrhundert n. Chr. Aurelian und Diocletian sie befragt hätten, wie die „Scriptores Hisatoriae Augustae" behauptet, ist zweifelhaft. Zumal hier von Druidinnen, wohl in Anlehnung an die germanischen Seherinnen, die Rede ist. Weibliche Druiden gab es nach Solin (22,7) bei den Silurern in Wales, jedenfalls kennt sie (bandrui) die irische Heiligenlegende, sie erscheinen dort als zaubermächtige Versucherinnen. Die Gestalt der Kundry im „Parzival" geht möglicherweise auf sie zurück.

Der gesamtgallische Charakter des Druidentums zeigt sich in ihren zentralen Institutionen. Einmal im Jahr versammelten sich die Priester, so berichtet Caesar (VI 13), an geweihtem Ort im Lande der Carnuten, in der Mitte Galliens. Es handelt sich wahrscheinlich um Autricum/Chartres, benannt nach den Carnuten. Der Kultplatz lag vermutlich unter der Kathedrale. Dorthin kamen alle, die Streitigkeiten miteinander hatten, und ließen diese von den Druiden schlichten. Auch die Galater in Kleinasien hatten ein solches Kultzentrum. Es war der heilige „Eichenhain" Drunemeton der Tectosagen, dort übte der Rat der Dreihundert den Blutbann. Eine entsprechende Einrichtung besaßen die Inselkelten auf Mona (Anglesey), die dort üblichen, grauenvollen Rituale beschrieben Tacitus (Annalen XIV 30) und namentlich Cassius Dio (LXII 7) anlässlich der römischen Eroberung 61 n. Chr. Die stammesübergreifenden Heiligtümer der Kelten gemahnen an die Amphiktyonien, die wir in unterschiedlicher Form bei verschiedenen Völkern des Altertums angreifen. Die Stämme des alten Israels[47] verehrten die Bundeslade zu Silo; die Griechen, die den Ausdruck „Amphiktyone" (Umwohner) geprägt haben, trafen sich zu Festspielen in Delphi und Olympia; die Etrusker versammelten sich regelmäßig beim Tempel der Voltumna in Volsinii. Die Germanenstämme feierten die Nerthus, die Slawenstämme den Radegast in heiligem Hain.

Einzelne Bräuche hatten eine lange Wirkung: Schon die gallische Sage kennt das Frühlingsfest am 1. Mai (Beltane). Seine Geschichte reicht über die Namensheilige des Tages, Walburga

---

47 Risto Ivanovski, Biblische Juden nur seit V Jahrh. v. Chr., Bitola, 2019 – Deutsche Nationalbibliothek
Risto Ivanovski, Die Bibel nur seit V Jahrh. v. Chr. mit dem Pelasgisch = sog. Slawisch, Bitola, 2020-DNB

(† 779), in die heidnische Zeit zurück, wie der mit der Nacht zuvor verbundene Hexenglauben bestätigt. Das Fest setzt aber den Gebrauch des römischen Kalenders voraus, der auch bei den Germanen schon in vorchristlicher Zeit üblich war. Das lehren die Namen unserer Wochentage.

Die Druiden Galliens besaßen jeweils ein Oberhaupt, gewissermaßen einen Pontifex Maximus. Er wurde auf Lebenszeit gewählt; nach seinem Tode kam es oft zum Streit um die Nachfolge, der zuweilen mit den Waffen ausgetragen wurde. Der Titel lautete wahrscheinlich „gutuater", also „Sprecher". Wir kennen ihn aus dem Aufstand der Carnuten gegen Caesar (VIII 38), der ihn als Eigennamen missverstand, sowie von Inschriften aus der frühen Kaiserzeit, in der Gallier mit römischem Bürgerrecht dieses Amt bekleideten.

Die Druiden waren zuständig für die in der Antike allgemein üblichen Tieropfer, namentlich aber für die vielfach bezeugten Menschenopfer der Gallier. Sie glaubten, wie Caesar (VI 16) meldet, dass die Götter Leben nur um Leben gäben und darum Menschenopfer forderten. Vorzugsweise dienten Verbrecher und Gefangene dazu, doch nahm man in Notlagen auch Unschuldige. Caesars Bericht von den riesigen Götterbildern aus Weidengeflecht, die mit Menschen gefüllt und dann angezündet wurden, ist keine römische Gräuelpropaganda. Diodor (V 32, 6) bestätigt, dass die Opfer gepfählt oder gekreuzigt und auf großen Scheiterhaufen verbrannt wurden, und zwar in Hekatomben, das heißt zu Hunderten, wie Strabon (III 3, 7) anmerkt. Die Menschenopfer waren gemäß Diodor (V 31f.) mit Weissagung und angeblich auch sakralem Kannibalismus verbunden. Entsprechendes berichtet Trogus (Justin XXVI 2, 2ff.) von den Galatern: Um die Götter gnädig zu stimmen, schlachten sie vor dem Kampf eigene Frauen und Kinder; um den Gottheiten zu danken, opfern sie nach dem Sieg die Gefangenen, so lesen wir bei Diodor (XXXI 13) und Athenaisos (160 E). Cicero (Pro Fonterio 31) kommentiert die Menschenopfer in Gallien mit Abscheu.

Archäologische Funde haben den keltischen Opferbrauch bestätigt. Menschenknochen haben sich in Opfergruben von

Vierecksschanzen gefunden. In Ribenmont-sur-Ance im Département Somme wurde ein 150 mal 180 m messender Kultplatz aus dem späten 3. Jahrhundert v. Chr. ausgegraben, wo die Gebeine von etwa tausend geopferte Jugendlichen zwischen 15 und 20 Jahren sorgsam aufgeschichtet entdeckt wurden.

Abgeschlagene Menschenköpfe (têtes coupées) waren begehrte Kriegstrophäen. Mit ihnen schmückte man nicht nur die Tempel, sondern ebenso Pferdenacken, Stadttore und Hauseingänge, so wie Jäger heute noch die Köpfe der erlegten Hirsche und Eber aufhängen. Die Köpfe ihrer vornehmsten Feinde, heißt es bei Poseidonios, bewahren sie über Generationen hinweg im Zedernöl einbalsamiert in einer Kiste, um sie ihren besonders geschätzten Gästen vorzuführen. Der Autor (Diodor V 29, 5) fand diese Sitte abscheulich: Es ist tierisch, den Kampf noch gegen Tote fortzusetzen. Für keinen Preis seien ihnen diese Trophäen feil.

Auch die Kopfjagd ist archäologisch bezeugt, so in Roquepertuse (s. Abb. 7)[48] und Entremont (Provence) und in Manching. Dort wurden bisher 56 Schädel in Siedlungsgruben gefunden. Die Köpfe der Opfer von Ribemont waren zur besonderen Verwendung abgetrennt. Kopflose Skelette fand man ebenso in Mont Troté in den Ardennen. Kopfjägerei gibt es noch im gallischen Mythos. Als Variante dazu sammelt auch einmal ein Krieger die Zungenspitzen seiner Gegner, so wie die Irokesen[49] auf Skalpe aus waren oder David dem König Saul zweihundert Vorhäute erschlagener Philister ablieferte, um dessen Tochter Michal zur Frau zu gewinnen (1. Samuel 18, 27).

Menschenköpfe begegnen uns vielfach in der keltischen Kunst: in Stern oder Gold, als Vollplastik oder Relief, als Einzelstück oder als Schädelpyramide. Geschlossene Augen, hängende Stellung oder fehlender Mund erweisen sie als Köpfe Toter. Im Museum von Brescia gibt es silberne Kriegerorden (phaleae) mit neun und mit 20 Köpfen. Münzen des von Caesar beseitigten Hädauerfürsten

---

48 Abb. 7. Schädelpfeiler von Roquepertuse
49 Die Angehörigen eines nordamerikanischen Ureinwohnerstammes.

Dumnorix mit der Umschrift DUBNOREIX zeigen das Bild eines Kriegers, der in der einen Hand eine Kriegestrompete, in der anderen einen abgeschlagenen Kopf hält. Die Römer haben wie den Karthagern so den Kelten die Menschenopfer verboten, nachdem sie in Rom, wo sie nur sporadisch vorkamen, seit 97 v. Chr. durch Senatsbeschluss untersagt worden waren. In Britannien hielt sich die Sitte länger: Bis heute, schreibt der beim Vesuvausbruch 79 n. Chr. ums Leben gekommene ältere Plinuius (XXX 13). Menschenopfer waren bei fast allen früheren Völkern Sitte, wurden aber im Zuge der Zivilisation abgeschafft. Das öffentliche Bewusstsein sperrte sich mehr und mehr dagegen. Die Sagen vom verhinderten Opfer Isaaks durch Abraham und dem der Iphigenie[50] durch Agamemnons bieten mystische Erklärungen, die Götter selbst verboten sie. Die letzten Menschenopfer in Europa werden bei Adam von Bremen aus dem 11. Jahrhundert von den heidnischen Schweden in Uppsala gemeldet.

7. Die Gesellschaft

Der Kelte als Typus wird als dem Germanen ähnlich beschrieben. Die Menschen seien, so Ammianus Marecellinus (XV 12, 1), hochgewachsen, hellhäutig und rotblond (candidi, rutili), von wildem Aussehen, streitsüchtig und aufbrausend. Isidor von Sevilla (Etymologiae XIV 4, 25) leitete den Namen Gallien von griechisch „gala", der Milch, ab, weil die Bewohner eine milchweiße Haut hätten. Die Sonne käme nämlich mit ihren bräunenden Strahlen nicht so recht über die Pyrenäen und die Alpen. Die Kelten ließen sich Schnurrbärte wachsen, schmierten sich Fett in die ungeschnittenen Haare, damit sie „wie Satyrn"[51] aussahen,

---

50 Tochter Agamemnons
51 Satyr, ein derb lüsterner, bockgestaltiger Waldgeist und Begleiter des Dionysos in der griech. Sage.

und färbten sie rot. Das Mittel dazu nannten sie „sapo",[52] wovon unser Wort „Seife" stammt. Die literarisch bezeugte Sitte des Haarfärbens hat sich an Grabfunden in Britannien archäologisch bestätigt. Kriegsbemalung oder Tätowierungen[53] sind bezeugt für die dortigen Siluri und Picti (nach lateinischer Volksetymologie abgeleitet von „pingo", „malen").

Die keltische Gesellschaft zeigt die gemeinantike Struktur: eine vertikale Gliederung in Familie und Gefolgschaft und eine dreiteilige horizontale Schichtung in Adel, Volk und Knechte. In der Familie herrschte das Patriarchat: Die Männer hatten nach dem Zeugnis Caesars (VI 19) die volle Gewalt über Leben und Tod von Frauen und Kindern, „vitae necisque pote-statem". Wenn ein vornehmer Mann starb und Mordverdacht bestand, konnten Frauen wie Knechte gefoltert werden. Kurz vor seiner Zeit, schreibt Caesar weiter, sei es üblich gewesen, die jeweils besonders geschätzten Knechte und Hörigen auf dem Scheiterhaufen des Herrn mit zu verbrennen. Aus aufgedeckten Gräbern, so dem Hohmichele bei der Heuneburg und dem Tumulus bei Hochdorf, wissen wir, dass vornehmen Toten weitere zu dessen Ehren Getötete beigesellt wurden, ja dass auch Frauen zuweilen mit sterben mussten.

Im Allgemeinen war, wie in Europa allenthalben, Einehe gebräuchlich. Mehrere rechtmäßige Frauen kommen nur im Adel vor, der bisweilen nach politischen Gesichtspunkten heiratete, auch über die Stammesgrenzen hinweg. Die heiratende Frau wurde dadurch gesichert, dass der Mann einen Betrag in der Höhe ihrer Mitgift mit dieser zusammen auf Zinsen anlegen. Das heißt wohl, dass er Ländereien verpachten musste, die den Überlebenden nach dessen Tod dann zufielen. Strabon (IV 4, 3) und Livius (XXXVIII 16, 13) rühmen den Kinderreichtum der Gallier, Justin (XXV 2, 8) bezeugt den der Galater. Ähnliches

---

52 Sapo = sapun = Seife – Sapunifikation
53 Die Tätowierung war bei Thrakern bekannt.

bescheinigt Tacitus (Germania 19) den gleichzeitigen Germanen und verrät damit die sozialkritische Sicht des römischen Städters.

Die Stellung der Frau in der keltischen Gesellschaft unterscheidet sich von der bei den gleichzeitigen Römern und Germanen auf paradoxe Weise. Einerseits gab es noch den Witwenmord am Gattengrab. Dabei wurden der Siegesgöttin Andate Frauen in Formen geopfert, die an Bestialität alles übertrafen, was wir an antiken Opferbräuchen kennen, so dass sich mir die Feder sträubt, den Bericht von Cassius (LXII 7) wiederzugeben. Andrerseits besaßen die Frauen trotz des häuslichen Patriarchats Vorrechte in dreierlei Hinsicht. Es ist zum Ersten die sowohl in den historischen als auch in den mythischen Texten belegte Möglichkeit der weiblichen Herrschaftsfolge bei Töchtern und Witwen von Fürsten. Die ungemein prächtigen Frauengräber der Hallstattzeit, so das von Waldalgesheim, bestätigen dies aus archäologischer Sicht. Das Wagengrab von Vix gehört, trotz den für eine Frau ungewöhnlichen Beigaben, vermutlich einer Dame. Frauengräber sind überhaupt im Schnitt reicher ausgestattet als Männergräber.

Hinzu kommt zweitens bei den Inselkelten eine Reihe mutterrechtlicher Züge. Dazu zählt, dass Männer mitunter nicht den Namen ihres Vaters, sondern den ihrer Mutter bekamen. Beispiele dafür kennen wir aus dem mittelalterlichen Irland. In demselben Zusammenhang gehört die Zurückführung einer Familie auf eine Ahnfrau statt auf einen Ahnherrn, bezeugt durch die im 14. Jahrhundert aufgezeichnete Sage von der schönen Melusine, vor der Grafen von Poitiers herleiteten. Die matrilineare Verwandtschaftsbezeichnung wird als vorkeltisches Erbe gedeutet, ebenso die Frauenherrschaft (gynaikokratia) der Kantabrer im keltischen Spanien. Die mutterrechtliche Sippe in Irland heißt Clan und dieser goidelische Ausdruck ist in die neuere Völkerkunde als Typenbegriff übernommen worden. Die bei Cassius Dio (LXII 6,3) erwähnte Männer-, Weiber- und Kindergemeinschaft in Britannien verquickt das Wissen um die freiere Stellung der Keltenfrau mit dem nach Platins Staatsideal verklärten „edlen Wilden". Strabon (III 1,7) erwähnt einen

Keltenstamm, bei dem Männer und Frauen gemeinsam tanzen, indem sie sich an den Händen halten, was bei Mittelmeervölkern ungebräuchlich war. Er wundert sich, dass die Stellung der Geschlechter „andersherum ist als bei uns" (IV 4,3).

Wenn Fürsten Frauen ihrer Familie gemäß dynastischen Interessen verheiraten, wie Caesar (I 18) berichtet, entspricht das antiker Sitte. Überraschend aber ist die ebenfalls bezeugten Freiheit von Frauen in der Gattenwahl. Im Hinterland von Marseille soll es Brauch gewesen sein, dass ein Fürst, der seine Tochter verheiraten wollte, die Freier zu einem Fest lud, bei dem das Mädchen dem von ihr Erwählten ein Gefäß mit Wasser reichte.

Dem Prinzip der Damenwahl entspricht die Freizügigkeit, mit der die Frauen ihre Gunst verschenkten, ohne die in Griechenland und Rom dafür geforderte Heimlichkeit zu wahren. Diodor (V 32, 7) vermerkt dies mit Verwunderung, zumal ein Mann einen solchen Wunsch nicht abschlagen dürfe. Die weibliche Offenheit in Liebesdingen betonte nach Cassius Dio (LXXVI 16,5) noch eine kaledonische Fürstin gegenüber der Kaiserin Julia Domna ums Jahr 210 n. Chr. Das durch die Ehe ungeschmälerte Recht der Frau auf ihren Körper wird durch die gallischen Sagen des Mittelalters bestätigt, in denen verheiratete Fürstinnen Männern für bestimmte Dienste ungeniert die „Lust ihrer Schenkel" anbieten, ohne, dass der Erzähler dies anstößig findet. Darum resultierende Vaterschaftsprobleme stehen hinter der Sitte, die uns ein spätgriechisches Epigramm aus der „Anthologia Graeca" (IX 125) verrät. Der Vater legt das Neugeborene in einen Schild und lässt es auf dem Rhein schwimmen. Geht es unter, so war es ein Bastard.

Um das Bild abzurunden, sei erwähnt, dass den keltischen Frauen bisweilen amazonen- beziehungsweise walkürenhaftes Verhalten nachgesagt wurde. Diodor (V 32, 1) stellt die Keltinnen an Mut und Kraft ihren Männern zur Seite. Ammianus Marcellinus (XV 12, 1) erzählt, dass die Gallierinnen ihre Männer zu verprügeln pflegen. Den Fußtritten und Faustschlägen der riesigen, blauäugigen Keltenweiber sei kein Mann gewachsen. In Notlagen beteiligten sich die Frauen so wie die Germaninnen am Kampf. Im irischen Mythos sind kämpfende Frauen ebenso wenig ungewöhnlich wie trinkende Frauen. Sie beteiligten sich am Gelage, wie das Trinkgeschirr im Grabe der Herrin von Vix erwarten lässt. Medb, der Name der Heldin in der irischen Nationalsage (s. u.), bedeutet „Die von Met Trunkene". Da die Keltenmänner Schmuck trugen, verwischt sich die den antiken Gesellschaften sonst so strenge Unterscheidung zwischen den Geschlechtern.

Singulär in der Alten Welt ist die von Plutarch (Moralia 246 C) überlieferte Nachricht von politischen Rechten bei Frauen. In Gallien sollen sie Mitsprache bei Zwistigkeiten mit Verbündeten, ja sogar bei der Entscheidung über Krieg und Frieden gehabt haben. Vor der Auswanderung nach Italien hätten die Frauen einen drohenden Bürgerkrieg verhindert und dafür dieses Recht erhalten. Es sei im Vertrag mit Hannibal eigens festgehalten gewesen, dass bei Klagen der Karthager gegen die Kelten deren Frauen richten sollten. Die Keltenfrauen werden als schön bezeichnet. Caesar jedenfalls schätzte sie, wie Sueton (51) vermerkt. Trotzdem übten die Männer, wie Diodor (V 32) bezeugt, die von Römern, Karthagern und Germanen verpönte Knabenliebe. Gemäß den antiken Autoren hatten sie dies wie die Perser (Herodot I 135) von den Griechen gelernt.

Tapfere Taten werden von zwei galatischen Fürstinnen berichtet. Polybios überliefert, Chiomara, die Frau des 189 v. Chr. besiegten Galaterkönigs Ortiagon (s. o), sei in römische Gefangenschaft geraten und von einem Centurio vergewaltigt worden. Anschließend habe er ihr versprochen, sie für eine hohe Summe heimlich freizugeben. Bei der nächtlichen Übergabe des Goldes sei es der Frau gelungen, den Römer zu töten und mit dessen Kopf zu ihrem geflohenen Gatten zurückzukehren. Ebenso heroisch, allerdings tragisch, ist die von Plutarch (Moralia 257 F) berichtete Geschichte der Kamma. Aus Liebe zu ihr tötete der Fürst Sinorix ihren Mann, den Tetrachen Sinatos. Nach langem Zögern gab Kamma dem Fremden nach, lud ihn in den Artemis-Tempel ein, deren Priesterin sie war, und bot ihm einen vergifteten Weihetrank, nachdem sie vorgekostet hatte.

Um den Nebenbuhler und Mörder ihres Mannes zu töten, opferte sie ihr Leben.

Das Bild, das Caesar von den sozialen Verhältnissen der Gallier entwirft, ist geprägt durch die Zweiteilung in Adel (nobiles, senatus, potentiores, boni, principes) und Volk (populus, plebs). Der gallische Kriegeradel erscheint als eine Schicht von Grundherren, die sich durch Abstammung, Reichtum und große Scharen von Hintersassen auszeichneten. Caesar (II 28) überliefert für die Nervier in Belgien ein Zahlenverhältnis von 600 Adligen (senatores) zu 60 000 Kriegern. Im Kampf mit den Römern erscheinen sie als Reiter, Caesar nennt sie darum „equites". Die Reiterei bestand aber keineswegs nur aus Adligen, denn die Häduer etwa konnten Caesar 4 000 Reiter stellen. Im Krieg erlitt der Adel prozentual überdurchschnittliche Verluste; bei den Nerviern fiel im Kampf gegen Caesar (II 28) nahezu der gesamte Stammesadel. Dass ein Einzelner an der Spitze des Volkes ohne Zustimmung des Adels Krieg führen könnte, schien Caesar (VIII 22) undenkbar.

Ein Teil des freien Volkes war – wiederum wie bei den Germanen – in Gefolgschaften der Adligen gegliedert. Polybios (II 17, 12) notiert: Auf Gefolgschaften (hetaireiai) legen die Kelten großen Wert, denn derjenige ist an meisten geehrt wie gefürchtet, der am zahlreichsten Gefährten um sich versammeln kann. Archäologische Zeugnisse bestätigen diese Sitte, so die Burgmannenhäuser am Rande eines Oppidums oder die Nachbestattungen in Fürstengrabhügeln. In dem vom Magdalenenberg bei Villingen wurden 126 spätere Bettungen gefunden, doch gab es ursprünglich wohl wesentlich mehr. Der keltische Ausdruck für den Gefolgsmann lautet „ambactus", es ist derjenige, der „um einen anderen herum ist". Von dem keltischen „ambactus" stammt unser deutsches Wort „Amt". Caesar übersetzt „ambactus" mit „cliens", Hörigen. Ebenfalls keltischen Ursprungs ist das spätlateinische „vassus", Gefolgsmann, das dem Begriff der Vasallität zugrunde liegt, sowie das Wort „felonia", das die Treulosigkeit des Vasallen gegen den Lehnsherrn bezeichnet. Das Verhältnis von Herrn und Mann bestand aus einer zweiseitigen Verpflichtung. Der Herr musste dem, der sich seinem Dienst weihte, ein Geschenk machen; von einzelnen Keltenfürsten meldet Strabon (IV 2, 3), dass sie Gold und Silber vom fahrenden Wagen herunter verteilten.

Wie bei den früheren Griechen und Germanen gehört bei den Kelten das Gelage zu den konstitutiven Elementen der Gesellschaft. Von großen Herren heißt es, wiederum bei Strabon (I. c.), dass sie tagelang öffentliche Gastmähler gaben. Die abermals an die Germanen erinnernde Trunksucht der Kelten ist gut bezeugt. Ein reicher Galater soll nach Arhenaios (150 D) einmal seine Stammesgenossen ein ganzes Jahr lang bewirtet haben. Die Kelten pflegen beim Essen nicht zu liegen, sondern zu sitzen, und zwar auf Bänken rundum an den Wänden, so Strabon (III 3, 7), oder – wie später in der Artussage – an runden Tischen. Damit ist nicht etwa eine demokratische Gleichheit symbolisiert, denn der Tisch hatte die Form eines offenen Ringes, und der durch Kriegsruhm, Abstammung oder Reichtum Angesehenste und Mächtigste saß „wie ein Chordirigent" in der Mitte, gegenüber der Öffnung, durch welche der Wildschweinbraten aufgetragen wurde. Der Ehrengast war an seiner Seite und die anderen ihrem Rang entsprechend angeordnet, so Athenaios (152 B)

Man trank griechischen Wein oder selbstgebrauten Honigmet. Honigreste sind in vielen Kesseln aus Grabfunden entdeckt worden. Noch Kaiser Julian, der 355 bis 361 in Gallien weilte, spottete in einem Epigramm über das Bier. Sein Geschichtsschreiber Ammianus Marcellinus (XV 12, 4) berichtet, man trinke in Gallien viel, aber arbeite auch emsig und halte sich sauber. Eindruck haben auf Ammian die großsprecherischen Reden der Gallier gemacht, die leicht in Schlägereien ausarteten. Einzelne Kelter besaßen, wie wir bei Athenaios (252 D) lesen, Tafelnarren als Spaßmacher in der Art der griechischen Parasiten. Die keltische Gastfreundschaft war berühmt; wer einen Fremden töte, heißt es, werde hingerichtet, wer einen Einheimischen töte, verbannt. Poseidonius (Athenaios 154 C) überliefert eine merkwürdige Trinksitte: Der Herr verteilt sein Geld und seinen Wein ans Gefolge, liegt auch auf seinem Schild und lässt sich dann die Kehle durchschneiden. Damit wollte man sich die Leute über das Leben hinaus zum Dienst im Jenseits verpflichten.

Archäologisch dokumentieren sich die Trinksitten der Kelten in den Grabfunden. Während das prunkvollste erhaltene Trinkservice, das von Vix, griechisch geprägt ist (s. o.), trägt das von Hochdorf genuin keltischen Charakter. Gefunden wurden neun Trinkhörner: eines aus Eisen, 123 cm lang und 5,5 Liter fassend, acht aus s-förmig geschwungenen Hornscheiben von Auerochsen, alle verziert mit goldenen Mündungsblechen. Da der letzte Auerochse in Europa 1627 in einen polnischen Tiergarten verendet ist, war die Identifizierung der Hörner schwierig. Ihre Länge beträgt 65 bis 80 cm.[54] Sie hingen an der Wand der Grabkammer. Ein griechischer Bronzekessel, 80 cm hoch und 104 cm weit für 500 Liter, war bei der Schließung des Grabes zu drei Vierteln mit Met gefüllt, für das 150 kg im Spätsommer geschleuderter Honig verwendet worden waren, wie die Pollenanalyse ergab. Der Kessel – seine keltische Bezeichnung lautet „badcauda", davon kommt das englische „basket" – ist aus einem einzigen Stück Metall getrieben und trägt am Hals drei Protomen in Gestalt liegender Löwen von 34 cm Länge. Einer hat einen Kern von Blei aus Laurion in Attika, ein anderer ist eine keltische Nachbildung der zwei anderen, die um 540 v. Chr. in einer griechischen Werkstatt Unteritaliens gegossen wurden. Zwischen den Löwen sind große Henkel in verzierten Attaschen in Walzenform angebracht. Eine Goldschale in der Form einer flachen Halbkugel von 13,4 cm Durchmesser war wohl zum Schöpfen oder für das Trankopfer gedacht.

Das Grab von Hochdorf enthielt weiterhin gestapelt auf dem Wagen ein Essgeschirr: neun Bronzeteller, drei größere, zweihenkelige Bronzeschüsseln für die Bohnen und den Braten, eine Axt zum Schlachten und ein Fleischmesser. Bratspieß und Feuerböcke, wie sie aus anderen Hallstattgräbern bekannt sind, fehlen in

---

54 Hausrind Europas stammte nicht vom wilden Rind Europas, sondern aus dem Balkanrind mit kleinen Hörnern.

Hochdorf. Kostbares Tischgerät war zu allen Zeiten ein Teil der fürstlichen Repräsentation, das zeigt sich auch im Tafelgeschirr des spätgriechischen Adels, der Senatoren und der hohen römischen Offiziere, denken wir an den Hildesheimer Silberfund.

Zur Tischkultur der Kelten gehörten die sogenannten „Barden". Dieses im 16. Jahrhundert aus dem Französischen ins Deutsche übernommene keltische Wort bezeichnet den Dichtersänger, der bei den Galliern wie der Keltiberer die Gäste mit Heldengesängen unterhielt und Lob den König und seinen Vorfahren sang. Eine der seltenen Steinskulpturen, gefunden in Saint-Symphorien-Paule (Côtes d'Armor), zeigt einen solchen Sänger mit Harfe. Die Statuette stammt aus dem 1. Jahrhundert v. Chr. und befindet sich im Museum von Sain Brieul (s. Abb. 8).[55] Das Bardenwesen war in archaischen Gesellschaften verarbeitet, so bei den Germanen und bei den Hunnen. Jene besangen Arminius, wie Tacitus (Annalen II 88) bezeugte, diese Attila, wie uns Priskus (Fragment 13) überliefert. Der Sänger erfreute die Kriegergesellschaft schon bei Homer in der Odyssee (VIII 471ff.), wie der blinde Demodokos am Hofe des Phäakönigs Alkinoos lehrt. Diodor (V 21, 5) vergleicht die keltischen Lebensformen überhaupt mit Homers Zeit. Der Bericht Diodors (II 47) über die in Britannien gedachten mystischen Hyperboreer zeigt eine keltische Reminiszenz darin, dass die Angehörigen dieses Volkes die Kithara spielten und die Taten Apollons besängen.

Die irische Sagentradition kennt den fahrenden Sänger, der gleichfalls oft blind ist, so Ossian bei Macpherson (s. u.). Er begleitet sein Lied auf der Harfe, dem ranghöchsten unter den Musikinstrumenten. Aus gutem Grunde ziert sie das Wappen des Freistaates Irland. Irische Harfner waren im 12. Jahrhundert in ganz Europa angesehen, sie bildeten einen erblichen Stand.

---

55 Abb. 8: Statuette eines Barden mit Harfe aus Saint-Symphorien-Paule/Côtes d'Armor), Museum Saint Brieue. 1. Jahrhundert v. Chr.

Man bewirtete und beschenkte sie, gab ihnen Pferde,[56] Rinder,[57] auch Sklavinnen. Wie die Druiden wurden die Barden mündlich unterwiesen. Es gab Dichterschulen, die sechs bis sieben Jahren lang besucht werden mussten, wo die Zöglinge in fensterlosen Räumen Tag und Nacht ihr Gedächtnis üben mussten. Die Barden konnten, wie die mittelalterliche Tradition Irlands zeigt, auch Spott- und Schmählieder auf die Feinde ihres Gastgebers singen, die jenen die Ehre raubten. Eine Drohung damit kam einer Erpressung gleich. Ein anderes Mittel, seelischen Druck auszuüben, bestand darin „gegen jemanden zu fasten". Der Hungerstreik scheint dennoch (ebenso wie der Boykott, benannt nach den Landlords gleichen Namens) eine irische Erfindung.

Außer den Geschenken musste der Herr seinen Gefolgsleuten Schutz gewähren. Caesar fand darin sogar den Sinn dieser alten Einrichtungen: Ein Herr, der seinen Leuten keinen Schutz biete, besitze bei diesen keine Autorität. Die Gegenleistung des Dienstmannes bestand in Treue. Das Recht auf Schutz enthält stets die Pflicht zum Gehorsam. Wir hören von einer religiösen Verpflichtung, den Tod des Herrn nicht zu überleben, so die 600 „soldurii" („Verschworenen"); so etwa die Leibwache des Königs der keltischen Sontiaten in Aquitanien, oder die keltische Schutztruppe des 83 bis 72 v. Chr. in Spanien agierenden römischen Rebellen Sertorius, von der Strabon (III 4, 18) spricht. Eine typologische Vorstufe dieser auch bei den Germanen bekannten Verpflichtung bezeugt Strabon (XVII 2, 3) für Äthiopien: Wird der König verletzt, so erleidet das Gefolge dieselbe Verletzung oder stirbt mit ihm.

Neben der militärischen Gefolgschaft begegnet bei den Kelten auch die Hörigkeit, die ökonomische Wurzeln hat. Caesar berichtet, dass viele Kelten, die ihre Schulden nicht bezahlen

---

56 In Glozel waren auch wilde Pferde eingraviert. Also, in Eiszeit in Mediterran war auch noch Pferd bekannt ...
57 Das Pferd und das Rind stammten von der Balkanhalbinsel ab. Das gilt auch für andere Haustiere.

konnten oder sich überhaupt unterdrückt fühlten, sich in den Schutz einzelner Adliger begäben. Diese Hörigen würden ähnlich gehalten wie die Sklaven in Rom. Sie seien von der politischen Mitsprache ausgeschlossen und unterstünden der Hausgewalt ihres Herrn. Was das Gefolge eines solchen Adligen im eigenen Stamm darstellen konnte, lehrt das Vorspiel zum Auszug der Helveter im Jahre 58 v. Chr. Als der wegen Adels und Reichtums erste Mann dieses Stammes, Orgetorix, von einem Standesgenossen verdächtigt wurde, das Königtum anzustreben, brachte er zu der angesetzten Gerichtsversammlung seine gesamte Anhängerschaft mit. Sie umfasste nach Caesar (I 4) über 10 000 Mann, und daher war ein ordentliches Verfahren gegen ihn undurchführbar.

Die Kelten waren als Krieger gefürchtet: ein gesetzloses, kriegerisches Geschlecht, so schon Platon (Gesezte 637 D), auffallend hochwüchsig. Darum schätzte man in Rom keltische Sklaven als Sänftenträger. Livius (X 28, 3f) und Cassius Dio (XII 50, 2f.) kennzeichnen die Keltenkrieger als ungestüm und zäh, aber ohne Ausdauer und rasch verzweifelnd, sobald es rückwärts gehe, aus einem Extrem ins andere fallend. Zwei Dingen liebten sie: den Krieg und den Alkohol.

Das Bild hielt sich bis in die Spätantike: Anders als in Italien, schrieb Ammian (XV 12, 3), würden Wehrdienstverweigerer verachtet. Wer sich deswegen den Daumen abschneide, werde mit dem keltischen Schimpfwort „mucus", also „Feigling" belegt. Den kriegerischen Charakter der Gallier bestätigen noch spätantike Münzen zu Ehren des gallischen Heeres mit der Aufschrift „VIRTUS EXERCITUS GALL(ICI)". Die Kelten trugen große Schilde, Speere und lange Schwerter. Das keltiberische Kurzschwert, das zum Hauen und Stechen (caesim et punctím) verwendbar war, wurde von den Römern samt dem Wort dafür (gladius) übernommen. Die Insubrer und Boier kämpften in langen Lederhosen und leichtem Mantel. Helme wurden beim gewöhnlichen Krieger erst spät üblich; Panzer kennen wir von bildlichen Darstellungen, so als Statuszeichen beim Fürsten von Glauberg. Schleuder, Pfeil und Bogen wurden von den Kelten in der Antike nur ausnahmsweise angewandt; sie waren, wie bei den früheren Germanen, nur auf der Jagd üblich. Wenn Jagdwaffen allein in Fürstengräbern vorkommen, so lässt das vermuten, dass die Jagd ein Herrenrecht war. Schusswaffen gelten als unritterlich; eine Auffassung, die uns auch im archaischen Griechentum begegnet: Strabon (X I, 12) las eine Inschrift im Tempel der Artemis Amarynthia auf Euboia mit einer Selbstverpflichtung der Dedikanten, auf Schuss und Wurf im Kampf zu verzichten.

Seit der Hallstattzeiten benutzten die Kelten im Kampf den aus dem Orient stammenden, von Griechen und Römern nur als Renn- oder Triumphwagen genutzten, einachsigen, zweibespannten Streitwagen (lateinisch „biga", keltisch „essedum"). Er war jeweils mit einem Kämpfer und einem Lenker besetzt. Oft wurde er dem toten Herrn mit ins Grab gegeben, 200 Beispiele sind bekannt. Auf dem Festland haben Keltenkrieger Wagen zuletzt in der Schlacht bei Telaman 225 v. Chr. eingesetzt, in Britannien noch um 200 n. Chr. In Irland hielt sich die Erinnerung bis in die mittelalterliche Sagentradition. Die Helden der „Tain bo Cuailnge" fahren auf der Biga in den Kampf. Ähnlich wie die Germanen eröffneten die Kelten die Schlacht mit Gebrüll, so Appian (VI 67), unterstützt von Kriegshörnern (karnyx), die Schrecken einflößen sollten und nicht, wie bei den Römern, für faktische Signale verwendet wurden.

Als Seefahrer treten die antiken Kelten militärisch kaum in Erscheinung. Zweimal hören wir von Seeschlachten. Die erste verdient den Namen: Als Caesar 56 v. Chr. Britannien erobern wollte, erhoben sich die gallischen Veneter nördlich der Loiremündung. Caesar (III 8; 12) nennt sie sehr bewandert in der Seefahrt. Sie brachten 220 Schiffe zusammen, die als hoch, groß und stabil beschrieben werden, aber, mit Ledersegeln bestückt, langsam und plump waren. Caesar befördert Decimus Brutus, einen seiner späteren Mörder, zum Admiral, der nach Dio (XXXIX 40, 5) aus dem Mittelalter, nach Caesar (III 11) auch von den benachbarten Küstenstämmen gestellten kleineren, aber wendigen Kriegsschiffe, die vornehmlich durch ihre Fernwaffen den Sieg davon trugen. Den anderen „Seesieg" errang Tiberius 15 v. Chr. auf dem Bodensee über die die Vindeliker, wie Strabon (VII 1, 5) bemerkt.

Als einziges Volk der Antike zogen die Kelten kostbar geschmückt in den Kampf. Zur Herausforderung des Gegners trugen sie, wie Diodor (V 25ff.) mitteilt, Ketten, Spangen, ja ganze Panzer aus Gold. Sie zierten Hals und Arme mit goldenen Wendelringen (torques), deren offene Enden in Tierköpfe ausliefen. Wir besitzen einige außerordentlich prunkvolle Exemplare. Ein besonders kostbares Stück, gefertigt um 50 v. Chr., stammt aus Snettisham und liegt im Britischen Museum, ein anderes aus Reinheim im Saarland, heute im Museum Saarbrücken (s. Abb. 9.).[58] Bei Erstfeld südlich des Vierwaldstätter See fand sich ein Depot von drei Arm- und vier Halsringen aus Gold von bezaubernder Schönheit, heute im Landesmuseum Zürich.

Über die Funktion dieser Prunkstücke unterrichten uns die antiken Autoren. Livius (VII 9f.) berichtet von dem Zweikampf des Titus Manlius mit einem riesigen Gallier, der ihm die Zunge herausgesteckt hatte, wobei der Römer den gedrehten Halsring (torques) des Gegners erbeutete und seitdem den später erblichen Beinamen Torquatus trug. Polybios (II 29; 31) meldet, dass in der Schlacht bei Telamon 225 v. Chr. die erste Kriegerreihe goldene Hals- und Armring trug, die von den siegreichen Römern dann dem Jupiter Capitolinus geweiht wurden. Übergroße Stücke aus dem archäologischen Fundgut waren vermutlich von Anbeginn Weihegaben oder Schmuck für hölzerne Statuen.

Wendelringe zierten im spätrömischen Heere Galliens die Drachenträger und erscheinen noch im 6. Jahrhundert n. Chr. auf dem Mosaik von San Vitale in Ravenna bei den vermutlich germanischen Leibwächtern Justinians. Der Torques diente als Rangsymbol und als Auszeichnung. Als bei der Proklamation Julians 360 n. Chr. in Paris kein Diadem zur Verfügung stand,

---

58 Abb. 9: Halsring (Torques) und Armring, Gold. Reinheim, Saarland. Museum Saarbrücken.

wurde ihm, wie Ammian (XX 4, 18) bezeigt, ein keltischer Halsring aufgesetzt. Diese Sitte bürgerte sich rasch ein und führte dazu, dass die bei Griechen und Römern zuvor unübliche Krönung mit dem Diadem anstelle der Investitur mit dem Purpurmantel zur entscheidenden Handlung bei der Herrschaftsübernahme wurde.

Keltenbrauch weist in mancherlei Hinsicht auf das Mittelalter voraus. Die Schilde der Krieger trugen Wappentiere, die Helme waren besetzt mit Stierhörnern, Eberköpfen oder Vögeln, vermutlich Raben oder Raubvögeln, wie uns von Diodor (V 30) und archäologischen Zeugnissen bekannt ist. Der Fürst von Glauberg trägt eine herzförmige „Blattkrone", die aussieht wie ein Helm mit übergroßen Ohren (s. Abb. 2). Die auf römischen Siegesdenkmälern, so dem Ehrenbogen von Orange dargestellten keltischen Feldzeichen wurden durch Pferde oder (immer wieder) Eber gekrönt, Caesar (VII 88) erbeutete auf Alesia deren 47. In Friedenszeiten standen sie in den heiligen Hainen.

Eigentliche Keltensitte ist die heroische Nacktheit der Markkämpfer. Wenn der keltische Krieger bei griechischen Autoren „gymnos", bei lateinische „nudus" heißt, kann das durchaus bedeuten, dass er dennoch seine üblichen langen Hosen getragen hat, so die Galater im 2. Jahrhundert v. Chr. und die Pikten im 2. Jahrhundert n. Chr. Hannibals keltische Hilfstruppen entblößten nach Livius (XXII 46, 6) ihre Oberkörper. Die als Berufskrieger gefürchteten Cäsaten (Speerleute) trugen im Kampf gemäß Polybios (II 28, 8) gar keine Kleider, nur ihre Waffen, so dass auch Galater so völlig nackt gekämpft haben könnten, wie die griechischen Kunstwerke sie zeigen. Damit hatten sie gegen eine gepanzerte Phalanx keine Chance, sofern nicht der erste Anprall den Gegner warf. Anders als Griechen und Römer schätzten sie bei der Eröffnung der Schlacht Vorkämpfer vom Typus David und Goliath. Man schaute ihnen zu, ehe das Handgemenge begann. Der Trotz keltischer Kämpfer beeindruckte den antiken Beobachter. Strabon (III 4, 18) erzählt von kriegsgefangenen Kantabrern, die, unbeugsam wie sie waren, noch am Kreuz hängend ihr Siegeslied gesungen hätten.

8. Das Stammeswesen

Die politische Landschaft der keltischen Welt wird – wie der germanischen – bestimmt durch eine Vielzahl von Stämmen. Die griechischen Autoren nannten sie ethnê[59] oder phylai, die lateinischen civitates, gentes oder populi. In Spanien finden wir vier Stämme, in Irland fünf, im kleinasiatischen Galatien sechs, in Oberitalien acht, in Gallien zu Caesars Zeiten sogar 50 bis 75. Tacitus (Annalen III 44) nennt die Zahl 64. Die größten Stämme umfassten 200 000 Männer, die kleineren 50 000. Jeder Stamm war zunächst eine Lebensgemeinschaft mit besonderem Namen, eigenen Kulten und Traditionen. Er bewohnte eine Siedlungskammer, eine Ebene oder mehrere zusammenhängende Täler und war vom nächsten Stamm durch natürliche Grenzen getrennt. Künstliche Stammesgrenzen wie die von Caesar (IV 3; 23) für die Germanen bezeugten Ödlandstreifen werden für die Kelten mehr vermeldet.

Große Stämme zerfielen in Gaue (pagus, tribus). Die Verhältnisse aber waren oft unklar oder wechselhaft. Plinius (V 146) teilt die Galater in sechs gentus und 195 populi ac tetrarchiae, die Boier Italiens in 112 tribus (III 116). Strabon (XII 5, 1) dagegen spricht von drei galatischen Stämmen, von denen jeder in vier Tetrarchien geteilt sei. Die Helvetier hatten nach Caesar (I 12) vier pagi. Unterstämme waren jeweils durch Beinamen gekennzeichnet (Typ: Volcae Arecomici, Volkae Tecktosages) und verwandelten sich durch Handel auf eigene Faust in selbstständige Stämme, so die Insubrer, ursprünglich ein Gau der Häduer, später aber eigenständig. Auch das Umgekehrte kommt vor, indem ein früher selbstständiger Stamm an Bedeutung verliert und später als Gau eines größeren Stammes erscheint, so die Tiguriner, in der Zeit des Marius ein eigener, kriegsführender Stamm, in der

---

59 Ethnê = etnê = etno = edno = eines, zu gleichartig zu sein, das gleiche zu sein, ein Volk = Folk = polk mit polka ...

Zeit Caesars (I 12) bloß noch ein Gau der Helvetier. Mitunter regierte ein König auch nur einen halben Stamm (V 31).

Das unklare Verhältnis zwischen Stamm und Gau beruht darauf, dass der Volksbegriff in der Antike mehrschichtig, der Volksname mehrdeutig sein konnte. Schon Caesar verwendet den Namen „Gallien" einerseits im weiteren Sinn unter Einschluss von Aquitanien und Belgien, andererseits im engeren Sinne als Gegensatz dazu, sodass die Stämme im mittleren Gallien als die eigentlichen, die reinen Gallier erscheinen. Die aquitanischen und belgischen Gallier zerfallen dann nochmals in eigene Stämme, wobei die ersteren iberisch und die anderen germanisch beeinflusst waren. In diesem Sinne besitzen auch die Keltiberer eigene Stammesgruppen innerhalb der keltischen Welt. Diese Großstämme werden teils mit geografischen Namen bezeichnet (Aquaitania, Britannia), teils nach dem vorherrschenden Einzelstamm (Belgae), teils nach einer Variante des Volksnamens (Galatai). Eine derartige Mehrschichtigkeit kennen wir ebenso von den Germanen, wo die Sweben als einige ihrer Untereinheiten zur Zeit des Tacitus, die Alamannen und Franken zur Zeit Ammians derartige Stammesverbände mit eigenen Teilstämmen bildeten. Gelingt es einem von diesen, die Vorherrschaft zu erringen, sinken die anderen zu Gauen herab. Vielfach haben sich Stämme geteilt oder Ableger gebildet, bisweilen infolge eines Bürgerkrieges oder durch Abwanderung, aber ihre Stammverwandtschaft im Namen bewahrt. Dieselben Stammesnamen begegnen uns beispielsweise in Südfrankreich, Mitteldeutschland und Kleinasien (Volcae Tectosages), andere gleichzeitig in Gallien, Osteuropa und Italien (Longonen, Boier, Veneter). Zwei Keltenstämme Britanniens, die Atrebaten (um Hampshire) und Parisit (um Yorkshire) gibt es namensgleich ebenso in Gallien.[60]

Diese Stämme waren zugleich politische Handlungseinheiten. Grundsätzlich scheint jeder Stamm souverän. Das lehren die

---

60 Also, alle erwähnten Stämme gehörten zu einem Volk, das sprach das Barbarisch der Pelasger = sog. Slawen.

zahlreichen Kriege der keltischen Stämme untereinander und die Bündnisse, die sie mit Nichtkelten, mit Germanen und Römern auch gegen ihresgleichen eingegangen sind. Caesar hätte Gallien niemals erobert, wenn nicht einige der wichtigsten Stämme aus Eifersucht auf ihre Nachbarn zu ihm gestanden hätten. Auch die Kelten in Britannien wehrten sich nicht gemeinsam gegen Rom. Mit der Methode „divide et impera" – die Formulierung selbst ist nachantik –, „entzweie den Gegner, dann beherrschst du ihn", erzielten die Römer ihren größten Erfolg in Griechenland, Nordafrika und Germanien.

Eine stammesübergreifende staatliche Einheit haben die Kelten nie gebildet und nirgends angestrebt, doch ist die vorübergehende Hegemonie eines Stammes, wie sie Livius (V 34) für die Biturigen in Gallien um 500 v. Chr. behauptet, denkbar. In der späteren Zeit lebten, wie Caesar (VI 11) und Strabon (IV 5, 2) berichten, die gallischen Stämme in dauernder Rivalität. Jeder versuchte, den schwächeren Nachbarn in die Abhängigkeit zu zwingen, ihm Land zu nehmen und Tribute aufzuerlegen. So umgaben sich die mächtigeren Stämme mit Klientelstämmen, deren Fügsamkeit durch Geiseln gesichert wurde, die Abgaben lieferten und Kriegsfolge leisteten. Die starken Stämme erstrebten eine Vorherrschaft über ganz Gallien, und weil dies nicht gelang, bildeten sich zwei Gruppen heraus, deren eine von den Arvernern, dann von den Sequanern geführt wurde, während die andere unter den Häduern stand. Der Hilferuf der Sequaner holte um 70 v. Chr. die Germanen unter Ariovist ins Land. Dieser Swebefürst trug einen keltischen Namen und hatte eine keltische Prinzessin aus Noricum zur Frau. Die Besorgnis der Häduer gegenüber den Helvetiern, die angeblich gerade selbst eine Hegemonie errichten wollten, lieferte Caesar den Vorwand zum Einmarsch (s. u.).

Trotz der politischen Eigenständigkeit aller Keltenstämme gab es momentane Zweckbündnisse über die Stammesgrenzen hinweg. Bei größeren Unternehmungen kam es – ähnlich wie bei den Germanen während der Völkerwanderung – zum Zusammenschluss von Angehörigen mehrerer Stämme unter zentraler Führung. Boudicca in Britannien führte 61 n. Chr. gegen die Legionen Roms ihre Icener, die Trinobanten und andere Stämme. Ambriorix in Belgien befehligte im Kamp gegen Caesar 54 v. Chr. Krieger aus vier Stämmen, der Suessione Galba gleichfalls in Belgien 57 v. Chr. Krieger aus 16, Vercingetorix 52 v. Chr. solche aus fast allen Stämmen Galliens, wie Caesar (VII 4; 75) schreibt.

Über diese Kriegsbündnisse hinaus gibt es bei den Kelten Zeugnisse für ein ethnisches Einheitsbewusstsein. Es zeigt sich nicht nur im erwähnten Abstammungsmythos und dem Druidenkonvent, sondern beispielhaft in dem Zusammenhalt zwischen den südgallischen und den oberitalischen Kelten, wo der Appell an die Verwandtschaft gewirkt hat, zumal wenn er durch Geschenke unterstützt wurde. Ein ernsthafter Versuch, wenigstens Galliens Kelten zusammenzuschließen, ist erst kurz von dem endgültigen Sieg Caesars von Vercingetorix unternommen worden. Trotz der gegenüber allen Reden in antiken Geschichtswerken gebotenen Vorsicht gibt es keinen Grund zum Zweifel, wenn Caesar (VII 29, 6) seinem Gegner den Wunsch in den Mund legt: „(se) unum consilium totius Galliae effecturum, cuius consensui ne orbis quidem terrarum posset obsistere". „Er werde einen gemeinsamen Willen ganz Galliens schaffen, und auch die ganze Welt könne einem einmütigen Gallien widerstehen." Der offensive Nachsatz freilich könnte von Caesar dazugesetzt sein, um die Gefährlichkeit der Gallier hervorzuheben. Der Einigungsversuch kam zu spat, wäre vermutlich auch nicht von Dauer gewesen, wie andere ephemere Staatsbildungen lehren, so die Königreiche des Dakers Burebistas († 44 v. Chr.) in Ungarn oder des Markomannen Marbod († 19 n. Chr.) in Böhmen.

9. Burgen und Städte

Im Unterschied zur mediterranen Stadtkultur herrschten in Mitteleuropa dörfliche Siedlungen vor. Dies gilt auch für die Kelten, selbst in Oberitalien und Galatien. Seit dem 6. Jahrhundert kennen wir jedoch auch befestigte Siedlungen in Höhenlagen, die als Fürstensitze anzusprechen sind. Zu ihnen gehören in Burgund der Mont Lassois bei Châtillon an der Seite, in der Provence das Oppidium Entremont, in Schwaben die Heuneburg, in Hessen der Glauberg. Auch die kleinasiatischen Galater hatten Burgen: Cuballum, Magaba und Olympos, wo Ortagon sich gegen die Römer verteidigte. Schon Hekataios und Herodot erwähnen keltische poleis (Nyrax und Pyrene), Caesar spricht mehrfach von oppida, d. h. kleinere, burgartige Städte oder Fliehburgen. Bei den Helvetiern nennt Caesar (I 5) zwölf oppida, 400 Dörfer sowie außerhalb stehende private aedificia, die vor der Auswanderung angezündet wurden. In Britannien sind 3000 Hillforts gezählt worden, Musterbeispiele sind Maiden Castle (bei Dorchester), Danebury (Hampshire) und Cadbury Castle (County Somerset). Caesar (V 21, 2f.) beschreibt ein Oppidium in Britannien als Fluchtburg. Verglichen mit den wohlerforschten Gräbern sind die Wohnquartiere bisher archäologisch kaum erfasst. Selbst die Untersuchungen auf der Heuneburg und Manching, der Hauptstadt der Vindeliker bei Ingolstadt, haben nur wenige Häuser zutage gefördert, sie lassen einen Schachbrettgrundriss erahnen.

Im 2. Jahrhundert v. Chr. entstanden, ausgehend vom unteren Rhônetal, stadtähnliche Zentralorte von bemerkenswerter Größe (s. Abb. 10).[61] Sie dienten als Mittelpunkte eines Stammesgebietes: Hauptstadt der Häduer war Bibracte, die der Parisii die später nach diesen benannte Seine-Insel Lutetia und die der Treverer das heutige Trier. Caesar spricht nicht nur von appida,

---

61 Abb. 10: Keltische Oppida und mittelalterliche Städte, Karten im Vergleich.

sondern ebenso von urbes, d.h. Städten des mediterranen Polis-Typs (Alesia, Gergovia, Avaricum). Die keltischen Städte bevorzugten Höhenlage, doch gab es auch Städte in der Ebene, so Manching mit planmäßig angelegten Rechteckhäusern, einer 7 km langen kreisrunden Mauer und 5 000–10 000 Einwohnern. Die Funde weisen auf Goldmünzenherstellung, Eisenverhüttung, Bronzeguss und Glasproduktion hin. Die Bergstädte sind in der römischen Zeit in die Täler verlegt worden. Das schwächte die Widerstandskraft und war verkehrstechnisch günstiger. Das keltische Stadtbild lässt südliche Einflüsse erkennen. Das archäologisch gut erforschte Bibracte besaß wie eine griechische oder römische Stadt ein Forum mit einem Tempel, Handwerkhäuser entlang der Hauptstraße, ein Villenquartier und eine starke Befestigungsanlage. Die Keltenstädte unterscheiden sich von den mediterranen Städten nur architektonisch, insbesondere durch den mit Stroh oder Schindeln gedeckten Holzbau. Mobiliar fehlte, gemäß Polybios (II 17), der Besitz habe im Wesentlichen aus Gold und Vieh bestanden.

Wie die Germanen, so hatten die Kelten kein Geschick mit dem Werkstoff Stein. Gemörtelte Mauern fehlen. Kennzeichnend ist die von Caesar (VII 23) beschriebene, archäologisch vielfältig nachgewiesene Technik des murus Gallicus (s. Abb. 11)[62]: Balken werden in regelmäßigem Abstand von zwei Fuß senkrecht zur Mauerrichtung nebeneinandergelegt, die Mauerfront wird mit Steinen verkleidet und in die Zwischenräume kommt Erde. Bei einer Höhe von ebenfalls zwei Fuß wird eine zweite Lage darüber gesetzt und so weiter. Bisweilen werden diese Querbalken noch durch Längsbalken zusammengehalten und mit Pfählen verstärkt. Stabil gegenüber dem Rammbock hatte diese holzverstärkte Trockenmauer den Nachteil, dass sie in Brand gesteckt werden konnte. Im Verfallsstadium verrottet das Holz, aus der Mauer wird ein Wall. Unsere Ringwälle, denken wir an den dreifach umringten Altkönig im Taunus mit einer maximalen Mauerdicke von 6,70 m

---

62 Abb. 11: Murus Gallicus, Rekonstruktionszeichnung.

61

oder an den Donnersberg in der Pfalz mit seiner Mauerlänge von über 8 km, waren einmal solche „gallische Mauern". Für die Mauern der „Goldgrube" in Taunus hat man 200 000 Tage berechnet,

Ein Kuriosum keltischer Befestigungstechnik stellt die Ummauerung der Heuneburg im frühen 6. Jahrhundert v. Chr. dar. Ost- und Südmauer bestanden, 4 m hoch, 3 m dick und 500 m lang, aus quadratischen luftgetrockneten Ziegeln. Weder das Steinfundament noch eine Putzschicht konnten verhindern, dass nach einer längeren Feuchtigkeitsperiode die Mauer wegsackte wie ein Pudding. Die Technik und das Ziegelformat verweisen auf die Hafenmauer von Gela in Sizilien und lassen vermuten, dass ein reisender Donaukelte die Bauart dort kennengelernt und mit nach Hause gebracht hat, wo sie dem Klima nicht standhalten konnte. Griechischem Beispiel entsprechen auch die 15 vorragenden, rechteckigen Bastionen an der Westmauer, die der Heuneburg zwar ein martialisches Aussehen verliehen, aber viel zu dicht standen, als dass ein Schussfeld von oben herab verteidigt werden hätte können, weil sie, wie Feuerstellen im Inneren beweisen, keine Dächer trugen.

Die Namengebung der Keltenstädte zeigt einheitliche Züge. Viele Stadtnamen enden auf -acum (Antennacum/Andernach; Mogontiacum/Mainz), andere sind mit dem Götternamen Lug für Merkur zusammengesetzt (Lugdumum/Lyon und Leiden) oder enthalten Wörter wie briga, also „Berg" (Brigetio/Bregenz, Brixia/Brescia, Segobriga/Segorbe). Bona steht für „Burg"[63] (Bonna/Bonn, Boninia/Bologna und Boulogne, Ratisbona/Regensburg), lanum für „Feld" (Mediolanum bedeutet wörtlich übersetzt „Mittelfeld", so heißen außer Mailand ein Dutzend Orte). Magus beschreibt die „Ebene" (Rigomagus/Remagen, Noviomagus[64]/Neumagen, Borbetomagus/Worms) und dunum

---

63 Burg = Bulg = Bolg + ar = Bolgar = Volgar (vulgär) – ar = Volg = Volk = folk = polk (Volk) – Polka = Volksmusik usw.

64 Noviomagus = novio magus. Also, novio = neu- der Neueste/das Neueste/die Neueste usw. Z. B. Neumagen usw.

steht für „Festung" (Campodunum/Kempten, Camulodunum/ Colchhester, Lugdunum/Lyon), verwandt mit dem englischem town, zu Deutsch „Zaun". Damit hängt ebenso der hessische „Dünsberg" zusammen sowie der „Taunus" mit seinen 25 Ringwällen, darunter Altkönig und Goldgrube.

Die Kelten haben das Städtewesen nördlich der Alpen begründet. Viele noch heute bestehende Orte stammen aus keltischer Zeit oder tragen gar den alten keltischen Namen weiter: In England sind es unter anderen Londinium/London und Eburacum/York; in der Schweiz: Lousonna/Lausanne, Turicum/Zürich, Genava/ Genf und Bern (von Brennus); in Deutschland: Bonn, Remagen, Andernach, Mainz, Worms; in Italien: Mutina/Modena, Parma/ Parma, Bergomum/Bergamo, Ticinum/Pavia am Ticino/Tessin; Mediolamum/Milano/Mailand,[65] Comum/Como, Verona/Verona[66](mittelhochdeutsch Bern),[67] Trient und Vicetia/Vicenza; in Österreich: Vindobona/Wien und Carnuntum. In Kleinasien waren Gordion,[68] Pessinus und Ankara keltische Zentralorte vorkeltischen Ursprungs. Im spätantiken Gallien verdrängte dann vielfach der Stammesname den Ortsnamen: Paris[69] (Parisii statt Lutetia), Rems (Remi statt Durocortorum), Sens (Senones statt Agedincum), Bourges (Bituriges statt Avaricum), Chartes (Carnuti statt Autricum), Trier (Treverri statt Augusta).

---

65 Milano = milan o = Neutrum; mil = lieb + an (sog. slawische Endung: v-n-t) = Milan + o = Milano; Insel Milet = mil et;

66 Vera der weibliche Name: Vera = ver a = ♀; Vera = Glaube = Vertrauen; Verona = ver + on (v-n-t) + a (= ♀) = Verona;

67 Bern, b = v (w), Vern = Veron + a (= ♀) = Verona; ich gestehe nur gleichlautlich: a = a, b = b, c = c, d = d, e = e usw.

68 Gordion = Gord i on: Gord = stolz; i = i; on = on; v-n-t, ov-on-ot: gordov-gordon-gordot ... Gordion = brigisch, b = f;

69 Paris, Troa = Troia = Troja ... Troier = Troyer, nach Homer, mit trojanischer Herkunft usw.

10. Könige

Die älteste Staatsform bei allen indogermanischen Völkern[70] ist das Königtum mit dem lebenslangen und erblichen Oberbefehl im Krieg, in der Regel verbunden mit rechtlichen und sakralen Aufgaben. Auch die Keltenstämme waren in ihrer frühesten Zeit von Königen beherrscht. Das legen schon die archäologischen Befunde nahe. Wir kennen aus der späteren Hallstattzeit Fürstensitze (s. u.) und fassen in den zumeist nahegelegenen Bestattungen herausragende Persönlichkeiten, die mit einem überdurchschnittlichen Aufwand beigesetzt worden sind.

Den Kern bildet gewöhnlich eine ebenerdige, später eine eingetiefte Grabkammer aus Eichenbalkan, die durch Steinpackungen seitlich und oben geschützt ist. Darüber wurde ein kegelförmiger Hügel aufgeworfen, oft durch einen Steinring begrenzt. Die kleineren Hügel messen im Durchschnitt etwa 30 m, der von Vix hat 42, der von Hochdorf 60, der Hohmichele 80 und der Magdalenenberg 120 m. Dieser Hügel hat eine Steinabdeckung von 2500 m³ und besteht aus 45 000 m³ Erde. Die ursprüngliche Höhe ist immer nur zu schätzen, für Hochdorf werden 6 m, für den Hohmichele 13,5 m genannt. Einzelne Hügelgräber sind über Wohnhäusern errichtet worden. Mit der Anlage hat man immer erst nach dem Tode des Grabinhabers begonnen. Während der Bauzeit muss er mumifiziert gewesen sein, anderenfalls hätten sich Chitinpanzer von Fliegenlarven gefunden, wie sie in verwesenden Leichen zu erwarten sind. Die angewandte Technik der Mumifizierung ist unbekannt, erwogen wird die Verwendung von Honig, Salz oder Rauch. Die Errichtung des Grabes hat sich, wie die Größe nahelegt und die Pollenanalyse bestätigt, gewöhnlich über Monate hingezogen.

Die durch ihre Größe bemerkenswerten Fürstengräber fallen ebenso durch den Reichtum an Beigaben auf. Der Herr von

---

70 Nur indoeuropäische Völker und indoeuropäische Sprachen, die Völker und die Sprachen der Weißen.

Hochdorf war etwa 40 Jahre alt, als er starb, und überragte mit einer Körpergröße von 1,87 m die meisten seiner Keltenkrieger. Spuren eines gewaltsamen Todes sind nicht auszumachen. Unter den Gegenständen des täglichen Gebrauchs, die ihm mitgegeben worden waren, ragt der goldene Halsring hervor; er konnte über den Kopf gezogen werden. Zwanzig Ringe dieser Art wurden in Hallstattgräbern gefunden, vermutlich handelt es sich um Herrschaftszeichen. Dies gibt auch für den 40 cm langen Zierdolch mit dem höchst unpraktischen „Antennengriff" in einer verzierten Bronzescheide. Der ganze Dolch war nachträglich mit Goldblech verkleidet.

Der Tote von Hochdorf trug einen konischen Hut aus verzierter Birkenrinde; neben ihm lagen eine Lanze und ein mit Fell überzogener Holzköcher mit 14 Pfeilen, während der Bogen vergangen war. In die Welt des Jagens und Fischens verweisen drei eiserne Angelhaken. Zur persönlichen Ausstattung gehören sodann Nagelschneider, Holzkamm und Rasiermesser, zwei Bronzefibeln mit Koralleneinlagen, zwei Goldfibeln sowie fünf als Amulett am Hals getragene, gedrechselte Bernsteinperlen. Sie wären eigens zum Zwecke der Mitgabe angefertigt worden, ebenso mehrere Goldsachen: ein breiter Armreif, die zwei Fibeln, die Dolchverkleidung, ein Gürtelblech und breite, gepunzte Bänder als Auflagen auf den Schuhen. Alle diese Schmucksachen dienten allein der Auszierung des Aufgebahrten. Das bezeugten fehlende Benutzungsspuren und Werkstoffreste, die unter dem Hügel ebenfalls „beigesetzt" wurden. Die Werkstätten lagen somit in der nächsten Umgebung.

Der Keltenfürst lag auf einer gebrauchten Bank aus Eisenstangen und Bronzeblech, griechisch klinê, mit eingepunzten Figuren von sechs Schwestertänzern und zwei vierrädrigen, zweispännigen Wagen, auf denen je ein Krieger steht. Die Beine der Liege sind als Frauenfiguren gestaltet, die auf Achsen von Rädern stehen. Sie erlaubten es, die Liege vorwärts und rückwärts zu rollen. Sie war bedeckt mit Tüchern und Pelzen von Dachs, Marder und Iltis. Das größte Gerät im Grab war ein kostbar mit Eisen- und Bronzebeschlägen verzierter vierrädriger Wagen. Die Pferde waren nicht mitgegeben worden, doch lagen das Zaumzeug und ein Pferdestachel dabei, der im Altertum die Peitsche des Fuhrmanns ersetzte (myops in Platons Apologie des Sokrates). Die zum Gelage gehörenden Beigaben in Hochdorf sind oben im Zusammenhang mit dem Gefolgschaftswesen aufgeführt worden.

Die Mehrzahl der Fürstengräber war bei ihrer Entdeckung beraubt worden. Dies muss gewöhnlich bald nach der Bestattung geschehen sein, wie man daran erkennen kann, dass die Leiche in eine Ecke der Grabkammer geräumt wurde, während die Knochen noch im Verbund waren, oder dass eine Perlenkette auf dem Rückweg des Diebes in dem von ihm gegrabenen Stollen verloren ging, bevor der Faden vermodert war. Ein solcher Raub erfolgte, ehe die hölzerne Grabkammer eingestürzt war. Von den Dieben zur Beleuchtung mitgenommene Kienspäne bestätigen dies. Weshalb es den Angehörigen des Toten nicht gelang, die mit solchem Aufwand bezahlten Prunkgräber zu schützen, ist ebenso rätselhaft wie bei den Pharaonengräbern im Tal der Könige. Die Vermutung drängt sich auf, dass die Räuber bisweilen unter den Grabarbeitern zu suchen sind. Davon, dass die Hinterbliebenen nicht geglaubt haben, bereits mit dem Verzicht auf die Beigaben das Totenopfer vollzogen und die Schuldigkeit abgeleistet zu haben, so dass sich eine Bewachung erübrigte, kann man ausgehen. Das ergibt sich daraus, dass wie die Ägypter so auch die Kelten den Zugang zu ihren Grabkammern versiegelten, wie etwa in Hochdorf mit 50 Tonnen von Steinen. Und die haben ihren Zweck erfüllt. Ein gutes Mittel, die Grabräuber zu foppen, war, die Kammer exzentrisch zu legen, so war sie schwer zu finden. Das geschah auf dem Glauberg.

Die „Fürstengräber" tragen ihre Bezeichnung sicher zu Recht. Wenig später erscheinen diese Herren in der schriftlichen Überlieferung: Brennus, der Eroberer, im Jahre 387, ist der bekannteste (s. o.), und auch die später in der Po-Ebene[71] sesshaften

---

71 Po-Ebene: Po = po = nach; Ebene, b = v = w, Evene = Ewene: Ra + evene = Ravene = Raven(n)a:a = ♀- ravn-ica = Ebene.

Keltenstämme standen unter Königen. Dasselbe gilt für die großen Wanderungen nach Osten. Das älteste dortige Königreich nach vollzogener Landnahme ist jenes von Tylis im heutigen Bulgarien im 3. Jahrhundert v. Chr. (s. o.). Als die Römer Ende des 2. Jahrhunderts die Gallia Narbonensis eroberten, gehorchten die dortigen Stämme noch Königen.

Der Titel des keltischen Königs lautet rigs. Es ist das alte indogermanische Wort für König und entstammt, wie lateinisch rex und indisch radischa, der Wurzel für „richten". Es scheint häufig als Endung von Eigennamen: Vercingetorix, Orgeterix, Ambiorix etc. Livius nennt die selbstständigen Fürsten der kleinasiatischen Galater reguli Kleinkönige, reges oder duces; Plutarch spricht von Tetrarchen (Vierfürsten, genauer: Viertelfürsten, Teilfürsten). Heerführer dürfen wir als Könige ansprechen. Als Brennus, der Eroberer von Delphi, starb, empfahl er dem Heer, Kihorius als Nachfolger zum basileus,[72] d. h. zum König zu wählen. Mithin hatte schon er dieses Amt inne.

Im allgemeinen ging die Herrschaft vom Vater auf den Sohn über, doch waren Töchter und Witwen ebenfalls thronfähig. In Britannien hatten die Römer mit Cartimandua, der Frau des Briganten (so der Stammesname, er bedeutet „Kämpfer") Venutius, zu tun, die sich 50 n. Chr. auf die römische Seite und zehn Jahre später auf die der Römerfeindin Boudicca stellte. Der Frau des Iceners Prasutagus (s. u.). Tacitus (Agricola 16) bemerkt: „Neque sexum in imperiis discernum", zu Deutsch „Beim Oberbefehl machen die keinen Unterschied zwischen den Geschlechtern".[73] Das war in der Alten Welt sonst nicht üblich, sehen wir ab von mythischen Figuren wie Semiramis[74] in Babylon und Kandacke in Ägypten und Zenobia in Palmyra. In den Keltenmythen des

---

72 Basileus = Vasileus = Vasilevs + ki = Vasilevski; Vasiles + ki = Vasileski: vasila = va sila = sil a = ♀: sil = s(Σ) il = Ilios.

73 Tacitus war Falsifikat: für Tacitus zweifelte Voltaire und für Hartius (1709) Germania von Mittelalter ...

74 Semiramis = semir ... Semir = se mir = Frieden (Ruhe/Stille); se + v = sve + mir = Svemir: Svemir = All;

Mittelalters erscheinen Königinnen bisweilen aktiver und militanter als ihre Männer.[75]

Die Nachrichten über Königsinsignien sind bei den Kelten ebenso spärlich wie bei den frühen Germanen. Dion Chrystomos (or. 49, 8) erwähnt um 100 n. Chr. einen goldenen Thron als Amtssymbol, der zugleich genannte Palast wird diesen Namen kaum verdient haben, der Aufwand der Gastmähler schon eher (s. o.). Der in den reichen Gräbern vorkommende goldene Halsring hat den Fürsten gewiss schon im Leben geziert, doch war er eher Standes- als Amtsabzeichen. Einzelne Könige der Galater trugen hellenistische Diademe.[76]

Anscheinend hatte der keltische König, ähnlich wie die meisten frühgeschichtlichen Könige, priesterliche Funktionen. Der Galaterkönig Deiotarus wird von Cicero (De divinatione I 26f.) als berühmter Seher bezeichnet. Wir hören, dass der König mit seinem Verhalten den Sieg der Götter verbürge und im Falle von deren Ungnade den Tod verdiene. Der Gedanke des Königsheils findet sich schon bei den alten Israeliten: Wenn David sündigt, schickt der Herr Pestilenz über Israel (1. Chronik 21, 14); es begegnet uns bei den Griechen, da Agamemnon für günstigen Wind und reiche Ernte zu sorgen hat (Odyssee XIX 110ff.), und bei den Germanen, wo Ammianus Marcellinus (XXVIII 5, 14) es den Burgundern attestiert. Sakraler Art ist das Gebot, ein König müsse körperlich unversehrt sein. Das erwartete man, wie die Quellen lehren, ebenso von einem attischen Archonten und von einem römischen Konsul, Prätor oder Kaiser. Im 3. Buch Mose (21, 17) wird dies für die Jahwe-Priester gefordert und gilt für den katholischen Klerus bis heute. Der körperliche Makel eines Priesteranwärters (auch uneheliche Geburt) erfordert einen

---

75 Semiramis in Vatikan nur während der Renaissance, Mutter Maria war von Semiramis ersetzt worden.
76 Es gab nichts Griechisches, sondern nur Makedonisch und Hellenisch nach dem Tode des Alexanders Hellenismus.

päpstlichen Dispens. Man glaubte, dass ein Körperschaden den Entzug der göttlichen Gnade bezeuge.

Nicht anders als bei anderen antiken Völkern geriet das Königtum irgendwann in eine Krise. Schon Polybios (II 21, 5) berichtet, dass keltische Könige ihre schwankende Macht durch Stammesfremde stützen wollten und dabei von ihrem eigenen Volk totgeschlagen wurden. Im Kriege führte nicht mehr der basileus, sondern stratêgos. Der Machtverlust spiegelt sich, wie stets, in den archäologisch fassbaren Bestattungsbräuchen. Die überaus reichen Gräber einzelner Damen und Herren der Hallstattzeiten verschwinden in der Latènezeit, das heißt bald nach 400 v. Chr., so dass man auf eine soziale Egalisierung, ja sogar Demokratisierung der Gesellschaft geschlossen hat. Unerklärt ist, weshalb in der Hallstattzeit Körper- und Brandgräber nebeneinander, in der Latènezeit jedoch überwiegend Körpergräber üblich waren. Allmählich tritt an die Stelle der alten Fürstenkultur um die Herrensitze eine Stadtkultur der „breiten Massen" (Moreau 1961).

Als Caesar nach Gallien kam, hatten die meisten Stämme das Königtum abgeschafft und eine Adelsherrschaft eingerichtet. Bei den Sequanern und Häduern war der Umsturz erst vor einer Generation erfolgt, wie Caesar (I 3) bemerkt. Allein die von den Römern am weitesten entfernt wohnenden Stämme in Aquitanien, Nordgallien und Britannien standen noch unter Königen. Hier wurde die Monarchie erst in der Zeit zwischen Caesar und Tacitus durch die Aristokratie ersetzt. „Früher gehorchten alle den Königen, jetzt werden sie durch konkurrierende Fürsten und Parteien zerrissen", heißt es bei Tacitus im „Agrcola" (12, 1). Der französische Forscher Grenier hat 1945 von einer „gallischen Revolution" gesprochen, die den Vorgang der Französischen Revolution bereits einmal zuvor durchgespielt habe. So wie auch deren Idee über den Rhein ins Deutsche Reich ausstrahlten, so hätte auch die gallische Revolution dort nicht haltgemacht. Tatsächlich haben die den Galliern benachbarten Germanenstämme ihre Monarchien ebenfalls beseitigt und Adelsrepubliken an deren Stelle gesetzt, während die ost- und nordgermanischen Königtümer sich halten konnten. Das Sterben nach der Königsherrschaft in einem aristokratisch verfassten Stamm als Hochverrat, der Mann musste sterben –, wie bei den Germanen, denken wir an Arminius, so bei den Galliern, wo es den Häuder Dumnorix, den Helvetier Orgetorix und Celtillus traf, den Vater des Vercingetorix.

Unter den verbliebenen Königen lässt sich eine Schwächung der Zentralgewalt erkennen: Von den Eburonen schreibt Caesar (V 27. 3), die Menge besitze dort denselben politischen Einfluss wie der König; und Dion Chrysostomos (or. 49, 8) meldet von Keltenkönigen, sie dürften nichts unternehmen oder beschließen, ohne die Druiden zu fragen, so dass in Wirklichkeit diese regierten und die Könige bloß ausführende Organe wären. Als Grund für die Abschaffung des Königtums kommt das Vorbild der außenpolitisch so erfolgreichen republikanischen Verfassung Roms in Betracht, wichtiger war aber wohl die Herausbildung einer wohlhabenden und selbstbewussten Mittelschicht, wie sie zuvor bei Griechen und Karthagern, bei Etruskern und Römern entstanden ist und dort die Alleinherrschaft beendet hat. Diese Mittelschicht schuf und trug das Städtewesen, dessen Aufblühen geographisch und chronologisch mit dem Verschwinden des Königtums zusammenfällt. Auch bei den angrenzenden Germanen deckt sich die Verbreitung der Volksburgen mit der aristokratischen Stammesverfassung. Bei den Galatern waren die ursprünglich regierenden Könige ebenfalls durch gewählte Beamte ersetzt worden, doch gab es in den Kämpfen mit Rom wieder Könige und schließlich nur einen einzigen, Deiotarus.

11. Adelsherrschaft

Die meisten antiken Gemeinwesen besaßen zwei Kollektivvorgänge, einen Ältestenrat und eine Volksversammlung der wehrfähigen Männer. Auch bei Galliern gab es diese Einrichtungen, die schon in der Königszeit existierten, doch wurden sie erst in republikanischer Zeit bedeutsam. Es handelt sich um einen Stammesrat (senatus) der Herren (principes gentis) und eine allgemeine Stammesversammlung (concilium), entsprechend dem aus der „Germania" des Tacitus (11f.) bekannten Thing. Der Senat bestand aus gebürtigen Adligen, doch dürften ihm nicht zwei Mitglieder derselben Familie angehören –, so jedenfalls bei den Häduern, wie Caesar (VII 33), 3) meldet.

Öfter hören wir vom concilium. Caesar (VI 20, 3) schreibt: „De re publica nisi per concilium loqui non conceditur." – „Über Staatsangelegenheiten darf nur auf dem Konzil verhandelt werden." Wer dort vertreten war, ist nicht ganz klar. Selbstverständlich erschien der Adel, aber auch die Druiden hatten ein gewichtiges Wort mitzureden, speziell über Krieg und Frieden. Ausgeschlossen waren nach Caesar (VI 13) die plebs. Dem entspricht die Angabe Strabons (IV 4,3), dass die meisten gallischen Stämme in vorrömischer Zeit eine aristokratische Verfassung besaßen und das Wahl- und Entscheidungsrecht mithin nicht allen Freien zustand. Gleichwohl muss der Adel zahlreich gewesen sein, denn das concilium wird auch als Menge (multitudo oder plêthos) bezeichnet. In Notfällen trafen sich Angehörige vieler Stämme auf einem Konzil, so nach dem Einfall Caesars (V 11) in Britannien 54 v. Chr. und während seiner Belagerung von Alesia[77] 52 v. Chr. Damals versammelte sich ein cincilium principum aus allen gallischen Stämmen (VII 75). Die Institution war flexibel.

Zur Zeit Hannibals erscheinen die Gallier üblicherweise in Waffen zur Volksversammlung, bei Caesar (VII 75) nur dann, wenn es um Krieg und Frieden geht. Durch Waffenschlagen bezeugte man Beifall, wie Caesar (VII 21) bemerkt, durch Murren Ablehnung. Wer zu einem concilium armatum zu spät käme, heißt es, würde öffentlich unter Martern hingerichtet. Übereinstimmend berichten die antiken Autoren, dass die Gallier große

---

77 Alesia = a lesi a = ♀: les + ka = leska = Hasel = Haselnussstrauch; les = leš = lesch; lešnik = Haselnuss; Lesia = Leš – AL;

Redner gewesen seien. Wir hören auch davon, wie im Konzil für Ruhe gesorgt wurde: Wer einen Redenden unterbrach, dem wurde, nach Strabon (IV 4, 3), ein Loch in den Rock geschnitten.

Die Stammesversammlung war zuständig für alle politischen Grundsatzfragen. Verhandlungen mit anderen Stämmen konnten mit festgelegtem Auftrag abgetreten werden. Orgetorix erhielt von den Helvetiern das Mandat, die außenpolitischen Vorbereitungen der Auswanderung zu treffen. Auch politische Prozesse scheinen vor dem Volk geführt worden zu sein. Als Orgetorix glaubhaft beschuldigt wurde, mit der Auswanderung das Königtum für sich angestrebt zu haben, wurde er vor Gericht gefordert. Er kam der drohenden Verurteilung durch Selbstmord zuvor.

Neben dem concilium erwähnt Caesar mehrfach Beamte, magistratus. Das waren gewiss keine Magistrate im römischen Sinne, wohl aber von der Volksversammlung für ein Jahr beauftragte Amtsträger. Die besser verwalteten Stämme, heißt es bei Caesar (VI 20), besäßen ein Gesetz, das alle für den Staat bedeutsamen Nachrichten nur an die Behörden weitergegeben und nicht im Volk verbreitet werden dürften. Die Magistrate gäben dem Volk kund, was ihnen geeignet scheine. Nach Strabon (IV 4, 3) wählte die jeweilige Stammesversammlung in Gallien jährlich einen Hegemonen und im Kriege einen Strategen. Ob beide auch nebeneinander amtierten, wissen wir nicht. Vermutlich wählte die Gesamtheit der Krieger die Amtsträger aus dem Kreis der Adligen. Dio (LXXVII 12) spricht von demokratischer Archontenwahl bei den Britanniern.

Von den Häduern überliefert Caesar (I 16, 5; VII 32, 5), dass sie einen summus magistratus, einen höchsten Amtsträger an der Spitze ihres Gemeinwesens hätten, der jährlich gewählt würde und Gewalt über Leben und Tod besitze. Der Fachausdruck lautet vergobretus, was mit „oberster Richter" übersetzt werden kann. Der Titel ist inschriftlich noch in der Kaiserzeit bezeugt. Der Vergobret wurde von den Priestern ernannt und durfte die Stammesgrenzen nicht überqueren. Soweit zu Gallien. Die Nachrichten über keltische Beamte außerhalb Galliens sind spärlich. Bei den Galatern hatte nach Strabon (XII 5, 1) jeder der drei Stämme vier Tetrarchen, unter jedem Tetrarchen standen ein Richter und ein Feldherr (Stratophylax) nebst zwei Unterfeldherren.

Der keltische Stamm besaß einen hohen Grad an verfasster Staatlichkeit. Dieser blieb wohl hinter den bei Griechen und Römern erreichten Standard zurück, doch waren die Germanenstämme noch loser gefügt. Keltischer Einfluss auf germanisches Rechtsdenken schlägt sich nieder in den Rechtsbegriffen, die ins Germanisch übernommen worden sind: Außer „Amt" und „Vasal" sind die deutschen Wörter „Reich", „Eid" und „Geisel" keltischen Ursprungs.[78]

12. Der politische Niedergang

Die Kelten gehören zu den verschwundenen Völkern. Von den aus dem Altertum bekannten nationes sind überhaupt die meisten untergegangenen, nicht nur die zahlreichen Kleinvölker im Vorderen Orient, im Donauraum und in Italien, in Spanien und Nordafrika, sondern auch so glanzvolle Namen wie Phöniker, Karthager und Etrusker. Diesen Völkerschwund hat schon der Geograph Strabon (IX 5, 12) beobachtet. Er unterschied zwei Formen. Im ersten Fall werden die Menschen ausgerottet und ihr Land verwüstet oder neu bevölkert. Im zweiten Fall ändert sich bloß der Name (to ethnikon), die Lebensart und die Staatsform (to[79] systêma). Letzteres ist – trotz aller Menschenverluste – die Regel, so auch bei den Kelten. Sie haben keine über das Altertum hinausreichende politische oder religiöse Tradition begründet, obschon ihre Nachkommen leben.

---

78 Risto Ivanovski, Volkssprache der Europäer war Pelasgisch = sog. Slawisch, Bitola-R. Makedonien, 2015. DNB.

79 to systêma; točak = totschak = Fahrrad: točak = to čak + ar/er(Suffix) = čakar/er = čakr + a(ǫ) = čakra-12/7 To-Chakren;

Der weitaus größte Teil der Kelten kam unter römische Herrschaft, zunächst die in Oberitalien. Im Verlaufe des 3. Jahrhunderts v. Chr., mussten sie von Römern mehrere Niederlagen hinnehmen. Obwohl sie sich mit den Etruskern und Samniten verbündet hatten, wurden sie 295 v. Chr. bei Sentium geschlagen. Zehn Jahre danach unterlagen die Senonen in Umbrien, die Römer richteten den ager Callicus ein und gründeten dort die römische Bürgerkolonie Sena Gallica. 225 überschritten die Römer nach ihrem Sieg bei Telamon über die Insubrer und Boier zum ersten Mal den Po, 222 eroberten sie die Insubrerstadt Mediolanum bzw. Mailand. Weder der Zuzug von Kelten aus Gallien noch die Hannibal-Episode konnten etwas daran ändern, dass die Gallia Cisalpina am Anfang des 2. Jahrhunderts fest unter die Herrschaft Roms geriet. In der fruchtbaren Po-Ebene waren die Kelten gemäß dem Urteil Appians (IV 7), der um 150 n. Chr. schrieb, behäbig geworden. Polybios (II 35, 4) fand dort nur noch ganz wenige Kelten vor.

Die Kelten Spaniens waren schon den Karthagern botmäßig und kamen mit dem Zweiten Punischen Krieg (218–201) in Abhängigkeit von Rom. Der Aufstand in Lusianien unter dem Schafhirten Variathus gegen die brutale, von Appian (VI 60ff.) ungeschönt beschriebene römische Kolonialpolitik wurde von den Keltiberern unterstützt, doch kam es trotz betrachteter Anfangserfolge – mehrere römische Heere wurden durch die damals erfundene Guerillataktik aufgerieben und Variathus erhielt einen ehrenvollen Frieden – zu keiner politischen Stabilisierung; der Rebell fiel 139 v. Chr. durch gedungene Mörder aus seinen eigenen Reihen.

Zentrum des Widerstands der Keltiberer gegen Rom war die seit der Bronzezeit besiedelte Bergfestung Numantia am Oberlauf des Durius/Duero. Wiederholte Angriffe der Römer wurden abgeschlagen. 195 v. Chr. scheiterte der ältere Cato, 153 Quintus Fulvius Nobilior, im Jahre darauf Marcus Claudius Marcellus. Zwei weitere Consulare unterlagen 141 bis 138. Ein denkwürdiges Ereignis war die Kapitulation des Konsuls Hostilius Mancinus 137 v. Chr. Um seine 20 000 Mann zu retten, unterzeichnete er einen schmachvollen Frieden. Der Senat indessen weigerte sich unter dem Einfluss des jüngeren Scipio, den Vertrag zu ratifizieren. Um den Rechtsbruch zu vermeiden und die Regel des bellum[80] iustum,[81] des „gerechten Krieges", zu wahren, wurde der Konsul den Feinden ausgeliefert: Nackt und gefesselt stellte man ihn vor das Tor von Numantia. Die Numantiner aber weigerten sich, das Opfer anzunehmen. Scipio ging selbst nach Spanien und eroberte die Stadt 133 v. Chr. nach achtmonatiger Belagerung. Die 4000 Keltiberer ergaben sich der römischen Übermacht. Bei der Zerstörung der Burg waren der spätere Kimbernsieger Marius, der Numiderkönig Jugurtha und der Historiograph Polybios zugegen. Numantia wurde in der ersten Hälfte unseres Jahrhunderts archäologisch mustergültig durch Adolf Schulten erforscht, 13 Römerlager kamen zutage. Der keltiberische Widerstand gegen Rom war damit jedoch nicht völlig erloschen, noch Augustus hatte in Nordspanien 26 v. Chr. harte Kämpfe gegen die Astures und die Cantabri auszufechten.

Das politische Ende der Kelten in der Gallia Transalpina beginn mit Roms Interesse an der Stadt Massalia/Marseille. Die dortigen Griechen hatten die Römer im Zweiten Punischen Krieg mit Schiffen unterstützt und genossen dafür Roms Schutz gegen Angriffe aus dem keltischen Hinterland. 125 v. Chr. eröffnete der Konsul Marcus Fulvius Flaccus den Kampf gegen die keltischen Vocontier östlich der unteren Rhône; der erste römische Stützpunkt wurde das 122 gegründete Kastell Aquae Sextiae bzw. Aix en-Provence. Darauf kam es zu Spannungen mit den nördlich angrenzenden Völkern, mit den Allobrogern östlich und den Arvenern westlich der Rhône, während deren Gegner, die Häduer um Lugdunum/Lyon, einen Bund mit Rom schlossen. Der Sieg des Konsulars Gnaeus Domitius Ahenobarbus 121 an

---

80 Bellum = bell um; bell = bel + a (♀) = bela (= Zank = Zwist … Krieg) zu machen (durchführen): bella = bela = Krieg;

81 Iustum = iust um; Iustinian = Justian: iust = i ust = usta(= Mund); usta = ista + b = bista – Bista sollte ista (= gleich) sein;

der Mündung der Isère in die Rhône machte die „Provence" zur Provinz, Domitius baute eine Verbindungsstraße nach Spanien, und Narbo/Narbonne, die Hauptstadt der keltischen Volcae,[82] wurde 118 eine römische Bürgerkolonie. Die Gallia Narbonesis romanisierte sich rasch.

Trotz der römischen Abwehrerfolge wurden die nördlichen Kelten in Rom weiterhin als Bedrohung empfunden. Als die Kimbern und Teutonen 113 v. Chr. über die Alpen kamen und in Noricum ein konsularisches Heer vernichteten, dann im Rhônetal und anschließend bei Arausio/Orange weitere Siege über die Römer errangen, da geriet Rom in Schrecken vor den Kelten, weil man damals die Germanen noch nicht als eigenes Volk erkannt hatte. Die Kimbern und Teutonen wurden in Galliern zugerechnet. Erst Marius überwand durch seine Siege 102 und 101 den Kimbernschreck. Aber auch echte Gallier jenseits der Alpen blieben ein Problem. 63 v. Chr. suchte, wie uns Sallust (Catilina 40f.) überliefert, der adlige Desperado Catilina Unterstützung für seinen Umsturz bei den Allobrogern, die in der Gallia Narbonensis in und um Vienna[83]/Vienne wohnten und eine Beschwerdegesandtschaft wegen Steuerdrucks nach Rom gesandt hatten. Zwei Jahre später musste ein Aufstand bei ihnen niedergeworden werden. Selbst zu Caesars Zeit waren sie noch nicht völlig befriedet.

---

82 Volkae = Volk e: Volk = Polk: Polk (Puk...) bedeutet nur das Volk; Volk = folk = polk- polka Volksmusik usw.

83 Vienna = Viena a = ♀: Vien = Ven = Vene + t = Venet(Singular)/Veneti(Plural) = Veneten, v = w, nur sog.Slawen ...

13. Caesar in Gallien

Die stärkste Bastion des Keltentums war das transalpine Gallien nördlich der Narbonensis. Angesichts der rivalisierenden Stämme dort bildete es für Rom keine wirkliche militärische Gefahr, verlockte aber durch einen Reichtum an Gütern und Menschen. Diese Chance gesehen und genutzt zu haben, war das Werk Caesars. Hinsichtlich der immer wieder aufflackernden Unruhen im Norden konnte Caesar mit Zustimmung in Rom rechnen, als er daran ging, Gallien als Ganzes zu unterwerfen. Nach seinem Konsulat 59 v. Chr. erhielt er durch Senatsbeschluss die Verwaltung von Gallia Cisalpina, Illyricum und nach dem plötzlichen Tode des bisherigen Statthalters zusätzlich noch Gallia Narbonensis. Um ähnlich wie Marius, Sulla und Pompeus vor ihm als heimkehrender Sieger an der Spitze einer Armee innenpolitisch Einfluss zu gewinnen, suchte Caesar einen Kriegsschauplatz und fand ihn in Gallien. Da eine Kriegserklärung einen Beschluss durch Senat und Volk erfordert hätte, drapierte Caesar seine Unternehmung als Polizeiaktion zum Schutze seiner Provinz. Ein Anlass bot sich. Keltische Helvetier, die unter dem Druck der nordöstlich angrenzenden Sweben[84] um 80 v. Chr. aus Süddeutschland in der Schweiz ausgewichen waren, hatten abermals beschlossen, neue Wohnsitze zu suchen. Als sie auf dem Wege nach Westgallien durch die römische Provinz ziehen wollten, trat ihnen Caesar im Sequanerland entgegen. Caesar verfolgte sie ins freie Gallien, besetzte die Hauptstadt der Häduer Bibracte/Mont Beuvray bei Augustodunum/Autum, besiegte die Helvetier und zwang die Überlebenden zur Rückkehr in die Schweiz.

Caesar seinerseits aber zog sich nicht zurück, sondern weitete den Kriegsschauplatz aus. Im Lande der Sequaner hatte sich der Swebenfürst Ariovist niedergelassen. Er war 71 v. Chr. den Bewohnern gegen die Häduer zu Hilfe gekommen und seitdem

---

84 Sweben = s weben, b = v = w: Weden = Veneten sog. Slawen mit Barbarisch der Pelasger wie Hellenen, Makedonier ...

der mächtigste Mann im Lande. Obschon der Senat ihn, um das Vorfeld zu sichern, zum „Freund des römischen Volkes" erklärt hatte, forderte Caesar (I 33 ff.) seinen Rückzug. Er bemächtigte sich des sequanischen Vorrates Vesonito/Besançon, besiegte die Germanen und trieb sie über den Oberrhein zurück. Ende 58 war dort die Reichsgrenze.

Das eroberte Gebiet blieb den Winter über besetzt. 57 erschien Caesar abermals mit neu ausgehobenen Legionen und bezwang in harten Kämpfen die keltisch germanischen Belgen und Nervier in Nordgallien. Im Jahr 56 unterwarf er die Veneter am Atlantik und die Kelten in Aquitanien, damit schien, abgesehen von Bretagne, die Annexion Galliens gelungen. Im Folgejahr 55 musste Caesar seine Position innenpolitisch sichern, sein Kommando wurde um weitere fünf Jahre verlängert, seine Politik vom Senat ratifiziert.

Eher demonstrativen Charakter hatten einerseits die beiden Rheinübergänge 55 und 53, berühmt durch den von Caesar (IV 16 ff.) technisch exakt beschriebenen Brückenschlag irgendwo zwischen Koblenz und Andernach; und anderseits die Expansion nach Britannien 55 und 54 wegen angeblicher Hilfeleistung von dort für die Festlandkelten. Dabei ließ Caesar (V 7) seinen fähigsten Gegner, den Häduer Dumnorix, Schwiegersohn des Orgetorix, ermorden. Er hatte sich geweigert, ihn nach Britannien zu begleiten. Dort trat den Römern der an der mittleren Themse residierende König Cassivelaunus entgegen, unterlag jedoch, so dass er sich nach Zerstörung seiner Hauptstadt zu einem Tribut an Rom verpflichtete. In Gallien besiegte Caesar (IV 14f.) 55 die nach Belgien eingedrungenen germanischen Usipeter und Tencterer auf hinterhältige Weise und unterwarf sodann die Moriner und Menapier an der Kanalküste. Seine Legaten hatten nicht immer das Glück Caesars. Im Jahr danach verlor er 15 Kohorten beim Aufstand der Eburonen unter Ambiorix im Umland von Aduatuca/Tongern. Anschließend erhoben sich die Nervier, ihre westlichen Nachbarn. Im Jahre 53 nahm Caesar (VI 34ff.) Rache, das Eburonenland wurde verwüstet.

Das Schicksalsjahr 52 entschied über die Zukunft Galliens. Der Arverner Vercingetorix, der Sohn des angesehensten Mannes im Lande, entfachte einen Aufstand in ganz Mittelgallien. In offener Feldschlacht den Römern unterlegen, bedrängte er sie durch Kleinkriege, bis es Caesar (VII 69) gelang, ihn auf Alesia/ Alise-Sainte-Reine einzuschließen. Ein 18 Kilometer langes Sperrsystem unterband jeden Verkehr mit der Außenwelt. Das Ende dieser Festung wiederholte den Fall von Numantia und gehört zu den berühmtesten Belagerungsgeschichten der Antike, beginnend mit dem mythischen trojanischen Krieg,[85] gefolgt von der Niederlage der Athener vor Syrakus 414, der Erstürmung von Tyros durch Alexander 332, dem erfolglosen Angriff auf Rhodos durch Demetrios, der Städtebelagerung 305, der Zerstörung Karthagos 146 durch Scipio, der Einnahme Jerusalems durch Titus 70 v. Chr. bis zum Fall Roms 410 durch Alarich und seine Westgoten.[86]

Caesar widmet dem Kampf gegen Vercingetorix das ganze siebte Buch seiner „Commentarii de bello Gallico", kaschiert auch seine Rückschläge nicht, so den misslungenen Angriff auf Gergovia, die Heimstadt seines Gegners, stellt freilich sein persönliches Eingreifen heraus, als er in kritischer Lage im roten Feldherrnmantel (VII 88) ins Handgemenge stürzte, um zu verhindern, dass die gesamtgallische Armee – selbst die Häduer beteiligten sich – den äußeren Verteidigungsring durchbrach, der die Belagerer im Rücken schützen sollte. Alesia wurde ausgehungert, Vercingetorix ergab sich und wurde beim Triumph Caesars nach sechsjähriger Haft am 26. September 46 v. Chr. im lichtlosen Carcer Tullianum zu Rom erwürgt. Vor ihm starben hier die Anhänger von Gaius Gracchus und von Catilina sowie der Numiderkönig Jugurtha und nach ihm der von Kaiser Tiberius

---

85 Die Europäer suchten ihre trojanische Abstammung ... Stadt Paris, Troja ... Auch mit Alexander dem Makedonier;

86 Keine Westgoten, sondern Wisigoten. Keine Ostgoten, sondern Ostergoten: Vizi = Visum und Oster = scharf ...
Risto Ivanovski, Goten waren Mongolen, Bitola-R. Makedonien, 2013, Katalog der Deutschen Nationalbibliothek.

gestürzte Gardepräfekt Seianus mit seiner Familie. Die Leichen warf man in den Tiber.

Nach der Kapitulation Alesias hatte Caesar noch mehrere kleinere Revolten niederzuwerfen, die wir aus der Beschreibung durch Caesars Freund Aulus Hirtius kennen, überliefert als achtes Buch des „Bellum Gallicum". Als letzte Burg fiel 51 v. Chr. das schier uneinnehmbare Uxellodunum in der Landschaft Quercy (Department Lot), den überlebenden Verteidigern wurden die Hände abgehackt. Eine solche Strafe für hartnäckige Gegner war kein Einzelfall in der römischen Politik: Augustus verhängte sie in Spanien gegen abtrünnige Kelten, die freilich ihrerseits, wie Strabon (III 3, 6) meldet, dasselbe praktizierten, allerdings als Dankesgabe an die Götter, als partielles Menschenopfer motiviert.

Mit den unterworfenen Galliern schloss Caesar ein „ungleiches Bündnis", das ihnen Tribune auferlegte und ihnen die Kriegsführung verbot. Die Oberschicht suchte er durch großzügig verliehenes Bürgerrecht an sich zu binden, er nahm sogar zahlreiche Gallier in den Senat auf, so dass man spottete, er habe aus einem Togasenat einen Hosensenat gemacht. Am 10. Januar 49 überquerte Caesar den Rubicon und ließ dem äußeren Krieg den inneren folgen. Als Diktator verlieh er den Kelten der Gallia Cisalpina, wo er seine Legionen ausgehoben hatte, noch im gleichen Jahre das römische Bürgerecht. Schon 89. v. Chr. hatten sie das latinische Recht erhalten. Seit 41 v. Chr. zählte die Po-Ebene zu Italien.

14. Die Kelten in der Kaiserzeit

Nachdem Caesar Roms Herrschaft über Gallien begründet hatte, blieb seinem Nachfolger Augustus nur noch die Aufgabe übrig, das Reich im Norden abzurunden. Der Versuch, Germania Magna zu annektieren, misslang. Die Behauptung des Augustus im 26. Kapitel seines Tatenberichts (s. u.), er habe Gallien, Spanien und

Germanien vom Atlantischen Ozean bei Gades bis zur Mündung der Elbe befriedet, ist ein wenig irreführend angesichts der dort verschwiegenen Niederlage im Teutoburger Wald, die auch sein Enkel Germanicus nicht wettzumachen vermochte.

Die Unterwerfung der noch freien Kelten hat Augustus indessen vollendet. Er besiegte sie in Dalmatien, nachdem die in Krain ansässigen Japoden den Römern mehrfach Niederlagen beigebracht, Aquileia belagert und Triest geplündert hatten. In den Jahren 35 bis 33 kämpfte Octavian – erst 27 erhielt er den Ehrennamen Augustus – persönlich gegen sie, er wurde verwundet. Nach zahlreichen Gefechten wurde der Stamm unterworfen und nahezu ausgerottet. Die Überlebenden gaben sich, wie Dio (XLIX 36) überliefert, selbst den Tod.

Die Keltenstämme in den Alpen konnten gleichwohl ihre Selbstständigkeit lange behaupten. Sie lebten im Einvernehmen mit den Römern, die ihre Gebiete durchzogen, bis im Jahre 35 v. Chr. die Salasser sich während der Kämpfe in Dalmatien erhoben, die mit den Taurinern um Turin zusammen genannt werden. Da die Salasser Flussgold wuschen und die westlichen Alpenpässe kontrollierten, namentlich den Großen Sankt Bernhard und den Hannibalpass (Col du Clapier), war es zuvor schon zu Spannungen mit den Römern gekommen. 25 v. Chr. Unterlagen sie einem General des Augustus, 8 000 Krieger und 36 000 Zivilisten wurden, wie Strabon (IV 6, 7) berichtet, in die Sklaverei verkauft. Um die Gegend zu sichern, gründete der Kaiser die Stadt Augusta Practoria/Aosta.

Zehn Jahre später kam es zu einem großen Zangenangriff auf die Kelten und Raeter in den Zentralalpen und am Bodensee. Der Stiefsohn und spätere Nachfolger des Augustus, Tiberius, unterwarf von Gallien aus das Wallis, sein Bruder Drusus zog das Etsch- und Eisacktal hoch über den nach den keltischen Breuni benannten Brennerpass an die Donau. Möglicherweise wurde damals die Keltenstadt Manching zerstört. Bei Ausgburg bzw. Augusta Vindelicorum entstand möglicherweise ein Legionslager. Ein gewaltiges Siegesdenkmal, Tropaeum Alpium/La Turbie oberhalb von Monaco, nennt die Namen der 46 unterworfenen

Stämme. Die 170 erhaltenen Fragmente der im Mittelalter zerstörten Inschriften konnten zusammengesetzt und ergänzt werden, weil der ältere Plinius den Text überlieferte (III 136ff.).

Um 10 v. Chr. wurde auch das regnum Noricum ein Teil des Reiches. Der Statthalter des östlich angrenzenden Illyricum übernahm das Regiment, der Herrschaftswechsel vollzog sich friedlich, vermutlich nach dem Tode des letzten kinderlosen Fürsten. Rom schickte einen praefectus civitatis, der in Virunum bei Klagenfurt residierte.

Wie die cisalpinen wurden auch die transalpinen Gallier zu Römern. Kaiser Claudius eröffnete als ersten den Häduern den Zugang zum Senat im Jahre 48, nachdem der Aufruf der romanisierten[87] Gallier Julier Florus und Julius Sacrovir zur Freiheit im Kampf gegen Kaiser Tiberius 21 n. Chr. wenig Anklang gefunden hatte. Die Erhebung des aquitanischen Königsprosses Julius Vindex gegen Nero im Frühjahr 68 verfolgte keine nationalkeltischen Ziele mehr. Zum letzten Mal ist bei der Revolte des Batavers Claudius Civilis nach Neros Tod von einem germanisch-keltischen Imperium Galliarum die Rede, doch sind die Umstände kaum vorstellbar, unter denen das hätte gelingen können.

Schon ehe die letzten Alpenkelten ihre politische Selbstständigkeit aufgeben mussten, hatten die kleinasiatischen Galater die ihre verloren. Die seit der Umwandlung des Königreichs Pergamon in die Provinz Asia 133 v. Chr. bedrohliche Präsenz der Römer hatte die Galater bewogen, ihr Heil als Bundesgenossen an deren Seite zu suchen; und die mit den Siegen von Sulla, Lucullus und Pompeius über Mithridates VI. von Pontos unumstößlich gewordene Vormacht Roms in Kleinasien bestätigte die Galater in ihrer romfreundlichen Haltung. Dabei wurden sie ungewollt in die innerrömischen Auseinandersetzungen hineingezogen. Für seine Unterstützung der Römer erhielt der

---

87 Die Römer sprachen nur Barbarisch = Pelasgisch (Dionysius von Hallikarnas- er lebte im Rom 1. Jh. n. Chr.)

Tetrarch Deiotarus – er trug den Beinamen Philorhomaios, also Römerfreund – 63 v. Chr. auf Antrag des Pompeius vom Senat den Königstitel und bekam die Herrschaft über die Tolistoagier, die Tectosagen und weitere Gebiete.

Bei Pharsalos 48 v. Chr. kämpfte Deiotarus auf Seiten des Pompeius, der ihn bei der Neuordnung des Ostens 64 v. Chr. für sich gewonnen hatte. Caesar begnadigte den Fürsten und erhielt von ihm Zuzug im Krieg gegen König Pharnakes von Pontos (Nach dessen raschen Sturz sprach Caesar das vielzitierte „Veni, vidi, vici" – „Ich kam, sah und siegte".). Dennoch nahm Caesar dem Galater einige von dessen okkupierten Gebieten. Aus Rache dafür soll Deiotarus einen Mordanschlag auf Caesar geplant haben. 45 v. Chr. verteidigte Cicero den König in einer erhaltenen Rede. Auf dem Schlachtfeld bei Philippi 42 v. Chr. stand er wieder auf der falschen Seite, doch ging er nach dem Tode des Cassius zu Octavian über und starb 40 v. Chr. im Besitz seines Königreiches. Nach dem Aussterben der Dynastie führte Augustus 24 v. Chr. den Provinzialstatus ein. Galatien wurde eine kaiserliche Provinz unter einem Legaten im Rang eines Prätors.

Die Galater bereiteten den Römern während der Kaiserzeit – anders als die kleinasiatischen Isaurier – keine Schwierigkeiten mehr. Sie begingen, wie die übrigen Provinzialen, das übliche Jahresfest zu Ehren des Kaisers unter dem Vorsitz eines Galatarches genannten Provinzialpriesters. Das auf Inschriften dem Volksnamen vorangestellte sebastenos/„kaiserlich" unterstreicht die Loyalität zu Rom. An den Wänden des Tempels für Augustus und Roma in Ankyra/Ankara hat sich der Text des Tatenberichts von Augustus erhalten, die „Res Gestae Divi Augusti" oder das „Monumentum Ancyranum". Dieses politische Testament des ersten römischen Kaisers wurde von Theodor Mommsen zur „Königin der Inschriften" erklärt und ist eine unschätzbare Quelle für das frühe Principat. Die Inschrift ist zweisprachig, lateinisch und griechisch, und dokumentiert damit den Hellenisierungsprozess, im 2. Jahrhundert v. Chr. tragen Angehörige ihrer Oberschicht griechische Namen.

Die Verbreitung der Griechischkenntnisse der Galater beweist der an sie gerichtete Brief des Apostel Paulus aus dem Neuen Testament.[88] Er ist um 54 n. Chr. vermutlich in Ephesos verfasst worden. Die hellenisierten Galater wurden auch als Gallograeci bezeichnet.[89] Die Bereitschaft zur Vermischung mit anderen Völkern bezeugten zudem die Namen der Keltiberer in Spanien, der Keltoskythen an der Donaumündung und der Keltoligyer an der unteren Rhône. Im Unterschied zu den anderen Hauptbriefen des Paulus ist der Galaterbrief nicht an die Christen einer Stadt gerichtet, und das rührt daher, dass die Galater überwiegend auf dem Lande siedelten. Der Galaterbrief ist für die Theologie des Paulus deswegen bedeutsam, weil er sich hier in aller Schärfe gegen die Forderung der Judenchristen wendet, die neuen Gläubigen müssten sich zuvor beschneiden lassen. Widerstand gegen diese Verstümmelung gab es nicht allein bei den Galatern. Trotz der Hellenisierung der Galater überlebte das keltische Idiom. Das bezeugt noch um 400 Kirchenvater Hieronymus. Er hatte das Keltische in Trier kennengelernt und konnte, als er später zu den kleinasiatischen Galatern kam, deren Sprache verstehen. Diese beiden keltischen Gruppen waren damals über 700 Jahre getrennt.[90]

Anders als die Festlandkelten bewahrten die Britannier zunächst ihre Unabhängigkeit. Ob und wie lange der von Caesar geforderte Tribut gezahlt wurde, ist ganz unklar. An den inneren Verhältnissen auf der Insel änderte er nichts. Der von Augustus geplante Zug nach Britannien musste abgeblasen werden, als sich die Salasser erhoben (s. o.). Roms Schwäche nutzte der König Cunobelinus, der die Residenz von Verulamium/St. Albans nach Camulodunum/Colchester verlegte. Ihm gelang die

---

88 Neues Testament war an Koine (19. Jh. sog. Altgriechisch) verfasst worden, nur in makedonischem Alexandrien.
89 Vermutlich lateinische Quellen. Sonst nur die Makedonier und Hellenen, Volkssprache nur das Barbarische.
90 Volkssprache der Makedonier, Hellenen, Römer, Kelten, Galater ... an Hieronymus war nur Barbarisch.

Annexion größerer Gebiete im Südosten der Insel, so dass man ihn als Rex Britanniarum bezeichnen konnte. Er importierte römische Waren und prägte Münzen mit lateinischen Buchstaben. Sein gutes Verhältnis zu Rom trübte sich, als sein Sohn sich gegen ihn empörte und bei Caligula Hilfe suchte. Dieser rüstete 40 n. Chr. eine Expedition aus, beschränkte sich aber aufs Muschelsammeln, aufs Errichten eines Siegesdenkmals und einen Triumphzug. Der wenig später verstorbene König lebt fort, durch Galfeld von Monmouth (IV 11f.) vermittelt, in Shakespeares „Cymbeline".

Einen ersthaften Versuch, Britannien zu gewinnen, unternahm Claudius. Die Lowlands wurden zwischen 43 und 48 n. Chr. erobert. Im Jahre 61 aber kam es zum Aufstand der Boudicca, der Witwe des Klientelkönigs über die Iceni, die Camulodunum, Verulamium und Londinium eroberte, dann aber den Legionen nicht gewachsen war und Gift nahm. Agricola, der Schwiegervater des Historikers Tacitus, stieß um 80 n. Chr. im Auftrag Dominans nach Schottland und Wales vor, wo Rom dennoch nie Fuß fasste, und umsegelte die Insel. Hadrian ließ eine Mauer (keinen Wall) von Küste zu Küste ziehen. Eine kurz währende Nordverschiebung der militärischen Grenze unter Antonius Pius und erfolgreiche Kämpfe unter Septimius Severus änderten nichts daran, dass die Highlands ebenso wie Irland außerhalb des Reiches blieben. Die Römer haben einmal einen Brückenkopf an der irischen Ostküste angelegt, ihn jedoch nicht genutzt. Politische oder ökonomische Bedeutung kam diesen Regionen nicht zu.

Im römischen Britannien hat sich die keltische Kultur ebenso wenig behaupten können wie im Angelsächsischen die römische. Lediglich in den Randgebieten wurde das Keltische weiter gesprochen und überdauerte hier allerdings sogar das Mittelalter (s. u.). Britannien war seit dem 4. Jahrhundert irischen und sächsischen Seeräubern ausgesetzt und geriet im 5. Jahrhundert unter die Herrschaft der Germanen. Damals flohen zahlreiche keltische Britannier in die Aremorica, die davon im 6. Jahrhundert den Namen Britannia minor/Bretagne erhielt.

Hauptquelle ist die Klage des auf lateinisch schreibenden britischen Mönches Gildas aus dem 6. Jahrhundert über den Untergang Britanniens, dessen Leiden er durch die sündhafte Oberschicht verschuldet glaubte.

Länger als die politische Eigenständigkeit hielt sich die ethnische Tradition der Kelten. Sie ist noch in der Spätantike und über sie hinaus lebendig. Die Dichter Ausonius (4. Jahrhundert) und Sidonius Apollinaris (5. Jahrhundert) in Südgallien bezeugen den Stolz auf eine keltische Herkunft bei Zeitgenossen senatorischen Standes, zumal, wenn sie von den Häduern abstammten. Vorrömische Ortsnamen und Bestattungsbräuche lebten wieder auf. Es handelt sich indessen um ein römisch gefiltertes Keltentum, das sich kulturell und politisch zum Imperium bekannte. Umgekehrt respektierte Rom die Sitte der Völker im Reich. Wenn in dem 533 n. Chr. publizierten Digesten des Corpus Juruis Civilis (32, 11 pr.) unterstrichen wurde, dass Testamente nach römischem Reich auch dann gültig seien, wenn sie auf Keltisch (lingua Gallicana) abgefasst seien, war das gewiss nicht nur eine im 6. Jahrhundert veraltete Bestimmung aus der Zeit Ulpians um 200 n. Chr. Aufregend daran ist, dass Keltisch nicht nur gesprochen, sondern geschrieben wurde. Leider hat sich kein Text erhalten.

Die Verbreitung der keltischen Sprache in Gallien beweisen für die Zeit um 200 n. Chr. der Kirchenvater Irenaeus von Lyon, für das späte 4. Jahrhundert Sulpicius Severus und Hieronymus (s. o.), für das 5. Jahrhundert Sidonius Apollinaris. Ecdicius, der Sohn des Kaisers Avitus (455–456), bevor vornehme gallische Familien das raue Keltisch mit dem eleganten Latein austauschten. Keltische Namen verschwinden aus den Inschriften bereits im 3. Jahrhundert n. Chr. Den Sieg des Lateinischen bzw. des Romanischen brachte nicht die römische Verwaltung, sondern die katholische Kirche. Sie predigte im Westen auf Lateinisch. Nur einige keltische Besonderheiten hielten sich. Dazu gehört, dass in Gallien die Entfernung nicht nach Meilen (milia passuum) von 1 000 Doppelschritten (1,5 km), sondern nach leugae (frz. lieue) von 1 500 Doppelschritten (2,2 km) gerechnet wurde.

Im Jahre 286 tauchten zum ersten Mal in Gallien die Bagauden auf. Das Wort ist keltisch und wird mit „Kämpfer" übersetzt. Es handelt sich um große Räuberbanden bestehend aus verarmten Bauern, entflohenen Sklaven und ehemaligen Soldaten. Wie sich hier soziale und ethnische Motive zueinander verhalten, ist schwer auszumachen. Ein Redner aus der Sammlung der „Panegyrici Latini" (X 4, 3) lobt 289 den Kaiser Maximianus Herculius im Trier, weil er einen Aufstand in Gallien teils durch Härte, teils durch Milde überwunden habe, als die „unwissenden Bauern Soldaten sein wollten, die Pflüger Fußkämpfer, die Hirten Reiter und die Landbevölkerung sich wie feindliche Barbaren benahm". Zwei Jahre später liefert ein anderer Redner (XI 5, 3) das Motiv. Die Bauern seien aufgebracht gewesen über die Rechtsbrüche der Regierung. Der Kirchenvater Salvian von Massilia im 5. Jahrhundert betrachtete die Bagauden als Barbaren, die den Opfern der geldgierigen und gnadenlosen römischen Verwaltung Zuflucht gewährten. Von ihren Anführern Aelianus und Amandus hat sich, wie die Münzfunde erweisen, zumindest der zweite zum Gegenkaiser aufgeworfen. Beide sind noch im 7. Jahrhundert als Märtyrer verehrt worden.

Im 4. Jahrhundert hören wir nichts von den Bagauden, aber im 5. Jahrhundert treten sie wieder ins Licht der Geschichte. 409 vertrieben die römischen Provinzialen in Britannien und Aremorica zuerst die Barbaren und dann die römischen Beamten, möglicherweise bei einem Aufstand der Kolonen. In der Komödie „Querolus" aus jener Zeit ist von den Räubern an der Loire die Rede, die dort in ihren „freien Wäldern" iure gentium, unabhängig von staatlichem Recht leben. 435 erhoben sich die Bagauden in Gallia Ulterior abermals unter ihrem Führer Tibatto, zwei Jahre später waren sie niedergeworfen. 488 folgte ein weiterer Aufstand. Zu diesem Jahre meldet eine gallische Chronik, der Arzt Eudoxius, verstrickt in die bagaudische Bewegung, sei zu den Hunnen geflohen. Dort könnte er Attila zu seinem Gallenzug geraten haben. Die römische Regierung hat germanische Förderung gegen die Bagauden eingesetzt, die 441 bis 454 auch die Tarraconensis in Spanien beunruhigten. Bis zuletzt gelang es den Römern, ihre Gegner zu entzweien und gegeneinander auszuspielen.

In der spätantiken Wirtschaft treten die Galater als Sklavenhändler in Erscheinung. Julian spricht wie Amman (XXII 7, 8) meldet, von ihren Geschäften mit Donaugoten, auch der Dichter Claudian (XVII 59) nennt um 400 galatische Sklavenhändler.

Als die Römerherrschaft in der Völkerwanderung zusammenbrach, erlebten die Kelten eine Germanisierung. Den Raum nördlich der Alpen besetzten seit dem 3. Jahrhundert n. Chr. die Alemannen, seit dem 6. Jahrhundert die mit diesen verwandten Baiern (Die Schreibweise „Bayern" geht zurück auf König Ludwig, der damit die Franken und Pfälzer einschließen wollte im Unterschied zu den hier gemeinten Altbaiern). Ihr Name wird in der Form Baíbari zuerst im 6. Jahrhundert von Jordanes (Getica 280) genannt, die spätere Form Baioarii oder Baiuvarii bezeichnet sie als Leute aus dem Boierland. Die Boier waren zwar Kelten, aber bereits im 1. Jahrhundert n. Chr. durch die Markomannen germanisiert, so dass der Landesname kein hinreichendes Argument für die keltische Herkunft der Bayern darstellt. Sie sprachen germanisch. Die Donaukelten waren unter dem Einfluss der Thraker, Sarmaten, Quaden und Markomannen verschwunden. Als im 6. Jahrhundert n. Chr. die Slawen auf die Balkanhalbinsel kamen, haben sie vermutlich keine Kelten mehr vorgefunden.

Die politische Geschichte der Kelten in der Antike endete mit ihrer Unterwerfung durch Rom, erlebte aber insofern ein Nachspiel, als die Bretagne sich gegen das Frankenreich der Merowinger wie der Karoliner behauptete. Zwar zahlten die Fürsten zeitweise Tribut, doch brachten sie den Franken auch empfindliche Niederlagern bei. Erst den Normannen gelang es, das Land zu unterwerfen. Dennoch blieb das 936 gestiftete Herzogtum weitergehend selbstständig. Erst am 14. August 1532 kam es in Nanntes zur Union perpetuelle mit der Krone von Frankreich.

15. Die Iroschottische Mission

Das antike Keltentum endete kulturell mit der Hellenisierung im Osten und der Romanisierung im Westen, religiös mit der Christianisierung. Trotzdem hat es an den westlichen Rändern der Alten Welt überdauert und im Mittelalter und der Neuzeit bemerkenswerte Renaissancen erlebt. Die scheinbar ausgestorbene Kultur lebte fort und entfaltete ihre Wirksamkeit auf drei Gebieten: auf dem der kirchlichen Mission, in der sakralen Buchmalerei und in der literarischen Mythologie. In allen Bereichen kam es zu Leistungen von europäischem Rang.

Zunächst zur Mission: In allen von den völkerwanderungszeitlichen Germanen übernannten Provinzen des Römischen Imperiums hatte sich eine elementare Zivilisation erhalten. Nämlich die lateinische Sprache, ein, wenn auch bescheidenes, Stadtleben und vor allem das Christentum. Die Kirche war sogar im gewissen Sinne eine Gewinnerin in der politischen und ökonomischen Krise, denn sie konnte Besitz und Bestand nicht nur wahren, sondern vermehrte ihn und trug in wesentlichen Aspekten die kulturelle Kontinuität ins Mittelalter hinüber.

Eine Ausnahme machte Britannien. Die Sachsen, Angeln und Jüten unter Henigst und Horsa, um 450 durch den König Vortigern (?) auf die Insel geholt, waren Heiden. Sie plünderten die Kirchen und Kloster ebenso wie die Städte und Villen. Das kirchliche Leben erlosch. Ohne es zu beabsichtigen, bewirkten die Eroberer indessen die Christianisierung Irlands. Wie andere antike Randvölker – so die Goten in Südrussland, die Iberer in Georgien, die Maurern und die Äthiopier – lernten die Iren das Christentum durch römische Kriegsgefangene kennen. Nach seiner allerdings erst aus dem späten 9. Jahrhundert überlieferten Vita kam der junge britische Christ Patrcius, später als der Heilige Patrick verehrt, schon im Jahre 405 gefangen auf die Grüne Insel. Verlässlich ist, dass Papst Coelestinus um 430 den Missionsbischof Palladius zu den irischen Schotten sandte.

Es entstand eine lebendige Klosterlandschaft, berühmt durch Glaubenseifer und asketische Strenge. Irischen Ursprungs sind

die Tonsur und die Ohrenbeichte als Teil einer akribischen Buß-
ordnung. Deren Bestimmungen sind teilweise grausam: Wer
beim Essen spricht, erhält sechs Hiebe, ebenso wer beim Psalm-
lesen hustet oder beim Chorgebet lächelt. Wer vergisst, nach der
Arbeit zu beten, erhält zwölf Schläge, desgleichen wer unnütz
redet. 50 Streiche bekommt, wer am Altar anstößt, wer einem
Bruder widerspricht oder Pförtner tadelt. Hundert erwarten
den, der sein Opfer vergaß, ehe er zur Messe ging. In einzelnen
Fällen konnte die Prügelstrafe durch gesteigertes Fasten oder
verlängertes Schweigen abgelöst werden. Der Gebrauch des
Wassers wurde begrenzt: Auch Brüder, die schmutzige Arbeit
taten, durften sich nur sonntags waschen. So weit die Bußregel
Columbans (s. u.). Das Bußbuch der „Freude Gottes" (Culdees)
nennt als Bedingung dafür, eine Seele aus der Hölle zu retten:
ein Jahr lang täglich 365 Vaterunser beten, ebenso viele Gei-
ßelhiebe ertragen und Kniebeugen machen, dazu einen Monat
Fasten extra. Als Formen der Buße wurden empfohlen: Auf
Nesseln, Nussschalen oder im Wasser schlafen, oder auch die
Nacht mit einer Leiche im Grab verbringen. Ein Kopist dazu:
„Hart bist du, o Bußbuch!" Die von Caesar (VI 16) den heid-
nischen Kelten bescheinigte Religiosität setzt sich nach dem
Glaubenswechsel fort.

Zu welthistorischer Bedeutung gelangten die Inselkelten
durch die von Schotten aus Irland betriebene Iroschottische
Mission. Einige wichtige Persönlichkeiten verdienen hier genannt zu werden. Der 597 verstorbene ältere Columba (-nus)
missionierte die Pikten in (dem damals noch nicht so genannten) Schottland, der jüngere Columbanus, der 615 starb, eröffnete die Reihe der iroschottischen Missionare auf dem Festland,
wo er die Klöster Luxeuil (Burgund) und Bobio (Norditalien)
gründete. Zu den bekannteren Iroschotten gehören der um
630 gestorbene Columbanschüler Gallus, auf den Sankt Gallen
zurückgeht, und Kilian, der um 690 die Grundlagen für das
Bistum Würzburg legte. Die Iroschottische Mission schuf wesentliche Voraussetzungen für das Wirken von Bonifatius, der
ebenfalls von den britischen Inseln stammte, aber aus Wessex,

also „Westsachsen" kam, mithin germanischer Herkunft war, wie sein Geburtsname Winfried bezeugt. Als Bonifatius 754 in Friesland erschlagen wurde, hatte er die fränkische Reichskirche rechts des Rhein organisiert.

In spätkarolinischer Zeit erschienen abermals Iren im Frankenreich, nun aber nicht als Missionare, sondern als Gelehrte. Um den durch die normannischen Piratenangriffe ungesicherten Verhältnissen in Irland zu entkommen – um 830 errichtete der Wikinger den Stützpunkt Dublin – suchten und fanden sie Aufnahme am fränkischen Hof. Johannes Scotus Eriugena, der „Schotte aus Irland", war einer der größten Geister seiner Zeit und leitete ab 847 die Hofschule Karls des Kahlen. Er schrieb griechisch ebenso wie lateinisch. Ebenfalls an der Hofschule, schon unter Ludwig dem Frommen, wirkte der irische Geograph Dicuil, der daneben Schriften über Grammatik, Zeitrechnung, Maße und Gewichte hinterließ. Sedalius Scotus verfasste unter anderem einen Fürstenspiegel und gründete um 850 eine irische Kolonie in Lütrich. Die geistigen Verbindungen zwischen Irland und Belgien sind bis heute lebendig.

Ein glänzendes Kapitel der keltischen Kunstgeschichte ist die frühmittelalterliche Buchmalerei, genauer die Kalligraphie der Iren, die altkeltische Stilelemente aufnahm, weiterführte und zu unerreichten Meisterleistungen brachte. Als irische Neuerung gilt die Auszeichnung und Auszierung der Initialen, die mitunter eine ganze Buchseite mit geometrischem Flechtwerk bedeckten. Vielfach sind stilisierte Tiere, Vögel und Fische ins Muster verflochten. Die keltische Buchkunst steht im Zusammenhang mit dem ornamentalen Tierstil der Völkerwanderungszeit. Über dessen Ursprung gibt es unterschiedliche Auffassungen. Auf verschiedenen Gebieten des Kunsthandwerks, in der Schmuckindustrie, auf Holz- und Steinreliefs finden sich Beispiele, die vom skythischen Raum über Nordeuropa – denken wir an das 1905 gefundene, in Oslo aufbewahrte Osebergschiff aus dem 9. Jahrhundert – bis nach Irland reichen und hier in der Illustration der Heiligen Schriften ihren Höhepunkt fanden. Wie bei Volkskunst gewöhnlich, bleiben die Kalligraphen der

Prunkhandelsschriften namenlos. Eindrucksvolle Zeugnisse dieser Kunst sind das Buch von Durrow aus dem 7. Jahrhundert, das Evangeliar von Lindisfarne in Northumbria aus der Zeit um 700 und das unvollendete Buch von Kells aus dem 8. Jahrhundert.

16. Keltische Mythen

Wirkungsvoller noch als die Buchmalerei war die literarische Tradition, die in den irischen Klöstern gepflegt wurde. Sie galt nicht nur dem Kopieren sakraler Texte, sondern es entstanden auch zahlreiche Heiligenviten und Kirchenlieder. Die bis ins 7. Jahrhundert zurückreichenden Kirchenhymnen mit Endreim und Silbenzählung aus Irland stehen am Anfang der europäischen Reimpoesie. Ebenso erstaunlich wie erfreulich ist es, dass die Mönche die gälische Überlieferung aus vorchristlicher Zeit gesammelt und aufgezeichnet haben. So wie wir die germanische Edda und die antike Mythologie nicht besäßen, wäre sie nicht durch Geistliche gerettet worden, so verdanken wir auch die keltischen Sagen der Klostergelehrsamkeit der Iren.

Bei ihrer Sammeltätigkeit hat ein historisches Interesse mitgesprochen. Man wollte ein Defizit ausgleichen. Die Bibel und die griechisch-römische Historiographie boten den Mittelmeervölkern eine bis zur Schöpfung zurückreichende Geschichte, die in der Weltchronik Eusebs und seiner Fortsetzer ihre kanonische Form gefunden hatte. Für die Keltenwelt fehlte dies. Zwischen Japhet, dem Sohn Nohas, von dem gemäß der Bibel (1. Mose 10, 2) alle Nordvölker abstammen sollen, und der jüngsten, christlichen Vergangenheit klaffte eine Überlieferungslücke, die man mit den heidnischen Erzählungen füllen konnte. Sie waren insbesondere für die Verlängerung der Fürstenstammbäume willkommen. Das Wundersame an den Sagen war kein Einwand gegen ihre Glaubwürdigkeit, fehlt es doch auch in der Bibel an Mirakeln nicht; und das Heidentum musste man nicht verhehlen im Stolz, es überwunden zu haben. Bisweilen distanziert sich ein Schreiber vom Geschriebenen, bringt es dankenswerterweise aber trotzdem zu Papier. Mehr als hundert Sagentexte haben sich erhalten, die ältesten Sammelhandschriften stammen aus der Zeit um 1100. Um ihre Erschließung haben sich namentlich Kuno Meyer (1858 bis 1913), Rudolf Thurneysen (1857 bis 1840) und Julius Pokorny (1887 bis 1970) verdient gemacht.

Die bekannteste irische Heldensage ist die „Tain bo Cuailnge", der „Rinderraub von Cualinge", der Landschaft um Cooley Point an der Ostküste Irlands, nach der mytischen Geographie zu Ulster gehörig. Diese gälische Prosaerzählung entstand im 8. Jahrhundert n. Chr. und liegt in einer redigierten Fassung aus dem 11. Jahrhundert vor. Der Verfasser wollte anscheinend eine irische Aeneis schaffen, einzelne Elemente aus Vergil sind unverkennbar. Dennoch ist die Erzählung verworren und mit ihren zahlreichen Varianten nicht zu einer geschlossenen Einheit ausgestaltet worden. Viele Episoden erklären unverständliche Ortsnamen, die offenbar zur Zeit des Dichters in Gebrauch waren. Die Geschichte wird lose in die Weltchronik eingeordnet und soll zu Beginn des 1. Jahrhunderts n. Chr. gespielt haben; der Kaiser Nero wird einmal erwähnt.

Die Geschichte beginnt mit einem Kopfkissengespräch zwischen König Ailill von Connaught in Nordwestirland und seiner stolzen Gemahlin Medb. Beide loben sich; er sucht ihr klarzumachen, was sie an ihm habe; und sie kontert damit, wer sie sei. Das wäre den Männern bewusst; schließlich habe nicht er sie, sondern sie ihn erwählt, habe sie doch darauf bestanden, einen Ehemann zu finden, der keine Eifersucht verspüre, da sie die Liebhaber zu wechseln pflege. Dies erinnert an die aus der Antike bekannte „Damenwahl" der Keltenfrauen. Der Rangstreit verlagert sich auf einen Besitzvergleich, bei dem sich zeigt, dass beide genau gleich viel haben, abgesehen von dem schönsten Stier des Königs, dem „Weißhornigen", dem Medb nichts zur Seite stellen kann. Nun lässt sie nachforschen, ob es in Irland irgendwo einen ähnlichen Stier gebe, und hört von dem Braunen Stier zu Cuailnge in Ulster. Dieser Stier besprang täglich 50

Färsen, hundert Kriegern bot er Schatten, 150 Knaben konnten auf seinem Rücken spielen. Medb bietet dem König von Ulster durch eine Gesandtschaft hohe Gaben, darunter „die Freundschaft ihrer Schenkel". Aber vergebens.

Darauf beschließt die amazonenhafte Medb, den begehrten Stier zu rauben. Die Rinderzucht war ein wesentlicher Wirtschaftsfaktor der Zeit und Viehraub eine Heldentat. Medb nutzte die Gelegenheit, als alle Männer in Ulster der wundersamen „Kindbettschwäche" unterlagen. Diese kollektive Ohnmacht wird durch die Sage erklärt, dass die schöne junge Macha in hochschwangerem Zustand einst einen ihr aufgenötigten Wettlauf gegen Pferde gewann, im Ziel Zwillinge gebar und dabei einen Schmerzensschrei ausstieß, der die Zuschauer gelähmt habe. Nun prophezeit Macha, diese Kraftlosigkeit werde die Männer von Ulster hinfort jeweils fünf Tage und vier Nächte befallen, wenn eine Notlage eintrete. Der Rinderstreit war eine solche.

Ein einziger Jüngling aus Ulster war indes von dem Fluch ausgenommen: Cuchulainn, der Enkel eines Druiden und Sohn eines Elfen. Dieser dann jung verstorbene Hirtenknabe, der in jedem Auge sieben Pupillen und an jeder Hand sieben Finger hat, hält das feindliche, aus den vier übrigen Fünfteln Irlands rekrutierte Heer der Medb und ihres Feldherrn und Liebhabers Fergus an einer Furt auf. Vor dem Kampf zeigt er seine Geschicklichkeit in unglaublichen Kunststücken, indem er mit neun Schwertern jongliert, Luftsprünge macht, ohne auf die Erde zurückzufallen, und ähnliches. Dann tötet er mit seiner Holzschleuder je 30 oder 100 Gegner auf einmal, deren abgeschlagene Köpfe er den Feinden entgegenhält. Auch dies gemahnt an den Keltenbrauch der Antike.

Wenn die berserkerhafte „Wutverzerrung" über Cuchulainn kommt. Dann zittern seine Glieder, der Körper dreht sich in der Haut, die Zornadern treten groß wie Kinderköpfe vor seine Stirn. Ein Auge schluckt er, so dass es kein Kranich herausfischen kann, das andere tritt aus der Höhle hervor, Lunge und Leber flattern aus dem Munde. Feuer sprüht aus seinem Hals, sein Herzpochen gleicht Löwengebrüll, sein Haar sträubt sich so, dass Äpfel darauf stecken bleiben. Nichts und niemand kann ihn aufhalten, außer Frauen, die ihm entblößt entgegentreten. Dies geschieht. Um ihn abzukühlen, muss man ihn in Fässer mit kaltem Wasser stecken. Das erste birst vor Hitze, das zweite kocht auf zu faustgroßen Blasen und erst das dritte temperiert den Recken auf 37 Grad Celsius.

Es folgen Zweikämpfe an der Furt. Enden sie unentschieden, verabschieden sich die Kämpfer mit einem Kuss. In der Regel aber siegt der junge Held, teilweise mit magischen Waffen. Um Kämpfer gegen ihn zu finden, verheißt Königin Medb nicht nur ihre Tochter, sondern wieder ihre eigenen Lenden als Lohn. Einmal muss Cuchulainn fliehen –, die Rosse seines Streitwagens sind so schnell, dass sie seinen eigenen Schleuderstein im Fluge einholen. Schließlich sind die Männer von Ulster von ihrer magistarischen Entkräftung genesen und schlagen das Heer der Königin in die Flucht. Dazu bemerkt ihr Feldherr Fergus: „Eine Herde Rosse, von einer Stute geführt, ist immer übel daran." Am Ende gehen die beiden Stiere, der „Braune" und der „Weißhornige", selbst aufeinander los und töten sich gegenseitig. Ein Friedensschluss über sieben Jahre beendet den Zwist (nach Thurneysen 1921).

Neben der gälischen gibt es kymrische Literatur aus dem mittelalterlichen Wales. Ob die ältesten, angeblich aus dem 6. Jahrhundert n. Chr. stammenden Heldenlieder von Taliesin und Aneirin über das 9. Jahrhundert n. Chr. zurückreichen, ist ungewiss. Die erhaltenen Texte stammen erst aus dem Hochmittelalter (13. Jahrhundert). Das bedeutendste Prosawerk ist das „Mabinogion" (Bardenschülerbuch) aus dem 13."Jahrhundert. Es enthält in seinen elf Erzählungen auch Artusstoffe (s. u.), darunter die Sage von Parzival in einer Überlieferung, die von der romanischen Tradition wahrscheinlich unabhängig ist, aber mit dieser aus denselben Quellen schöpft.

Reicher als die auf Gälisch oder Kymrisch überlieferten Stoffe der frühmittelalterlichen Kelten sind die auf Lateinisch und Französisch tradierten Geschichten. Im frühen 12. Jahrhundert schrieb der aus Monmouth in Süd-Wales stammende,

als Magister in Oxford lehrende Galfred oder Geoffrey. Seine
„Historia Regnum Britanniae" ist eine unkritische Kompilation
aus antiker historischer Literatur und britannischem Erzählgut.
Dazu gehört die von Gallfred in die vorchristliche Zeit versetzte,
angeblich kurz vor der Gründung Roms vorgefallene Geschichte
von König Lear. Er regiert in Leicester über Britannien und ver-
macht im Alter sein Reich zwei Schwiegersöhnen, den Herzö-
gen von Schottland und Cornwall. Sie empören sich, vertreiben
Lear nach Gallien, wo er bei seiner Tochter Cordelia, die er ver-
stoßen hat, Aufnahme findet. Deren Mann, König Aganippus,
führt Lear siegreich nach Britannien zurück. Nach seinem Tode
übernimmt Cordelia die Herrschaft gemäß keltischem Brauch,
wird aber nach fünf Jahren von ihren Neffen gestürzt, die keiner Frau gehorchen wollen. 1606 verschaffte Shakespeare mit
seiner Tragödie „King Lear" der Erzählung Weltruhm.

Dem, Werk Galfreds verdanken wir ebenfalls die älteste Fassung der Sage von König Artus, der wirkmächtigsten Gestalt der
keltischen Literatur. Wir kennen Artus unter seiner französischen Namensform, ursprünglich heißt er Arthur, latinisiert
Arthurus. Die Tafelrunde, die erst der französische Übersetzer
Galfreds – wohl aus keltischer Tradition – hinzugefügt hat, ist
der Mittelpunkt eines großen Segenkreises, der wie kein anderer die höfische Kultur des christlichen Mittelalters belebt hat.
Enger als Cuchulainn und Lear ist Artus mit der Geschichte verbunden, wenn auch die Überlieferung, dass er als rex belligerus
oder dux bellorum in zwölf Schlachten, die letzte am Mons Ba-
donis, die Sachsen besiegt habe, erst 300 Jahre später, um 826,
in der „Historia Brittonum" des Nennius die uns vorliegende
Form gefunden hat. Nennius erzählt, dass Artus ein von seiner
Pilgerfahrt aus Jerusalem mitgebrachtes Marienbild auf den
Schultern trug und an einem Tag 960 Feinde niederstreckte.
Die Geschichtsschreiber, bei denen seine Nennung zu erwarten wäre, ums Jahre 700 Beda Venerabilis und um 540 Gildas,
übergehen Artus. Kannten sie ihn nicht oder gab es ihn nicht?

Die im 12. Jahrhunderts entstandene Lebensbeschreibung
des Gildas durch Caradokus Lancabarnensis hat die Lücke gefüllt

und berichtet ausführlich über die Bewegung des Heiligen mit dem rex universalis Britanniae Arthurus, der den Bruder des Gildas getötet habe, aber nach gezeigter Reue mit dem Versöhnungskuss entlassen worden sei. Später habe Gildas Frieden zwischen Arthur und seinem Neffen gestiftet (s. u.). Die chronikalische Überlieferung weiß von dem Hügelgrab des Sohnes Arthurs, dass es bei jeder Messung seine Größe verändere, und von einem Steindenkmal für Arthurs Jagdhund Caball. Er habe bei der Jagd auf den Eber Troyn in einem Felsen seine Fußspur abgedrückt. Darauf habe Arthur dort einen Steinhaufen, dessen Brocken, wie weit man sie auch wegschleppe, in der nächsten Nacht wieder zurückflögen. An der Figur des Artus haben sich offenbar verschiedene Legenden geheftet, deren Phantastik den Historiker zur Vorsicht mahnen sollten. Die Unbefangenheit, mit der Artus noch in neueren Werken als historische Figur behandelt wird, ignoriert ein Jahrhundert historischer Kritik.

Eine literarische Bearbeitung der Artustradition in lateinischer Prosa verdanken wir Galfred von Monmouth (Bücher VIII-XII). Auch wenn die Verklärung des britischen Helden so etwas wie geistigen Widerstand gegen die herrschenden Normannen spüren lässt, haben sich diese dennoch den Stoff angeeignet. Chrétien de Troyes (gest. 1190) verfasst den französischen Artusroman, deutsche Fassungen von Artusstoffen liefern Hartmann von Aue, Gottfried von Straßburg und Wolfram von Eschenbach; kanonisch wurde dann Thomas Malory um 1470 mit seinem Werk „Morte d'Arthur". Dass Artus Kelte war, geriet allerdings in Vergessenheit.

Die Sage lautet in Kürze: Artus wird nach einem Gottesurteil in Caerleon, dem Römerlager Castra Legionis, in der Grafschaft Monmouthshire beim Fest der Wintersonnenwende zum König gekrönt, bezwingt im Vertrauen auf Christus die Sachsen, Picten und Scotten und macht sich zum Herrn von ganz Britannien einschließend Irlands, erobert Island und Gotland und beschließt, Europs zu unterwerfen. Norwegen, Dänemark und Gallien werden besiegt und an Vasallenkönige vergeben. Danach hält Artus in Caerleon einen glänzenden Hof mit Tafelei und Turnier, bis ihn der römische Senat durch einen Boten zur Unterwerfung aufruft. Artus zieht nun gegen den „Kaiser von Rom" nach Gallien und erobert Burgund. Herrschaft und Gemahlin hat er seinen Neffen anvertraut, der sich bald beider bemächtigt, aber von dem siegreich heimkehrenden Artus geschlagen und getötet wird. Der König, selbst schwer verwundet, wird nach Avalon, auf die Insel der Seligen entrückt, wo ihn die Fee Morgane gesundpflegt. Von dort kehrt er dereinst, „wenn die Zeit erfüllt ist", zurück, um sein Volk zu befreien. Dieses Kyffhäusermotiv, in Deutschland mit Barbarossa, zuvor mit Friedrich II. von Hohenstaufen verbunden, findet sich im islamischen Glauben an den Mahdi und geht zurück auf die jüdisch-christliche Messiaserwartung.

Artus und seine Helden werden in keltischer Manier durch fantastische Übertreibung gekennzeichnet. Der König führt ein auf Avalon geschmiedetes Schwert mit Namen Caliburnbei, Malory nennt es Excalibur, das auch in der „Tain bo Cuailnge" vorkommt. Er tötet Hunderte von Feinden, er schlägt die unüberwindliche Schwarze Hexe; einer seiner Getreuen trinkt einen See aus, so dass 300 Schiffe auf dem Trockenen sitzen. Dazu bemerkte ein kritischer Zeitgenosse: „Bei Galfred ist der kleine Finger des Königs Artus stärker als die Lenden Alexanders des Großen."[91] Artus zählte zu den seit dem 13. Jahrhundert oft – so auf dem Schönen Brunnen zu Nürnberg – dargestellten Neuhelden. Neben Karl dem Großen und Gottfried von Bouillon war er einer der drei christlichen Helden, denen die drei Juden: Josua, David und Juda Makkabäus und die drei Helden Hektor, Alexander und Caesar zur Seite standen. In vielen Städten West- und Mitteleuropas, bis hin nach Danzig und Thorn, entstanden im 13. und 14. Jahrhundert „Artushöfe" für Feste und Turniere.

Unter den Helden der Tafelrunde ist der Zauberer Merlin wahrscheinlich eine Schöpfung Galfreds. Von einem Dämon und einer Jungfrau gezeugt, prophezeit er in Gleichnissen wie

---

91 Immer nur Alexander der Makedonier. Aber Alexander der Große nur während des römischen Reich.

später Nostradamus, darunter den Sieg über die Sachsen, noch ehe Artus geboren ist. Merlin bewerkstellig die trügerische Begegnung von dessen künftiger Mutter mit ihrem Geliebten und die Erhebung von Artus zum König. Der Fee Vitane verfallen, wird er von dieser in einen Wald gebannt, nachdem er einen Schrei aus dem Schlehdorn ausgestoßen hat, der eine neue Geschichte eröffnet.

Durch den kurz vor 1190 fertiggestellten „Conte du Graal" des Chrétien de Troyes wurden dann auch Parzival und die Gralssagen mit der Artusrunde verknüpft. Hier steht das Ideal des christlichen Ritters im Mittelpunkt, eigentlich Keltisches ist schwer zu greifen, zumal nun, im Zeitalter der Kreuzzüge, auch orientalische Einflüsse wirksam werden. Die Schilderung der großen Festen am Hofe von Artus bei Wolfram von Eschenbach im 14. Buch seines um 1208 vollendeten Epos „Parzival" verknüpft die Kulturwelt des Kontinents mit dem keltischen Schauplatz. Eine bretonische Fassung der Grallegende ist das schöne französische Märchen von Peronnik, dem Einfältigen. Der Gral, bei Chrétien die Schale, in der Joseph von Arimathia das Blut des Gekreuzigten auffing, bei Wolfram ein geweihter Stein aus der Krone Luzifers, ist ein heilbringender, wunderwirkender Talisman, dessen Übergabe einen Herrschaftswechsel symbolisiert.

Ebenfalls durch französische Dichter mit der Artuswelt verknüpft wurde die in Cornwall spielende Geschichte von Tristan und Isolde, die berühmteste Liebestragödie des Mittelalters. Ihre keltische Urfassung ist hinter der Bearbeitung noch erkennbar: Der Hartner und Ritter Tristan besiegt einen Unhold und wird, ähnlich wie Artus, als Verwundeter aufs Meer getrieben und von einer liebevollen Inselfee geheilt. Zurückgekehrt verfällt er, durch einen Zauber betört, der sterblich in ihn verliebten Isolde, der Gemahlin seines Oheims, des Königs Marke, Isolde bewegt den zum Tafelritter erhobenen Tristan zu Artus auf das große Pfingstfest zu gehen, wo er im Turnier einen Sarazenen besiegt und ihn für den christlichen Glauben gewinnt. Auf der Flucht vor dem betrogenen König Marke bestehen die Liebenden in einem langen Waldleben zahlreiche Abenteuer, finden aber schließlich gemeinsam den Tod. Der Tristanstoff wurde oft literarisch behandelt, 1210 durch Gottfried von Straßburg, um 1470 von Thomas Malory in seinem genannten Buch „Morte d'Arthur" und 1553 von Hans Sachs.

17. Kelten im Humanismus

Im 14. Jahrhundert verloren die Klöster Europas ihren Vorrang als Träger von Bildung und Wissenschaft. Die teils städtische, teils höfische humanistische Bewegung wandte sich der älteren Vergangenheit zu. Auch in Irland begegnen uns fortan bürgerliche Kopisten mythologischer Handschriften. Auf dem europäischen Festland dominiert die Begeisterung für die griechisch-römische Antike, doch verband sich dies mit einem Interesse an der jeweiligen nationalen Vergangenheit. Es ging nicht nur um das gemeinsame kulturelle Fundament Europas. Sondern zugleich um die individuelle Geschichte des eigenen Volkes.

Bei der Suche nach den Wurzeln stieß man unvermeidlich auf die Kelten. Die Erinnerung an sie stiftete neue politische Identitäten. In Bestreben, sich vom alemannisch-deutschen Kulturerbe abzugrenzen, entdeckten Schweizer Humanisten in den Helvetiern ihre angebliche Vorfahren: Heinrich Brennwald (gest. 1551) deutete den Schwabenkrieg der Eidgenossen gegen den Schwäbischen Bund und das Haus Österreich, der 1499 zum faktischen Verzicht Maximilians auf die Reichszugehörigkeit der Schweiz führte, als Wiederholung des Kampfes der Helvetier gegen die Germanen, und Aegidus Tschudi (gest. 1572) titulierte seine Schweizergeschichte „Chronikon Helvericum". Der Begriff „Helvetusmus" bezeichnet Besonderheiten der Schweiz im Unterschied zum deutschen und romanischen Kulturkreis.

Urstand feierte ebenso die Gallier. Kardinal Richelieu (gest. 1642) erklärte in seinen Memoiren, er habe das gegenwärtige Frankreich (la France) in Einklang bringen wollen mit dem antiken Gallien (l'ancienne Gaule), dem er einen gallischen König und seine natürlichen Grenzen zurückgeben wollte. Während der Französischen Revolution entdeckte der Abbé Emanuel Joseph Graf Sieyès in den Kelten und Römern die Vorfahren des Dritten Standes. In seiner Programmschrift von 1789 ‚Qu'est-ce que le tiers état?' forderte er dazu auf, die „Nation zu reinigen" und den auf seine fränkische Abkunft stolzen Adel Frankreichs in die germanischen Wälder zurückzujagen. Damit kehrte er die Vorstellung Montesquieus um, der in eben diesen Forsten die Wurzeln der Freiheit, eins vom römisch-imperialen, nun vom bourbonisch-absolutistischen Joch erblickt hatte. Der Vorschlag, statt La France den Namen La Gaule zu erneuern, scheiterte. Die Keltenmode im napoleonischen Frankreich bewog den Münchener Geheimen Staatsarchivar Vizenz von Pallhausen (gest. 1817), mit der angeblich keltischen Verwandtschaft zwischen Baiern und Franzosen den Rheinbund historisch zu rechtfertigen.

Humanistisch gebildete Juristen in England griffen zurück auf die Bezeichnung „Britisch", als 1603 der Schotte Jakob I., der Sohn der Maria Stuart, die englische Krone Elisabeths I. erbte und beide Reiche in einer Personalunion verband. Im Jahre 1707 erweckten die humanistisch gebildeten Vertreter der vereinigten Parlamente von England und Schottland den Namen (Great) Britain wieder zum Leben. Dies brachte die Einheit der Insel zum Ausdruck, auch wenn die wenigen Nachkommen der eigentlichen Britannier marginalisiert waren und blieben.

Im 18. Jahrhundert erlebten die längst vergessenen keltischen Belgen ihre Auferstehung, und zwar in der Frontstellung der Vereinigen Niederlande gegen Österreich. So wie der Name der Helvetier den Unterschied zwischen den alemannischen und den romanischen Eidgenossen kaschiert, wie der Name „Britannien" den Gegensatz zwischen Engländern und Schotten überbrückt, so verbindet der Name „Belgien" die Flamen und Walonen. Am 11. Januar 1790 erklärten sich die Etat Belgiques Unis für unabhängig, doch dauerte es mit der internationalen Anerkennung bis 1839.

Sichtbaren Ausdruck fand die politische Keltophilie in den Bronzedenkmälern für die „Widerstandskämpfer" gegen Rom. Ambiorix steht seit 1866 auf dem Marktplatz in Aduatuca Tungrorum/Tongern, Boudicca posiert seit 1902 im Streitwagen in London vor dem Parlament, und Vercingetorix beschwört die Einigkeit der Franzosen auf dem ihm schon von Napoleon III. errichteten, am 27. August 1865 eingeweihten Monument über Alesia (s. Abb. 12).[92] Er trägt die aus Caesar (VII 29, 6) entlehnte, oben (S. 67) zitierte und verdeutschte Inschrift: „La Gaule unie formant une seule nation animée d'un même esprit peut defier l'univers. Vercingétorix aux Gaulois assemblés. Napoléon III à la mémoire de Vercingétorix." Der Held trägt die Gesichtszüge des Kaisers, nur der herabhängende Schnurrbart ist keltifiziert, obschon die 27 erhaltenden antiken Goldmünzen des Vercingetorix einen bartlosen Jünglingskopf zeigen.

18. Keltenromantik

Neben der politischen Wirkungsgeschichte des Keltentums ist die kulturelle nicht zu vergessen. In der Epoche des Sturm und Drangs war der Rückgriff auf den Keltengeist verknüpft mit Ossian oder Oisean, dem blinden Sohne des Fürsten Finn oder Fingal. Dieser inselkeltische Sänger lebte gemäß der Legende in der Zeit Caracallas um 200 n. Chr. und verdankte seinen Ruhm dem schottischen Lehrer James Macpherson (gest. 17. Februar 1796), der 1762 das Epos „Fingal" herausgab. Es folgten „Temora" und einige kleinere Gesäuge. Diese „Fragmentes of Ancient Poetry", angeblich aus mündlicher Überlieferung gesammelt und aus dem Gälischen ins Englische übertragen, wurden 1782 durch Schillers Freund Johann Wilhelm Peterson „neuverteuscher" und lösten eine literarische Lawine aus.

---

92 Abb. 12: Vercingetorix-Denkmal auf Alesia.

Goethe lässt Werther am 12. Oktober 1772 seinem Freund Wilhelm schreiben: „Ossian hat in meinem Herzen den Homer verdrängt. Welch eine Welt, in die der Herrliche mich führt! Zu wandern über die Heide, umsaust vom Sturmwinde, der in dampfenden Nebeln die Geister der Väter im dämmernden Lichte des Mondes hinführt. Zu hören vom Gebirge her, im Gebrülle des Waldstroms, halb verwehtes Ächzen der Geister aus ihren Höhlen, und die Wehklagen des zu Tode sich jammernden Mädchens, um die vier moosbedeckten, grasbewachsenen Steine des Edelgefallen, ihres Geliebten. Wenn ich ihn dann finde, den wandelnden grauen Barden, der auf der weiten Heide die Fußstapfen seiner Väter sucht und, ach, ihre Grabsteine findet und dann jammernd nach dem lieben Sterne des Abends hinblickt, der sich ins rollende Meer verbirgt, und die Zeiten der Vergangenheit in des Helden Seele lebendig werden, da noch der freundliche Strahl den Gefahren der Tapferen leuchtete und Mond ihre bekränztes, siegrückkehrendes Schiff beschien. Wenn ich den reifen Kummer auf seiner Stirn lese, den letzten verlassenen Herrlichen in aller Ermattung dem Grabe zuwanken sehe, wie es immer neue, schmerzlich glühende Freunden in der kraftlosen Gegenwart der Schatten seiner Abgeschiedenen einsaugt und nach der kalten Erde, dem hohen, wehenden Grase niedersieht und ausruft: ‚Der Wanderer wird kommen, kommen, der mich kannte in meiner Schönheit, und fragen: ‚Wo ist der Sänger, Fingals trefflicher Sohn?‘ Sein Fußtritt geht über mein Grab hin, und er fragt vergebens nach mir auf der Erde‘ – O Freund! Ich möchte gleich einem edlen Waffenträger das Schwert ziehen, meinen Fürsten von der zückenden Qual des langsam absterbenden Lebens auf einmal befreien und dem befreiten Halbgott meine Seele nachsenden.“

Goethe gesteht damit seinen eigenen, im Winter 1770/71 durch Herder in Straßburg ausgelösten Keltenrausch, der ebenso die Dichter des Göttinger Hainbunds, Lenz, Tieck und Novalis, erfasste. Selbst Napoleon war über Goethes „Werther“ an Ossian geraten. 1801 schuf Anne Louis Girodet de Roucy-Trioson, ein Schüler von Jacques-Louis David, ein romanisches Gemälde, das die Aufnahme des Korsen in Ossians Heldenhimmel zeigt. Napoleon seinerseits beauftragte 1811 den Maler Ingres, ihm für sein künftiges Schlafzimmer im Quirinalspalast zu Rom ein Bild mit dem „Homer des Nordens" zu malen. 1813 war der heute in Montauban hängende „Traum Ossians" vollendet: Der Sänger erschaut seinen Vater Vingal, seinen Sohn Oskar und dessen Geliebte Malvina. Die Popularität des Namens „Oskar" legt bleibendes Zeugnis für die Wirkung Ossians ab. Ironischerweise aber ist der Name nicht keltisch, sondern germanisch, die angelsächsische Form von Ansgar (Der Name des 1929 gestifteten Filmpreises „Oscar", der in Hollywood verliehen wird, beruht auf dem Ausruf einer Sekretärin, die in der Statuette ihres Onkels gleichen Namens zu erblicken meinte).

Wenn Macpherson die Ehre widerfuhr, in der Poets' Corner der Westminster Abtei bestattet zu werden, geschah das mit höherem Recht, als man damals meinte. Denn es handelt sich wie schon Samuel Johnson (gest. 1784) erkannt hatte, um frei gestaltete Um- und Nachdichtung auf schmaler Quellenbasis. Volker Mertens spricht daher vor dem „größtem literarischen ‚Fälscher' der Weltliteratur", der die Authentizität urzeitlicher Originalpoesie benutzt hat, um dem schottischen Nationalbewusstsein in der mythischen Überlieferung das Fundament zu geben, das die herrschenden Engländer in ihrer so erfolgreichen Geschichte besaßen. Das Muster war Homer, der ja schon die Römer inspiriert hatte, ein eigenes Nationalepos dagegen zusetzen, wie erst Ennius und dann Vergil zeigen. Macpherson traf mit dem heroischen Weltschmerz seiner Lieder einen Nerv der Zeit, so dass er als verborgenes Originalgenie das darstellt, was er als bloßer Vermittler von echtem Keltengeist nicht sein konnte.

Während die früher Dichter, deren Namen oder Quellen unbekannt sind, ihren Rang als Träger des Volksgeistes behaupteten, sind die jüngeren der Kritik ausgesetzt, wenn sie mehr versuchen, als bloße Gelehrsamkeit wiederzugeben. Ähnlich wie dem genannten Macpherson ging es dem tschechischen Nationalisten Wenzel Hanke, der 1818 die Königinhofer und später die Grüneberger Handschrift herausgab, Gedichte aus der tschechischen Heiden- und Heldenzeit um Libussa, die Gründerin von Prag, und damit auf Goethe, Jacob Grimm, Chateaubriand und andere europaweit Eindruck machte, bis die Fälschung 1824 ans Licht kam und der fortgeschrittene historisch kritische Zeitgeist dem Autor den Rückzug in die dichterische Freiheit verbaute. Das 1835 von Elias Lönnrot herausgegebene, 1849 erweiterte finnische Nationalepos „Kalewala" scheint hingegen substantiell authentisch und nur redaktionell bearbeitet. Es war für die Entstehung des politischen Finnentums grundlegend.

Im 19. Jahrhundert ist die Opernbühne vielfältig mit dem Keltengut verbunden. 1831 präsentiert Vincenzo Bellini in Mailand seine Oper „Norma". Diese Tochter eines Druiden liebt dem römischen Prokonsul Galliens, der seinerseits die germanische Irminsul-Priesterin Adalgisa bevorzugt. Ist hier nur das Milieu keltisch, so ist es bei Richard Wagners „Tristan und Isolde", 1865 in München uraufgeführt, ebenso die Handlung, allerdings in der durch Gottfried von Straßburg veränderten Form. Wagner nutzt in seinem „Parsifal", zuerst 1882 als „Bühnenweihespiel" in Bayreuth gegeben, die Vermittlung des Minnesängers Wolfram von Eschenbach, wendet sich allerdings gegen dessen Behandlung des Stoffes. Der Komponist stellt die Mitleidslehre Schopenhauers in christlichem Gewande dar. Die beiden Merlinopern, Wien 1886 von Carl Goldmark und Berlin 1887 von Philipp Rüfer, hatten nur zeitweise Erfolg, ebenso das 1908 mit zwei Schillerpreisen gekrönte neuromanische Drama „Tantris der Narr" von Ernst Hardt. Unter den Prosabearbeitungen der Artusmar seien die „Idylls of the King" von Alfred Tennyson (1859) genannt, er will den Kampf der Seele gegen die Sinne symbolisieren.

Trotz des Wiederauflebens keltischer Reminiszenzen im 19. Jahrhundert haben die keltischen Idiome weiter an Sprechern verloren. Schon Johann Gottfried Herder hatte 1784 ihr Schwinden beobachtet und beklagt. Die Zahl der keltischen Redenden ist unter zwei Millionen gesunken, wobei alle Betroffenen gewiss auch eine Verkehrssprache beherrschen. Hinderlich war, dass es kein Hochkeltisch gibt. Das in vier Dialekten in der Bretagne gesprochene Bretonisch ist weitgehend erloschen, doch gibt es eine von bewussten Volkskundlern gepflegte Litertatur. Die irische Sprache ist von der 1893 gegründeten Gälischen Liga wiederbelebt worden, es entstand eine umfangreiche Literatur im Zeichen des Celtic Dawn, doch haben alle bedeutenden Autoren englisch geschrieben, so Jonathan Swift, Bernard Shaw und James Joyce. Die Gründung der Republik Irland am 6. Dezember 1921 hat zwar die politisch, nicht aber die kulturelle Lösung von England gebracht.

Auch dort kümmern die Keltensprachen. Das in mehreren Dialekten überlebende Kymrisch (Welsh) in Wales hat als Literatur- und Kirchensprache noch eine vergleichsweise große Bedeutung. Die Zahl derer, die es noch beherrschen, betrug 1961 noch über eine halbe Million. Das schottische Gälisch ist seit dem Mittelalter auf dem Rückzug vor dem Englischen, erlebte aber im 18. Jahrhundert eine Literaturblüte. Die letzte Frau, die das einst in Cornwall verbreitete Kornisch gesprochen hat, Dolly Pentreath, starb 1877 in Mousehole. Das Manx-Gälische der Insel Man wurde 1950 noch von zehn Leuten verstanden.

In unserem Jahrhundert hat das Interesse an den Kelten neue, bisweilen bizarre Formen angenommen. Das Geheimnisvolle, das einem versunkenen Volk allemal anhaftet, wird gesteigert durch den Reiz der keltischen Ornamentik, die den Zauber des Celtic Revival im Kunsthandwerk ausmacht, und durch die hintergründige Mystik der keltischen Religion, die dem Bedürfnis nach Exotik innerhalb Europas entgegenkommt. Namentlich das Druidenwesen beflügelte die Fantasie zu einem wild wuchernden Keltenkult mit esoterischen Ritualen, aber respektablen Idealen. Die Reichsgroßloge der Freimaurer, zubenannt „Vereinigter Alter Orden der Druiden in Deutschland" (V. A. O. D.) führte sich auf das Jahr 1781 zurück und war mit seinen Bruderlogen in „allen Ländern der Welt mit germanischer Bevölkerung" (Rechtshort 2, 1906) verbreitet. Zwischen Kelten und Germanen machte man, wie in der Zeit vor Poseidonios, keinen Unterschied. Während man aber damals die Germanen als Teil der Germanen eingemeindet. Am 16./17. Juli 1906, das heißt am Vorabend zum Jahrestag des Keltensieges an der Allia 387 v. Chr., trafen sich im nordenglischen Hull Neudruiden aus England, Deutschland, Schweden, Amerika und Australien zur 125-Jahr-Feier und erschlossen eine Revolution zugunsten der Völkerfreundschaft. Der Orden umfasste damals 131 544 Mitglieder. 1908 wurde Winston Churchill Bruder in der Freimauerloge „Albion Lodge of the Ancient Order of the Druids".

Heute zelebrieren die neuheidnischen Pagus in Großbritannien Sonnwendfreiern in Stonehenge und fordern Gleichberechtigung mit den christlichen Konfessionen in den Medien. Der „Order of the Bardes, Ovates (irrig gebildet aus griechisch ouatês, lateinisch vates) and Druids" floriert indes nicht nur jenseits des Kanals. Nach einer durch die Germanenromantik der 30er und 40er-Jahre bedingten Ebbe steigt die Keltenflut wieder kontinuierlich. Der Buchhandel bietet allein zehn Zeitschriften, die das Wort „Druide" im Titel führen, und 30 Monographen vom Typus: Das geheime Wissen der Kelten; Merlyns Lehren; Das heilige Feuer und magische Weisheit der Druiden. Englisch entsprechend: Celtic Mysteries; Omens, Orhams und Oracles; Wyda Easy; Druids and Witches. Der Keltenwahn bereichert den deutschen Wortschatz um Prägungen wie Druidentor, Druidenzauber, Druidenstein, Druidenzirkel, Druidenkraft. Einen politischen Hauch atmet die Keltenmode und Regionalismus der jüngsten Zeit zumal in Bayern, Österreich und der Lombardei. Die Kelten sind seit 1945 attraktivere Vorfahren als die Germanen. Der Münchener Historiker Karl Bosl bezeichnete 1971 die Bayern als ein „keltisch bestimmtes Mischvolk", der österreichische Bundeskanzler Dr. Bruno Kreisky[93] nannte seine Landsleute Nachkommen der Kelten, so im August 1975 in dem Magazin „Playboy".

Die jüngsten literarischen Erscheinungen der Keltomanie sind die Erzählungen des Professors für ältere englische Literatur John

93 Bruno Kreisky war nur sog. Slawisch; Radetzky = Radetski = radet ski: radet = rad et(= it) dritte Person arbeitet;

Ronald R. Tolkien (1892–1973), der mit seinem Buch „The Lord of the Rings" (1954) eine eigene, keltische inspirierte Mythologie geschaffen hat, und die Fantasy-Welle, vertreten durch Marion Zimmer Bradley mit ihrem Roman „The Mist of Avalon" (1982; 20. Auflage 1997). Tankred Dorst verwendete 1985 den Merlin-stoff zu seinem gleichnamigen apokalyptischen Bühnenstück.

Keltentaten für die Jugend offerieren die Comic-Serien „Prinz Eisenherz" sowie „Asterix". Diese 1959 von dem Texter René Goscinny und dem Zeichner Albert Uderzo geschaffenen Figuren der Kinderbuch-Literatur stehen gattungsgeschichtlich in der Tradition von Walt Disneys Mickey Mouse und erfreuen sich einer ähnlichen Beliebtheit. Asterix (von astérisque, dem Sternchen) ist der kleine listige Gallier mit dem historisch kor-rekten Schnurrbart, Obelix (von obélisque – Obeliks, Menhir) sein bärenstarker, aber tölpelhafter Freund, Panaromix (von Panorama) der Seher und Druide (in der deutschen Fassung Miraculix), Abraracurcix (à bras racourcis) der „die Ärmel auf-krempelnde" Häuptling (deutsch Majestix), und Assourancetou-rix (assurance àtous risques) der „auf Nummer Sicher gehende" Barde (deutsch Troubadix), dem keiner zuhören will, weil er eben keine Comics liefert. Sie führen die römische Besatzungs-macht an der Nase herum und erleben die größten Abenteuer. Die Geschichten verarbeiten antiquarisch erstaunlich genau recherchierte Überlieferungen, die freilich anachronisch kom-piliert und ad usum Delphini gesiebt sind. Menschenopfer und Kopfjagd finden nicht statt. Die Autoren appellieren mit dem Rückgriff auf die keltische Antike an ein liebenswert ironisier-tes, französisches Identitätsbedürfnis, das zeigt, wie in wech-selnden Formen und schwankender Stärke die Geschichte uns immer wieder einholt.

DIE SINTFLUTEN

Im Weltatlas[94] steht: **Pleistozän** (Beginn vor einer Million Jahren. Dauer eine Million Jahre): „Europa, Amerika, die Antarktis und der Himalaya liegen weitergehend unter Eismasse und Gletschern. Während der Interglazialzeiten schmilzt das Eis periodisch, wodurch der Meeresspiegel steigt und die vorher durch das ungeheure Gewicht des Eises abwärts gedrückten Landmassen Europas und Nordamerikas sich zu heben beginnen (Skandinavien hebt sich heute noch etwa einen Zentimeter jährlich). Schmelzendes Eis bildet die großen Seen Nordamerikas, die norddeutschen Seeplatten, die bayerischen, schweizerischen und norditalienischen Seen. Die ausräumende Wirkung der Gletscher schafft die norwegischen Fjorde und die Wannentäler der Alpen. Die Landschaft beginnt ihr heutiges Aussehen anzunehmen. Eine Periode großer klimatischer Gegensätze."

„Durch aufeinanderfolgende Eiszeiten gingen in Europa zahlreiche Pflanzenarten zugrunde. In Amerika und Asien konnten sich auf wärmeres Klima angewiesene Pflanzen nach Süden zurückziehen und später wieder nordwärts vordringen, was in Europa wegen der vereisten Alpenbarriere unmöglich war."

„Leben im Meer ähnlich wie heute"

Holozän (Beginn vor 10 000 Jahren): „Das Eis schmälzt ständig weiter zurück, was ein Ansteigen des Meeresspiegels zur Folge hat. England, während der Eiszeit über die südliche Nordsee hinweg mit Mitteleuropa verbunden, wird jetzt vom Kontinent abgeschnitten. Landschaft im Wesentlichen wie heute. Das Klima wird gleichmäßiger. In Nordafrika und im Mittleren Osten erzeugt zunehmende Trockenheit Wüsten."

„Mit dem Schwinden des Eises und dem Eintreten wärmerer Sommer beginnt ganz Europa sich mit Wäldern zu überziehen.

---

94 Der große Reader's Digest Weltatlas, Verlag das Beste G.m.b.H. Stuttgart, 1963, S. 116 und 117

Tundravegetationen (Moose und Flechten) weichen Birke und Kiefer, später folgen Haselnuss, Eiche und Erle."
„Leben im Meer ähnlich wie heute."

H. Kinder/W. Hilgemann[95] geben an: „Die Gliederung des Pleistozäns (Eiszeitalter) erfolgt nach den Eis- und Warmzeiten (Glaziale und Interglaziale, Jahre in Tsd.):
600–540 1. Eiszeit (Günz)
540–480 1. Eiszeit (Günz-Minder)
480–430 2. Eiszeit (Mindel)
430–240 2. Wärmzeit (Mindel-Riss)
240–180 3. Eiszeit (Riss)
180–120 3. Warmzeit (Riss-Würm)
120–10 4. Eiszeit (Würm); es folgen die Nachzeiten.

Historisch und anthropologisch wird die Zeit in drei Perioden gegliedert:
600–100 Altpaläolithikum (Ältere Altsteinzeit)
100–50 Mittelpaläolithikum (Mittlere Altsteinzeit)
50–10 Jungpaläolithikum (Jüngere Altsteinzeit)"

In Larousse[96] steht: „Früh Antike, Domäne der Historie … Es gab 1 800 000 Jahre, als lebende Wesen in Ostafrika gebrauchte Schneide des Feuersteines, die bewusst und absichtlich zerschlagten um Schneide zu machen … Pitekantrop (Affe-Mensch 1 000 cm³), der lebte vor 500 000 Jahr, kannte Feuer und gebrauchte Werkzeuge aus Stein, um Holz zu schneiden … Von Anfang an des Quartärs – vor gewiss zwei Millionen Jahre – Erde ging durch eine Eisperiode von denen blieben verstärkte

95 Hermann Kinder/Werner Hilgemann,dtv-Atlas Weltgeschichte,Verlagsgesellschaft,München, 2015, S.13
96 Opšta enciklopedija LAROUSSE, Paris 1967- za Jugoslavija Vuk Karadžić, Belgrad,1973, Band 3, S. 224

Spuren der Ablagerungen, und die verfolgte, über 35. Parallele größer Fall der Temperatur. Es gab und Zwischeneisperiode ..."

Also, man redet 35 – Parallele, die war nur südlich von Insel Kreta – in Levante.

In Watch Tower Bible[97] spricht man, über was The Saturday Evening Post schrieb: „Tiere waren frisch, vollständig, unversehrt und noch standen oder wenigstens knieten sie in aufrechtem Zustand ... Nach unserer vorigen Weise des Denkens ist dies ein wahrhaft aufregendes Bild. Große Herden aus großen, gut ernährten Tieren, die waren nicht besonders für unendliche frostige Bedingungen geschaffen, sondern ernährten sich ruhig auf sonnigen Weidenplätzen ... Plötzlich starben alle ohne irgendein sichtbares Zeichen an Gewalt und vor sie konnten sogar ihren letzten Bissen des Futters schlucken, aber nachher waren sie schnell erfroren, und das war so schnell, dass jede Zelle ihrer Körper vollkommen erhalten geblieben ist."

Bild: „Gefrorenes Mammut entdeckt im Sibirien. Nach Tausendenjahren, in seinem Mund und Magen gab es noch pflanzliches Futter, aber sein Fleisch konnte man essen wenn es aufgetaut war".

The Atlas of Mankind[98] gibt an: „... Erscheinung des ersten Menschens (vor Halbmillion Jahr) mit Auswanderung aus Afrika ..."

Herbert George Wells[99] schreibt: „Nach Geologen, frühesten von den Eoliten kamen aus Pliozän, d. h, vor der ersten Gletscherepoche. Man kann sie noch und durch die ganze erste interglaziale Periode finden. Wir wissen nicht für die Knochen, oder für andere Reste in Europa oder Amerika angeblich menschliche

---

97 WATCH TOWER BIBLE AND TRACT SOCIETY OF PENNSILVANIA, 1999, Seite 203
98 The Atlas of Mankind,©Mutchell Beazley Publishers and Rand McNally&Company, 1982, YU1986, S.14
99 Herbert George Wells, Istorija sveta, Narodno delo, Belgrad, 1929, Seite 29

Wesen von vor halb Millionen Jahre, was könnten zu schaffen und Werkzeug zu gebrauchen …"

„Sobald wir nicht übergehen … Sachen, die geschehen sind in diesen Gehirnen, deren Wachsen und Entwicklung verfolgten wir von halbaffischen Stufe und durch Periode von 500 000 Jahren".[100]

Milutin Milanković[101] sagt: „Ich hatte nicht erreicht … Mensch … und Jahr 478 000 vor der Gegenwart haben wir seine Spur ganz verloren, oder der Mensch bestand nicht oder wir konnten ihn noch nicht von verwandten Tieren unterscheiden …"

Wie andere Arten aller Tiere bestanden, wie etwa Aal, Haifisch, … bestanden die Menschen.

T. F. Gaskell[102] spricht über die Eiszeit. Die Eiszeit begann zwischen 500 000 und 1 000 000 Jahre mit ihrer vierten Spitze vor 10 000 Jahren. Das Meer wuchs zwischen 18 000 und 6 000 Jahre fast 90 m. Für die letzten 6 000 Jahre blieb es beim heutigen Niveau mit einer Abweichung ± 3 m.

Herbert George Wells[103] schreibt: „In der Epoche des dritten interglazialen Zeitraumes war die Form Europas und Westasiens ganz anderes als die heutige. Ausgedehnte Landschaften westlich und nordwestlich, jetzt überdeckt mit Wasser des Atlantischen Ozeanes, waren da trockenes Land. Irland- und Nordmeer waren Flusstäler. Über die nördlichen Landschaften breitete sich eine Eisdecke aus, die sich wieder zurückzog und dann wieder ausbreitete, ähnlich an jene, die heute das mittlere Grönland bedeckt. Die große Eisdecke, sie umfasste beide ländlichen, polarischen Landschaften, nahm aus dem Ozean große Mengen von Wasser auf, und der Meeresspiegel nahm infolgedessen ab und hinterließ große Landflächen, welche nun wieder unter

100 Ebenso, Seite 52
101 Milutin Milanković, Kroz vasiona i vekova, Nolit, Beograd, 1979, Seite 213
102 T.F.Gaskell, Mora, karte i ljidi, Mladost, Zagreb, 1969, Seite 14
103 Herbert George Wells, Istorija sveta, Narodno delo, Belgrad, 1929, Seite 32

Wasser sind. Der Raum, wo sich nun das Mittelmeer befindet, war wahrscheinlich ein großes Tal, welches niedriger lag, als der Meeresspiegel; in dem Tal fanden sich zwei innere Seen abgeschnitten vom Hauptozean ..."

„Leser ... Wir sind nicht genug Geologen, wie könnten wir uns nach dem Anlass der Sachen in selbstständigen Untersuchungen einzulassen. Deswegen, wie Anweisungen für nach der glazialen Mappe und Mappe vor 13 000 bis 10 000 Jahre v. Chr., hauptsächlich halten wir gewisse Tiefe von 73 m und neuliche Abgrabungen. Aber, in einem sind wir und außer der Grenzen einlassen. Ganz sicher ist es, dass das Mittelmeer am Ende der letzten Eiszeit oder glazialen Epoche zwei oder drei geschlossene meerische Talkessel darstellte, die waren mit nichts verbunden oder vielleicht verbunden mit irgendeinem üppigen Fluss, der aus ihnen überflüssiges Wasser absonderte. Im östlichen Talkessel fand man süßes Wasser, in dem ergossen sich Nil, adriatischer Strom, Fluss des Rotmeeres und vielleicht ein Fluss, der zwischen Gebirgen abstieg, die sind heute Archipele, der kam aus einem vielmehr großen Meer in Zentralasien, das damals in Zentralasien bestand. Aber auch ist gewiss, dass in der Epoche die Neolither in dem jetzt verlorenen mediteranen Paradies waren."[104]

Als Beweis für die Entstehung des Mittelmeeres blieben Fische: Aal, Thun usw.

Im Weltatlas[105] steht: „Die amerikanischen Flussaale ziehen zum Laichen in die Sargassosee. Die ausgeschlüpften Larven treiben nach Westen, werden nach einem Jahr zu Glasaalen, später zu Steigaalen, die wieder in die Flüsse einschwimmen. Auch alle europäischen Aale entwickeln sich aus Larven, die in der Sargassosee geschlüpft sind; sie werden nach Osten abgetrieben und erreichen Europa und das Glasaalstadium erst nach

---

104 Ebenso, Seite 50
105 Der große Reader's Digest Weltatlas, Verlag das Beste G.m.b.H. Stuttgart, 1963, Seite 125

drei bis vier Jahren. Die ausgewachsenen Flussaale Europas wandern ins Meer zurück. Bisher hat man angenommen, dass sie – auf ungeklärten Wegen – die Sargassosee erreichen und dort laichen. Nach einer neuen Theorie gehen sie aber vielleicht vorher zugrunde. Die europäischen Aale wären damit gleichfalls Nachkommen amerikanischer Flussaale, die als Larven nach Osten statt nach Westen getrieben wurden."

Die europäischen Flussaale wandern seit Anfang der Kontinentalverschiebung.

Maurice Burton[106] schreibt über Aale. Untersuchungen fingen mit Aristoteles (350 v. Chr.) an, der meldete, dass erwachsene Süßwasseraale in Meere wanderten. M. Burton schreibt über Aale im östlichen und südöstlichen Asien, aber nicht über Aale aus Westasien und Nordafrika. Also, Aale in Mediterran waren aus europäischen … Süßwassern.

Maurice Burton schreibt auch über die Siedlung des Thunfisches. Seine Siedlung ist nach Nord, westlich von Schottland, nachher nach Norwegen, aber nicht durch den Englischen Kanal. Der bestand nicht vor 10 000 Jahre und britannischen Inseln waren mit Europa verbunden.

Horst Klien[107] gibt an: „… Levante [.v.], die. – (Bez für die Küstengebiete Kleinasien, Syrien u. Ägypten u. i. w. S. für die Mittelmeerländer östl. von Italien einschließlich Griechenland) ‹lat→ital, ‚Sonnenaufgang'›…Levantiner K231, der, -s –, (Bewohner der Levante)|levantinisch od levantisch; K 258: das Levantische Meer".

Risto Ivanovski[108] schreibt: „Mittelländisches Bassin war beständig übergeschwemmt worden und der Prozess endete um 4 000 Jahr v. Chr. Für seine Überschwemmung verantwortlich

106 Maurice Burton, Mora, karte i ljidi, Mladost, Zagreb, 1969, Seite 78
107 Horst Klien, Der Große Duden, VEB Bibliographisches Institut, Leipzig, 1971, Seite 273
108 Risto Ivanovski, Atlantida- falsifikat na Solon i Platon, Bitola, 2006, Seite 61

war das Gibraltarische Tor als breiter Übergang von 12,8–37 km. Er war im Pliozän (bis 11 Millionen Jahre) geschaffen worden. Von beiden Seiten, Enge ist mit felsigem Massiv Gibraltar (424 m.) und Jebel Musa (856 m.) gebaut, bekannt als Columnae Herculis (Herculische Säulen). Die Tiefe wächst von West nach Ost. Mit dem Vorgebirge Trafalgar (300 m, Gibraltarische Schwelle, Beschützer des Mittelmeers), das ist vom Atlantischen Ozean mit der getrennten pflanzlichen und tierischen Welt abgesondert worden, wie und mit Tarifon (760 m) auf Eingang von Ost mit 1 000 m über dem Niveau des Meeres. Es besteht ein Meeresstrom von der Oberfläche bis zu einer Tiefe von 25 m, welcher nach Osten lenkt und eine durchschnittliche Geschwindigkeit von 1 m/s hat."

Im Weltatlas[109] steht: **Pleistozän**: „... In den Warmzeiten lebte im Rheingebiet das Nilpferd ..."

Aber da im Rhein ein Nilpferd entdeckt wurde, gehören Nordafrika und die Landschaft westlich vom Rhein zum gleichen genetisch-geographischen Gebiet. Und Flora und Fauna des Atlantiks und des Mittelmeerraums sind verschieden. Auch Aale gab es nicht in Kleinasien und südlich von Nordafrika. Damit ist bestätigt, Flora und Fauna im Mittelmeer waren mit dem Wasserlauf der europäischen Flüsse dorthin gekommen und zwar nur mit süßem Wasser. Das Mittelmeer bestand davor nicht. Wenn das Mittelmeer bestanden hätte, würden Aale im Mittelmeer laichen, aber nicht in der Sargassosee.

Herbert George Wells[110] schreibt: „In den letzten vier Kapiteln haben wir beschrieben, wie sich bildende Länder aus primitiver neolithischer Landwirtschaft geschaffen wurden. Das begann vielleicht vor 15 000 Jahren, und das irgendwo im östlichen Mittelemeerraum. Am Anfang gab es eine Hortikultur

---

109 Der große Reader's Digest Weltatlas, Verlag das Beste G.m.b.H. Stuttgart, 1963, Seite 116 und 117
110 Herbert George Wells, Istorija sveta, Narodno delo, Belgrad, 1929, Seite 112

als Agrikultur. Vor Pflug verrichtete man den Anbau mit Hacke, und Landwirtschaft diente am Anfang mehr als Ergänzung zur Jagd und der Sorge um Schafe, Ziegen und Rinder, von denen zuerst familiären Stamm und kam hauptsächlich zur eigenen Bedürfnisse."

„Wir haben ... Bilder von aufregten und braunäugigen Beobachtern aus Kreta, die, gleich heute den Spaniern, den Kampf mit Stieren betrachteten. Die Kämpfer trugen dabei Hose und Gürtel, eben wie die heutigen Toreadoren ..."[111]

Das gab es zuerst in Levante, nachher in Ostmittelmeerischen Gebieten bei hellhäutigen Ethnien.

Im mediterranen Bassin, ohne Meerwasser, lebten hellhäutige Ethnien. Dort hatten sie eigene Zivilisationen ..., mit eigener Entwicklung, mit der Sprache der Pelasger = sog. Slawen.

Hanns Joachim Friedrichs[112] gibt an: „Das sumerische Gilgamesch-Epos entsteht als früheste Sage von der Entstehung der Welt (Sintflut)."

Harald Haarmann[113] sagte: „Die Zustände auf dem Unterwasserplateau lassen das Ausmaß der Überflutung erahnen. Das, was die Große Flut zu einer ökonomischen Katastrophe macht, liegt allerdings weit unter dem heutigen Wasserspiegel des Schwarzen Meeres. Das große Wasserreservoir der tiefen Senke des einstigen Euxinos-Sees ist biologisch tot. Dort leben weder Fische noch Pflanzen, nur auf dem Meeresboden existieren Schwefelbakterien, es gibt kaum Licht und Sauerstoff ..."

Also, das Schwarze Meer war ein Teil der Levante, wo hellhäutige Leute lebten.

---

111 Ebenso, Seite 124
112 Hanns Joachim Friedrichs, Weltgeschichte, Eine Chronik, Naturalis Verlag, München, Seite 12
113 Harald Haarmann, Gechichte der Sintflut, Verlag C. H. Beck oHG, München 2003, Seite 16

Ljubomir Kljakić[114] schreibt: „Zivilisation Vinča ... An Ost, Zivilisation Vinča wirkt Oberlauf des Maritza und pontisches Küstenland ein berührend mit Zivilisation Tripolje. Höchstens bis jetzt bekannten archäologischen Ortlichkeiten dieser Zivilisation fanden sich in Mittelgebiete des Donautals (Gonolova, Belgrad, Vinča, Banjica usw.), im Tal Morawa, auf Gebieten des Kosovos und Methochiens, in den Tälern Wardar und Makedonien, in Rumänien und Bulgarien, aber die materialistische und geistige Kultur Vinčas ist an der Ägäisküste, an Inseln und weiter bis Anatol entdeckt worden; entdeckt sind in Tal des Tisas und seine Nebenflüsse an Nord."

Da für diese Zivilisation keine Entwicklungsperiode gefunden worden ist, war ihre Entwicklungsperiode nur in Levante, wo die Weißen lebten 0,5–1 Million Jahre.

Ljubomir Kljakić[115] sagt, was für Miloje M. Vasić Milan Budimir (1951) schreibt:

„Wie mir bekannt ist, war Prof. M. M. Vasić der Erste in unserem Teil Europas, der sich gegen die Nordisten auflehnte und die karpatisch-nebendonauische Kultur in Verbindung mit der Kultur des Anatols und östlichen Mittelmeers brachte ..."

„Die Grundrelation an die Vasić insistiert, ist die Verbindung zwischen der nebendonauischen Vinča und ägäischer Kulturen. Er meint, diese Verbindung ist mit Grund unzweifelhaft. Natürlich, diese Verbindung feststellend konnte er nicht anders lösen, als als Beziehung. Diese stellt sich wegen der ionischen Kolonisation in der Tiefe des balkanischen Festlands und Nebendonau her ..."[116]

„Interpretierende Ergebnisse eigener Untersuchungen, beide Autoren veröffentlichten und einige sehr wichtige Bemerkungen

---

114 L. Kljakić, Oslobađanje istorije I-III, Prva knjiga, Početak puta, Archiv, Kljakić, Beograd, 1993, S. 24
115 L. Kljakić, Oslobađanje istorije I-III, Prva knjiga, Početak puta, Archiv, Kljakić, Beograd, 1993, S. 38
116 Ebenso, Seite 40.

über bestimmte ähnliche oder identische Befunde von Lokalität Banjica, die gehört an Vinčakultur, und Artefakte der Tripoljekultur. Todorović und Cermanovićeva stellten Ähnlichkeit in Weise des Wohnens und Architektur fest, in Gebrauch Silos für Getreide, wie in Konstruktion und Bestimmung des Ofens. In Bezug mit den Ofen, Autoren betonen, ihre Konstruktion änderte sich nicht durch ganze Urhistorie, durch römische und slawische Periode.[117] Tripoljekultur fasste Gebiet Ukraina bis Schwarzmeer um ...[118]

,Banjische Gebäuden aus zweitem und drittem Horizont können wir gewiss und für Häuser der tripoljischen Kultur in Ukrainen binden wie und für Gebäuden der neolhitischen Epoche in Mitte- und Westeuropa. Aber für uns ist sehr wichtige Tatsache was ähnliche rechteckige Häuser und mit größeren Dimensionen finden wir sehr früher in ägäischen Gebieten. In früherer Phase des thessalischen Neolithikums in Diminiphase, auf Besiedlungen Ssko und Dimini, findet man Gebäuden mit rechteckiger Form mit mehr Abteilungen, Feuerstelle und Halle. Die sind Typ Megaron. Dieser Typ der Häuser erschien sehr früh und in Vorderasien, wie z. B. in I und II Schicht Trojas".

Das Leben in Gebiete der Donau und des Schwarzmeeres war Teil der Levante.

„... Nach Britannische Enzyklopädie, der Begriff Pelasg war mit makedonischem Pelagonien verbunden worden ...",[119] Auf Pelagonien bestand es älteste Ansiedlung in Europa, bis heute um 8000 Jahre, Veluschka Tumba (Hügel) bei Dorf Porodin-Bitola, R.Makedonien, mit ältestem Haus,[120] schon bekannt in

---

117 Da Ofen während „römische(r) und slawische(r) Periode" sich nicht änderte, gab es kein Slawenvolk.

118 Ebenso, Seite 49.

119 Branko Vukušić, O Trojansko slovenskoj misteriji, Pešić i sinovi, Belgrad, 2003, Seite 61.

120 M.Gimbutas, "CIVILIZATION OF THE GODDESS", San Francisko, 1991 Jahr.

Welt.[121] Ost gab es eine große See (Bitolsko Blato=Sumpf)[122] und West Babagebirge ... Neben Veluschka Tumba bestand es Kaiserstraße, während Römisches Reiches Via Egnatia, die war neben makedonischer Stadt Heraklea Linka von Philipp der Makedonier. Östlich von Veluschka Tumba aus war Stadt Linka, wo war die Mutter von Philipp der Makedonier geboren ... Pelagonien blieb es voll mit Ansiedlungen.

Harald Haarmann[123] sagte: „Frühe Populationen in der Schwarzmeerregion: Der genetische Fingerabdruck und sprachliche Relikte.

Wer waren diese mesolithischen Wildbeuter, die in vorsintflutlicher Zeit die Schwarzmeerregion und den ägäischen Inselarchipel bewohnten und die auch schon früh mit Booten küstennahe Gewässer befuhren? Noch vor wenigen Jahren tappten Archäologen und Anthropologen weitgehend im Dunkeln, was die ethnische Identität jener Menschen betrifft. Erst die humangenetische Forschung hat in den 1990er Jahren einen entscheidenden Durchbruch erzielt. Als Teilergebnis des internationalen Human Genome- Projekte, des bislang größten und kostenspieligsten Forschungsprojekts der Wissenschaftsgeschichte, sind die genetischen Strukturen der Weltbevölkerung katalogisiert und kartiert worden (Cavalli- Sforza et al. 1994). Die genetischen Informationen sind wie ein Fingerdruck, der es ermöglicht, die Herkunft und die Konzentration von Genkombinationen (Genomen) Jahrtausende in der Evolutionsgeschichte zurückzuverfolgen.

Die genetischen Strukturen der Populationen in Europa und Westasien zeichnen sich durch fünf Hauptkomponenten aus, die

---

121 Um das Alter zu verbergen, folgte es der Befehl von SANU (Serbische Akademie...) alles zu vernichten.

122 Sumpf in Nähe Bitolas war nur Rest des Pelagonischen Sees, der blieb bis zum 1963 Jahr.

123 Harald Haarmann, Gechichte der Sintflut, Verlag C. H. Beck oHG, München 2003, Seite 32.

unterschiedlicher Konzentration in den verschiedenen Regionen vertreten sind. Jeder dieser Hauptkomponenten entspricht einen Bündelung von insgesamt 95 Einzelgenen, deren Kombinatorik bestimmte Grundmuster, eben die Hauptkomponenten, zeigt. Die räumliche Konzentration der Hauptkomponenten kann kartographische illustriert werden. Für unser Thema von besonderem Interesse ist die Karte, die die geographische Verbreitung einer Genkonstellation illustriert, die von den Humangenetikern der ‚mediterrane Genotyp' genannt wird (Abb. 3).[124]

Auf den ersten Blick fällt auf, dass die Populationen, für die dieser Genotyp charakteristisch ist, rings um das Ägäische Meer und in einem weiten Bogen um das Schwarze Meer herum verbreitet sind. Eine hohe Konzentration für den mediterranen Genotyp ist sowohl für Südosteuropa als auch für das westliche Asien ausgewiesen. Wir haben es hier mit ‚augenfälligen' Übereinstimmung zu tun, die den einen Schluss zulassen: im Genotyp der Bevölkerung auf beiden Seiten der Ägäis und der südlichen Schwarzmeerregion finden wir die genetischen Spuren (gleichsam Fragmente eines genetischen Fingerabdrucks) einer alten Population mit gemeinsamen ethnischen Wurzeln".

---

124 Abb. 3: Der mediterrane Genotyp (nach Cavalli-Sforza 1996: 63). Das dunkle Feld kennzeichnet die hochste Konzetration (Bündelung) genomische Merkmale). (Nach Abb. 3 Migrationen waren von Mittelmeer nach Nord. Die Migrationen waren von Süd nach Nord, in keinem Fall umgekehrt-aus Nord nach Süd, R.I.)

ANSIEDELN EUROPAS NACH FÖRDERUNGEN DER METALLE (BRONZE)

Eberhard Zangger[125] gibt an: „Wenn wir ... die sich um 3000 v. u. Z. schnell ausbreitende Verwendung von Bronze, einer Legierung aus Kupfer und zu zehn Prozent Zinn, revolutionierte die Werkzeug- und Waffenherstellung und läutete damit das Ende der Steinzeit ein. Der wachsende Metallbedarf führte zwangsläufig zu einem Anstieg des internationalen Waren- und Güteraustausches ...“

„Die Kontrolle des Warenverkehrs durch den Hellespont ließ Troia eine wichtige Funktion im internationalen Handel einnehmen. Metalle spielten dabei sicher eine gewichtige Rolle. Von insgesamt 350 Metallgegenständen aus der Zeit um 3000 v. u. Z. wurden 85 Prozenten in den Ländern der nordischen Ägäis gefunden – also der Umgebung der Troias. Und Mitte des dritten Jahrtausends stammten immer noch 75 Prozent der Metallfunde aus dem trojanischen Kulturkreis. Mit Hilfe von Blei-Isotopen-Untersuchungen ließ sich feststellen, dass nur der geringste Teil dieser Erze auch in der Troas abgebaut wurde. Offenbar hatte sich in Hisarlik schon früh ein Warenumschlagsplatz etabliert, eventuell auch eine Stätte zur Metallveredlung. Woher die in prähistorischer Zeit abgebauten Erze tatsächlich stammten, ist immer noch eines der großen Rätsel der Archäologie. Alte Minen sind zwar durch Schlackenhalden leicht zu identifizieren, aber der Zeitpunkt des Abbaus lässt sich nur selten bestimmen. Oftmals wurden schon vorhandene Stollen durch erneute Nutzung in römischer Zeit oder im Mittelalter überprägt. Mit großer Wahrscheinlichkeit kann man sagen, dass Kupfer auf Zypern,[126] in Slowenien, in Nordostanatolien

---

125 Eberhard Zangger, Ein neuer Kampf um Troia, Droemer Knaur, München 1994, Seite 102
126 Zypern = ziper.: ziper = kiper = kipar = kupar, kip = kup ar- sog. slawisch; Zyper = Zuper = zupr = kupr = Kuprum usw.

und im Sinai gewonnen wurde, während Gold wohl vor allem aus Nubien und Georgien stammte. Woher das für die Bronzeherstellung notwendige Zinn kam, kann man nur erraten: Böhmen und Nordafghanistan sind zwei Möglichkeiten, aber auch Rohstoffquellen in Anatolien werden diskutiert.[127]

Wenn man bedenkt, dass Nordostanatolien besonders ergiebige Kupferminen besitzt, die auch schon in prähistorischer Zeit genutzt wurden, und dass das Zinn möglicherweise aus Böhmen donauabwärts zum Schwarzen Meer verschifft wurde, ist es kaum erstaunlich, dass die erste Zinnbronze in der Ägäis aus Troia stammen, wären nicht genau dort die Handelsrouten für die beiden Rohstoffe Kupfer und Zinn zusammengetroffen. Darauf, dass Troia schon früh mit dem Donaugebiet und Mitteleuropa in Verbindung stand, deutet zum Beispiel der Fund einer ‚kyprischen Schleifennadel‘ aus Elektron von Hisarlik Iih hin. Diese Nadeln kommen vor allem in Mitteleuropa vor, wurden aber auch vereinzelt im Iran und in Ägypten gefunden.

In Hisarlik wurden also höchstwahrscheinlich Roherze aus den Schwarzmeerländern auf Handelsschiffe der Mittelmeeranreiner umgeschlagen …“

„Im siebten Jahrtausend … Um 3 000 v. u. Z. kam es zu einem zunächst kaum spürbaren Wechsel von der Jungsteinzeit zur Bronzezeit; in der Ägäis, in Anatolien und Ägypten tauchten die ersten Zinnbronzen auf …“[128]

„Während Ägypten … Kupfer könnte mit im Spiel gewesen sein, denn es wurde in großen Mengen benötigt und war für die Ausrüstung der Armeen unentbehrlich. Ein Rückgang der Kupferproduktion hätte Troia zusätzliche Macht beschert, da die Stadt mit dem Hellespont auch den Zugang zu den Rohstoffquellen um das Schwarze Meer kontrollierte. Der Archäometallurgieexperte James Muhly hält allerdingst fest, dass Zypern als Hauptkupferlieferant am Ende der Bronzezeit keineswegs weniger Erz

---

127 Ebenso, Seite 104
128 Ebenso, Seite 154

als zuvor förderte, sondern eher mehr. Muhly hat aber bereits vor Jahren darauf hingewiesen, dass die Qualität des Kupfers am Ende der Bronzezeit rapide abnahm. Bis dahin war fast nur sehr reines Kupfer verarbeitet worden, das aus Oxidlagerstätten stammen musste. Ende des 13. Jahrhunderts verarbeiteten die Schmiede auch unreines, sulfidisches Kupfer, und dieses kommt in der Tat auf Zypern in großen Mengen vor."[129]

Europa war unbesiedelt – das war nach Erzfördern des Zinns zur Bronzeproduktion.

Hermann Kinder und Werner Hilgemann[130] schreiben:

Die Bronzezeit (ca. 1700–800)

Da das Ursprungsgebiet der Erzverarbeitung der Vorderer Orient ist (Kupfer im 4. Jh., Bronze ab 2500), bilden sich die ältesten Bronzekulturen in Mesopotamien. Von dort dringt die Kenntnis der Bronze nach Norden (Kaukasus und Anatolien), nach Ägypten, in den ägäischen Raum und nach Kreta, das für die westeuropäischen Kulturen ein wichtiges Ausstrahlungszentrum wird. In der zweiten Hälfte des 2. Jh.s wird Kreta abgelöst von Mykene. Ungarn gerät sehr bald unter den myken. Einfluss, etwas später folgt das germ. Gebiet. Goldfunde in Irland weisen ebenfalls auf die enge Verbindung mit Mykene hin.

Die kult. Beeinflussung Europas durch die oriental. Hochkulturen in der Bronzezeit vollzieht sich auf drei Wegen:

1. Über Anatolien in den Südosten Europas (Balkanraum). Folge: Entstehung der mitteleurop. Frühbronzezeit (Monochrome Keramik). Wichtigste Kulturen sind die Badener Kultur (Ungarn, Böhmen, Mähren, Österreich, Schlesien) und die Kultur

---

129 Ebenso, Seite 216.
130 Hermann Kinder/Werner Hilgemann, dtv-Atlas Weltgeschichte, dtv Verlagsgesell., München, 1964, Seite 19.

von Laibach/Krain und Vučedol. Diese frühbronzezeitlichen Donaukulturen strahlen auch auf die Apenninenhalbinsel aus (Abhängigkeit der Remedello- und Rinaldone-Kultur);

2. Von der Iberischen Halbinsel (Kultur von Almeria [Reichtum an Silber und Kupfer] und Algar) breitet sich die Glockenbecherkultur aus, deren Ausbreitung in Europa den Beginn der Bronzezeit anzeigt;

3. Über die transkarpatische Tumuluskultur, die durch ihre Abhängigkeit von der kaukasischen Kubankultur (kultische Opfer beim Tod der Fürsten, Prunkäxte) Elemente der anatolischen Kultur (Alaca büyük) übernimmt. Die Träger der Streitaxtkultur werden von diesen Kulturen beeinflusst und bringen die Kenntnis der Bronze nach Mittel- und Westeuropa.

Ab 1700 beginnt die Bronzezeit in Europa, die zur Herausbildung differenzierter Kulturen führt. Ausstrahlungszentren sind die Bergbaugebiete: Siebenbürgen, slowak. Erzgebirge, österr. Schieferalpenzone (Salzburg, Tirol), Mitteldeutschland, Spanien, England und Irland; Entstehung von Kulturgroßräumen mit stärker gegliederter Gesellschaft (neben Ackerbau und Viehzucht jetzt auch Industrie, Handwerk und Handel).

Mit dem in Jütland und Samland gefundenen Bernstein werden Tauschgeschäfte abgewickelt. Die Handelswege führen von der Donau an Saale, Main und Elbe (nach Jütland) und Oder (nach dem Baltikum). Da die Expansionsrichtung südnördlich ist, verläuft auch der Handel in diese Richtung. Bernstein wurde in den myken. Schachtgräbern entdeckt, dagegen fand man ägypt. Fayenceperlen in England. Die Toten werden zu Beginn der Bronzezeit vorwiegend in Hockgräbern (Beisetzung mit angezogenen Beinen) begraben, seit der mittleren Bronzezeit verbrannt.

Die wichtigsten Kulturen

1. Aunejtitzer Kultur in der frühen Bronzezeit: Mitteldeutschland, Böhmen, Niederösterreich. Bekannt sind die „Fürstengräber" Mitteldeutschlands (Hügelgrab von Leubingen mit reichem Goldfund). Die Kultur hat weit reichende Handelsbezeichnungen (Durchgangsgebiet vom Mittelmeer zum Norden). Nahestehende Kulturen unter starkem Anteil der Glockenbecher-Kultur: Straubinger-Kultur in Bayern (Ausbeutung reicher Erzvorkommen) und Adlerberg-Kultur am Mittelrhein.

2. Hügelgräberkultur in der mittleren Bronzezeit. Das Siedlungsgebiet ist begrenzt durch Maas, Seine, Alpen, Oder, Niedersachsen. Die Toten (wohl nur die der Oberklasse) werden unter Grabhügeln mit Beigaben von Waffen und Schmuck bestattet. Wirtschaftliche Grundlage ist die Viehzucht. Wichtige Zwischenstellung im Handel von Norden nach Süden.

3. Urnenfelderkultur ab 1300 (Verbrennung der Toten, Beisetzung der Asche auf großen Friedhöfen = „Urnenfelder")[131]: Ausbreitung von der mittleren Donau nach Süden, der Donau entlang nach Böhmen, Polen (Lausitzer Kultur), Mitteldeutschland sowie nach Westfrankreich, Mittelitalien, Nordspanien. In Verbindung mit der Urnenfelderkultur stehen die Veneter und Illyrer. Die Urnenfelderleute entfalten eine starke politische Aktivität, wobei sie auch kriegerische Auseinandersetzungen nicht scheuen (Funde von Bronzedepots und Verstecken mit Schmuck). Die Gesellschaft ist stärker gegliedert (Trennung von Bauern und Gewerbetreibenden durch zunehmende Spezialisierung). Das Abhängigkeitsverhältnis vom Vorderen Orient wird allmählich lockerer und Europa wirtschaftlich und kultu-

---

131 Urnen- urne = urni = niederfallen. Also,die Urnen wurden in Erde niedergefallen lassen: urni = unterfallen lassen.

rell selbstständig. Das Vordringen der Urnenfelder-Kultur nach Süden hat Folgen:

a. Ende der mykenischen Zentren und der spätminoischen Kultur auf Kreta;
b. Eindringen nach Kleinasien (Ende des Hethiter-Reichs, S. 35) und
c. nach Norditalien und Latium;
d. Einfall der „Seevölker" in Ägypten (S. 25; Philister in Palästina, S. 37).

4. Nordischer Kreis: In Norddeutschland und Skandinavien („Urgermanen", vgl. S. 100) leben Bewohner in Rechteckhäusern mit „Vorhalle" (griech. Megaron). In der Bronzekunst lassen sich Beziehungen über die Urnenfelderkultur zu Griechenland feststellen. Zu Beginn der Bronzezeit werden die Metallgegenstände in Stein nachgebildet; dann entsteht eine selbstständige Bronzeindustrie. Pferdbespannte Streitwagen, Totenbestattung unter großen Grabhügeln (reich ausgestattete Gräberfunde in Uppsala und Seddin), später durch Verbrennung. Religion. Sonnenkult („Sonnenwagen" und Darstellungen auf Felsbildern: Schiffe, Sonnenscheibe, Götterbilder mit Speer, mit Axt bzw. Hammer usw.). Die Seefahrt der Küste entlang nimmt zu und es findet eine allmähliche Ausbreitung nach Süden statt.

Die Eisenzeit (ab 800)

Die Eisenzeit in Europa wird nach dem Gräberfeld bei Hallstatt im Salzkammergut auch Hallstattzeit genannt (auf der Grundlage der Urnenfelderkultur). Voraussetzung für ihre Entstehung sind die zahlreichen Eisenvorkommen, die zur Bildung von Eisenhütten und Industrien führen. Die zweite wichtige Industrie ist der **Salzbergbau** (Hallstatt, Dürrnberg bis Hallein). In diesen schnell aufblühenden wirtschaftlichen Zentren vollzieht sich eine immer stärker werdende soziale Gliederung der Bevölkerung: Bauern, Handwerker, Händler;

Verbreitungsgebiet der Hallstattkulturen: Kroatien, Bosnien,[132] Süd- und Westdeutschland, das Alpengebiet, die Schweiz, Ost- und Westfrankreich und Nordspanien. Die wichtigste aristokratische städtische Kultur entsteht in Este und an der oberen Adria (starke korinthische und etruskische Einflüsse). In den übrigen Gebieten existieren noch Spätformen der Urnenfelderkultur. Hauptmerkmal der Hallstattkultur sind die sogenannten Hallstattschwerter, lange Schwerter aus Bronze. An die Stelle der großen Nadeln der Urnenfelderkultur treten jetzt Fibeln (Sicherheitsnadeln).

Bestattung der Toten: Zunächst herrscht noch die Brandbestattung vor, vor allem in der Spätzeit der Urnenfelderkultur, dann gibt es einen Übergang zur Körperbestattung. Die Toten werden unter Grabhügeln auf einem Wagen beigesetzt, in der Spätzeit werden die Frauen und Diener nach dem Tod des Gatten oder Herren ebenfalls getötet und mit ihm beendet (wohl unter skythischem Einfluss). Die „**Fürstengräber**" liegen immer in der Nähe befestigter Herrensitze (Heuneburg, Moint Lassoix-Vix). In Nordostdeutschland werden die unter Gefäße gestellten Urnen (sog. „Glockengräber") in Steinkisten bestattet. Die Urnen haben zum Teil die Gestalt von Haus- oder Speicherformen und sind mit Bildern von Jagdzeiten, Reitern oder pferdebespannten Wagen verziert.

Ab 450 bildet die Latènekultur (Jüngere Eiszeit) den Höhepunkt der Eisenzeit. Beeinflusst wird sie von den Skythen (über die Hallstattkultur), von den Griechen (über Massilia die Rhone aufwärts) und den Etruskern („Argonautenweg") = den Po entlang über die Schweizer Pässe an Rhein und Rhone). In kulturell zurückgebliebene Gebiete (Böhmen, die brit. Inseln und

---

132 Übersiedlungen waren nur von Süd nach Nord, nie umgekehrt. Die Makedonier sind nur DNS nahe der Kreter.

die Iberische Halbinsel) bringen die Träger der Latènekultur (im Ursprungsgebiet wohl die Kelten) die städtische Kultur (Ausbreitung der Kelten S. 77). In den Ausstrahlungsgebieten findet eine starke Keltisierung der einheimischen Bevölkerung statt.[133]

Die Kimmerier und Skythen

Während der Bronzezeit stoßen zwei indogermanische Reitervölker[134] aus dem östlichen Steppenraum nach Westen und Süden vor.

1. Kimmerier, die um 750 aus der Krim über den Kaukasus nach Süden vordringen und Kleinasien und Assyrien bedrohen. In Bunde mit den Assyrern vernichten sie das Reich von Urartu[135] (S. 35), doch werden sie dann nach Westen abgedrängt und ziehen durch Kleinasien (Sieg über das Phrygische Reich und Gyges von Lydien, der im Abwehrkampf gegen sie den Tod findet). Den Kimmeriern folgen.

2. Skythen aus Turkestan, die die Kimmerier vertreiben und unterwerfen. Bei der Verfolgung der Kimmerier nach Kleinasien werden sie in Kämpfe mit den Assyrern und Medern verwickelt und von Kyaxeres 628 zurückgedrängt. Feldzüge des Kyros und des

---

133 Es gab nichts keltisch verschieden von Südeuropa, vorher stammten die Kelten als Pelasger = sog. Slawen.

134 Es gab keine Indogermanische oder Indoeuropäische Völker, weil Inder dunkel und Europäer weiß waren. Es war unmöglich von gleichen Gebieten in Indien zwei Rassen abzustammen: die weiße Rasse während der Eiszeit bestand es in Levante und die Inder in Indien. Die Bewohner der Weißen nur von Westen kamen nach Osten an.

135 Urartu = Urart u = Endung der Sprache der Weißen, die nach Indien (Manu, Meru ... Zebu) und Japan Ainu kamen.

Dareios (514–512) gegen die Skythen, die nördlich des Schwarzen Meeres ihre Wohnsitze haben. Über den Dnjestr stoßen die Skythen in den Balkanraum vor an die untere Donau, in die pannonische Ebene und in den Raum südlich der Karpaten. Ein weiterer Vorstoß führt sie in die heutige Mark Brandenburg (Fund von Vetterfelde).

Neben den Vorstößen nach Süden in die Hochkulturgebiete richtet sich der Angriff auch nach Westen. Skythen und Kimmerier erreichten Ostdeutschland, Bayern und – zusammen mit den Thrakern (Funde von Pferdezaumzeug) – Norditalien.

Die Überlegenheit der Skythen beruht auf der Kampftechnik der Steppe: Reiter mit leichter Bewaffnung, dem doppelt gekrümmten Bogen aus Horn mit einer Sehne und Pfeilen mit dreikantigen Spitzen aus Stein, Knochen, Bronze und Eisen. Nach Eroberung Asiens durch die Skythen bilden sich in der ganzen mittelöstlichen Welt die in der Folgezeit die Kriegstechnik bestimmenden Reiterheere.

Wirtschaft: Viehzucht (Milchgewinnung), Handel mit verarbeiteten Pelzen (Märkte in Baktrien, Assyrien, Griechenland) und Fleisch, Getreide, Sklaven (Märkte im Pontusgebiet);

Religion: Verehrung der Tabiti (große Göttin), des Papeus (Himmelsgott), der Apia (Erdgöttin), des Oetosyrus (Sonnengott) und der Artímpaasa (Mondgöttin). Schamanismus (Magie, Hexerei, Zauberkraft der Amulette: Klapperbleche und Rasseln); Wahrsagung mit Hilfe von Rutenbündeln und durch Zerreißen von Bastfäden. Keine Tempel und Altäre.

Totenkult: Die Fürsten werden unter Grabhügeln **(Kurgane)** beigesetzt, von denen die großartigsten in Südrussland liegen (westliche Funde: Bessarabien, Walachei, Dobrudscha, Ungarn, Ostdeutschland). Frauen und Gefolge sowie Pferde werden getötet und mitbestattet, der Verstorbene erhält außerdem überreiche Beigaben aus Edelmetallen.

Die Kimmerier wirken durch Übernahme der Taurischen Kultur stark auf die ältere Hallstattkultur ein und werden dadurch

Vermittler vorderasiatischer Kulturelemente, die Skythen wirken auf die jüngere Hallstattkultur und die Latènekultur.

Veneter, Illyrer und Thraker nehmen ihre historischen Plätze ein.

Marion Steinmetz[136] gibt an: „Es gibt viele Hinweise, dass wir Intelligenz und Wissen unserer Vorfahren lange Zeit unterschätzt haben. Eines von vielen Beispielen für ihre Leistungen ist der gewaltige Steinkreis von Stonehenge in Südengland. Er wurde etwa um 2800 v. Chr. erbaut. Am auffälligsten ist das hufeisenförmige Gebilde aus fünf gewaltigen „Trilithen" (das aus dem Griechischen übernommene Wort bezeichnet ein Gebilde aus drei Steinen). Jeder Trilith besteht aus zwei senkrechten Steinpfeilern von je rund 50 Tonnen Gewicht (so viel wie 40 Mittelklasse Autos!) und über sieben Metern Höhe, auf denen jeweils ein gewaltiger steinerner Querbalken ruht. Um das Hufeisen herum liegen weitere Steinkreise, etwa der „Sarsenkreis" aus 30 Blöcken von etwa vier Metern Höhe und 25 Tonnen Gewicht, auf denen ursprünglich Querbalken von je sieben Tonnen lagen. Das Ganze ist eingefasst von einem Erdwall von 100 Metern Durchmesser. Allein das Transportieren und Aufrichten solcher tonnenschweren Steine ist eine bemerkenswerte technische Leistung. Die gewaltigen Blöcke stammen immerhin aus einem 32 Kilometer entfernten Steinbruch. Aber das Verblüffende an Stonehenge sind weniger die Steine selbst als ihre Anordnung. Computerberechnungen ergaben in den letzten Jahren, dass die Anlage ein gewaltiges Observatorium zur genauen Beobachtung von Sonnen- und Mondlauf darstellt. Die Steine sind so angeordnet, dass gedachte Linien auf die Stellen weisen, wo die Sonne zur Sommer- oder zur Wintersonnenwende aufgeht und wo der Mond zu bestimmten Zeiten des Jahres erscheint. Ähnliche Jahrtausende alte Beobachtungsstätten hat man mittweilen an vielen Orten gefunden, etwa in Nordamerika und in den Städten und Tempeln der Maya in Mittelamerika. Auch die ägyptischen Pyramiden sowie viele der Nazca-Linien in Peru

---

136 Marion Steinmetz, Die Kelten, Internet.

sind recht genau nach den Himmelsrichtungen ausgerichtet. Offenbar besaß man also schon vor Tausenden von Jahren erstaunlich große Kenntnisse des Sternenhimmels".

„Europäische Megalithbauten":
„Unter vollausgebildeten, primären Megalithbauten versteht die Urgeschichtsforschung Monumente, die von Völkerschaften auf der Stufe des frühen, neolithoschen-bronzezeitaltlichen Ackerbaus errichtet wurden und die mehrheitlich aus großen, nicht gefügten Steinen (Blöcken und/oder Platten, ohne oder mit verhältnismäßig leichter Überarbeitung bestehen und im Dienste religiöser Vorstellungen standen. Zyklopenbauten (z. B. mykenische Burgen, Schichtenbauten (behauene und geschichtete Blöcke) sowie Schalensteine zählen nicht dazu.

Anzahl und Arten der bekannten Megalithbauten:
Man rechnet mit weit über 100 000 Megalithbauen allein in der „Alten Welt". Sie werden in folgende vier Sondergruppen eingeteilt:

1. Steinalleen/Alignements
Geradlinige bis leicht gekrümmte Reihen – häufig auch in paralleler Formation – von aufrecht stehenden (eingesetzten) Einzelsteinen unterschiedlicher Größe mit gelegentlicher grober Zurichtung. Das größte europäische Alignement findet sich bei Carnac in der Bretagne F.

2. Steinkreise/Cromlechs
Mehr oder weniger kreisförmige – Viereck- und Rechteckformen bilden die Ausnahme – Steinsetzungen variabler Größe (Durchmesser, Zahl und Masse der Einzelsteine), in Form von Einfach- und konzentrischen Mehrfachkreisen oder mit vielfältigen Ergänzungen (vgl. die Großanlage von Stonehenge GB).

3. Megalithgräber
Man unterscheidet grundsätzlich Standardbauten (aufrecht gesetzte Wände mit Deckplatten) und Schichtbauten (weitgehend

unbehauene Steine, Grobschichtung in Form „falscher Gewöl-
be". Von beiden Typen existieren eingetiefte, freistehende und
überdeckte Anlagen (Grabhügel = Tumulus, mit stein- und/oder
erdüberdeckter, megalithischer Kammer).
• Dolmen
• Ganggräber
• Gedeckte Galerien/Allèes couvertes
• Steinkisten

4. Menhire
Einzelne, aufrechtstehende, mit bis zu einem 1/3 der Länge
in den Untergrund eingesetzte Monolithe. Die Steinsetzung
erfolgte über schiefe Ebenen oder mit Hilfe von Gerüsten (An-
wendung des Hebelgesetzes). Transport: Schleppschlitten, Rollen, Prügelwege. Der größte Menhir liegt bei Locmariaquer in
der Bretagne F; er weist eine Länge von 20,6 m auf und wiegt
zwischen 280 und 300 t.

Geographische Verbreitung
Westeuropa (Spanien, Portugal, Frankreich, England, Irland),
Nord- und Mitteleuropa (Holland, Belgien, Nord- und Mittel-
deutschland, Dänemark, Südschweden), Mittelmeerraum (Ba-
learen, Sardinien, Korsika, Sizilien, Apulien, Etrurien, Malta,
Griechenland), Bulgarien, Krim, Kaukasus, Palästina, Nord-
afrika. Allein in Frankreich finden sich 4500 Dolmen, 2200
Menhire, 106 Cromlechs und 70 Alignements.

Bedeutung
Das Phänomen der europäischen Megalithbauten bleibt wohl
ein ungelöstes Rätsel. Religiöse Kultplätze, Grabstätten, See-
lensteine, Opferplätze, Ersatzleiber, Erinnerungsmale oder einfache Grabskulpturen, eventuell auch Phallussymbole (Frucht-
barkeitssymbole) oder Steine einfach als Energiespender (nach
einem Skript von Dr. Martin Stotzer, Bern).

In einer Nachricht vom 30. Januar 2017 heißt es:[137] „Von den im Pfälzer Raum siedelnden Menschen sind schon aus der mittleren und späten Bronzezeit Zeugnisse einer Zivilisation vorhanden, welche das ihr zur Verfügung stehende Land aktiv kultivierte und ihre technisch-künstlerischen Kenntnisse stetig ausbaute. Die Vertreter der nach ihrem bevorzugten Bestattungsritus benannten Urnenfelderkultur, die Vorläufer der ersten Kelten waren, lebten links und rechts des Rheins in lockeren Familien- und Hofverbänden, die ab 1300 v. Chr. langsam zu größeren Stammesgruppen mutierten. In den Händen der landbesitzenden Patriarchen, des untereinander sozial gleichgestellten „Schwertträgeradels", lag die politische Autorität über die übrige Bevölkerung.[138]

Archäologische Ausgrabungen förderten kunstvoll getöpfertes Keramikgeschirr, Zeremonialwagen sowie prachtvolle Ritualgegenstände zutage, wie z.B. Sonnenscheiben oder den berühmten, in Schifferstadt gefundenen „Goldenen Hut" (ca. 1350–1250 v. Chr.). Dessen Ornamente enthielten zwar noch kein vollständiges, aber immerhin schon ein ansatzweises kalendarisches Verständnis. Die Träger solcher Hüte gehörten offensichtlich einer Kaste von Kriegerpriestern an, deren Mitglieder noch höheres Ansehen als rein weltliche Führer genossen haben dürften und nicht zuletzt als Urväter der späteren Druiden in Frage kommen.[139]

Aufgrund fehlender Schriftquellen bleiben jedoch exakte Informationen und die Konturen jener früheren Zivilisation und ihres wahrscheinlich naturbasierten Glaubens im Dunkel der Zeit verborgen. Unstrittig ist allerdings die zentrale religiöse

---

137 Institut für Pfälzische Geschichte und Volkskunde, Von Kelten, Römern und Germanen, Bezirk Verband Pfallz.
138 Abb. 1: Beigaben eines spätbronzezeitlichen Schwertträgergrabes, Lindau-Wollmesheim, um 1150 v. Chr. (Historisches Museum der Pfalz Speyer).
139 Abb. 2: Goldener Hut von Schifferstadt mit Beilklingen, 1350–1250 v.Chr. (Historisches Museum der Pfalz Speyer)

Bedeutung der Sonne, die sich in zahlreichen figurativen Darstellungen des über den Himmel wandernden Sonnenschiffs und den nach dem jährlichen Lauf des Gestirns ausgerichteten Ringanlagen manifestierte".

Hanns Joachim Friedrichs[140] gibt an: „Das Rätsel Stonehenge Stonehenge, das eindrucksvollste prähistorische Denkmal Nordwesteuropas, liegt in Salisbury/Wiltshire, England. Die Anlage besteht aus fünf Trilithen (zwei hohe Steine mit einem Überlieger) in Hufeisenform und einem sie umgebenden Trilithenkranz. Die sehr sauber bearbeiteten Sandsteinblöcke sind bis zu sieben Meter hoch und bis zu 50 Tonnen schwer. Zwischen ihnen stehen Kreise aus kleineren ‚Blauen Steinen'. Ein in den Kalkuntergrund eingeschlagener Graben umzieht die 110 Meter durchmessende Anlage.

Der Baumvorgang erstreckte sich über mehrere hundert Jahre; zuerst wurde der Außengraben angelegt. ‚Die Blauen Steine' schaffte man auf dem See- und Landweg über eine Entfernung von 400 km aus Wales heran. Mit dem Bauvorgang änderte sich auch der Zweck der Anlage. Zuerst vermutlich dem Totenkult dienend, lauten später alle Achsen auf die Sommersonnenwende. Die Entstehungszeiten sind heftig umstritten: Alle archäologischen Beobachtungen verknüpfen Stonehenge über den Metallhandel (Zinn aus Cornwall) mit der mykenischen Kultur (Errichtung der Trilithen um 1600 v. Chr.). Noch ungesicherte Radiokarbondaten deuten auf ein älteres Entstehungsdatum (um 2000 v. Chr.)."

Robert Grevs[141] schreibt: „3. Etruskischer Krug aus Tragliate, auf dem sieht man zwei Heroen reiten, was eine religiöse Theorie über Rebhühner erklärt. Der Führer trägt einen Schild mit einem Rebhun als Symbol und ein Dämon des Todes hockt hinter ihn; der andere Heroe trägt eine Lanze und einen Schild

140 Hanns Joachim Friedrichs, Weltgeschichte – Ein Chronik, Naturalis Verlag, Köln., Seite 9.
141 Robert Grevs, Grčki mitovi, Nolit, Belgrad, 1974, Seite 348.

mit dem Symbol einer Ente. Im Hintergrund ist ein Motiv, auf dem findet sich nicht nur geprägtes Geld aus Knossos, sondern auch motivische Brachen aus Britannien; auf die die englischen Kinder schlugen alles bis zu neunzehntem Jahrhundert. Liebe und Eifersucht lockten die Könige in den Tod, wie das der Mythograf erklärte, eben wie und Rebhun aus Versteck in Gebüsch, der König nach dem Tode erbte sein Feldherr. Die einzigen ausgenommenen Heroen, wie das etwa Daidalos und Theseus sind, kommen lebende; in dem Blick ist wichtig die Entdeckung in Nähe Bosinie in Cornwall, wo wurde gefunden Versteck kretisches Types (Lavirint) eingraviert in Fels. Engtal aus Dr. Rentor Grin erster bemerkte dieses Versteck ist eine von letzten Bruten der Dohlen in Cornwall; in diesem Vogel ist Seele des Königs Artur eingezogen (er stahl auch die Hölle); Bosinie ist in Legende für König Artur verbunden. Es scheint, diese Motive zum Spiel waren von neolitischen Landwirten in drittem Millennium aus Ostmediterran nach Britannien gebracht, grobe steinige Motive, ähnlich jenen auf Brachen in Britannien erscheinen sich und in einigen ‚Beacker B' Gebieten in Skandinavien und in Nordostrussland; aber religiöse Motive, die ehemals waren gebrauchen wegen des Sühnen können gelegentlich in Südosteuropa finden. In England sind sie wie ‚Troytown' bekannt und in Wales wie Caerdroia'. Die Römer, wahrscheinlich, nannten sie nach eigenen trojanischen Spielen, und labirintische Spiele führten junge Aristokraten in Ehre des Vorfahrens von Troianern Äneis aus; und Plinius sagt diese Spiele spielten und die Kinder in italienischen Dörfern".

Nach Alexander Demandt[142]: „Die Sprachwissenschaft unterscheidet zwischen zwei Formen des Keltischen, dem Q-Keltischen und dem P-Keltischen …, dass das Q-Keltische die ältere Variante ist, die aus dem späten 2. Jahrtausend stammt, als Urkelten

---

142 Alexander Demandt, Die Kelten, Verlag C.H.Beck oHG, München 2000, Seite 14.

und Uritaliker noch Nachbarn in Mitteleuropa waren …" („2. Jahrtausend stammt, als Urkelten", R. I.)

„Für die weiter zurückliegenden Perioden werden die Annahmen über das, was ‚keltisch' heißen darf, ungewisser. Ob die der Hallstattzeit vorausgegangene Urnenfelder- Bronzezeit (1200 bis 800 v. Chr.) oder gar davor anzusetzende Hügelgräber-Bronzezeit (1500 bis 1200 v. Chr.) bereits von keltisch Sprechenden getragen wurden, bleibt umstritten. Der Begriff ‚Protokelten' ist eine Verlegenheitslösung. Nach der herrschenden Ansicht ist die Ausbreitung der Urnenfelder um 1100 v. Chr. mit der Wanderung der Indogermanen nach Westen gleichzusetzen …"[143]

„Die eigentliche Stärke der keltischen Wirtschaft lag, ähnlich wie bei den Etruskern, in der Metallindustrie. Die Kupfergruben aus dem Salzburgerland versorgten zeitweise ganze Mitteleuropa. Sehr früh wurde das für die Bronze wichtige Zinn von Cornwall abgebaut. Ein ägyptischer Papyrus aus dem frühen ersten Jahrtausend v. Chr. enthält das Wort pretan für Zinn, das dem Namen Britannia zugrundeliegend könnte, so wie Kypros die ‚Kupferinsel' und Kreta die ‚Kreideinsel' ist. Die Bronze behielt auch in der Eisenzeit Bedeutung. Sie rostet nicht, lässt sich vergolden und in Folge ihrer Geschmeidigkeit mit dem Treibhammer formen, so zu Helmen, zu reliefverzierten Eimern (situla) und Kesseln, dem noch in der irischen Sage wichtigsten Hausgerät der Kelten."[144] (Kupfer = Kypros = Cypern, R. I.)

„Im gesamten Keltengebiet gab es Fernhandel, im geringeren Umfang mit den Bernsteinländern, im größten mit der mediterranen Welt. Ausgeführt wurden aus den keltischen Alpen Steinsalz und Bergkristall, aus Kornwall das Zinn, das teils von karthagischen Seeleuten über den Golf von Biscaya, teils durch keltische und griechische Händler auf der Seine-Rhône-Route in den Süden gelangte. Die antiken Berichte über die sagenhaften Zinn-Inseln (Kassiteriden), so bei Strabon (III 5, 11), beziehst

---

143 Ebenso, Seite 15.
144 Ebenso, Seite 29.

sich sicher auf Britannien. Daneben lieferten die Kelten Söldner und Sklaven. Nach Strabon (IV 4,3) versorgten die Kelten Italien mit Pökelfleisch und Mänteln. Plinius (XIX 7; 13) rühmt die Schönheit der in Italien begehrten gallischen Frauenkleider aus Leinen, ebenso Polster und Kissen, die in Gallien erfunden worden seien".[145] (Kassiter = kasiter = kositer = kositar = Zinn, R. I.)

Nach Alexander Demandt,[146] „Aus der Zeit und dem Raum, für welche eine keltische Besiedlung bezeugt ist, stammt ein geschlossener Komplex gleichartiger Bodenfunde, der seit 1872 nach einer fundreichen Sandbank im Neuenburger See in der Westschweiz als Latène Kultur bezeichnet wird. Es ist die jüngere, von 450 v. Chr. bis zur Römerzeit gerechnete Eisenzeit. Sie bildet den Abschluss der Urgeschichte in Mitteleuropa. Da die Latènekultur sich kontinuierlich aus der Hallstattkultur, benannt nach dem wichtigsten Ort des keltischen Salzbergbaus im Salzkammergut, d. h. aus der älteren Phase der Eisenzeit, heraus entwickelt hat, werden auch bereits deren Träger als Kelten angesprochen. Sie umspannt in Süddeutschland die Zeit von etwa 800 bis 450 v. Chr.

Die Kelten der Hallstatt- und Latènezeit sind archäologisch sehr gut bezeugt. Wir kennen zahlreiche Höhensiedlungen (oppida), denken wir an den Mont Auxios (das antike Alesia), den Mont Beuvray (das antike Bibracte), an die Heuneburg bei Hundersingen an der oberen Donau oder den Glauberg in der hessischen Wetterau. Die wichtigsten Funde lieferten unberaubte Fürstengräber, darunter das in 480 v. Chr. angelegte, 1953 aufgedeckte Hügelgrab von Vix beim oppidum Mont Lassois mit dem reichsten Inventar, ausgestellt in Châtillon-sur-Seine, der 1977 entdeckte Tumulus von Hochdorf beim oppidum Hohenasperg aus der Zeit 540 v. Chr. mit kostbaren Beigaben, heute im Landesmuseum Stuttgart, sowie das Grab von Glauberg, entdeckt

---

145 Ebenso, Seite 33.
146 Alexander Demandt, Die Kelten, Verlag C.H.Beck oHG, München 2000, Seite 14.

1994, aus dem 5. Jahrhundert. Die Zahl der hallstattzeitlichen Grabhügel allein in Württemberg wird auf fast 7 000 geschätzt."

Nach Alexander Demandt[147]: „Man trank griechischen Wein oder selbstgebrauten Honigmet. Honigreste sind in vielen Kesseln aus Grabfunden entdeckt worden. Noch Kaiser Julian, der 355 bis 361 in Gallien weilte, spottete in einem Epigramm über das Bier. Sein Geschichtsschreiber Ammianus Marcellinus (XV 12, 4) berichtet, man trinke in Gallien viel, aber bade auch emsig und halte sich sauber ..."

Nach Milutin Milanković[148]: „Weinreben gediehen in Deutschland nur bis zum 52. Breitengrad.

Da es keine Weinrebe in Russland und westlicher gibt, ist Europa noch nicht ganz besiedelt worden. Damit ist geklärt, die Ansiedelung Europas war nur von Süd nach Nord. Das kann man mit der DNS bestätigen, es gibt eine DNS-Entfernung nur von Süd nach Nord usw.

Wenn wir über das Bier sprechen, war das schon auf dem Balkan bekannt." (s. Herodot)[149]

Nach Alexander Demandt,[150] „seit etwa 400 v. Chr. finden wir Münzen bei den Kelten. Die Typen sind vom griechischen Geld abhängig. Insbesondere die Goldstatere und Tetradrachmen Philipps II. von Makedonien wurden im größeren Umfang nachgeprägt ..."

„Das Bild hielt sich bis in die Spätantike: Anders als in Italien, schrieb Ammian (XV 12, 3), würden Wehrdienstverweigerer verachtet ... Schleuder, Pfeil und Bogen wurden von den Kelten in der Antike nur ausnahmsweise angewandt; sie waren, wie bei

---

147 Alexander Demandt, Die Kelten, Verlag C.H.Beck oHG, München 2000, Seite 54.

148 Milutin Milanković, Kroz vasionu i vekove, Nolit, Belgrad, 1979, Seite 229.

149 Herodot = Irodot = i rodot = rod ot; Herod = Irod = i rod-roden = geboren: v-n-t; av = an = at; ov-on-ot nur sog. slawisch.

150 Alexander Demandt, Die Kelten, Verlag C.H.Beck oHG, München 2000, Seite 34.

den früheren Germanen, nur auf der Jagd üblich. Wenn Jagdwaffen allein in Fürstengräbern vorkommen, so lässt das vermuten, dass die Jagd ein Herrenrecht war. Schusswaffen gelten
als unritterlich; eine Auffassung, die uns auch im archaischen
Griechentum begegnet: Strabon (X I, 12) las eine Inschrift im
Tempel der Artemis Amarynthia auf Euboia mit einer Selbstverpflichtung der Dedikanten, auf Schuss und Wurf im Kampf
zu verzichten.

Seit der Hallstattzeiten benutzten die Kelten im Kampf den
aus dem Orient stammenden, von Griechen und Römern nur
als Renn- oder Triumphwagen genutzten, einachsigen, zwei-
bespannten Streitwagen (lateinisch biga, keltisch essedum). Er
war jeweils mit einem Kämpfer und einen Lenker besetzt. Oft
wurde er dem toten Herrn mit ins Grab gegeben, zweihundert
Beispiele sind bekannt. Auf dem Festland haben Keltenkrieger
Wagen zuletzt in der Schlacht bei Telaman 225 v. Chr. eingesetzt, in Britannien noch um 200 n. Chr. In Irland hielt sich
die Erinnerung bis in die mittelalterliche Sagentradition. Die
Helden der ‚Tain bo Cuailnge‘ fahren auf der Biga in den Kampf.
Ähnlich wie die Germanen eröffneten die Kelten die Schlacht
mit Gebrüll, so Appian (VI 67), unterstützt von Kriegshörnern
(karnyx), die Schrecken einflößen sollten und nicht, wie bei den
Römern, für faktische Signale verwendet wurden."

Nach Alexander Demandt,[151] „archäologisch dokumentieren
sich die Trinksitten der Kelten in den Grabfunden. Während
das prunkvollste erhaltene Trinkservice, das von Vix, griechisch geprägt ist (s. o.), trägt das von Hochdorf genuin keltischen Charakter. Gefunden wurden neun Trinkhörner: eines
aus Eisen, 123 cm lang und 5,5 Liter fassend, acht aus s-förmig
geschwungenen Hornscheiben von Auerochsen, alle verziert
mit goldenen Mündungsblechen. Da der letzte Auerochse in
Europa 1627 in einen polnischen Tiergarten verendet ist, war

---

151 Alexander Demandt, Die Kelten, Verlag C.H.Beck oHG, München
2000, Seite 55.

die Identifizierung der Hörner schwierig. Ihre Länge beträgt 65 bis 80 cm. Sie hingen an der Wand der Grabkammer. Ein griechischer Bronzekessel, 80 cm hoch und 104 cm weit für 500 Liter, war bei der Schließung des Grabes zu drei Vierteln mit Met gefüllt, für das 150 kg im Spätsommer geschleuderten Honigs verwendet worden waren, wie die Pollenanalyse ergab. Der Kessel – seine keltische Bezeichnung lautet badcauda, davon kommt das englische basket – ist aus einem einzigen Stück Metall getrieben und trägt am Hals drei Protome in Gestalt liegender Löwen von 34 cm Länge. Einer hat einen Kern von Blei aus Laurion in Attika, ein anderer ist eine keltische Nachbildung der zwei anderen, die um 540 v. Chr. in einer griechischen Werkstatt Unteritaliens gegossen wurden. Zwischen den Löwen sind große Henkel in verzierten Attaschen in Walzenform angebracht. Eine Goldschale in der Form einer flachen Halbkugel von 13,4 cm Durchmesser war wohl zum Schöpfen oder für das Trankopfer gedacht."

Also: „Da der letzte Auerochse in Europa 1627 in einen polnischen Tiergarten verendet ist, war die Identifizierung der Hörner schwierig. Ihre Länge beträgt 65 bis 80 cm".

Das Hausrind Europas stammte nicht vom wilden Rind Europas ab, sondern von nur balkanischem mit kleinen Hörnern, wie bei den Wikinger usw. Das gilt auch für andere Haustiere.

DIE NAMEN

Marion Steinmetz[152] gibt an: „Kelten bedeutet frei übersetzt so viel wie ‚die Tapferen', ‚die Erhabenen' oder ‚die Hohen'. Auf griechisch heißt diese Kultur Keltoi, auf lateinisch Celtae (auch Galli, Galatea). Es ist eine aus spärlichen antiken schriftlichen Überlieferungen, aus archäologischen Befunden und sprachwissenschaftlichen Forschungsergebnissen erschlossene, uneinheitliche Kultur, die große Teile West-, Mittel-, Südeuropas und Kleinasiens bewohnte. Herodot erwähnt, im Gebiet der Kelten entspringe der Istros (die heutige Donau). Da in Süddeutschland für diese Zeit archäologisch die späte Hallstattkultur und die frühe Latènekultur nachgewiesen sind, werden die Kelten als Träger dieser, vor allem der letztgenannten, später in West- und Mitteleuropa weiterverbreiteten Kulturen angesehen. Sie hinterließen in allen Völkern, denen sie auf ihren Wegen in ihre neuen Siedlungsgebiete begegneten, eine Spur in deren Mythen ebenso wie diese in den ihren. So lebten sie in der griechischen Geschichte als ‚Streitaxtleute' fort, später fanden sie sich als ‚letzter Zug aus Troja, auf den sich die Söhne des Mile' berufen. Spaniens Mythen sprechen von einem Kriegerstamm aus dem Osten kommend, der das Land von einem Tyrannen befreit haben soll. Das reichste Mythenmaterial entstand jedoch bei der Siedlung der Britischen Inseln, dabei sind wohl vor allem die ‚Formorian', die ‚Tuatha De Danann', die ‚Picti' und Ur-, Scoti' zu nennen. Ergebnisse keltischer Sprachforschungen legen durch Orts- und Gewässernamen den Entstehungsraum einer keltischen Ursprache im Gebiet zwischen Ostfrankreich, West- und Süddeutschland bis Böhmen".

---

152 Marion Steinmetz, Die Kelten, Internet.

Horst Klien[153] gibt an: „Kelt, -[e]s, -e <urgeschichtlich Beil> <lateinisch>"

Also, die Kelten waren Leute mit Beilen, mit denen sie als Förster Wälder rodeten. Nachher hatten sie Acker, ein Grund für die Bevölkerung in Ansiedlungen weiterzuleben.

Nach Alexander Demandt[154]: „Gallia est omnis divisa in partes tres, quarum unam incolunt Belgae, aliam Aquitani, tertiam, qui ipsorum lingua Celtae, nostra Galli appelantur.' – ‚Ganz Gallien besteht aus drei Teilen, deren einen die Belgien, deren anderen die Aquitanier bewohnen, während im dritten Teil das Volk lebt, das sich selbst Kelten nennt, in unserer Sprache aber Gallier heißt.' Mit diesem Satz eröffnet Caesar sein autobiographisches Werk (commentarii) über den Gallischen Krieg 58 bis 51 v. Chr., das Generationen von Schülern als Lehrbuch des Lateinischen gedient hat. Wer waren diese Kelten?

Im gesamten Raum nördlich der Alpen sind die Kelten das älteste namentlich bekannte Volk. Die Vorbewohner können wir nur mit modernen Kunstwörtern vom Typus ‚Urnenfelderkultur' oder ‚Schnurkeramiker'. Die griechischen Autoren verwendeten die Formen Keltoi (so Herodot), Keltai (so Strabon) und Galatai (so Pausanias), die Lateiner Celtae (so Livius) oder Galli (so Caesar). Alle diese Namensformen bezeichnen dasselbe, im Deutschen ‚Kelten' genannte Volk. Es handelt sich bei diesem Namen um eine Selbstbezeichnung, sie wird vermutungsweise mit ‚die Kühnen' übersetzt. Heute werden die Kelten in Gallien als Gallier und die in Galatien als Galater unterschieden, während der Name ‚Kelten' als Oberbegriff dient. Die Germanen haben die Kelten die ‚Welschen' genannt, indem sie den Stammesnamen der ihnen südlich benachbarten keltischen Volcae, die noch zu Caesars Zeit in Mitteldeutschland lebten, auf die

---

153 Horst Klien, Der Große Duden, VEB Bibliographisches Institut, Leipzig, 1971, Seite 232.
154 Alexander Demandt, Die Kelten, Verlag C.H.Beck oHG, München 2000, Seite 9.

Kelten insgesamt ausdehnten und später sogar die Romanen damit bezeichneten. Das Wort ‚welsch' steckt in zahlreichen deutschen Namen und Begriffen: Wallis, Wallonen, Wals, Cornwall, aber auch in Wallach und Walnuss."

„Länger als die politische Eigenständigkeit hielt sich die ethnische Tradition der Kelten … Wenn in dem 533 n. Chr. publizierten Digesten des Corpus Juruis Civilis (32, 11 pr.) unterstrichen wurde, dass Testamente nach römischem Reich auch dann gültig seien, wenn sie auf Keltisch (lingua Gallicana) abgefasst seien, war das gewiss nicht nur eine im 6. Jahrhundert veraltete Bestimmung aus der Zeit Ulpians um 200 n. Chr. Aufregend daran ist, dass keltisch nicht nur gesprochen, sondern geschrieben wurde. Leider hat sich kein Text erhalten."[155]

Also nur, „wenn sie auf Keltisch (lingua Gallicana) abgefasst seien".

Nach Alexander Demandt,[156] „der Kelte als Typus wird als dem Germanen ähnlich beschrieben. Die Menschen seien, so Ammianus Marecellinus (XV 12, 1), hochgewachsen, hellhäutig und rotblond (candidi, rutili), von wildem Aussehen, streitsüchtig und aufbrausend. Isidor von Sevilla (Etymologiae XIV 4, 25) leitete den Namen Gallien von griechisch gala, also Milch, ab, weil die Bewohner eine milchweiße Haut hätten."

Nach Alexander Demandt[157]: „Während Griechen, Römer und Germanen keine hauptamtlichen Priester kannten, deren Funktion vielmehr Laien übertrugen, gab es bei den Kelten einen Priesterstand. Das waren die Druiden. Der Name ist verwandt mit griechisch drys = Eiche und lässt sich dabei mit ‚Eichenpriester' wiedergeben. Nach Plinius (XVI 249ff.) war ihnen der Eichbaum heilig, nebst der auf ihm wachsenden Mistel, die der

---

155 Ebenso, Seite 95.
156 Alexander Demandt, Die Kelten, Verlag C.H.Beck oHG, München 2000, Seite 49.
157 Alexander Demandt, Die Kelten, Verlag C.H.Beck oHG, München 2000, Seite 42.

Druide am 6. Tag nach Neumond im weißen Gewand mit goldener Hippe (falx bezeichnet jedes krumme Messer) schnitt, um daraus einen Trank zu brauen, der Gesundheit und Fruchtbarkeit versprach. Misteln wachsen auf Eichen höchst selten, und eben dieser Seltenheit halber (und nicht, weil Misteln überhaupt selten sind, wie Plinius schreibt) waren sie heilig".

Nach A. Demandt,[158] „als die Römerherrschaft in der Völkerwanderung zusammenbrach, erlebten die Kelten eine Germanisierung. Den Raum nördlich der Alpen besetzten seit dem 3. Jahrhundert n. Chr. die Alemannen, seit dem 6. Jahrhundert die mit diesen verwandten Baiern (Die Schreibweise ‚Bayern' geht zurück auf König Ludwig, der damit die Franken und Pfälzer einschließen wollte im Unterschied zu den hier gemeinten Altbaiern. Ihr Name wird in der Form Baíbari zuerst im 6. Jahrhundert von Jordanes (Getica 280) genannt, die spätere Form Baioarii oder Baiuvarii bezeichnen sie als ‚Leute aus dem Boierland'. Die Boier waren zwar Kelten, aber bereits im 1. Jahrhundert n. Chr. durch die Markomannen germanisiert, so dass der Landesname kein hinreichendes Argument für die keltische Herkunft der Bayern darstellt. Sie sprachen germanisch. Die Donaukelten waren unter dem Einfluss der Thraker, Sarmaten, Quaden und Markomannen verschwunden. Als im 6. Jahrhundert n. Chr. die Slawen auf die Balkanhalbinsel kamen, haben sie vermutlich keine Kelten mehr vorgefunden."

Nach Alexander Demandt,[159] „Artus und seine Helden werden in keltischer Manier durch fantastische Übertreibung gekennzeichnet. Der König führt ein auf Avalon geschmiedetes Schwert mit Namen Caliburn; bei Malory heißt es Excalibur, das auch in der ‚Tain bo Cuailnge' vorkommt. Er tötet Hunderte von Feinden, er schlägt die unüberwindliche Schwarze Hexe; einer

---

158 Alexander Demandt, Die Kelten, Verlag C.H.Beck oHG, München 2000, Seite 97.
159 Alexander Demandt, Die Kelten, Verlag C.H.Beck oHG, München 2000, Seite 108.

seiner Getreuen trinkt einen See aus, so dass 300 Schiffe auf dem Trockenen sitzen. Dazu bemerkte ein kritischer Zeitgenosse: ,Bei Galfried ist der kleine Finger des Königs Artus stärker als die Lenden Alexander des Großen.' Artus zählte zu den seit dem 13. Jahrhundert oft – so auf dem Schönen Brunnen zu Nürnberg – dargestellten Neuhelden. Neben Karl dem Großen und Gottfried von Bouillon war er einer der drei christlichen Helden, denen die drei Juden Josua, David und Juda Makkabäus und die drei Helden Hektor, Alexander und Caesar zur Seite standen. In vielen Städten West- und Mitteleuropas, bis hin nach Danzig und Thorn, entstanden im 13. und 14. Jahrhundert ,Artushöfe' für Feste und Turniere."

Nach Alexander Demandt[160]: „Einen ersthaften Versuch, Britannien zu gewinnen, unternahm Claudius. Die Lowlands wurden zwischen 43 und 48 n. Chr. erobert. Im Jahre 61 aber kam es zum Aufstand der Boudicca, der Witwe des Klientelkönigs über die Iceni, die Camulodunum, Verulamium und Londinium eroberte, dann aber den Legionen nicht gewachsen war und Gift nahm. Agricola, der Schwiegervater des Historikers Tacitus, stieß um 80 n. Chr. im Auftrag Dominans nach Schottland und Wales vor ..."

Nach H. S.-Wotson, „Es gab andere Unterschiede ... So waren die Stämme, die die Römer in Gallien und Germanien vor fanden (es gab kein gallisches oder germanisches Volk) ..."

Der Erste, der an Tacitus zweifelte, war Voltaire, bis Hartius schon im Jahr 1709 behauptete, dass ,Germanien' im Mittelalter entstand. Jede historische Literatur erwähnt nur die Kaiser des Heiligen Römischen Kaiserreichs der deutschen Nation, dabei sollte man bemerken, dass der Name Rex Germaniae als erstes von Maximilian I. im Jahr 1508 (L. G. Geise) angenommen wurde. In 18. Jahrhundert zweifelten viele an der Originalität von Germanien. Z. B. behaupteten Bekker von Racenburg sowie

---

160 Alexander Demandt, Die Kelten, Verlag C.H.Beck oHG, München 2000, Seite 94.

Grimm und Ebel, dass der Text Mönchen geschrieben worden wäre und zwar auf Anordnung von Friedrich II. usw.

Nach Alexander Demandt,[161] „Caesar ist der erste antike Autor, der zwischen Kelten und Germanen unterschieden hat. Seinem genannten Exkurs über die Gallier folgt ein solcher über die Germanen. Vor der Zeit Caesars herrschte die Ansicht, dass West-, Mittel- und Nordeuropa ausschließlich von keltischen Stämmen bewohnt seien. Es ist möglich, dass bereits Poseidonius den Unterschied erkannt hat, da er die Sprache der germanischen Teutonen anscheinend nicht als gallisch betrachtete. Die Gleichsetzung des beiden Völker beruhte auf der weitgehenden Übereinstimmung in Wesensart und Lebensform, auf ihrer Nachbarschaft und darauf, dass der Name Germani höchstwahrscheinlich eine keltische Fremdbenennung für die sich selbst als Sweben bezeichnenden Völker rechts des Rheins darstellt. Der Name Germani findet sich überdies für zwei rein keltische Stämme an der oberen Rhônu und in Spanien. Obschon die Verschiedenheit von Kelten und Germanen seit Caesar und erst recht seit der ‚Germania‘ des Tacitus jedem Römer bekannt sein konnte, haben einzelne Autoren bis in die byzantinische Zeit die Germanen unbeirrt zu den Kelten gerechnet, so Appian, Cassius Dio und das große byzantinische Lexikon aus dem 10. Jahrhundert, die Suda.“

Also, es gab keine Germanen, sondern nur die Kelten. Tacitus war ein Falsifikat: An Tacitus zweifelte Voltaire und für Hartius (1709) entstand die Germania im Mittelalter ... Damit ist bestätigt, dass Alexander der Makedonier und Kleopatra keine Germanen kannten, sondern nur die Kelten.

„Im Allgemeinen ging die Herrschaft vom Vater auf den Sohn über, doch waren Töchter und Witwen ebenfalls thronfähig. In Britannien hatten die Römer mit Cartimandua, der Frau des Briganten (so der Stammesname, er bedeutet ‚Kämpfer‘)

---

161 Alexander Demandt, Die Kelten, Verlag C.H.Beck oHG, München 2000, Seite 13.

Venutius, zu tun, die sich 50 n. Chr. auf die römische Seite stellte, und zehn Jahre später mit der Römerfeindin Boudicca. Der Frau des Iceners Prasutagus (s. u.). Tacitus (Agricola 16) bemerkt: ‚Neque sexum in imperiis discernum' – ‚Beim Oberbefehl machen die keinen Unterschied zwischen den Geschlechtern'. Das war in der Alten Welt sonst nicht üblich, sehen wir ab von mythischen Figuren wie Semiramis in Babylon und Kandacke in Ägypten und Zenobia in Palmyra. In den Keltenmythen des Mittelalters erscheinen Königinnen bisweilen aktiver und militanter als ihre Männer".[162]

Semiramis in Vatikan nur während der Renaissance- Mutter Maria war von Semiramis ersetzt worden- Tacitus war Falsifikat: für Tacitus zweifelte Voltaire und für Hartius (1709) ...

„Als Caesar nach Gallien kam, hatten die meisten Stämme das Königtum abgeschafft und eine Adelsherrschaft eingerichtet. Bei den Sequanern und Häduern war der Umsturz erst vor einer Generation erfolgt, wie Caesar (I 3) bemerkt. Allein die von den Römern am weitesten entfernt wohnenden Stämme in Aquitanien, Nordgallien und Britannien standen noch unter Königen. Hier wurde die Monarchie erst in der Zeit zwischen Caesar und Tacitus durch die Aristokratie ersetzt. ‚Früher gehorchten den Königen, jetzt werden sie durch konkurrierende Fürsten und Parteien zerrissen', heißt es bei Tacitus im ‚Agrcola' (12, 1) ...“

Germania war historisch unbekannt. Deswegen gibt Germanien nur seit Mittelalter ...

„Die meisten antiken Gemeinwesen besaßen zwei Kollektivorgänge, einen Ältestenrat und eine Volksversammlung der wehrfähigen Männer. Auch bei Galliern gab es diese Einrichtungen, die schon in der Königszeit existierten, doch wurden sie erst in der republikanischen Zeit bedeutsam. Es handelt sich um einen Stammesrat (senatus) der Herren (principes gentis) und eine allgemeine Stammesversammlung (concilium), entsprechend dem aus der ‚Germania' des Tacitus (11f.) bekannten Thing. Der

162 Ebenso, Seite 76.

Senat bestand aus gebürtigen Adligen, doch durften ihm nicht zwei Mitglieder derselben Familie angehören, so jedenfalls bei den Häduern, wie Caesar (VII 33), 3) meldet."[163]

Das Thing war gotisch und Goten waren Tataren; Tacitus lebte während oder nach den Goten.[164]

Otto Zierer[165] gibt an: „Wogegen ... als das Besitztum des Fürsten Agenarich ...

‚Wann wird das Thing zusammentreten, Agenarich?'"

„Die Stimmung der Goten wandelt sich; überall im Lager finden sich Männer zum Thing zusammen. Die Lagerführer reiten zum Herzog Fredigern; auch Ablavius sammelt eines Tages die Sippenhäupter und die Fürsten der Goten bei Marcianpolis an den Sitz der Statthalterei Moesiens."[166]

Gustav Weigand[167] gibt an: „Als im 4. Jahrhundert. Von 376–400 waren es vor allem die Westgoten, die im Lande umherzogen und auch dauernde Niederlassungen gründeten, wie das aus Ortsnamen bei Prokop hervorgeht, von denen einige wie Thrasa-richon, Thrasan-dala, Dala-tarba (tarba = thaurp = Dorf) einen ausgesprochenen germanischen Namen tragen ..., dass wir auf dem Hämus die Goti minores, denen auch Ulfilas entstammt, finden. Noch im 9. Jahrhundert soll in Tomi in Mösien Gotisch gepredigt worden sein ..."

„Wenn so die germanischen Goten und Vandalen, ferner die tatarischen Hunnen ohne dauernden Einfluss auf die Bevölkerung des Balkans geblieben waren ..."[168]

---

163 Ebenso, Seite 80.

164 Risto Ivanovski, Goten waren Mongolen, Bitola-R.Makedonien, 2013. Katalog- Deutsche Nationalbibliothek.

165 Otto Zierer, Sieg des Kreuzes Völkerdämmerung, Herbig, München • Berlin, 1983, Seite 108.

166 Ebenso, Seite 151.

167 Gustav Weigand, Ethnographie von Makedonien, Friedrich Brandstetter, Leipzig, 1924, Seite 9.

168 Ebenso, Seite 10.

„Diese (Bulgaren) waren ein Steppenvolk, das aus Asien nach Europa in die russischen Steppen eingewandert war und sich zwischen Wolga und Don niedergelassen hatte. Aller Wahrscheinlichkeit waren sie tatarischer Herkunft. Der arabische Chronist Masudi berichtet über sie: Sie sind ein türkisches Volk ...“[169]

„Unter dem Zaren Assen wurde Donaubulgarien ... das Geschlecht der Asseniden ...“[170]

Otto Zierer[171] gibt an: „In dem tiefen Meeresarm, der die Halbinsel von Konstantinopel gegen Norden begrenzt, liegt zwischen Hunderten von Seglern, Galeeren und Küstenfahrzeugen das Gotenschiff, das Ulfilas ins ‚Land der Schwarzen Erde‘[172] bringen soll ...“

„Gegen Morgen erblicken die Seefahrer eine geisterhafte Erscheinung; auf der Höhe von Tomi, wo das Wasser der Donaumündung die See mit schmutzigem Gelb färbt ...[173]

Jeder an Bord weiß: Dort drüben fährt ein großer Kriegsheld, ein Häuptling der Krim-Goten, übers Meer zu den Göttern ...“

„Bei den Goten herrscht – ebenso wie bei anderen Germanenstämmen – der Brauch, dass der Herr seine Gefolgsmannen in beutelosen Friedenszeiten durch Schatzgaben oder durch Pferde, Waffen und anderes entlohnt ...“[174]

„Bischof Ulfilas liebt die Umwege nicht; nach wenigen einleitenden Worten spricht er vom ‚hellen Christi‘ und seiner Macht, die größer ist als die Gewalt der alten Asengötter ...“

„Mit Alarich begraben die Goten ihre stürmische Jugend.[175]

---

169 Ebenso, Seite 14.

170 Ebenso, Seite 19.

171 Otto Zierer, Sieg des Kreuzes Völkerdämmerung, Herbig, München • Berlin, 1983, Seite 93.

172 Gemeint ist Südrussland mit seinen fruchtbaren Böden, die durch den hohen Humusanteil dunkel gefärbt sind.

173 Ebenso, Seite 96.

174 Ebenso, Seite 100.

175 Ebenso, Seite 212.

Eine tiefe Grabkammer, breit genug, Ross und Reiter aufzunehmen und seitlich zu stützen, ist ins herbsttrockene Kiesbett des Flusses Buxentum eingemauert worden …"

„Der Schleier wird zurückgeschlagen, und Attila tritt hervor.[176]

‚Attila ist ein kurzer, gedrungener Mann von etwa 45 Jahren, von bleicher Gesichtsfarbe, mit kleinen Augen, gestülpter Nase und dünnem Bartwuchs, im ganzen hässlich wie sein Stamm.'[177]

Seine schwarzen Augen heften sich starr auf das Antlitz …"

„Draußen … durch Hyazinthus, einen Vertrauten, lässt er Honoria überreden, sich durch geheime Boten Attila als Braut anzubieten. Als zustimmende Antwort aus dem Hunnenlager kommt, schickt die Tochter Galla Placidias dem Tataren ihren Ring."[178]

Die Hunnen = Tataren wie Bulgaren mit Asen als Goten sind alles mongolische Stämme.

Reinhold Lange[179] gibt an: „Und darüber: Wenn die Schwarzen Bulgaren (turkotatarischer Volksstamm zwischen Don und Dnjepr) kommen …"

„Die Bulgaren mohammedanischen Glaubens (turkotatarischer Volksstamm östlich der mittleren Wolga, der um 920 den islamischen Glauben angenommen hatte …"[180]

Bulgaren wie Goten waren Tataren, Goten stammten von Amal = a mal = klein-e Leute.

G. Weigand[181] gibt an: „Auch … und selbst der thrakische Personennamen ‚German' sind bis heute bewahren worden …"

176 Ebenso, Seite 260.

177 Die zwei folgenden Zitate nach Priskus.

178 Ebenso, Seite 269.

179 Reinhold Lange, Imperium zwischen Morgen und Abend, Verlag Aurel Bongers Recklinghausen, 1972, S.104.

180 Ebenso, Seite 158.

181 Gustav Weigand, Ethnographie von Makedonien, Friedrich Brandstetter, Leipzig, 1924, Seite 6.

Stojan Pribičević[182] schreibt über „... German, Gott der Fruchtbarkeit ...“

Kavendiš-Ling[183] schreiben: „Slawisches Pantheon – Veles
oder Volos war Gott der gehörnten Tiere. Der Name wird im 10.
Jahrhundert in russischen Schriften erwähnt. Im Christentum
erscheint der Gott wie im Byzantinischen ein heilige Seliger,
der in Slawisch Vlas oder Vlah genannt wird. Er ist Beschützer
des Viehes.“

Also, Veles = Weles = Wales = Wels. Das Rind hat nur eine
balkanische Abstammung.

Eine Nachricht vom 30. Januar 2017 lautet wie folgt:[184]
„Unter römischer Hoheit gehörte der saarpfälzische Raum zum
geringeren Teil zur römischen Provinz Gallia Belgica mit der
Hauptstadt Trier (die Zweibrücker Gegend), zum größten Teil
aber zur unter der Regierung Domitians abgesteckten Provinz
Germania Superior mit der Hauptstadt Mainz (Obergermanien,
hier die gesamte Vorder- und Nordwestpfalz). Germania Supe-
rior wurde allerdings Ende des 3. Jahrhunderts im Zuge der von
Diokletian abgestoßenen Verwaltungsformen durch die Provinz
Germania Prima ersetzt. Nach der einstweiligen Sicherung des
Gebiets im Schatten des Limes waren die Voraussetzungen für
eine umfangreiche Besiedlung und damit für die endgültige
Ausbreitung italische Kultur und Lebensart gegeben, wobei die
Mehrheit der damaligen ‚Pfälzer‘ nicht aus mediterranen Römern, sondern nach wie vor aus Keltogermanen bestand. Den in
ihrem Machtbereich angesiedelten indigenen Stämmen trug die
römische Verwaltungsstruktur Rechnung, indem sie Bürgerver-
bände (civitates) nach Stammeszugehörigkeiten schuf (z. B. die

---

182 Stojan Pribičević, Makedonija nejzinite luđe i istorija, Makedonska
     kniga, Skopje, 1990, Seite 64.
183 Ričard Kavendiš i Trevor O.Ling, Mitologija, London, INKRO “Mla-
     dost“, Zagreb, 1980.
184 Institut für Pfälzische Geschichte und Volkskunde, Von Kelten, Rö-
     mern und Germanen, Bezirk Verband Pfallz.

Civitas Nemetum), die sich bei ausreichender Größe wiederum in Gaue (pagi) gliederten."

„Nach der Festigung der römischen Herrschaft jenseits des Limes erlebte der Mittel- und Oberrhein im 2. Jahrhundert eine nur punktuell unterbrochene (z. B. durch zurückgeschlagene Raubzüge der Chatten in den 160er-Jahren) Friedensperiode, einhergehend mit wirtschaftlicher und politischer Stabilität. Die verschiedenen Stämme des unbesetzten, wörtlich übersetzt ‚Großen Germanien‘ (Germania Magna) lernten den lukrativen Handel mit Rom zu schätzen und verhielten sich fürs Erste ruhig. Das änderte sich allerdings, als im 3. Jahrhundert große Verbände der Alemannen (oder ‚Alamannen‘) in Bewegung gerieten. Zunächst noch von Kaiser Caracalla besiegt, machten sie sich die innen- und außenpolitische Krise des Reiches zunutze. Wegen des Kampfes gegen die Goten auf dem Balkan (Illyrien) sowie die Parther und später Sassaniden in Persien mussten obergermanische Truppenkontingente verlegt werden, was für die Verteidigung der Rheingrenze eine empfindliche Ausdünnung bedeutete. Die Einheit des Imperiums war mit der Sezession des gallischen Sonderreiches unter Postumus lange zerbrochen und in der bis Ende des Jahrhunderts andauernden Ära der Soldatenkaiser gaben sich die primär von ihren Truppen gestützten Purpurträger die Klinke in die Hand, wurden Gegenkaiser ausgerufen, herrschten Bürgerkrieg und Chaos."

Nach Alexander Demandt,[185] „auf Verbindungen nach Osten verweist das prachtvolle Golddiadem mit Pegasusmotiven aus demselben Grab, eine griechisch-skythische Arbeit ... Caesar (VI 17) berichtet, dass die Kelten den Gott Teutates, von den Römern Mercurius genannt, am höchsten verehrten, der auf Reisen schütze und beim Geldgewinn und Handel (ad quaestus pecuniae mercaturasque) Hilfe böte, er war der Gott der Geschäftsleute ..."

---

185 Alexander Demandt, Die Kelten, Verlag C.H.Beck oHG, München 2000, Seite 34.

Nach Alexander Demandt,[186] „Caesar ist der erste antike Autor, der zwischen Kelten und Germanen unterschieden hat. Nach seinem genannten Exkurs über die Gallier folgt ein solcher über die Germanen. Vor der Zeit Caesars herrschte die Ansicht, dass West-, Mittel- und Nordeuropa ausschließlich von keltischen Stämmen bewohnt seien. Es ist möglich, dass bereits Poseidonius den Unterschied erkannt hat, da er die Sprache der germanischen Teutonen ...“

„Auf Verbindungen nach Osten verweist das prachtvolle Golddiadem mit Pegasusmotiven aus demselben Grab, eine griechisch-skythische Arbeit. Noch weiter in den Orient führen der auf der Achalm bei Reutling gefundene Weihrauch, das Elfenbein am Mobiliar des Grabes von Grafenbühl am Hohenasperg sowie ein (problematischer) Textilfund: Im Hügelgrab Hohmichele bei der Heuneburg wurde 1937 chinesische Rohseide, wie sie bisher nur von den Agorafunden aus Athen bekannt ist, gefunden. Caesar (VI 17) berichtet, dass die Kelten den Gott Teutates, von den Römern Mercurius genannt, am höchsten verehrten, der auf Reisen schütze und beim Geldgewinn und Handel (ad quaestus pecuniae mercaturasque) Hilfe böte, er war der Gott der Geschäftsleute. Das römische Wort für den ledernen Geldsäckel, bulga, stammt aus dem Keltischen; es liegt unserem ‚Budget‘ zugrunde“.[187]

„Caesar (VI 16) bescheinigt den Galliern eine tiefe Religiosität. Ihre Götter wurden von den Römern ihren eigenen gleichgestellt (interpretatio Romana), der Teutates dem Merkur, der Cernunnos dem Pluton, Grannus dem Pluton, der Lenus dem Mars usw., doch gab es auch unübertragbare Götternamen wie die Stutengöttin Epona, wie Rosmerta, die Gefährtin Merkurs, oder die zumal am Niederrhein im gallisch-germanischen Grenzreich verehrten drei Matronen. Sie erscheinen auf Votivsteinen

---

186 Alexander Demandt, Die Kelten, Verlag C.H.Beck oHG, München 2000, Seite 13.
187 Ebenso, Seite 34.

der Römerzeit im Bilde, im Rheinland mit verschiedenen, meist keltisch-germanischen Beinamen ..."[188]

„So weit es sich bei den Opfergaben um Gebrauchsgegenstände handelt, wurden diese oft zuvor bewusst beschädigt: Halsring zerbrochen, Wagen zerlegt, Schwerter verborgen. Damit minderte man den Anreiz für Diebe und erfüllte dennoch das Gelübde. Auch bei Grabbeigaben lässt sich diese Sitte zuweilen beobachten, so im Hügel von Hochdorf. Die Keltenschätze erregten ob ihres Reichtums das Staunen der Griechen und Römer. Poseidonios (Diodor V 25ff.) verwunderte sich über die Menge des Goldes. Andere Berichterstatter heben freilich die düstere Seite hervor. Nach den Scholien zu Lucan (I 445) wurden die Opfer für Teutates in Wasserkesseln ertränkt. Derselbe Dichter (III 399) berichtet von einem heiligen Hain ..."[189]

„Trotz der römischen Abwehrerfolge wurden die nördlichen Kelten in Rom weiterhin als Bedrohung empfunden. Als die Kimbern und Teutonen 113 v. Chr. über die Alpen kamen und in Noricum ein konsularisches Heer vernichteten, sodann im Rhônental und anschließend bei Arausio/Orange weitere Siege über die Römer errangen, da geriet Rom in Schrecken vor den Kelten, weil man damals die Germanen noch nicht als eigenes Volk erkannt hatte. Die Kimbern und Teutonen wurden den Galliern zugerechnet ..."[190]

„Nachdem Caesar Roms Herrschaft über Gallien begründet hatte, blieb seinem Nachfolger Augustus nur noch die Aufgabe übrig, das Reich im Norden abzurunden. Der Versuch, Germania Magna zu annektieren, misslang. Die Behauptung des Augustus im 26. Kapitel seines Tatenberichts (s. u.), er habe Gallien, Spanien und Germanien vom atlantischen Ozean bei Gades bis zur Mündung der Elbe befriedet, ist ein wenig irreführend angesichts

---

188 Ebenso, Seite 37.
189 Ebenso, Seite 39.
190 Ebenso, Seite 85.

der dort verschwiegenen Niederlage im Teutoburger Wald, die auch sein Enkel Germanicus nicht wettzumachen vermochte."[191]

Marion Steinmetz[192] gibt an: „Teutates. In Gallien verehrter Gott, in Britannien auch als Totatis überliefert. Der Name wird als ‚Vater des Stammes' oder des ‚Volkes' erklärt. Er wurde auch mit Krieg oder Kampf in Verbindung gebracht, u. a. aber auch mit Fruchtbarkeit und Reichtum. Die wichtige Stellung des Gottes zeigen die ihm zugelegten Beinamen wie Albiorix ‚König der Welt' oder Loucetions ‚der Glänzende'. Auf den kriegerischen Aspekt verweist Caturix ‚König des Kampfes.'"

Teutates von Teut bis Teuta, verbunden mit den Illyrern: Teut = Deut bis Deutsch-land.

Philip Grierson[193] gibt an: „Karl war es gelungen, Deutschland – wir sprechen der Einfachheit halber immer von ‚Deutschland', obwohl dies nicht ganz korrekt ist, denn der Begriff Deutschland erscheint frühestens im 11. Jahrhundert – zu einigen, wenn es auch im Augenblick noch Teil einer größeren staatlichen Einheit war ..."

R. Lange[194] gibt an: „Ein Jahr vor der Thronbesteigung des Nikepheros war in Rom Otto I. zum Kaiser der Heiligen Römischen Reiches Deutscher Nation gekrönt worden ..."

Hugh Seton-Watson[195] gibt an: „Obwohl ... Das Heilige Römische Reich deutscher Nation, die stammt etwa aus mittelfünfzehnten Jahrhundert ..."

191 Ebenso, Seite 90.
192 Marion Steinmetz, Die Kelten, Internet.
193 Philip Gruerson, Morgen des Abendlandes, Deutsche Buch-Gemeinschaft, Berlin ..., Seite 290
194 Reinhold Lange, Imperium zwischen Morgen und Abend, Verlag Aurel Bongers Recklinghausen, 1972, S.129.
195 Hugh Seton- Watson, Nations an States, 1977. Globus, Zagreb, 1980, Seite 105.

Nach Alexander Demandt,[196] „Caesar ist der erste antike Autor, der zwischen Kelten und Germanen unterschieden hat. Seinem genannten Exkurs über die Gallier folgt ein solcher über die Germanen. Vor der Zeit Caesars herrschte die Ansicht, dass West-, Mittel- und Nordeuropa ausschließlich von keltischen Stämmen bewohnt seien. Es ist möglich, dass bereits Poseidonius den Unterschied erkannt hat, da er die Sprache der germanischen Teutonen anscheinend nicht als gallisch betrachtete ...“

---

196 Alexander Demandt, Die Kelten, Verlag C.H.Beck oHG, München 2000, Seite 13.

KELTEN UND GERMANEN

Raimund Karl[197] schreibt: „Die ‚Kelten‘ und ‚Germanen‘ versteht man heute immer noch gerne – fälschlicherweise – als zwei ‚Völker‘. So schreibt z. B. Rupert Gebhard: Die Kelten, von den Griechen auch Galater, von den Römern Gallier genannt, sind neben den Germanen das andere große Urvolk im prähistorischen Europa nördlich der Alpen, das immer wieder nicht nur die Altertumswissenschaftlichen fasziniert hat.‘[198] Tatsächlich handelt sich weder bei ‚den Kelten‘ noch ‚den Germanen‘ um jeweils ‚ein Volk‘, geschweige denn ‚ein Urvolk‘. Vielmehr sind beides Sammelbegriffe, unter denen jeweils alle Gesellschaften, die eine von der Sprachwissenschaft als ‚keltisch‘ bzw. ‚germanisch‘ bestimmte Sprache als ihre hauptsächliche benutzen,[199] subsumiert werden. Dabei ist gerade in prähistorischen Zeiten eine solche Bestimmung im besten Fall nicht leicht, in den meisten Fällen sogar unmöglich, und die Zuordnung erfolgt häufig nicht auf Basis einer Abschätzung nach konkreten Hinweisen. Daneben erfolgt die Zuordnung auf Basis der Verbreitung archäologischer Materialkulturen, die aufgrund ihrer teilweisen Überschneidung mit den ersten, historisch belegten Sprachgebieten, eine Rückprojektion derselben in die Vorgeschichte zu erlauben scheinen, eine Methode, die heute allerdings stark umstritten ist.[200] (siehe Abb. 1)

Konkreter haben sich sowohl ‚die Kelten‘ als auch ‚Germanen‘ aus einer Reihe verschiedener Gesellschaften zusammengesetzt, die man wohl als Stämme oder Völker bezeichnen kann, und deren jeweilige Organisationsgrößen von einigen wenigen

---

197 Raimund Karl, FSASCOT MIFA, Kelten und Germanen, Bangor University, 2007, Internet.
198 Gebhard 1993, 2.
199 Mallory 1989, 7-23; Renfrew 1989, 9-19.
200 Bernbeck 1997, 26-31; Härke 2000; Veit 2000a; Haßmann 2000; Wells 2001; Collis 2003.

tausend bis zu einigen hunderttausend Mitgliedern variieren konnte.[201] Diese Gesellschaften haben sich sicherlich nicht nur wegen ihrer Organisationsgröße und nicht nur in davon mehr oder minder direkt abhängigen Organisationselementen voneinander unterschieden, sondern waren, noch jeweils innerhalb der ‚keltischen' und ‚germanischen' Gruppe, deutlich voneinander verschieden, sowohl im ihrer politischen als auch ihrer sozialen, wirtschaftlichen und sicherlich auch in ihrer militärischen Organisation. Schon allein deshalb ist es schwierig, ‚Kelten und Germanen' über einen Kamm zu scheren.

Als zusätzliche Schwierigkeit kommt noch hinzu, dass wir, wenn wir über ‚Kelten' und ‚Germanen' sprechen, mit einer beachtlichen zeitlichen Tiefe konfrontieren werden: Die erste – wenngleich nicht ganz unumstrittene – Nennung der ‚Kelten' findet sich bei Hecataeús von Milet im ausgehenden 6. Jh. v. Chr.[202] und entspricht damit chronologisch etwa den ersten keltischen Sprachbelegen, die ins 6./5. Jh. v. Chr. datiert und den norditalienischen Lepontern zugeordnet werden.[203] Die im zu dieser Zeit ‚keltischen' Bevölkerungen zugeschriebenen Raum verbreitete ‚westliche Hallstattkultur'[204] wiederum setzt um den Beginn des 1. Jt. v. Chr. ein. Etwa in diese Zeit wird auch von historischen Sprachwissenschaftlern das sogenannte ‚Gemeinkeltisch', aus dem sich alle späteren keltischen Sprachen entwickelt haben, datiert[205]. ‚Germanen' lassen sich historisch zwar erst ab dem 2. Jh. v. Chr. fassen, archäologische Kulturgruppen im späteren Hauptverbreitungsgebiet germanischer Sprachen lassen sich aber ebenfalls wenigstens bis zum Beginn der Eisenzeit, eventuell sogar bis in die Bronzezeit zurückverfolgen.[206] Wir sprechen also,

201 Wenskus 1961; Eggert 1988; Eggert 1999; Krauße 1999; Veit 2000b; Karl 2005a; Karl 2006a.
202 Tomaschitz 2002, 15-16.
203 Maier 2000, 98-100.
204 Spindler 1983; Cunliffe 1997, 39-67.
205 Ball & Fife 1993.
206 Kristiansen 1998, 64-123, 210-313; Wells 2001.

alleine in Prähistorie und Altertum, von einer Spanne von über 1000 Jahren, die sicherlich nicht ohne gröbere historische Veränderungen abgelaufen sein kann (siehe Abb. 1).

Wenn also in diesem Beitrag in weiterer Folge von ‚Kelten' und ‚Germanen' die Rede ist, ist diese interne Unterschiedlichkeit innerhalb beiden Gruppen, sowohl in Raum als auch in Zeit, der in dem mir hier zur Verfügung stehenden, begrenzten Raum nicht ausreichend Aufmerksamkeit geschenkt werden kann, stets zu bedenken

Trotz der zweifellos gegebenen, großen Unterschiedlichkeit verschiedener spätbronzezeitlicher, eisenzeitlicher und römisch-kaiserzeitlicher Gesellschaften im hier behandelten Raum, der im wesentlichen Nordwest- und Mitteleuropa umfasst, ist dennoch aus verschiedenen Gründen davon auszugehen, dass die meisten dieser Gesellschaften einander in vielen Belangen nicht allzu unähnlich waren,[207] insbesondere im Bereich sozialer, wirtschaftlicher, politischer und wohl auch militärischer Organisationsstrukturen. Hinweise auf derartige, weit verbreitete gesellschaftliche Ähnlichkeiten finden sich einerseits im Bereich der archäologischen Hinterlassenschaften,[208] andererseits aber auch im Bereich der Sozial- und Rechtstermonologie – und wohl auch den damit verbundenen Bedeutungen – in der keltischen und germanischen Sprachen.[209] Diesen Ähnlichkeiten, und den daraus abzuleitenden Konsequenzen für die Raum- und in weiterer Folge die Militärorganisation möchte ich mich nun etwas genauer widmen."

Ohne Germanen, nur die Kelten. Tacitus war nur ein Falsifikat, die Germania stammt aus dem Mittelalter.

---

207 vgl. dazu Wenskus 1961; Karl 2006a.

208 Kristiansen 1998; Wells 2001.

209 z.B. Birkhan 1997; Karl 2005a; Karl 2006a, 188-199, 289-303; Karl 2006b; Isaac 2004, FN 11.

DIE MYTHOLOGIE

Nach Alexander Demandt[210]: „Das in der Selbstbezeichnung der Kelten zum Ausdruck kommende Zusammengehörigkeitsgefühl schlägt sich in einem Abstammungsmythos nieder. Caesar (IV 18, 1) berichtet, alle Kelten hielten sich für Nachkommen des Gottes Dispater, zu Deutsch ‚Gottvater‘. Der Name Dispater ist wortgeschichtlich mit Jupiter und Zeus verwandt; der gemeinte Gott aber wurde von den Römern mit dem Gott der Unterwelt, Hades/Pluton gleichgesetzt, der bei den Kelten auch Cernunnos heißt. Die Vorstellung, vom Gott der Unterwelt abzustammen, entspricht einem Glauben an Bodenständigkeit, an Autochtonie".

„Daneben entstand unter griechischem Einfluss die Sage, der Urvater der Kelten sei der Heros Galates. Solche namengebenden (eponymen) Heroen begegnen in der antiken Mythologie häufig. Galates soll ein Sohn des Herakles gewesen sein. Herakles zählte zu den großen Wanderheroen der Antike. Während Dionysos[211] im Osten bis Indien gezogen sein soll, Odysseus ziemlich alle zu Wasser erreichbaren Orte besucht hatte, fabulierte man von der Reise des Herakles zu den Hesperiden im Westen, wobei er überall die Frauen verführt und seine Nachkommen hinterlassen habe. So wie später die Burgunder mit ihrem Anspruch auf Verwandtschaft mit Rom, die Franken und die Sachsen mit ihrer Herleitung von den aus Babylon nach Holstein gesegelten Makedoniern Alexanders, haben schon gebildete der römischen Kaiserzeit versucht, durch eine etymologische Abstammungslegende ihre Zugehörigkeit zur mediterranen Kulturwelt zu erweisen."[212]

---

210 Alexander Demandt, Die Kelten, Verlag C.H.Beck oHG, München 2000, Seite 10.
211 Dionysos = Dianis. = Pianis = Pianiš, š = sch, opianiš- betrunken zu sein; Opium = opi um: pi = trink; um = Sinn.
212 Ebenso, Seite 10.

„Auf Verbindungen nach Osten verweist das prachtvolle Golddiadem mit Pegasusmotiven aus demselben Grab, eine griechisch-skythische Arbeit ... Caesar (VI 17) berichtet, dass die Kelten den Gott Teutates, von den Römern Mercurius genannt, am höchsten verehrten, der auf Reisen schütze und beim Geldgewinn und Handel (ad quaestus pecuniae merca-turasque) Hilfe böte, er war der Gott der Geschäftsleute ...“[213]

„Caesar (VI 16) bescheinigt den Galliern eine tiefe Religiosität. Ihre Götter wurden von den Römern ihren eigenen gleichgestellt (interpretatio Romana), der Teutates dem Merkur, der Cernunnos dem Pluton, Grannus dem Pluton, der Lenus dem Mars usw., doch gab es auch unübertragbare Götternamen wie die Stutengöttin Epona, wie Rosmerta, die Gefährtin Merkurs, oder die zumal am Niederrhein im gallisch-germanischen Grenzreich verehrten drei Matronen. Sie erscheinen auf Votivsteinen der Römerzeit im Bilde, im Rheinland mit verschiedenen, meist keltisch-germanischen Beinamen. Matronensteine finden sich ähnlich in der Provence und auf Irland. Es muss eine zugehörige Mythologie gegeben haben, die wir nicht mehr besitzen; drei göttliche Frauen kennen wir ebenfalls aus der griechisch-römischen und aus der germanischen Religion, denken wir an die Gorgonen, an die Chariten beziehungsweise Grazien oder die drei Schicksalsgöttinnen, die bei den Griechen Moiren, bei den Römern Parzen, bei den Germanen Nornen heißen. In christlicher Zeit wurden daraus die ‚drei Marien‘, Embede, Warbede und Wilbede, so im Dom zu Worms.“[214]

„Die Galater verehrten insbesondere die bei den Griechen Artemis genannte Göttin. Dies beruht auf der altorientalisch-kleinasiatischen Mutterreligion, die im vielgestaltigen Kult der Magna Mater zum Ausdruck kommt. In Babylon hieß sie Astarta, in Ägypten Isis, in Ephesos die ‚vielbrüstige‘ Artemis oder Diana, die wir aus der Apostelgeschichte des Lukas (19, 23ff.)

---

213 Ebenso, Seite 34.
214 Ebenso, Seite 37.

kennen. Das Zentrum des Kybele-Kultes war Pessinus in Phry-gien, es lag im Machtbereich der Galater. Die Göttin wurde dort anikonisch, verkörpert in einem Meteor, verehrt[215].

„Die Götterbilder bestanden aus Holz; solche aus Stein oder Metall waren bei den Kelten ebenso unüblich wie bei den Germanen. Wir besitzen nur sehr wenige Skulpturen, die dafür in Betracht kommen. Die ithyphalische Figur von Hirschlanden, heute in Stuttgart, gilt als das Bild eines Verstorbenen. Ebenso stellt die 1996 auf dem Glauberg gefundene Kriegerstatue eines Fürsten dar, wie der Fundort, ein Hügelgrab, und eine Halskette von ungewöhnlicher Form belegt, die auf dem Stein wiedergegeben ist und als goldenes Original im Grab lag (s. o. Abb. 2). Die bildlichen Darstellungen der keltischen Götter stammen erst aus römischer Zeit und sind zunehmend dem Reichsstil angeglichen worden. Eigentümlich keltisch sind die Jupiter-Giganten-Säulen, die auf Viergöttersteinen (Juno, Minerva, Herkules, Mercurius) stehen. Einige von ihnen haben sich erhalten, andere kennen wir aus Lebensbeschreibungen spätantiker Missionare in Gallien, die diese Idole gestürzt haben. Die keltische Religion hat sich auf dem Lande noch weit in christliche Zeit hinein, sicher bis ins 5. Jahrhundert n. Chr., behauptet."[216]

Nach Alexander Demandt[217]: „Der gesamtgallische Charakter des Druidentums zeigt sich in ihren zentralen Institutionen. Einmal im Jahr versammelten sich die Priester, so berichtet Caesar (VI 13), an geweihtem Ort im Lande der Carnuten, in der Mitte Galliens ... die Griechen, die den Ausdruck ‚Amphiktyonie‘ (Umwohner) geprägt haben, trafen sich zu Festspielen in Delphi und Olympia; die Etrusker versammelten sich regelmäßig beim Tempel der Voltumna in Volsinii. Die Germanenstämme feierten die Nertus, die Slawenstämme den Radgast in heiligem Hain."

---

215 Ebenso, Seite 38.
216 Ebenso, Seite 40.
217 Alexander Demandt, Die Kelten, Verlag C.H.Beck oHG, München 2000, Seite 45.

Also, „die Germanenstämme feierten die Nertus, die Slawen-stämme den Radgast in heiligem Hain."

Marion Steinmetz[218] gibt an: „Direktverbindungen mit den Etruskern und den Skythen erweiterten den keltischen Horizont, und damit die Mythologie und das Weltbild. Das muss Veränderungen in der Ideologie bewirkt haben, die den Zündstoff für die sozialen und politischen Umwälzungen ab ca. 500 v. Chr. gebildet haben dürften und die Religion und Kunst so stark tangierten, dass man nun von der Latènekultur spricht."

„Natürlich haben die Kelten damals ihre Feiertage noch nicht nach dem gregorianischen Kalender angelegt. Die hier angegebenen Daten der Tage sind nur ungefähr. Man müsste nach der Sonne und dem Mond rechnen, um den genauen Zeitpunkt der Feste herauszubekommen. Bei allen Festen gilt es, dass immer die Götter als Ganzheit verehrt werden, also stets alle Götter angerufen werden, auch wenn es bei jedem Fest Gottheiten gibt, mit denen es besonders verbunden ist.

Der ‚keltische Kalender' geht zurück auf den spektakulären Fund von Coligny. Gegen Ende des 19. Jahrhunderts wurden unweit der französischen Stadt Cologny mehr als 150 Bronze-Fragmente ausgegraben, die man auf das 2. Jh. n. Chr. datierte. Auf diesen Bruchstücken hatte sich ein einzigartiges Dokument aus keltischer Zeit erhalten – ein Kalender. Gleich beim Auffinden erkannten die Forscher die ligursche Sprache, doch es dauerte noch viele Jahre, bis geklärt war, dass es ein Kalender in keltischer Sprache, aber römischer Schrift war. Bis Ende 1980 vermutete man, dass es sich um einen 30-jährigen Kalender handelte, wie ihn Plinius in seinem Werk ‚Dia Naturalis' beschrieb, doch erst seit wenigen Jahren steht nur fest, dass es eine modernere Version des Kalendersystems ist. Die neueste Datierung deutet auf ein Entstehen im 9. vorchristlichen Jahrhundert hin.

Die Kalender ermöglichten es den Kelten, in 455 Jahren mit einer Genauigkeit von ± 1,5 Tagen die Position der Sonne

---

218 Marion Steinmetz, Die Kelten, Internet.

festzustellen. Die Position des Mondes konnten sie mit einer Ungenauigkeit von 0,8 Tagen feststellen. Zusätzlich wurde alle 521 Jahre ein Schaltjahr eingefügt. Die Monate wurden entweder als vollständige bzw. ‚gute' Monate bezeichnet, wenn sie 30 Tage aufwiesen, oder als unvollständige, ‚schlechte' Monate, wenn sie nur 29 Tage zählten. Das Jahr wurde in eine abnehmende und eine zunehmende Phase geteilt. Es begann mit vier vollständigen und zwei unvollständigen Monaten und setzte sich mit vier unvollständigen und zwei vollständigen Monaten fort. Die Monate wurden in zwei Hälften geteilt, die jeweils 15 bzw. 14 Tage dauerten. Die kürzere Monatshälfte fiel immer auf die zweite Hälfte des Monats. Die Mitte des Monats lag immer auf dem Tag des Vollmondes.

Der Kalender begann mit dem 1. November (Samhain) dem Winteranfang, sozusagen die ‚Jaresnacht', der 1. Februar Imbolc) bezeichnete den Frühlingsanfang, der 1. Mai (Beltane) leitete zum Sommer über und mit dem 1. August (Lughnasad) brach der Herbst an.

Die Feste und Feiertage werden in zwei Gruppen unterteilt: die Hauptfeste und die Nebenfeste. Zu den Hauptfesten zählen Samhain (Totenfest, Nacht zum 1. November), Imbolc (1. Februar), Beltane (1. Mai) und Lughnasad (1. August). Zu den Nebenfesten zählen Alban Arthuan (Mittwinter, ca. 21. December), Alban Eiller (Frühlings Tageundnachtgleiche, ca. 21. März), Alban Heruin (Mittsommer, ca. 21. Juni) und Alban Eluen (Herbst Tagundnachtgleiche, ca. 21. September)".

„Das vielleicht unheimlichste Fest, aber auch ein sehr interessanter Tag: Am Novembervorabend ist der Schleier, der unsere Welt von der Anderswelt trennt am dünnsten (besonders in Nebel). Die Bewohner der Anderswelt, Feen und Elfen, kamen manchmal zu uns, und nahmen Menschenkinder, die sie als würdig befanden, mit in ihre Welt. Die Eltern hatten Angst und höhlten Kürbisse aus und schnitzten erschreckende Gesichter hinein (höchstes druidisches Symbol für Schutz). Dann wurde der Kürbis mit einer Kerze ans Fenster gestellt, um die Feen und Elfen abzuschrecken. Zu Samhain steht die Anderswelt offen.

Vergangenheit und Gegenwart verbinden sich, die Geister der Ahnen werden wach. Durch den rituellen Gedanken leben sie in unseren Geist weiter. Wir werden uns bewusst, dass sie ein Teil von uns und wir ein Teil von ihnen sind – und das der Tod ein Teil des Lebens und das Totenreich (Annwn, Hel) ein Teil der Welt ist, ohne den es kein Leben gibt.

Dieser Brauch wird heute noch gefeiert und ist unter dem Namen ‚Halloween' bekannt, das von den Kirchen als Allerheiligen bzw. Allerseelen vereinnahmt wurde.

Samhain ist das Ende des alten Jahres und der Beginn des Neuen. Es ist ein Fest des Abschieds, bei dem die Verstorbenen geehrt werden. Anders als die Christen glauben die meisten Heiden an die Reinkarnation, so dass der Tod eine Notwendigkeit für neues Leben darstellt. Samhain ist ein Fest des Todes und der Hoffnung auf neues Leben. Auch markiert Samhain den Beginn des ‚Dunklen Jahres', den introspektiven Teil des Jahresendes, in dem man auf und vor allem in sich selbst schaut. Früher war die Zeit nach Samhain diejenige, in der die Leute vorwiegend im Haus bleiben. Es ist eine stille, tote Zeit. Die Natur grau. Wenn sich nun die Naturenergien zur Ruhe begeben und die Dunkelheit des Winters regiert, ist es Zeit, sich selbst zu beobachten, auszuruhen und sich auf das kommende Jahr vorzubereiten. Es ist Zeit für einen Rückblick auf das, was im gerade vergangenen Jahr getan wurde und was das Jahr und die eigenen Taten gebracht haben. Es ist eine Gelegenheit, sich selbst kennen zu lernen. Samhain ist das Fest, an dem sich Mutter Erde zur Ruhe begibt.“

„Die Julnacht ist die längste Nacht des Jahres. Das Julfest ist ein Wendepunkt, ein Anfang. An diesem Tag feiern wir die Rückkehr von Licht und Leben. Jul ist der Geburtstag des Triumphes des Lichts über die Dunkelheit. Selbst die Christen haben dies beibehalten und aus diesem Fest ihr Weihnachten gemacht, den Tag, an dem ihr ‚Sonnengott' Jesus geboren wird. Allerdings muss man bedenken, dass die Christen diesen Festtermin an sich gerissen haben, indem sie die Geburt Jesu willkürlich auf die Zeit der heidnischen Mittwinterfeste verlegten.

Bekanntermaßen ist Jesus nicht in Winter, sondern an einem Tag im Frühling geboren worden.

Der altgermanische Festname Jul (eng. yule, isl. Jòl) ist ein Mehrzahlwort, denn er bezeichnet so weit das eigentliche Mittwinterfest als auch die Tage, die mit ihm verbunden sind, d. h. die Zeit bis zum Jahresbeginn. Auch der Name Weihnachten ist heidnisch. Jul ist die weihevolle Nacht, in der Baldur wiedergeboren wird. Die Sonne hat den südlichen Wendekreis erreicht und kehrt nach dem Norden zurück. Den Zweig, der Baldur den Tod brachte, die Mistel, wird zum Heilsymbol. Licht und Wärme, die nun kommen werden, feiern wir durch ein Feuer oder durch viel Kerzenlicht. Der Lichterbaum ist der immergrüne Weltbaum, der nun erstrahlt. Der in Skandinavien übliche Julbock (z. B. aus Stroh) ist ein Symbol der kommenden Fruchtbarkeit und des Schutzes des Thor, dessen heiliges Tier er ist. Weil es das Familienfest ist, bei dem Odin[219] durch die Raunächte reitet, gehört Jul zu den wichtigsten heidnischen Festen. Als Wende des Jahres ist es sogar das wichtigste Fest, an dem alles endet und neu beginnt. Daher werden bei der Julfeier alle Feuer und Lichter gelöscht und neu entzündet. Haus und Hof werden mit Räucherwerk gereinigt."

„Imbolc (auch als Tag der heiligen Brigid bekannt) ist der Tag zwischen der Wiedergeburt des Lichts und der Manifestation des Lebens an sich. Er ist bekannt als Candlemas, oder in Deutschland. ‚Lichtmess‘, was bedeutet, dass man wieder ohne Kerzen leben kann, man kann das (künstliche) Licht wieder ‚missen‘. Die Tage werden länger, doch die Nacht ist immer noch länger als der Tag. Es ist Zeit, das Heranwachsen des Sonnengottes und das damit verbundene Versprechen neuen Lebens zu feiern. Imbolc ist der Beginn des Frühlings. ‚Imbolc‘ bedeutet ‚im Schoß‘. Das Leben ruht im Schoß der Erde, beginnt sich aber schon zu zeigen. Das erste Frühlingslicht wird mit Fackeln und Kerzen

---

219 V + Odin = Vodin = Wässerig; Odesa = Odessa + v = vodesa = vodessa = vodes/t = wässrig; Edesa = Edessa = vedesa, e = a.

begrüßt und verstärkt. Imbolc ist der Göttin des neuen Lichts, der Quelle und der Dichtung Brigid, geweiht. Die irische ‚Heilge‘ Brigitta von Kildarem, die am 1. Februar gefeiert wird, ist unhistorisch – ein Pseudonym für die Göttin, die in der Quelle von Kidare heilig war. Auch hier wurde wieder einmal ein heidnisches Fest von der Kirche vereinnahmt, eben Lichtmesse.“

„Das Vogelfest des Frühlings. Früh morgens ging das Volk hinaus, um nach Zugvögeln Ausschau zu halten. Wenn sie gesichtet wurden, wurde anschließend geschmaust und gefeiert. Die heutige Verbindung von Eiern und Küken zu dieser Zeit (Ostern) ist einer der vielen Überreste unserer alten Kultur.

Ostern ist die Zeit des Gleichgewichts zwischen Licht und Dunkelheit, Tag und Nacht. An diesem Tag sind deren Kräfte ausgeglichen. Ostern ist die Rückkehr des Lebens, das Eis und der Schnee sind geschmolzen, die Tiere wachen von ihrem Winterschlaf auf. Der Wind ist nicht länger kalt und die Pflanzen zeigen bald ihre Knospen. Es ist die Zeit um die Rückkehr der Göttin als Jungfrau des Frühlings zu feiern. Die Rückkehr des Lebens.

Das erste Sonnenfest nach den Raunächten ist das Frühlingsäquinoktium, das bei den Germanen der Göttin des jungen Lichts und Lebens, Ostara, geweiht ist. ‚Ostern‘ ist ein heidnisches Fest, das die Kirche vereinnahmte, als sie ihr Passahfest auf den auf den Frühlingsvollmond verlegte, um das gleichzeitige heidnische Feste zu konkurrenzieren. Der keltische Festname ist Alban Ei-ir, im englischen Odinic Rite heißt es Summer Findig. Nach der traditionellen Zählung ist es nicht der Beginn, sondern die Mitte des Frühlings. Zu Ostern feiern wir die Wiedergeburt der Natur aus dem Todesschlaf des Winters, das Erwachsen der erblühten Weidenzweige, Eier und Hase sind heidnische Festsymbole. Zum Osterfest geschöpftes Wasser (Osterwasser) hat reinigende, heilende und weihende Wirkung. Die Gottheiten (germanische), die außer Ostara dieses Fest bestimmen, sind Freyr und Freyja, die fruchtspendenden Vanen, und Thor, der Sohn der Erde.“

„In der Nacht vom 30. April auf den 1. Mai gingen unsere Vorfahren in eine Waldlichtung und entzündeten ein großes

Feuer. Sie tanzen die ganze Nacht um das Feuer herum, sangen und tranken. Gegen den Sonnenaufgang verschwanden Pärchen und solche, die sich gefunden hatten im Wald und liebten sich. In Deutschland ist dieses Fest auch unter dem Namen ‚Walpurgisnacht' bekannt, wo die ‚Hexen in einem Hain halbnackt um's Feuer tanzen'.

Beltane ist der Übergang vom Frühling zum Sommer und bedeutet so was wie ‚leuchtendes Feuer' oder ‚Feuer der Bel' (Belenos).[220] Es ist ein Fest der Reinigung und der Fruchtbarkeit, die Zeit der Stärke und Reife. Belenos ist der keltische Lichtgott, der Baldur entspricht.[221] Der Gang zwischen zwei Beltane-Feuern zugleich Fruchtbarkeitssymbol und Repräsentant des Weltbaums, an dem der Schamane durch die Welten reist. Denn wie zu Samhain, das am Jahresrad liegt, steht zu Beltan die Anderswelt offen. Daher ist der Vorabend, die Walpurgisnacht, ein magisches Datum – bekanntlich das Fest der Hexen."

„Die Sommersonnenwende, die astronomisch den Sommerbeginn markiert, ist traditionell die Mitte des Sommers: der längste Tag, an dem die Sonne den Höhepunkt ihrer Entfaltung erreicht, von dem an sie schwindet. Er ist mythisch mit dem Schicksal Baldurs, des Sohns der Sonne, verbunden, der wie die Sonne in der höchsten Blüte seines Lebens stirbt. Er wird mit der beginnenden Wiederkehr der Sonne im Winter wiedergeboren werden, so dass der Mittsommer ein freudiges Fest ist. Wir feiern im Bewusstsein, dass ihm im Kreislauf des Seins unweigerlich der Abstieg folgen muss, dem höchsten Stand der Sonne mit einem großen Feuer. Das Hinabrollen brennender Sonnenräder über Hänge und das Schwingen von Fackeln im Kreis symbolisieren die ewige Drehung des Jahresrades. In der

---

220 Bel = bel = weiß; Belen = weißen; Belenos + ki = Belnoski + v = Belenovski; hell = bel, Hellios = Helios = Ilios-il = Il.

221 Bel = hell-Helios = Ilios = il = Il: „Il vrne, il grme" – „Il regnet es, Il donnert es".Zeus = Perun(Peru) = Ilios-Hl.Ilios.

keltischen Tradition ist Mittsommer, Alban Hefin, der Muttergottheit geweiht, in der germanischen dementsprechend auch Baldurs Mutter Frigg."

„Das deutsche Wort Herbst und das nordische haust (gesprochen: höist) bedeuten wie das englische harvest eigentlich ‚Ernte', so dass das Haustblót in erster Linie ein Erntefest bzw. ein Dankopfer für ‚gute Ernte und Frieden', die Segnungen der Vanengötter ist. Als Schutzgott der Bauern wird dabei auch Thor besonders verehrt. Mit dem Herbstfest, nach dem Hauptteil der Ernte, beginnt die dunkle und stille Zeit des Jahres, in der die Nächte länger als die Tage sind. Sie ist eine Zeit der Sammlung und Verinnerlichung, in der wir die Keime für Dinge legen können, die im Frühling wachsen sollen, auch im übertragenen Sinn. In der keltischen Tradition ist Alban Elfed dem göttlichen Kind Mabon (‚Sohn') geweiht, der wie der griechische Dionysos in die Unterwelt hinabsteigt und wiedergeboren wird. Auch die Mysterien des Dionysos wurden im Herbst gefeiert. Der Herbst beginnt mit Lughnasad, der erste der (mit Alban Elfed und Samhain) drei keltischen Lammas kommt vom altenglischen hlafmesse, weil dabei die ersten Brotlaibe aus der neuen Ernte geopfert wurden. Der keltische Festname kommt von Lugh, dem Gott druidischer Weisheit, der Odin entspricht. Die Angst der Römer und später der Kirche vor den Druiden bewirkte, dass Lughnasad nicht christlich vereinnahmt, sondern zum Unglückstag erklärt wurde. Lugh wurde mit Luzifer identifiziert, Lughnasad zum Tag von Lucifers Sturz in die Hölle. Die Bauern übertrugen daraufhin die Lughnasad- Bräuche auf andere Erntefeste."

„Dies ist der Beginn der Feier von Leben, Schönheit, Tod und Wiedergeburt – das Fest der göttlichen Dreifaltigkeit Demeter, Kore und Iakchos.[222] An diesem Tag werden die Altäre mit Blumen, goldenen Äpfeln, Wein und Kuchen geschmückt. Göttliches

---

222 Iakchos... Jakos + t = jakost = stark; Jakob = Jakov = jak ov-on-ot; auf Tibet das Tier Jak (Hochgebirgsrind)- zu stark.

Leben, wie wir es alle erleben, wird zum Mysterium des Lebenskreises. Wir feiern die Essenz des Lebens, der Überfluss des göttlichen Geistes, der alles erschafft und erhält."

„Götter, Geister und Menschen konnten sich in Pflanzen verwandeln, aus Blumenkelchen wuchsen Kinder, die Bäume wurden von Nymphen bewohnt, die mit ihnen lebten und starben. Die germanische Göttin Freia nahm allen Gewächsen den Eid ab, ihren geliebten Sohn Baldur nicht zu verletzen (außer der Mistel). Das Überleben hing ab vom Wissen um die natürlichen und magischen Kräfte der Pflanzen, das man durch Beobachtung und Erfahrung gesammelt und seit heidnischer Vorzeit an die nachfolgenden Generationen weitergegeben hatte. In der Überlieferung, in Sage und Legende, Brauchtum und Volksweisheit fanden diese Kenntnisse ihren Niederschlag. Auch die Kirche konnte diesen Mythos nicht ausrotten; sie gab ihm nur einen christlichen Rahmen."

„In der Baldur-Sage wird der strahlende Gott mit einem Mistelzweig ins Herz getroffen. Frigg hatte, von Träumen ihres Sohnes Baldur beunruhigt, allen Wesen und Dingen den Eid abgenommen, Baldur nicht zu verletzen. Nur die Mistel, die östlich von Walhalla versteckt auf einem Baume wuchs, war von ihr übersehen worden. Der auf Baldur neidische Loki entlockte der Gottmutter dieses Geheimnis, holte einen Zweig der Mistel, gab ihn seinem blinden Bruder Hödur, richtete dessen Hand aus und als dieser einen Pfeil schoss, fiel Baldur tot nieder.

Die Kelten bezeugten der Mistel höchste Verehrung, sie wurde als Allheilerin betrachtet. Diese Verehrung erstreckte sich auch auf den Baum, auf dem sie wuchs, besonders wenn es eine Eiche war. Eine Eichenmistel wurde von den Druiden im Rahmen einer großen Feier am nächsten Tage nach Neumond vom Baum geholt, indem einer von ihnen in weißen Kleidern auf die Eiche stieg, die Mistel mit einer goldenen Sichel abschnitt und sie dann, in seinen Mantel gewickelt, dem Oberpriester übergab. Sie wirkt gegen alle Gifte und soll unfruchtbare Tiere fruchtbar machen."

„Brigid/Brigit: Brigit/Brigid/Bride (irisch)

Der Name geht auf einen indoeuropäischen Stamm zurück und bedeutet Hoheit, Erhabenheit. Eine Reihe von Orts- und Flussnamen wurden aus ihm gebildet: Bragança in Portugal, Bregenz, die ehemalige Hauptstadt der Brigantes am Bodensee, Brig im Wallis (Schweiz), die Ebene von Brega in Irland sowie Braint, Barrow und Brent in Großbritannien und Irland.

Tochter des Dagda. In ihrem dreifachen Aspekt war sie die Beschützerin der Dichter der Heilenden und der Schmiede. Ihr vin Bres stammender Sohn, Ruadan, wurde von Goibnui ermordet. Für ihn ließ sie die erste ‚keening' (Totenklage), die je in Irland vernommen wurde, ertönen. Sie wurde dem Kult und der Person der Heiligen Brigit von Kidare (450–525) einverleibt, welche die erste weibliche Kirchengemeinde nach der Christianisierung Irlands errichtete. Die heilige Stätte des Klosters Kidare beherbergte ein ewiges Feuer, welches von der Schwesternschaft gehütet wurde. Die heilige Brigit ist die zweite Schutzheilige Irlands. Innerhalb der schottischen Tradition wird Brigid (sowohl die Heilige als auch die Göttin) mit der ‚Jahreszeit der Lämmer' und der Ankunft des Frühlings in Verbindung gebracht, ihr fällt es zu, die Herrschaft Caileach Bheuts zu überwinden.

Brigit (irisch brig = Macht, Autorität) entspricht der gallischen Minerva. Sie galt als Herrin magischer Sprüche und als Dichterin (banfile, fälschlich mit Druidin übersetzt) und wurde in Verbindung mit dem rituellen Reinigungsfeuer gesetzt; ihr zu Ehren wurde das Fest Imbolc (1. Februar) gefeiert.

Briganta. Als die Römer 43 v. Chr. Südengland eroberten, saßen die Brigante, eine Konföderation keltischer Stämme mit beträchtlichem vorkeltischen Anteil, schon seit Jahrhunderten zwischen Mersey und der schottischen Grenze. Das damalige Oberhaupt dieses Verbandes war die Königin Cartimandua, aber der grundsätzlich einigende Faktor der Stämme war die Verehrung der Göttin Brigantia, der ‚Hehren' oder der ‚Hohen'. Brigantia gehört zur Reihe der großen königlichen Muttergöttinnen wie Rigani, Dôn, Dana und dürfte identisch mit der irischen Göttin Grigit sein.

Brigantia (keltisch), die Namensgöttin der Briganten aus dem westlichen Yorkshire. Eine Widmung und ein Relief bei Birrens zeigt sie, wie sie Minervas Attribute des Sieges, so wie die Krone der Cybele trägt – ein Hinweis darauf, dass die Römer sie in ihre eigene Mythologie übernahmen. Ursprünglich war sie eine Göttin des Wassers und der ländlichen Aktivitäten. In vielen ähnelt sie der irischen Brigit."

„Wenn wir beten oder meditieren, dann ziehen wir uns zurück, zurück in die Stille, um eins zu werden mit der höchsten Quelle. Pal-al ist das alte Sanskrit Wort für Gebet. Es lässt sich deuten als ‚sich als etwas wunderbar Erschaffenes begreifen‘. Im Gebet haben wir die Gelegenheit, uns als Kinder des Allerhöchsten zu erfahren, im unerschütterlichen Wissen daran, dass wir selbst ein Teil des ‚göttlichen‘ Ursprungs sind. Mit unseren Gebeten nehmen wir Teil am Schöpfungsprozess, werden selbst zu Schöpfern. Gebete sind Träume, Wünsche, Gedanken – wir sollten versuchen auf unsere Gedanken zu achten und auch darauf, welche Botschaften wir aussenden. Da alle Gedanken kleine Gebiete sind, können wir, wenn in unseren Gedanken Unklarheit herrscht, auch negative Gebete aussenden. Deshalb sollten wir ganz bewusst beten, immer im Einklang mit dem Göttlichen in uns, mit Wahrheit und Weisheit."

BRIGISCHE TRADITIONEN

Marion Steinmetz[223] gibt an: „Imbolc (auch als Tag der heilige Brigid bekant) ...“ -(d = t); „Brigitta von Kildare“; „In der keltischen Tradition ist Mittsommer, Alban Hefin, der Muttergottheit geweiht, in der germanischen dementsprechend auch Baldurs Mutter Frigg“ = Brig;

„Brigid/Brigit|Brigit/Brigit/Bride (irisch) ...“

„Götter, Geister und Menschen konnten sich in Pflanzen verwandeln, aus Blumenkelchen wuchsen Kinder, die Bäume wurden von Nymphen bewohnt, die mit ihnen lebten und starben. Die germanische Göttin Freia nahm allen Gewächsen den Eid ab, ihren geliebten Sohn Baldur nicht zu verletzen (außer der Mistel). Das Überleben hing ab vom Wissen um die natürlichen und magischen Kräfte der Pflanzen, das man durch Beobachtung und Erfahrung gesammelt und seit heidnischer Vorzeit an die nachfolgenden Generationen weitergegeben hatte. In der Überlieferung, in Sage und Legende, Brauchtum und Volksweisheit fanden diese Kenntnisse ihren Niederschlag. Auch die Kirche konnte diesen Mythos nicht ausrotten; sie gab ihm nur einen christlichen Rahmen.“

„Auch wenn es vielleicht etwas befremdlich klingt, Bäume können unsere Freunde sein. Wir können durchaus in Kontakt mit ihnen treten und eine Art von Beziehung zu ihnen aufbauen.

Schon seit Urzeiten spielen Bäume im Leben des Menschen eine wichtige Rolle. Sie fanden ihren Platz in Mythen und Legenden (z. B. der nordische Weltenbaum, die Esche Yggdrasil).

Bäume waren immer auch schon Orte der Gerechtigkeit, aber auch Orte des Schreckens, sie waren Plätze der Verehrung und der Hinrichtung.

---

223 Marion Steinmetz, Die Kelten, Internet.

Auch in den Weltreligionen spielen Bäume eine entscheidende Rolle. Erinnern wir uns z. B. an den Feigenbaum (Bodhi-Baum) unter dem Buddha (Prinz Siddharta Gautama) erleuchtet wurde.

Die Zypresse steht für die Unsterblichkeit, die Dattelpalme für das Gerechte. Die Eiche symbolisiert Kraft und Weisheit, der Banyan-Baum steht für die Kraft, das Leben ...

Der Baum gräbt seine Wurzeln tief in die Erde, die auch Totenreich ist. Gleichzeitig streckt er seine Zweige und Blätter zum Himmel, dem Licht entgegen. Die Blüte öffnet sich und verwelkt, um zur Frucht zu werden.

Bäume spielen auch eine wichtige Rolle bei Riten. Denken wir nur an die heilige Mistel bei den Kelten, die wächst, ohne je den Boden zu berühren.

Auch in der Heilkunst galten die Bäume schon seit jeher als Helfer des Menschen (zur Herstellung von Salben, Tinkturen, Umschlägen etc.). Sie sind eine außerordentliche Quelle der Kraft und der Gesundheit. Bäume sind keine tote Materie, sie sind belebte, beseelte Wesen. Hellsichtige Menschen habe die Fähigkeit, in Kontakt mit Baumgeistern zu treten und mit ihnen zu kommunizieren.

Im Nordwesten der USA haben die Einheimischen ihre Totenpfähle aus dem Holz des Lebensbaumes gefertigt. Der Lebensbaum hatte flache, kleine Schuppenblätter. Wenn sie zerdrückt werden, sondern sie einen fruchtigen Duft ab. Ein Totempfahl symbolisiert den Zusammenhalt eines Indianerstammes."

„Wie schon Konfuzius sagte: ‚Wer Bäume pflanzt, wird den Himmel gewinnen.'

Als die Indoeuropäer aus Osten herkommend auf Wanderung gingen, kamen sie durch Gebiete, die dicht mit Wald bedeckt waren. Die Bäume in den Wäldern boten ihnen Schutz, Nahrung, Werkstoffe und Heilmittel. In jener Zeit brachte man den Bäumen allgemein noch Achtung, Verehrung und Respekt entgegen. Angesicht dieses tiefen Respekts kam es dann, dass auch gewisse Nachfahren, z. B. Kelten, ein Buchstabenalphabet entwickelten, und jedem Baum bestimmte Eigenschaften,

Kräfte und einen Buchstaben zukommen ließen. Das Baumalphabet nannte man ...

OGHAM Das keltische Baumalphabet".

Robert Graves[224] schreibt: „3. Uraltes irisches Alphabet, wie und Alphabet der gebrauchte man Druiden in Gallien, über die schreibt Caesar, jedenfalls gleich waren nicht mit Alphabet geschrieben und alle Buchstaben sind nach Baum genannt. Das irische Alphabet hieß Betht-luis-nion ..."

Nach Alexander Demandt,[225] „Archäologisch dokumentieren sich die Trinksitten der Kelten in den Grabfunden. Während das prunkvollste erhaltene Trinkservice, das von Vix, griechisch geprägt ist (s. o.), das von Hochdorf genuin keltischen Charakter trägt. Gefunden wurden neun Trinkhörner: eines aus Eisen, 123 cm lang und 5,5 Liter fassend, acht aus s-förmig geschwungenen Hornscheiben von Auerochsen, alle verziert mit goldenen Mündungsblechen. Da der letzte Auerochse in Europa 1627 in einen polnischen Tiergarten verendet ist, war die Identifizierung der Hörner schwierig. Ihre Länge beträgt 65 bis 80 cm. ..."

Also: „Da der letzte Auerochse in Europa 1627 in einen polnischen Tiergarten verendet ist, war die Identifizierung der Hörner schwierig. Ihre Länge beträgt 65 bis 80 cm."

Das Hausrind Europas stammte nicht vom wilden Rind Europas ab, sondern nur von balkanischem mit kleinen Hörnen, wie bei Wikingern usw. Das gilt auch für andere Haustiere.

Das balkanische Rind wird auch illyrisches Rind genannt. Elianus, griechischer Lehrer der Rhetorik im Rom (3. Jh. n. Chr.) sagt „diese Sprache gehörte den illyrischen Brigern."

Die Briger waren Illyrer, Kultur der Illyrer in Europa und Briger = Friger = Frig = Frisien;

224 Robert Grevs, Grčki mitovi, Nolit, Belgrad, 1974, Seite 184.
225 Alexander Demandt, Die Kelten, Verlag C.H.Beck oHG, München 2000, Seite 55.

... DIE ILIADE ... TAIN, IRISCHE ILIADE

Nach Alexander Demandt,[226] „Zur Tischkultur der Kelten gehörten die sogenannten ‚Barden‘... Der Sänger erfreut die Kriegergesellschaft schon bei Homer in der Odyssee (VIII 471ff.), wie der blinde Demodokos am Hofe des Phäakönigs Alkinoos lehrt. Diodor (V 21, 5) vergleicht die keltischen Lebensformen überhaupt mit Homers Zeit. Der Bericht Diodors (II 47) über die in Britannien gedachten mythischen Hyperboreer zeigt eine keltische Reminiszenz darin, dass die Angehörigen dieses Volkes die Kithara spielten und die Taten Apollons besängen.

Die irische Sagentradition kennt den fahrenden Sänger, der gleichfalls oft blind ist, so Ossian bei Macpherson (s. u.). Er begleitet sein Lied auf der Harfe, dem ranghöchsten unter den Musikinstrumenten. Aus gutem Grunde ziert sie das Wappen des Freistaates Irland. Irische Harfner waren im 12. Jahrhundert in ganz Europa angesehen, sie bildeten einen erblichen Stand. Man bewirtete und beschenkte sie, gab ihnen Pferde, Rinder, auch Sklavinnen. Wie die Druiden wurden die Barden mündlich unterwiesen. Es gab Dichterschulen, die sechs bis sieben Jahren lang besucht werden mussten, wo die Zöglinge in fensterlosen Räumen Tag und Nacht ihr Gedächtnis üben mussten. Die Barden konnten, wie die mittelalterliche Tradition Irlands zeigt, auch Spott- und Schmählieder auf die Feinde ihres Gastgebers singen, die jenen die Ehre raubten. Eine Drohung damit kam einer Erpressung gleich. Ein anderes Mittel, seelischen Druck auszuüben, bestand darin, ‚gegen jemanden zu fasten‘. Der Hungerstreik scheint dennoch (ebenso wie der Boykott, benannt nach dem Landlord gleichen Namens) eine irische Erfindung.“

„Seit der Hallstattzeiten benutzten die Kelten im Kampf den aus dem Orient stammenden, von Griechen und Römern nur

---

226 Alexander Demandt, Die Kelten, Verlag C.H.Beck oHG, München 2000, Seite 56.

als Renn- oder Triumphwagen genutzten, einachsigen, zwei-bespannten Streitwagen (lateinisch biga, keltisch essedum). Er war jeweils mit einem Kämpfer und einen Lenker besetzt. Oft wurde er dem toten Herrn mit ins Grab gegeben, 200 Beispiele sind bekannt. Auf dem Festland haben Keltenkrieger Wagen zuletzt in der Schlacht bei Telaman 225 v. Chr. eingesetzt, in Britannien noch um 200 n. Chr. In Irland hielt sich die Erinne-rung bis in die mittelalterliche Sagentradition. Die Helden der ‚Tain bo Cuailnge' fahren auf der Biga in den Kampf. Ähnlich wie die Germanen eröffneten die Kelten die Schlacht mit Gebrüll, so Appian (VI 67), unterstützt von Kriegshörnern (karnyx),die Schrecken einflößen sollten und nicht, wie bei den Römern, für faktische Signale verwendet wurden."[227]

„Die bekannteste irische Heldensage ist die ‚Tain bo Cuailn-ge', der ‚Rinderraub von Cualinge', der Landschaft um Cooley Point an der Ostküste Irlands, nach der mythischen Geographie zur Ulster gehörig. Diese gälische Prosaerzählung entstand im 8. Jahrhundert n. Chr. und liegt in einer redigierten Fassung aus dem 11. Jahrhundert vor. Der Verfasser wollte anscheinend eine irische Aeneis schaffen, einzelne Elemente aus Vergil sind unverkennbar. Dennoch ist die Erzählung verworren und mit ihren zahlreichen Varianten nicht zu einer geschlossenen Ein-heit ausgestaltet worden. Viele Episoden erklären unverständ-liche Ortsnamen, die offenbar zur Zeit des Dichters in Gebrauch waren. Die Geschichte wird lose in die Weltchronik eingeordnet und soll zu Beginn des 1. Jahrhunderts n. Chr. gespielt haben; der Kaiser Nero wird einmal erwähnt."[228]

„Durch den kurz vor 1190 fertiggestellten ‚Conte du Graal' des Chrétien de Troyes wurden dann auch Parzival und die Gralssagen mit der Artusrunde verknüpft. Hier steht das Ideal des christlichen Ritters im Mittelpunkt, eigentlich Keltisches ist schwer zu greifen, zumal nun, im Zeitalter der Kreuzzüge,

---

227 Ebenso, Seite 60.
228 Ebenso, Seite 103.

auch orientalische Einflüsse wirksam werden. Die Schilderung des großen Festen am Hofe von Artus bei Wolfram von Eschenbach im 14. Buch seines um 1208 vollendeten Epos ‚Parzival' verknüpft die Kulturwelt des Kontinents mit dem keltischen Schauplatz. Eine bretonische Fassung der Gralslegende ist das schöne französische Märchen von Peronnik, dem Einfältigen. Der Gral, bei Chrétien die Schale, in der Joseph von Arimathia das Blut des Gekreuzigten auffing, bei Wolfram ein geweihter Stein aus der Krone Luzifers, ist ein heilbringender, wunderwirkender Talisman, dessen Übergabe einen Herrschaftswechsel symbolisiert."[229]

Marion Steinmetz[230] gibt an: „Kelten bedeutet frei übersetzt so viel wie ‚die Tapferen', ‚die Erhabenen' oder ‚die Hohen'. Auf griechisch heißt diese Kultur Keltoi, auf lateinisch Celtae (auch Galli, Galatea). Es ist eine aus spärlichen, antiken, schriftlichen Überlieferungen, aus archäologischen Befunden und sprachwissenschaftlichen Forschungsergebnissen erschlossene, uneinheitliche Kultur, die große Teile West-, Mittel-, Südeuropas und Kleinasiens bewohnte. Herodot erwähnt, im Gebiet der Kelten entspringe der Istros (die heutige Donau). Da in Süddeutschland für diese Zeit archäologisch die späte Hallstattkultur und die frühe Latènekultur nachgewiesen sind, werden die Kelten als Träger dieser, vor allem der letztgenannten, später in West- und Mitteleuropa weiterverbreiteten Kulturen angesehen. Sie hinterließen in allen Völkern, denen sie auf ihren Wegen in ihre neuen Siedlungsgebiete begegneten, eine Spur in deren Mythen ebenso wie diese in den ihren. So lebten sie in der griechischen Geschichte als ‚Streitaxtleute' fort, später fanden sie sich als ‚letzter Zug aus Troja, auf den sich die Söhne des Mile' berufen. Spaniens Mythen sprechen von einem Kriegerstamm aus dem Osten kommend, der das Land von einem Tyrannen befreit haben soll. Das reichste Mythenmaterial entstand jedoch bei der

---

229 Ebenso, Seite 108.
230 Marion Steinmetz, Die Kelten, Internet.

Siedlung der Britischen Inseln, dabei sind wohl vor allem die Formorian', die ‚Tuatha De Danann' und die ‚Picti' und Ur-‚Scoti' zu nennen. Ergebnisse keltischer Sprachforschungen legen durch Orts- und Gewässernamen den Entstehungsraum einer keltischen Ursprache im Gebiet zwischen Ostfrankreich, West- und Süddeutschland bis Böhmen."

„Irgendwelche recht intensiven Kulturverbindungen mit dem Steppenraum nördlich des Schwarzen Meer müssen die frühen Kelten gehabt haben. Denn die Kunsthistoriker weisen mit Recht auf die innere Verwandtschaft des keltischen Latènestils mit der Kunst der Skythen hin: die Darstellung von Tieren und menschlichen Körpern, seltsam fratzenhaft verzerrt, allerdings eingebettet in üppig wuchernde Rankenornamente. Abwandlungen griechisch-etruskischer Schmuckmotive. Den Kelten gelang es, aus diesen verschiedenartigen fremden Anregungen eine eigene, unverwechselbare und ungeheuer fruchtbare Kunst zu entwickeln, die erste Gestaltung von Schmuck und Alltagsgeräten nördlich der Alpen, die man guten Gewissens als hohe Kunst bezeichnen kann."

Herbert George Wells[231] schreibt: „Wie und mehr ... In der Epoche, als Bronze begann in Europa zu erscheinen ... Es gab eigene Sagen (teutonische), eigene Epen (griechische),[232] eigene vedischen narrative Lieder (aus altem Sanskritisch)."

„... wir haben nun nur gänzlich geänderte und umgearbeitete Reste aus jener mündlichen Literatur der vorhistorische Epoche. Eine der bedeutendsten und informativsten vorhistorischen arierischen Zusammensetzungen bewahrte sich in der griechischen Iliad ... obschon eine griechische Überlieferung

---

231 Herbert George Wells, Istorija sveta, Narodno delo, Belgrad, 1929, Seite 138.
232 Gar nichs Griechisch, sondern nur aus Athen. Es gab Hellenen, die Makedonier..., die waren nur Pelasger.

einem blinden Barden mit Namen Homer zugeschrieben war ...
Die den Slawen eigenen Barden gab es Name der Blinde."[233]

„Griechische Epik entdeckt uns, frühe Grieche wussten noch
nicht über Eisen[234] ..."[235]

„Die frühen Griechen aus der Iliad waren adlige Krieger, aber
undiszipliniert. Ihre Kämpfe sind Verwirrungen der einzelnen
Streite. Sie haben Pferde, aber sie haben keine Kavallerie.[236] Und
die Pferde, welche baldige Neuanschaffungen bei den Ariern
sind, gebrauchte man in Kämpfen zum Schleppen von groben
kämpferischen, zweirädrigen Wagen. Das Pferd, ist noch stets
eine Neuheit, es verursacht schon und deswegen Entsetzen.
Aber für das übliche Schleppen, wie man das in der Iliad sieht,
gebrauchte man schon Ochsen."[237]

„Sanskritische Epik erzählt uns eine Geschichte ähnlich jener, die als Grundlage für die Iliad diente, eine Erzählung über
ein weißes Volk, das sich von Rindfleisch ernährt – und später
die Eigenschaft gewinnt, Pflanzen zu essen –, und das aus Persien in die Ebenen Nordindiens zog und allmählich seinen Weg
nach Indien bahnte ...[238]

---

233 Redaktionsausschuss des Peistrassos' sammelte drei Teile mit Schaf-
ran und Esel aus Ägypten ... – Esel gab es nicht in Kleinasien bis
480 Jah v.Chr.; Pferd, Rind und Aal aus Pelagonien (Ost mit See und
West Babagebirge, wie Babilon = bab[a], il = Ilios = Helios, il = IL, „Il
vrne [regnetes] Il grme [donneters]"; on = sog. slawische Endung);
Insel Jadrans. In Kleinasien gab es nie Aal. Auch dort findet man
keine Flüße, die mit sich schleppen Pferde. Da von Babagebirge. Zwischen Pelagoniasee und Babagebirge älteste Ansiedlung Europas-Ve-
luška Tumba (Hügel).

234 Also, das Ereignis war viel älter als 12. Jahrhundert v.Chr.

235 Ebenso, Sete 139.

236 Das Ereignis war nicht älter seit 12. Jahrhundert v.Chr., sondern
noch älter als 17. Jahrhundert v.Chr.

237 Die Ochsen gebrauchte man zu schleppen schon seit Anfang, viele
tausende Jahre vor sog. Trojanischer Krieg.

238 Ebenso, Seite 142.

Die mündliche Literatur der keltischen Völker, nach Westen vordrangen, wurde nicht so vollständig bewahrt wie bei Griechen und bei den Indern. Sie war viele Jahrhunderte später angemerkt, und davon, wie und barbarischer, primitiver englischer Beowulf, verlor jede klare Spur über Epoche der Übersiedlung in Land eine frühere angesiedelte Völker. Wenn Vorariere gemeinhin erscheinen, sie sind wie eine Art der feenhaften Völker aus irischen Erzählungen, die meisten abgesondert von allen anderen Gemeinschaften, die keltisch sprachen, groß waren und das ihnen eigene, primitive Leben bewahrten. Tain, die irische Iliad, beschreibt ein rindes Leben, in dem man noch kämpferische, zweirädrige Wagen sowie kämpferische Hunde gebrauchte und Köpfe Unterlegener um die Hälse der Pferde hing. Tain ist eine Erzählung über einen Viehräuber. Und hier, ebenso, erscheint jene gesellschaftliche Ordnung, die auch in der Iliad ist. Die Anführer sitzen und bewirten sich in großen Hallen, die sie selbst bauen, und da singen Barden und erzählen Sagen, und man trinkt und betrinkt sich. Die Priester bemerkt man nicht so viel, aber es besteht eine Art der Zauberer, die wahrsagen und zaubern."

Hanns Joachim Friedrichs[239] gibt an: „Zunehmende … Im Verlauf dieser kriegerischen Auseinandersetzung bildeten sich die ersten überregionalen Staatswesen unter Oberkönigen, die auch die frühesten Weih- und Siegesinschriften hinterlassen. Einer dieser noch halb mythischen Fürsten war König Gilgamesch von Uruk (um 2670), der zum ersten Epenhelden der Literaturgeschichte aufsteigen und damit unsterblich werden sollte.

Fünf sumerischen Epen aus dem letzten Drittel des 3. Jahrtausends besingen seine Wanderungen und Heldentaten, die er mit seinem Freund Enkidu vollbrachte. Seine Gestalt wurde bald vergöttlich, und er galt nun als einer der sieben unfehlbaren Totenrichter der Unterwelt, dem ‚Könige, Herrscher und Fürsten zu Füßen liegen'. Später wurde König Gilgamesch zum

---

239 Hanns Joachim Friedrichs, Weltgeschichte – Ein Chronik, Naturalis Verlag, Köln., Seite 9.

Helden des nach ihm benannten akkadischen (babylonisch-as-syrischen) Großepos, des ‚Gilgamesch-Epos‘. Die bedeutendste babylonische Dichtung blieb fragmentarisch auf zwölf Tontafeln der Bibliothek Assurbanipals in Ninive erhalten."

Eberhard Zangger[240] gibt an: „Die Idee mit dem Pferd bezeugt, dass Homer aus einem großen Fundus schöpfte, ist aber dennoch ein Plagiat. Selbst der erste Schriftsteller des Abendlandes schmückte sich bereits mit fremden Federn. Als Experte seines Fachs dürfte er mit den mündlichen Überlieferungen ferner Länder ebenso vertraut gewesen sein wie mit den griechischen Sagen. Jedenfalls baute er zum Beispiel aus dem in Vorderasien beliebten Gilgamesch-Epos diverse Versatzstücke in die Odyssee ein. Auch die Geschichte mit dem Trojanischen Pferd scheint auf eine Erzählung zurückzugehen; sie entstand in der Zeit Thutmosis' III. Bei der Belagerung der kanaanäischen Stadt Jaffa, so heißt es in dieser Erzählung, kam der Ägypter Thuti auf die Idee, durch den Abzug seiner Truppen eine Niederlage vorzutäuschen. Natürlich ließ man wie üblich eine Menge Gerätschaften, die bei der langen Rückreise nur hinderlich gewesen wären, vor der Stadt zurück. Darunter befanden sich auch große Krüge, die wie alle anderen Gegenstände von der Bevölkerung Jaffas als Beute in die Stadt getragen wurden. In der Nacht entstiegen diesen Krügen dann ägyptische Krieger. Für Homer bot es sich an, statt der Krüge ein Pferd zu nehmen, hatte er doch dadurch die Idee zumindest nicht ganz gestohlen und ging es doch bei den Meinungsverschiedenheiten zwischen Griechenland und Troia wohl auch – oder vor allem – um Pferde."

Robert Grevs[241] schreibt: „Lage des Trojas ... waren zehn Trojas, aber das siebte war Homers Troja. Das Troja, mit dem sich Homer beschäftigt, scheint, als wäre es mit drei Stämmen

---

240 Eberhard Zangger, Ein neuer Kamph um Troia, Droemer Knaur, München 1994, Seite 227.
241 Robert Grevs, Grčki mitovi, Druga knjiga, Nolit, Belgrad, 1974, Seite 253.

verbündet – die Trojaner, die Illyrer und Dardanen –, was üblich war in der Bronzezeit."

„Homer ... Homer war nur unter dem Einfluss des babylonischen Epos' von Gilgamesch in der Geschichte des Achilles: Achilles ist Gilgamesch, Tetida Ninsana, Partoklos Enkidu."[242]

Eberhard Zangger[243] schreibt: „Was Schliemann als Troia bezeichnete, war also gar nicht Troia, sondern nur der kleine Bestandteil einer einflussreichen Stadt ...

Solange man die Bedeutung des spätbronzeseitlichen Troias unterschätze ...

Der erste Schritt zu einer objektiven Beurteilung der Rolle, die Troia in der Entwicklung am Ende der Bronzezeit gespielt hat, sollte eine Korrektur der Namensgebung sein. Bei der ohnehin überfälligen Umbenennung der Schichtenabfolge sollte nicht nur die Ziffernfolge, sondern auch der Name davor geändert werden. Da die Stadt Troia bis heute nicht bekannt ist, könnte man die Siedlungsschichten folgendermaßen bezeichnen: ..."

Branko Vukušić[244] schreibt: „Es ist eine historische Tatsache, dass die Iliad und Odyssee von den Griechen aus einer unbekannten Sprache während Peisistratos (6. Jh. v. Chr.) übersetzt worden sind. Das war wenigstens 500 Jahre nach der Zeit des Troianischen Krieges (1183. Jahr v. Chr.), das allein Griechen bestimmt haben. Elianus, griechischer Lehrer der Rhetorik im Rom (3. Jh. n. Chr.) meldet, fast 1500 Jahre nach dem Fall Troias, dass diese Sprache zu den illyrischen Brigern gehörte, verwandt den Dardanern aus der Familie der uralten Pelasger. Schon haben wir die Stelle, wo später das griechische Athen aufgebaut wurde, vor der dorischen Invasion, war dort die pelasgische Stadt Pelasgon. Die seit Peisistratos bis heute offizielle

---

242 Ebenso, Seite 299.

243 Eberhard Zangger, Ein neuer Kampf um Troia, Droemer Knaur, München 1994, Seite 98.

244 Branko Vukušić, O trojansko-slovenskoj misteriji, Pešić i sinovi, Belgrad, 2003, Seite 46.

Version, wurde in Alexandria im 3. Jh. v. Chr. angefertigt, es gab hauptsächlich griechische Bearbeitungen der Iliad. Aristoteles verfügte über eine andere Version der uns bekannten. Platon bittet in seiner ‚Republik' Homer um Verzeihung, dass einige Stelle auslöscht worden wären, ‚die beleidigte moralische Empfindung der Griechen' ..."

Roberto Salinas Prajs[245] gibt an: „Endlich ... ist Manuskript des Odyssees, für die Entdeckung von Aristid Vučetić 1935. Jahr, Odyssee wanderte nach adriatischem Archipel...".

„Aber, es gab eine wesentliche Behauptung – eine von der ich weiß –, nämlich ein Kommentar über Stephan von Byzanz, der Geograph in X. Jahrhundert, er spricht deutlich über die populäre Tradition des kleinasiatischen Illions im vorderen Teil irgendeiner Lokalität in Europa. Die findet sich in der ‚Historie des kaukasischen Albaner', III, 18, Mouses Dasksurencia (London, Oxfor'd University Press, 1961, die übersetzte Dorset) und lautet:[246]

‚In Büchern des Stephans von Byzanz kann man die Beschreibung der Vernichtung und des Erbauen von Rom finden.'

In der Zeit des Richtes Abdana, wurde Illion auf folgende Weise erobert. Die Stadt war im Land der Achäer, in der Nachbarschaft des Peloponnes', westlich von Makedonien, auf dem Kontinent Europa ... In jener Zeit ging irgendein Jüngling des Fürsten der Stadt in die Stadt Thessoloniki, die ist im Osten von Makedonien, auf die Suche nach Unterhaltung und er wurde schön von Adelstand der Stadt empfangen ..."

Ljubomir Klakić[247] gibt an: „Berufend auf Funde des amerikanischen Archäologe Č. Blegen, der bewies, Troia VI ging wegen eines Erdbebens unter und Troia VII erlitt von altbalkanischen

245 Roberto Salinas Prajs, Homerova slepa publika, IRO „Rad", Novinska agencija "Tanjug", Seite 10.
246 Ebenso, Seite 22.
247 Ljubomir Klakić, Oslobađanje istorije I- III, prva kniga, Početak puta, Arhiv Kljakić, Belgrad 1993, Seite 68.

Stämmen im Lauf ihres Besitzes von Anatolien ... Budimir schreibt über die Briger ..."

Branko Vukušić[248] schreibt: „... diese Sprache gehörte an illyrischen Brigern ..."

Nach Stephansvon Byzanz: „... westlich von Makedonien, im Land Europa." (Brigien)

„... Nach der Britannischen Enzyklopädie, war der Begriff Pelasg mit dem makedonischem Pelagonien verbunden worden ...",[249] Auf Pelagonien bestand die älteste Ansiedlung in Europa bis heute, um 8000 Jahre, Veluschka Tumba (Hügel) beim Dorf Porodin-Bitola, R. Makedonien, mit dem ältestem Haus,[250] ist schon weltbekannt.[251] Im Osten gab es einen große See (Bitolsko Blato = Sumpf)[252] und im Westen das Babagebirge ... Neben Veluschka Tumba bestand eine Kaiserstraße, während des Römisches Reiches die Via Egnatia, die neben der makedonischer Stadt Heraklea Linka von Philipp, dem Makedonier, gelegen war. Östlich von Veluschka Tumba aus war die Stadt Linka, wo die Mutter von Philipp, dem Makedonier, geboren wurde ... Pelagonien blieb voll mit Ansiedlungen.

Die Ansiedlung auf Veluška Tumba (Hügel) war die sogenannte Stadt Troja-Porodin usw.

Nicht nur gab es östlich davon einen See, sondern auch westlich ein Gebirge, der Sonnenaufgang musste im Osten sein und nicht westlich über dem Gebirge, deswegen war das Morgenrot „rosig" oder „rosenfingerlich."

---

248 Branko Vukušić, O trojansko-slovenskoj misteriji, Pešić i sinovi, Belgrad, 2003, Seite

249 Branko Vukušić, O Trojansko slovenskoj misteriji, Pešić i sinovi, Belgrad, 2003, Seite 61.

250 M.Gimbutas, "CIVILIZATION OF THE GODDESS", San Francisko, 1991 Jahr.

251 Um das Alter zu verbergen, folgte es der Befehl von SANU (Serbische Akademie ...) alles zu vernichten.

252 Sumpf in Nähe Bitolas war nur Rest des Pelagonischen Sees, der blieb bis zum 1963 Jahr.

Anatolien war brigisch. Nach Psammetich, die Briger waren ältestes Volk als Ägypter.

Eberhard Zangger[253] gibt an: „Zudem zeichnet sich Troia in der Überlieferung dadurch aus, dass es ein Heer von Verbündeten auffahren konnte ... Warum in aller Welt hätte die Bevölkerung Roms so viel Wert daraufliegen sollen, von einem anatolischen Kuhdorf abzustammen, das sich vor allem dadurch auszeichnet, dass ihm von Griechenland einst tüchtig der Marsch geblasen wurde?"

„Eine der verblüffendsten Neuerungen in Ekron VII war die Einführung einer monumentalen Feuerstelle im Tempel und Palastdistrikt, die offenbar eine besonders wichtige kultische Rolle spielte. Der Boden um den Kamin herum war übersät mit Tierknochen, wobei die Tierknochenfunde in Ekron ergaben, dass die Neuankömmlinge Schweine und Rinder in Kanaan einführten, wo es zuvor nur Ziegen und Schafe gab. Feuerstellen dieser Art waren nicht gebräuchlich in Kanaan. Aus Ilion VI kennt man allerdings ein nahezu identisches Gegenstück in der Form des Anta-Hauses, das der Troia-Ausgräber Carl W. Blegen 1933 in unmittelbarer Nähe des Südtors entdeckt. Bei dem Anta-Haus handelt es sich wie in Ekron um ein unverhältnismäßig langes und schmales Gebäude mit einer großen Feuerstelle in der Mitte, die offenbar über lange Zeit für sakrale Zwecke benutzt wurde. Wie diese Kulthandlungen abgelaufen sein könnten, beschreibt der griechische Philosoph Platon in allen Einzelheiten. Auf Parallelen zwischen der spätbronzezeitlichen troianischen Kultur und den früheisenzeitlichen Kulturen in Palästina weisen vielleicht auch Ähnlichkeiten im Regierungssystem hin. Homer beschreibt für Troia ein eher ungewöhnliches politisches System, in dem Prianos zwar als König regiert, aber nicht als oberster Heerführer auftritt. Diese Funktion nahm sein Sohn Hektor wahr. Dem König stand ein aus reichen Händlern bestehender

---

253 Eberhard Zangger, Ein neuer Kampf um Troia, Droemer Knaur, München 1994, Seite 50.

Ältestenrat zur Seite, dem Hektor Rechenschaft schuldig war. Eine solche Oligarchie scheint auch in der Architektur von Ilion VI ihren Ausdruck gefunden zu haben, befanden sich doch dort mindestens zehn Megara hochgestellter Personen. Vergleichbare Regierungssysteme gibt es unter anderem in den Städten der phönikischen Levante und im halbfiktiven Scheria der Odyssee, wo der König Alkinoas den Ältestenrat zusammenrufen muss, bevor er einen Entschluss fassen kann."[254]

Also, „die Neuankömmlinge Schweine und Rinder in Kanaan einführten, wo es zuvor nur Ziegen und Schafe gab ... Aus Ilion VI kennt man allerdings ein nahezu identisches ..."

Pelagonia, das Feld um die Stadt Bitola, aber nicht um die Stadt Prilep, dient bis heute für Kühe ...

Eberhard Zangger[255] schreibt: „Im Hisarlik ... Die Linear B-Tafeln aus Knossos und Pylos deuten darauf hin, dass Pferde zum Palastbesitz gehörten. Das Troianische Pferd konnte demnach symbolisch einen Hauptstreitpunkt zwischen Griechenland und Troia darstellen. Größere Mengen Pferdeknochen treten in Troia vom 17. Jh. an auf (Ilion VI und VII), in einer Zeit als Pferde erstmal im östlichen Mittelmeergebiet als Zugtiere für Streitwägen eine wichtige militärische Aufgabe erfüllten. Auf manchen Stellen der Schlachtgräber in Mykene, die ebenfalls in dieser Zeit angelegt wurden, finden sich Darstellungen von Streitwagen. Gleichzeitig führten die Hyksos diese Erneuerung in Ägypten ein. Pferde wurden jedoch schon viel früher, nämlich im vierten Jahrtausend, in der Ukraine domestiziert[256] und als Reittiere benutzt. Falls die ursprünglichen Zugpferde der ägyptischen und griechischen Streitwagen aus dem Schwarzmeergebiet kamen, ergäbe deren Bedeutung für Troia für den

---

254 Ebenso, Seite 244.

255 Eberhard Zangger, Ein neuer Kampf um Troia, Droemer Knaur, München 1994, Seite 106.

256 Das Pferd war schon im Mittelmeerraum während Eiszeit bekannt-nachher von dort nördlich gewandert war. Die Indianer in Amerika kannten kein Pferd bis 15 Jahrhundert- das Pferd war nur europäisch.

Pferdehandel einen Sinn. Verschiedene antike Quellen betonen den Wert der Pferde. So spricht Homer von ‚der rossennährenden Argos', Atreus wird der ‚Ernährer der Pferde' genannt, die Agrolis gilt als ‚überreich an Pferden' und Pylos als ein Ort, an dem die ‚Pferde weideten'."

Argos und Pylos waren nie geeignet für Pferde. Dort gab es kein Gras für die Pferde, aber nur für die Schafe. Dort finden wir kein Schaf an –, nur in Pelagonia Kühe und im Babagebirge Pferde.

Eberhard Zangger[257] gibt an: „Zudem zeichnet sich Troia in der Überlieferung dadurch aus, dass es ein Heer von Verbündeten auffahren konnte. Warum sollten sich so viele Staaten mit einer Siedlung von der geringen Größe des uns heute bekannten Troia verbündet haben. Und schließlich waren auch noch zahlreiche Völker, darunter das britische, normannische, belgische und türkische, stolz darauf, ihre Abstammung auf Troia zurückführen zu können. Schon 188 v. u. Z. wurde Troia sogar zur Mutterstadt Roms erklärt. Warum in aller Welt hätte die Bevölkerung Roms so viel Wert darauf legen sollen, von einem anatolischen Kuhdorf abzustammen, das sich vor allem dadurch auszeichnet, dass ihm von Griechenland einst tüchtig der Marsch geblasen wurde?"

Ivo Vukčević[258] gibt an: „... Fredegar Chronik ... aus dem VII. Jahrhundert ... Der origine gentis Frankorum compendium, Johann Tritemius Anfang XVI. Jahrhunderts, die Franken meinten, dass sie nicht von germanischem Volk abstammten, sondern von Trojanern, die die griechische Sprache sprachen, von den Trojanern genannt Sikambŕ. ‚Die Sikamber waren die überlebenden Nachkommen aus Troia und sie siedelten in der Nähe der Mündung der Donau. Nach den ausführlichen Meldungen

---

257 Eberhard Zangger, Ein neuer Kampf um Troia, Droemer Knaur, München 1994, Seite 50.
258 Ivo Vukčević, Slovenska Germanija, Pešić i sinovi, Belgrad, 2007, Seite 445.

Tritemiuses, um 430 Jahr v. Chr., kamen die Sikamber in Germanien an und siedelten sich im Land längs des Rheins an: ‚Sicher ist, die Sikamber gewannen ihr eigenes erstes Heim dort, wo heute Geldern, Vesfalien, Munster und Kleve sind. Etwas nach dem Gewinnen des Veteranum und des ganzen Landes, alles bis die Saksoner, die Sikamber, aus Liebe nach einem von der größten Königen, an König Frank, nannten sich Franke (Sicambri amore sui regis se vocari statuerrunt).' Während der Herrschaft des Königs Prijam: ‚Die Sikamber ... begannen ihre wunderbare Sprache und uralte Heimat zu vergessen und allmählich begannen sie, die germanische Sprache zu gebrauchen, niemand von ihnen kannte eine Sprache außer der teutonischen. Viele Wörter blieben, in denen, es scheint, mehr griechischer als germanischer Herkunft sind, wie man weiß, versteht jeder, der die griechische Sprache kennt, auch die teutonische. Ebenso ist es heute.'"[259]

„Zu gleicher Zeit, gestalteten die Franken und ihre Nachfolger sich um, sie sind die größten Römer und die größten Christen. Karlo der Große und seine Nachfolger waren: ‚A deo Coronato ... hristianismus ... Caesar Romanorum ... magnifico et pacifico imperatori ... felicitor Octaviano ... melior Traino ... totius mundi dominus ... caput orbus. Für den gelehrten Alkuina (730- 804.), den bekanntesten Wissenschaftler jener Zeit, war Karlo der Große ein adeliger Sohn des Trioas und hatte legitimem Anspruch darauf, sich Großen von rex Frankorrum oder

---

259 Über wirkliche Zeit und Umstände der Besiedlung der Franken an Rhein R. Katičić schreibt: „Man soll erinnern, die Franken erschienen erst in III Jh. an östliches Ufer des Rheins, also ebenfalls an grenizischem Fluss, und ihre Hauptaktivität waren räuberische Angriffe an Territorium des nachlassenden Kaiserreichs. Unter alten germanischen Stämmen gab es keine Spur. Ihr Name ist neu, und Ethymologie des Namens unkärbar und zweifelhaft ... Die Franken in untereinanderiges Benehmen übernahmen westgermanische Sprache jene breiter Poronai aus der stammten ihre Krieger (Uz početak hrvatskih početaka, 1993).

impertator Romanorum zu nennen, nichts weniger bis caput mundi."

Eberhard Zangger[260] gibt an: „Während im verwüsteten Metz die Balken der zusammengestürzten Häuser verglimmen, haben Attilas Vorhuten schon Reims, Troyes und Paris erreicht."

Hanns Joachim Friedrichs[261] gibt an: „Homer der erste Dichter Homer, der früheste griechische Dichter, von dem wir wissen, wurde seit der Antike als Schöpfer der beiden großen Epen ‚Ilias‘ und ‚Odyssee‘ verehrt. Über seine Person und sein Leben gibt es kaum sichere Angaben. Die stets ionisch überlieferte Form seines Namens und die antike biographische Tradition lassen jedoch vermuten, dass Homer ein Ionier war und das sein Name keineswegs eine bloße Fiktion darstellt …"

Also, „stets ionisch überlieferte Form … Homer ein Ionier war …"

---

260 Eberhard Zangger, Ein neuer Kampf um Troia, Droemer Knaur, München 1994, Seite 276.
261 Hanns Joachim Friedrichs, Weltgeschichte – Ein Chronik, Naturalis Verlag, Köln., Seite 20.

MEROWINGER

Nach Alexander Demandt,[262] „Daneben entstand unter griechischem Einfluss die Sage, der Urvater der Kelten sei der Heros Galates. Solche namengebenden (eponymen) Heroen sind in der antiken Mythologie häufig. Galates soll ein Sohn des Herakles gewesen sein. Herakles zählte zu den großen Wanderheroen der Antike. Während Dionysos im Osten bis Indien gezogen sein soll, Odysseus ziemlich alle zu Wasser erreichbaren Orte besucht hatte, fabulierte man von der Reise des Herakles zu den Hesperiden im Westen, wobei er überall die Frauen verführt und seine Nachkommen hinterlassen habe. So wie später die Burgunder mit ihrem Anspruch auf Verwandtschaft mit Rom, die Franken und die Sachsen mit ihrer Herleitung von den aus Babylon nach Holstein gesegelten Makedonien Alexanders, haben schon gebildete der römischen Kaiserzeit versucht, durch eine etymologische Abstammungslegende ihre Zugehörigkeit zur mediterranen Kulturwelt zu erweisen."

„Das eindrucksvollste Bildzeugnis heidnisch-keltischer Religiosität ist der rätselhafte Silberkessel von Gundestrup im Nationalmuseum von Kopenhagen (s. Abb. 6).[263] Der 69 cm breite, 42 cm hohe Kessel wurde, in Teile zerlegt, 1891 im ‚Fuchsmoor' bei Gundestrup in Dänemark gefunden, ist mithin germanisches Beutegut gewesen, das – wie die Moorleichen und viele andere Moorfunde – vermutlich nach einem Sieg über die Kelten den Unterweltsgöttern geopfert war. Die ehemals vergoldeten Platten zeigen den Geweihgott Gernunnos, identifiziert durch einen römischen Altar mit Inschrift, der unter dem Chor von Notre Dame in Paris entdeckt wurde, weiterhin Götterbilder mit

262 Alexander Demandt, Die Kelten, Verlag C.H.Beck oHG, München 2000, Seite 10.
263 Abb. 6. Kessel von Gundestrup, Cernunnos-Platte. Nationalmuseum Kopenhagen.

Wendelringen, Fabelwesen, Tiere, darunter grotesk verzeichnete Elefanten, die ebenso wie ein Delphinreiter und eine an Mithras gemahnende Stiertötung auf mediterranen Einfluss hinweisen. Die Motive stehen ohne erkennbare Beziehung nebeneinander, ähnlich den Figuren auf gallischer Terra-Sigillata-Keramik der frühen Kaiserzeit. Wahrscheinlich stammt der Gundestrup-Kessel aus dem ostkeltisch-thrakischen Raum. Die Datierung schwankt zwischen 200 vor und 100 nach Christus."

Also, „wahrscheinlich stammt der Gundestrup-Kessel aus dem ostkeltisch-thrakischen Raum. Die Datierung schwankt zwischen 200 vor und 100 nach Christus."

Peter Lasko[264] gibt an: „Vermutlich herrschte noch dieselbe Einstellung am fränkischen Hofe, als die Franken unter dem bedeutendsten ihrer Herrscher, Chlodwig (Chlodowech), Childerichs Sohn, ihren Machtbereich rasch vergrößerten; schlüssig beweisen lässt sich das allerdings kaum. Chlodwig war es gelungen, die römische Herrschaft in Gallien durch den Sieg über Syagrius bei Saissons im Jahre 486 zu beseitigen. Im gleichen Jahre noch unternahm er, da er im Alter von 15 Jahren den Thron bestiegen hatte und jetzt 20 zählte, seinen Feldzug gegen die Thüringer –, der erste Stritt auf einem Wege, dessen Ziel die Vereinigung aller Franken unter seiner Herrschaft sein sollte. Im Jahre 496 oder 497 besiegte er entscheidend die Alemannen und schlug erstmals auch die Westgoten bei Tours. Einige Jahre zuvor hatte er sich mit Chlotilde, einer Nichte des Burgunderkönigs, vermählt, Chlotilde war Christin. Nach seinem Sieg über Alemannen und Westgoten trat auch Chlodwig zum Christentum und zwar zum katholisch-orthodoxen Glauben über und ließ sich, wohl am Weihnachtstage 498, mit seinem Gefolge von Remigius, dem Bischof von Reims, taufen.

Chlodwigs Übertritt zum katholischen Glauben erwies sich in der Folgezeit für die Franken als politisch sehr bedeutungsvoll.

---

264 Peter Lasko, Morgen des Abendlandes, Deutsche Buch-Gemeinschaft, Berlin ..., Seite 212.

Er gewann dadurch die Zuneigung und sogar die Unterstützung der gallo-römischen Bevölkerung Galliens gegen seine mächtigen germanischen Nachbarn – die Westgoten, Ostgoten und Burgunder, welche alle dem als Häresie verdammten Arianismus anhingen. Wie stark der Rückenhalt war, den sich Chlodwig durch die Annahme des katholischen Glaubens in der gallorömischen und byzantinischen Umwelt geschaffen hatte, symbolisiert die Verleihung der Ehrenkonsulwürde an den Frankenkönig durch den oströmischen Kaiser Anastasios im Jahre 508. Chlodwigs Stellung hatte durch seinen Übertritt zum Christentum außergewöhnlich an Stabilität gewonnen, die fränkische Herrschaft in Gallien damit eine feste Grundlage erhalten. Der König hatte sich – ob mit Vorbedacht oder nur auf Grund seiner Heirat mit einer zufällig katholischen Prinzessin sei dahingestellt – eindeutig auf jene Seite geschlagen, die in der religiösen Kontroverse zwischen den Arianern und den Anhängern der orthodoxen Lehre schließlich den Sieg davontragen sollte; gerade diese Kontraverse aber war es, welche die Beziehungen anderer germanischer Herrschaften zur Bevölkerung der von ihnen unterworfenen Gebiete so schwer belastete.

Eine weitere Gefahr, der sich jene ostgermanischen Stämme gegenübersahen, die ebenfalls in die Nachfolge des Römischen Reiches eingetreten waren, die ebenfalls in die Nachfolge des Römischen Reiches eingetreten waren, bestand darin, dass sie, abgeschnitten von ihren Heimatländern, schließlich völlig im mediterranen Kulturkreis aufgingen. Chlodwig und den westgermanischen Franken dagegen kam die geographische Lage ihrer Sitze zugute: Sie sahen sich zwar gezwungen, ein neues Machtzentrum im Nordwesten Europas aufzubauen, gleichzeitig aber blieben sie in ständiger Beziehung mit dem nordischen Mutterland der Germanen."

H. Kinder/W. Hilgemann[265] schreiben: „Das Frankenreich unter den Merowingern.

265 Hermann Kinder/Werner Hilgemann, dtv-Atlas Weltgeschichte, dtv Verlagsgesell., München,1964, Seite 121.

Die Franken (Salier, Ripuarier) dehnen sich langsam von der Rheingrenze südwestwärts aus, bleiben aber mit ihrer Heimat verbunden. Im 5. Jh. erreichen sie die Somme. Zahlreichen Gaukönige, unter denen die Franken leben, werden gewaltsam beseitigt und die polit. Einheit des Gesamtstammes erreicht durch 482–511 Chlodwig, der die Reste der weström. Herrschaft durch den 486 Sieg über den röm. Dux Syagrius beseitigt. Das Land zwischen Somme und Loire fällt an Chlodwig.

Um 496 gelingt der Sieg über die Alemannen, deren Reste Theoderich d. Gr. schützt. Chlodwigs kath. Burgunder Gemahlin Chrodechildis soll Chlodwig während der Schlacht zum Übertritt zum Christentum bewogen haben. Weihnachten 497 oder 498 erfolgt die Taufe in Reims durch Bf. Remgius. Folge: Im Gegensatz zum System Theoderichs (Nebeneinander von Romanen und Goten) gelingt es Chlodwig und seinen Nachfolgern, durch die Verschmelzung von Galloromanen und Franken ein gemeinsames Staatswesen zu begründen."

Ljubomir Klakić[266] gibt an: „Konflikt ... Ein Merowinger wurde zufällig für diese Mission erwählt. Die Merowinger genossen das Ansehen der Herrscher –, die Zauberer. Sie wurden als ,langehaarige Herrscher' genannt, in ihrem Haar tragen sie magische Kraft, Macht und Tugend, fr. Verta. Die Überlieferung gibt an, die Merowinger sind Nachkommen der Troianer, beziehungsweise balkanischer Pelasger und, in Tagesanbruch des Christentums, aus Peloponnes, durch das Tal der Donau kamen sie in das Gebiet des Mitteleuropas. Als Argument für diesen Stammbaum führte man moderne Toponymie in Frankreich – die Städte ... Troyes und ... Paris, von denen man behauptet, sie hätten eine troianische, beziehungsweise pelasgische Herkunft ..."

---

266 Ljubomir Klakić, Oslobađanje istorije I- III, prva kniga, Početak puta, Arhiv Kljakić, Belgrad 1993, Seite 240.

VERBINDUNG MIT ALEXANDER
DEM MAKEDONIER

Nach Alexander Demandt[267]: „Seit etwa 400 v. Chr. finden wir
Münzen bei den Kelten. Die Typen sind vom griechischen Geld
abhängig. Insbesondere die Goldstatere und Tetradrachmen
Philipps II. von Makedonien wurden in größerem Umfang
nachgeprägt ...“

Für Paulus weiß man, dass er siebzig (70) Städte in Makedonien vernichtete und nahm 150 000 Leute als Sklaven nahm,
die in Europa angesiedelt worden sind.

Pavel Tulajev[268] schreibt: „Von Strabon ... Im III. Jahrhundert
lag Thrakien unter der Herrschaft der Kelten, nachher unter
der von Alexanders Sohn Philippos, und im I. Jahrhundert n.
Chr. wurde es eine Provinz des Römischen Imperiums. Eben
in dieser Zeit, migrierten etwa 150 000 Reiter und Fußgänger
aus Thrakien in die Region des Dneprs, und darüber bestätigen
hunderte Kisten mit Belohnungen der römischen Legionäre,
die entdeckten die Archäologen, in Periode ihrer Eroberungen.“

Otto Zierer[269] gibt an: „Die Goten, die nun aus ihren dalmati-
nischen Wohnsitzen aufbrechen, haben sich während des halben
Menschenalters, das seit ihrer Entwurzelung im Hunnensturm
verstrichen ist, spürbar gewandelt ... Wo die wandernden Scharen auftauchen, schließt sich ihrem Tross der Mob der römischen
Städte, abgebrannte Kolonisten, vertriebene Bauern und ent-
laufene Sklaven an; den 80 000 Kriegern folgt ein Mehrfaches
an Gefangenen, Frauen, Kindern und Knechten.“

267 Alexander Demandt, Die Kelten, Verlag C.H.Beck oHG, München
   2000, Seite 34.
268 Pavel Tulajev, Veneti, Pešič i sinovi, Belgrad, 2004, Seite 101.
269 Otto Zierer, Sieg des Kreuzes Völkerdämmerung, Herbig, München •
   Berlin, 1983, Seite 201.

„König Alarich braucht das Gold ... Die 80 000 Goten träumen von funkelnden Schätzen, kostbaren Tuchen, erlesenen Waffen und Pferden, schönen Sklavinnen und reichen Landsitzen!"

„Gold, viel Gold ... Das Gesindel, das gleich Krähenschwärmen den Gotenzug umkreist, ist unermesslich angeschwollen; allein während der Belagerung Roms sollen sich 40 000 entlaufende Sklaven dem Heere angeschlossen haben! ..."[270]

Aber man darf nicht vergessen, ein Soldat kann mit fünf bis zehn Sklaven herrschen.

Nach Alexander Demandt,[271] „Daneben entstand unter griechischem Einfluss die Sage, der Urvater der Kelten sei der Heros Galates. Solche namengebenden (eponymen) Heroen sind in der antiken Mythologie häufig. Galates soll ein Sohn des Herakles gewesen sein. Herakles zählte zu den großen Wanderheroen der Antike. Während Dionysos im Osten bis Indien gezogen sein soll, Odysseus ziemlich alle zu Wasser erreichbaren Orte besucht hatte, fabulierte man von der Reise des Herakles zu den Hesperiden im Westen, wobei er überall die Frauen verführt und seine Nachkommen hinterlassen habe. So wie später die Burgunder mit ihrem Anspruch auf Verwandtschaft mit Rom, die Franken und die Sachsen mit ihrer Herleitung von den aus Babylon nach Holstein gesegelten Makedoniern Alexanders, haben schon Gebildete der römischen Kaiserzeit versucht, durch eine etymologische Abstammungslegende ihre Zugehörigkeit zur mediterranen Kulturwelt nachzuweisen."

Nach Alexander Demandt,[272] „Das Schicksalsjahr 52 entschied über die Zukunft Galliens. Der Arverner Vercingetorix, der Sohn des angesehensten Mannes im Lande, entfachte einen Aufstand in ganz Mittelgallien. In offener Feldschlacht den

---

270 Ebenso, Seite 211.
271 Alexander Demandt, Die Kelten, Verlag C.H.Beck oHG, München 2000, Seite 10.
272 Alexander Demandt, Die Kelten, Verlag C.H.Beck oHG, München 2000, Seite 87.

Römern unterlegen, bedrängte er sie durch Kleinkriege, bis es Caesar (VII 69) gelang, ihn auf Alesia/Alise Ste.-Reine einzuschließen. Ein 18 Kilometer langes Sperrsystem unterband jeden Verkehr mit der Außenwelt. Das Ende dieser Festung wiederholt den Fall von Numantia und gehört zu den berühmtesten Belagerungsgeschichten der Antike, beginnend mit dem mythischen trojanischen Krieg, gefolgt von der Niederlage der Athener vor Syrakus 414, der Erstürmung von Tyros durch Alexander 332, dem erfolglosen Angriff auf Rhodos durch Demetrios, der Städtebelagerung 305, der Zerstörung Karthagos 146 durch Scipio, der Einnahme Jerusalems durch Titus 70 v. Chr., bis zum Fall Roms 410 durch Alarich und seine Westgoten."

Nach S. Antoljak,[273] „... In Chronik Fredegars (VII. Jh.) steht ... Theoderich der Große ... ‚natione Macedonum‘ und ‚ex genere Macedonum‘. Aber nach späterer Chronik Fredegars, die Franken und die Makedonier haben die gleiche Herkunft aus Asien (von Prijam) ..."

Ivo Vukčević[274] gibt an: „Andere germanische Völker behaupteten auch, sie hätten urgermanische Wurzeln. Die Saksoner führten ihre Abstammung von Makedonien aus, von Alexander dem Großen und überlebender Krieger Alexanders des Großen, die verließen unterworfene Länder nach dem Tod des eigenen Anführers. Nach anderer genealogischer Linie, behaupteten die Schwaben ebenso, sie wären makedonischer Herkunft. Die Bavaren, die Söhne Bavariuses, migrierten aus Armenien nach der großen Sintflut."

Im Werk der Historie des kleinen Bretagnes, M. F. B. G. erklärt Manet,[275] die Herkunft der Einwohner von Bretagner, Briten, Engländer – die Kelten von Gallien stammten von Brigien, verbunden mit Alexander dem Makedonier und Pompeus usw. („Brigien", R. I.)

---

273 Stjepan Antoljak, Srednovekovna Makedonija, Misla Skopje, 1985, Seite 166.

274 Ivo Vukčević, Slovenska Germanija, Pešić i sinovi, Belgrad, 2007, Seite 445.

275 L' Historie de la Petite-Bretagne ou Bretagne- Armorique, Saint-Malo, 1834 ...

Mit der Abstammung des Dudelsacks kann man Herkunft der Makedonier und ihrer Skoten erklären. Herkunft der Sackpfeife: Indien gilt als Ursprungsland des Dudelsacks. Später tauchte die Sackpfeife dann auch im alten Ägypten auf. Im alten Rom wurde der Dudelsack erstmal im Jahr 54 erwähnt. Der römische Historiker Sueton überlieferte in einer seiner Schriften, dass er den römischen Kaiser Nero den Dudelsack als „utricularius" präsentiert habe. Im Mittelalter begann dann die rasante Verbreitung des Dudelsacks in ganz Europa. Die ältesten Belege aus dieser Zeit stammen aus dem 8. oder 9. Jahrhundert und sind durch Urkunden aus dem Kloster St. Blasien belegt worden. Die Herkunft des Wortes „Dudel" ist in der Türkei beheimatet. Das Wort „duduk", welches übersetzt „Flöte" heißt, stellt den Ursprung des Wortes Dudelsack. Dazu sollte man zugeben, dass die Türkei nur phrygisch von Phrygern war, die die Briger waren.

Skote, von Begriff skot = s kot (i), der ist bis heute makedonisch, aber nicht skotisch. Ähnlich war Dudelsack. Den macht man aus Schafshaut. Das balkanische Schaf (Pramenka) war aus einer alten Ära und aus dem stellte man den makedonischen Dudelsack her. So einen hatte Ptolomäer, Vater der Kleopatra. Damals gab es keine Skoten, sondern erst in der neuen Ära … Skotische Volkstracht war die sumerische-krigische Tracht der antiken Makedonier, welche man heute noch bei makedonischen Tanzgruppen sieht … In Pelagonia, wie z. B. Dorf Kukurečani-Bitola …, R. Makedonien tragen keine Hose auch nach der zweiten Hälfte des 20. Jahrhunderts, aber mit Strümpfen … und mit Dudelsack. Skoten haben nur den makedonischem Rhythmus – 100 % – in Makedonien mit dem besten Takt von 7/8.

Auch Edinburg = edin burg: edin = einzig; Burg = bulg = bolg = volg = Volk = Polk bis Polka …

Das war mit dem Makedonier verbunden. Also, mit Alexander dem Makedonier.

DIE ILLYRER

Nach Alexander Demandt,[276] „Die stärkste Bastion des Keltentums war das transalpine Gallien nördlich der Narbonensis. Angesichts der rivalisierenden Stämme dort bildete es für Rom keine wirkliche militärische Gefahr, verlockte aber durch einen Reichtum an Gütern und Menschen. Diese Chance gesehen und genutzt zu haben, war das Werk Caesars. Hinsichtlich der immer wieder aufflackernden Unruhen im Norden konnte Caesar mit Zustimmung in Rom rechnen, als er daranging, Gallien als Ganzes zu unterwerfen. Nach seinem Konsulat 59 v. Chr. erhielt er durch Senatsbeschluss die Verwaltung von Gallia Cisalpina, Illyricum und nach dem plötzlichen Tode des bisherigen Statthalters zusätzlich noch Gallia Narbonensis ...“

„Um 10 v. Chr. wurde auch das regnum Noricum ein Teil des Reiches. Der Statthalter des östlich angrenzenden Illyricum übernahm das Regiment, der Herrschaftswechsel vollzog sich friedlich, vermutlich nach dem Tode des letzten kinderlosen Fürsten. Rom schickte einen praefectus civitatis, der in Virunum bei Klagenfurt residierte ...“[277]

Marion Steinmetz[278] gibt an: „Teutates. In Gallien verehrter Gott, in Britannien auch als Totatis überliefert. Der Name wird als ‚Vater des Stammes‘ oder des ‚Volkes‘ erklärt. Er wurde auch mit Krieg oder Kampf in Verbindung gebracht, u. a. aber auch mit Fruchtbarkeit und Reichtum. Die wichtige Stellung des Gottes zeigen die ihm zugelegten Beinamen wie Albiorix ‚König der Welt‘ oder Loucetios ‚der Glänzende‘. Auf den kriegerischen Aspekt verweist Caturix ‚König des Kampfes‘.“

---

276 Alexander Demandt, Die Kelten, Verlag C.H.Beck oHG, München 2000, Seite 86.
277 Ebenso, Seite 91.
278 Marion Steinmetz, Die Kelten, Internet.

Marion Steinmetz[279] schreibt: „Gibt es eine plausible Erklärung für das offenbar recht plötzliche In-Erscheinung-Treten
einer keltischen Nation im 5. Jahrhundert v. Chr.? Die Archäologie, die sich nur an sichere Faktenhalten orientiert und sich
schwer tut, auch nur Vermutungen zur Deutung der Fakten zu
äußern, spricht von einem Rätsel.

Welche Fakten sind von der Wissenschaft gesichert? Bis zur
Wende des 5. zum 4. vorchristlichen Jahrhunderts – wissenschaftlich ausgedrückt, in der Endstufe der Hallstattzeit – bestanden in Südwestdeutschland, aber auch in Ostfrankreich verschiedene große befestigte Höhensiedlungen auf denen mächtige
Fürsten residiert haben müssen, die nach ihrem Tod mit allem
Luxus unter den für die früheren Indoeuropäer charakteristischen mächtigen Grabhügeln bestattet wurden. Diese Fürsten
bezogen von Händlern im Süden der Alpen Wein und kostbaren
Gefäße zu seiner Aufbewahrung, häufig Arbeiten griechischer
und etruskischer Künstler. Die heimische Produktion auf den
Burgen – Keramik, Waffen, Pferdegeschirre und anderes – wies
auf nach wie vor bestehende kulturelle Verbindungen zum Östlichen der Hallstattkultur, also zu den illyrisch (mitteleuropäisch) sprechenden Nachkommen der Urnenfelderkultur. Waren
die Fürsten also illyrischer Herkunft? Andere Vorfahren, der im
5. Jahrhundert plötzlich ins Licht der Weltgeschichte tretenden
Kelten, müssen ihre Heimat in eben diesem Gebiet Süddeutschlands bis Ostfrankreich gehabt haben, zumindest seit einigen
Jahrhunderten. Am Ende dieses offenbar ungeheuren ereignisreichen 5. Jahrhunderts v. Chr. verschwanden die großen
Burgen plötzlich, die Ausgräber fanden Spuren verheerender
Brände, die die Burgen in dieser Zeit vernichtet haben müssen.
Und der neue Latènestil, diese eigenartigen, sicher auf die Kelten
zurückführenden Verzierungen auf vielen Gebrauchsgegenstän-
den, verbreitete sich schlagartig, über alle Gebiete, die keltische
Stämme in Europa beherrschten.“

---

279 Marion Steinmetz, Die Kelten, Internet.

Nur: „Die heimische Produktion auf den Burgen – Keramik, Waffen, Pferdegeschirre und anderes – wies auf nach wie vor bestehende kulturelle Verbindungen zum Östlichen der Hallstattkultur, also zu den illyrisch (mitteleuropäisch) sprechenden Nachkommen der Urnenfelderkultur. Waren die Fürsten also illyrischer Herkunft?"

Hermann Kinder/Werner Hilgemann[280] schreiben: „3. Urnenfelderkultur ab 1300 (Verbrennung der Toten, Beisetzung der Asche auf großen Friedhöfen = ‚Urnenfeldern‘): Ausbreitung von der mittleren Donau nach Süden, der Donau entlang nach Böhmen, Polen (Lausitzerkultur), Mitteldeutschland sowie nach Westfrankreich, Mittelitalien, Nordspanien. In Verbindung mit der Urnenfelderkultur stehen die Veneter und Illyrer ..."

„Die Kimmerier wirken durch Übernahme der taurischen Kultur stark auf ältere Hallstattkultur ein und werden dadurch Vermittler vorderasiatischer Kulturelemente, die Skythen wirken auf die jüngere Hallstattkultur und die Latènekultur.

Veneter, Illyrer und Thraker nehmen ihre historischen Sitze ein."[281]

Ljubomir Klakić[282] redet für deutsche Länder im XIX. Jh., deren Vereinigung war möglich mit dem protestantischem Prusija (Preußen, R. I.), als dann hieß ehemaliges Land der Polabischen Slawen. Allein Prussen sind Nachkommen slawische Borusen. Nach alten britannischen Autoren in XX. Jh., besonders Gordon Čajdl, Haldejn, Mekalister und anderen, darüber schrieb Miloš Crnjanski im Jahr 1964 auf den Britannischen Inseln während II.-I. Millennium v. Chr., und nachher, fand sich slawische Anwesenheit ..."

---

280 Hermann Kinder/Werner Hilgemann, dtv-Atlas Weltgeschichte, dtv Verlagsgesell., München, 1964, Seite 19.
281 Ebenso, Seite 21.
282 Lj. Klakić, Oslobađanje istorije I- III, prva kniga, Početak puta, Arhiv Kljakić, Belgrad 1993, S.245/6.

Olga Luković-Pjanović[283] gibt an, was Miloš Crnjanski schreibt: „Nach ihm hatten Gebirge, Flüsse und Orte in England serbische Namen ..., aber in antiken Karten Ptolemäuses, aber in alten Denkmälern Irlands, Wales', Englands und Schottlands ... Wenn wir einen Vergleich mit dem Namen unserer Gebirge und Flüsse machen, wären sie mit Namen auf dem Balkan verwandt."

Sie schreibt weiter, was Jürgen Spanuth berichtet: „Über ‚illyrisch-ostdeutsche‘ Kultur:

„... häufigen Zeichen auf Gefäßen der ostdeutschen, illyrischen Bronzezeitkultur ..."

Da das Illyrien und die Illyrer balkanisch waren, ist es klar für balkanische Herkunft.

Branko Vukušić[284] schreibt: „Hervorragenden serbischer Wissenschaftler, Keltologe Ranka Kuić, Mitglied der Welschen Akademie für Wissenschaft in seinem Werk ‚Serbo-keltische Parallelen‘ (Banja Luka 2000) redet über bis jetzt unbekannte Beweise der ethno-kulturellen Verwandtschaften der Kelten und Slawen. Woher stammen slawische Spuren bei überlebenden Nachkommen der Kelten in entferntem Britannien? Weil die Römer Okkupatoren in Britannien für annährend so viel Zeit wie und auf dem Balkan waren. In römischen Mappen und administrativen Schriften der gleichen Zeit in Britannien, besonders Irland und Schottland, Wales stimmen viele Namen der Flüsse, Gebirge und andere Toponymie und Ethnonyme überein mit Namen des heutige Serbiens und anderen Teilen des ehemaligen Jugoslawiens. Unglaublich ist die Liste der Flüsse: Soča, Bojana, Buna, Morava, Pek, Tisa, Una, Sana, Korana, Malena, Vedra, Dobra, Vardar, u. a., sogar der ukrainische Don, tschekische Vitava, bulgarische Osma usw. Die Liste der Gebirge ist ebenso groß: Orjen, Korab, Mosor, Šator, Durmitor,

283 Olga Luković- Pjanović, Srbi...narod najstariji, Dosije, Belgrad, 1990 (Ohne Seiten- durch Internet).
284 Branko Vukušić, O trojansko-slovenskoj misteriji, Pešić i sinovi, Belgrad, 2003, Seite 60.

Pirlitor u a. Königliche Hauptstadt und heiliger Berg sind Tara, alte arierische Name."

Relja Novaković[285] schreibt über Miloš Crnjanski, der gibt an, was die britannischen Autoren erwähnen, es gab illyrische Spuren in vorhistorischer Periode auf den Britannischen Inseln, sogar wie Strabon berichtet, auf Britannischen Inseln mit Institutionen wie samothrakischen.

Gordon Čajdl wie Apianus aus Alexandria behaupten, die Illyrer des Balkans hatten in der Vorhistorie enge Verbindung mit den Einwohnern Britanniens. Sogar J. B. Heldejn gibt an, dass in vorrömischer Zeit Britannien eine Kolonie des Territorium Jugoslawiens war. Mek Alister sagt, das Zentrum des Balkans und Britanniens war Vinča bei Belgrad. Stjuart Pigot informiert, er fand in seinem Land (Schottland) illyrische Skulpturen und Literatur.

Jovan Deretić[286] redet über keltische Namen, die slawisch sind: Baldomer, Bela, Birak, Boriša, Borut, Buda, Vito, Vlatna, Vrsina, Danko, Derkojed, Dravko, Ikar, Ilomer, Kojo, Ladon, Mato, Miro, Ranilo, Nedo, Ruso, Savo, Sarda, Satara, Sveto, Togimir, Ubila …

Lord Akton spricht über die Slawen als mögliche Einwohner der Britannischen Inseln. Miloš Crnjanski untersuchte das in Britannien, in Archiven und Bibliotheken Londons, und er fand Chroniken, Karten und Angaben über Sitten und Kunst Irlands und Britanniens aus der Periode von den ersten Jahrhunderten n. Chr. Was sich auf die Urcinwohner der britannischen Inseln bezog, könnte man auch damaligen Einwohnern der Balkanhalbinsel zuschreiben. Antikische Benennungen britannischer Berge, Siedlungen, Flüsse, Seen und Bächen hatten identische Namen wie Gebiete der Südslawen. In Untersuchungen entdeckte Miloš Crnjanski Toponymen wie auf dem Balkan entlang der französischen Küste, besonders in Bretagne: Drina,

---

285 Relja Novaković, IPA „Miroslav", Belgrad …
286 Jovan Deretić, Serbi narod i rasa – nova Vulgata, Čikago, 1996

Sverdol, Vran, Večan, Brege, Novar usw. In der Bretagne entdeckten französische Archäologen, dass dort die Folklore fast identisch der von slawischen Völkern ist. Stämme, die man in Britannien, Irland und westlichen Küsten des europäischen Kontinents findet, tragen slawische Namen: Boduni, Dobuni, Dumani, Kornovi, Korni, Kornuti, Morini, Borišteni, Goričani, Lugi, Ladeni, Mijati, Ruteni, Morava;

M. Crnjanski schreibt über Konfusion zwischen Archäologen in Britannien, Irland und Frankreich, über Gegenstände der materialen und geistigen Kultur aus der Vergangenheit, die man bald den Illyren, den Wenden, den Sarmaten, den Skythen, den Slawen zuschrieb. Damit bestätigt man, alle waren ein Volk mit einer Sprache: dem Barbarisch der Pelasger.

Pigot fand frühe Spuren der Illyrer in Schottland. Neben dem, was Pigot in zivilisazische Verbindung mit dem Balkan und Britannien in der Bronzezeit bringt, behauptete er, dass die alte Zivilisation des Mykene eine nahe Verbindung mit den Einwohnern der britannischen Inseln hatte.

Vom Namen Stonehenge ableiten kann man die Namen Sorbiodun, Sorba, Serboda und Sopbiakum mit dem Grundnamen Serb. In der Landschaft, wo Stonehenge liegt, fand sich in alten Zeiten Vilči. In Irland, England, Wales und Schottland sind folgende alte Namen vertreten: Tisa, Vedura, Tamiš, Deva, Vidua, Lug, Baltia, Tara, Dervent, Drina. Provinz Wales damals hieß Venedotia. (v = w, R. I.)

DIE KELTEN, GERMANEN UND SLAWEN

Marion Steinmetz[287] gibt an: „Kelten bedeutet frei übersetzt so viel wie ‚die Tapferen‘, ‚die Erhabenen‘ oder ‚die Hohen‘. Auf griechisch heißt diese Kultur Keltoi, auf lateinisch Celtae (auch Galli, Galatea). Es ist eine aus spärlichen, antiken, schriftlichen Überlieferungen, aus archäologischen Befunden und sprachwissenschaftlichen Forschungsergebnissen erschlossene, uneinheitliche Kultur, die große Teile West-, Mittel-, Südeuropas und Kleinasiens bewohnte. Herodot erwähnt, im Gebiet der Kelten entspringe der Istros (die heutige Donau). Da in Süddeutschland für diese Zeit archäologisch die späte Hallstattkultur und die frühe Latènekultur nachgewiesen sind, werden die Kelten als Träger dieser, vor allem der letztgenannten, später in West- und Mitteleuropa weiterverbreiteten Kulturen angesehen. Sie hinterließen in allen Völkern, denen sie auf ihren Wegen in ihre neuen Siedlungsgebiete begegneten, eine Spur in deren Mythen ebenso wie diese in den ihren. So lebten sie in der griechischen Geschichte als ‚Streitaxtleute‘ fort, später fanden sie sich als ‚letzter Zug aus Troja, auf den sich die Söhne des Mile‘ berufen. Spaniens Mythen sprechen von einem Kriegerstamm aus dem Osten kommend, der das Land von einem Tyrannen befreit haben soll. Das reichste Mythenmaterial entstand jedoch bei der Siedlung der Britischen Inseln, dabei sind wohl vor allem die ‚Formorian‘, die ‚Tuatha De Danann‘ und die ‚Picti‘ und Ur-,Scoti‘ zu nennen. Ergebnisse keltischer Sprachforschungen legen durch Orts- und Gewässernamen den Entstehungsraum einer keltischen Ursprache im Gebiet zwischen Ostfrankreich, West- und Süddeutschland bis Böhmen.“

---

287 Marion Steinmetz, Die Kelten, Internet.

Nach Alexander Demandt,[288] „Für die weiter zurückliegenden Perioden werden die Annahmen über das, was ‚keltisch‘ heißen darf, ungewisser. Ob die der Hallstattzeit vorausgegangene Urnenfelder-Bronzezeit (1200 bis 800 v. Chr.) oder gar davor anzusetzende Hügelgräber-Bronzezeit (1500 bis 1200 v. Chr.) bereits von keltisch Sprechenden getragen wurde, bleibt umstritten. Der Begriff ‚Protokelten‘ ist eine Verlegenheitslösung. Nach der herrschenden Ansicht ist die Ausbreitung der Urnenfelder 1100 v. Chr. mit der Wanderung der Indogermanen nach Westen gleichzusetzen. Der Historiker steht bei den Kelten vor demselben Problem, das mit der Herkunft der Griechen, Germanen und Slawen verbunden ist. Die Anfänge sind dunkel. Letztlich läuft die Frage nach dem Ursprung der Kelten auf einen Streit um Worte hinaus. Da wir niemals wissen werden, seit wann sich Menschen selbst als Kelten betrachtet haben, bleibt es uns überlassen, welche Fundgruppen wir als keltisch bezeichnen. Und wüssten wir, wie lange es die Selbstbezeichnung der Kelten gibt, so wäre daraus für deren ethnische Identität ebenso wenig zu folgern wie aus der nominellen Kontinuität der ‚Preußen‘. Was haben die alemannischen Hohenzollern auf dem deutschen Kaiserthron außer dem Namen mit den Pruzzen an den masowischen See gemein?“

„Der Historiker steht bei den Kelten vor demselben Problem, das mit der Herkunft der Griechen, Germanen und Slawen verbunden ist.“

Aber es gab keine Germanen, sondern nur die Kelten. Tacitus war ein Falsifikat: An Tacitus zweifelte Voltaire und Hartius (1709) am Germania aus dem Mittelalter … Damit ist bestätigt, dass Alexander der Makedonier und Kleopatra kannten keine Germanen, nur die Kelten.

---

288 Alexander Demandt, Die Kelten, Verlag C.H.Beck oHG, München 2000, Seite 15.

Marion Steinmetz[289] schreibt: „Gibt es eine plausible Erklärung für das offenbar recht plötzliche In-Erscheinung-Treten einer keltischen Nation im 5. Jahrhundert v. Chr.? Die Archäologen, die sich nur an sichere Fakten halten und sich schwer tun, auch nur Vermutungen zur Deutung der Fakten zu äußern, sprechen von einem Rätsel.

Welche Fakten sind von der Wissenschaft gesichert? Bis zur Wende des 5. zum 4. vorchristlichen Jahrhunderts – wissenschaftlich ausgedrückt, in der Endstufe der Hallstattzeit – bestanden in Südwestdeutschland, aber auch in Ostfrankreich verschiedene große befestigte Höhensiedlungen auf denen mächtige Fürsten residiert haben müssen, die nach ihrem Tod mit allem Luxus unter den für die früheren Indoeuropäer charakteristischen mächtigen Grabhügeln bestattet wurden. Diese Fürsten bezogen von Händlern im Süden der Alpen Wein und kostbare Gefäße zu seiner Aufbewahrung, häufig Arbeiten griechischer und etruskischer Künstler. Die heimische Produktion auf den Burgen – Keramik, Waffen, Pferdegeschirre und anderes – wies auf nach wie vor bestehende kulturelle Verbindungen zum Östlichen der Hallstattkultur, also zu den illyrisch (mitteleuropäisch) sprechenden Nachkommen der Urnenfelderkultur. Waren die Fürsten also illyrischer Herkunft? Andere Vorfahren, der im 5. Jahrhundert plötzlich ins Licht der Weltgeschichte tretenden Kelten, müssen ihre Heimat in eben diesem Gebiet Süddeutschlands bis Ostfrankreich gehabt haben, zumindest seit einigen Jahrhunderten. Am Ende dieses offenbar ungeheuer ereignisreichen 5. Jahrhunderts v. Chr. verschwanden die großen Burgen plötzlich, die Ausgräber fanden Spuren verheerender Brände, die die Burgen in dieser Zeit vernichtet haben müssen. Und der neue Latènestil, diese eigenartigen, sicher auf die Kelten zurückführenden Verzierungen auf vielen Gebrauchsgegenständen, verbreitete sich schlagartig über alle Gebiete, die keltische Stämme in Europa beherrschten."

---

289 Marion Steinmetz, Die Kelten, Internet.

Nur: „Die heimische Produktion auf den Burgen – Keramik, Waffen, Pferdegeschirre und anderes – wies auf nach wie vor bestehende kulturelle Verbindungen zum östlichen der Hallstattkultur, also zu den illyrisch (mitteleuropäisch) sprechenden Nachkommen der Urnenfelderkultur. Waren die Fürsten also illyrischer Herkunft?"

Marion Steinmetz[290] gibt an: „Irgendwelche recht intensiven Kulturverbindungen mit dem Steppenraum nördlich des Schwarzen Meeres müssen die frühen Kelten gehabt haben. Denn die Kunsthistoriker weisen mit Recht auf die innere Verwandtschaft des keltischen Latènestils mit der Kunst der Skythen hin: die Darstellung von Tieren und menschlichen Körpern, seltsam fratzenhaft verzerrt, allerdings eingebettet in üppig wuchernde Rankenornamente. Abwandlungen griechisch-etruskischer Schmuckmotive. Den Kelten gelang es, aus diesen verschiedenartigen fremden Anregungen eine eigene, unverwechselbare und ungeheuer fruchtbare Kunst zu entwickeln, die erste Gestaltung von Schmuck und Alltagsgeräten nördlich der Alpen, die man guten Gewissens als hohe Kunst bezeichnen kann."

Nach Alexander Demandt,[291] „Als Seefahrer treten die antiken Kelten militärisch kaum in Erscheinung. Zweimal hören wir von Seeschlachten. Die erste verdient den Namen: Als Caesar 56 v. Chr. Britannien erobern wollte, erhoben sich die gallischen Veneter nördlich der Loiremündung. Caesar (III 8; 12) nennt sie sehr bewandert in der Seefahrt. Sie brachten 220 Schiffe zusammen, die als hoch, groß und stabil beschrieben werden, aber mit Ledersegeln bestückt, langsam und plump waren. Caesar befördert Decimus Brutus, einen seiner späteren Mörder, zum Admiral, dessen, nach Dio (XXXIX 40, 5) aus dem Mittelalter, nach Caesar (III 11), auch von den benachbarten Küstenstämmen gestellte kleinere, aber wendigere Kriegsschiffe, die

---

290 Marion Steinmetz, Die Kelten, Internet.
291 Alexander Demandt, Die Kelten, Verlag C.H.Beck oHG, München 2000, Seite 60.

vornehmlich durch ihre Fernwaffen den Sieg davon trugen. Den anderen ‚Seesieg‘ errang Tiberius 15 v. Chr. auf dem Bodensee über die Vindeliker, wie Strabon (VII 1, 5) bemerkt.“

„Im Unterschied zur mediterranen Stadtkultur herrschten in Mitteleuropa dörfliche Siedlungen vor. Dies gilt auch für die Kelten, selbst in Oberitalien und Galatien. Seit dem 6. Jahrhundert kennen wir jedoch auch befestigte Siedlungen in Höhenlagen, die als Fürstensitze anzusprechen sind. Zu ihnen gehören in Burgund der Mont Lassois bei Châtillon an der Seite, in der Provence das Oppidium Entremont, in Schwaben die Heuneburg, in Hessen der Glauberg. Auch die kleinasiatischen Galater hatten Burgen: Cuballum, Magaba und Olympos, wo Ortagon sich gegen die Römer verteidigte. Schon Hekataios und Herodot erwähnen keltische poleis (Nyrax und Pyrene), Caesar spricht mehrfach von oppida, d. h. kleineren, burgartigen Städten oder Fluchtburgen. Bei den Helvetiern nennt Caesar (I 5) 12 oppida, 400 Dörfer sowie außerhalb stehende private aedificia, die vor der Auswanderung angezündet wurden. In Britannien sind 3 000 hillforts gezählt worden, Musterbeispiele sind Maiden Castle (bei Dorchester), Danebury (Hampshire) und Cadbury Castle (County Somerset). Caesar (V 21, 2f.) beschreibt ein Oppidum in Britannien als Fluchtburg. Verglichen mit den wohlerforschten Gräbern sind die Wohnquartiere bisher archäologisch kaum erfasst. Selbst die Untersuchungen auf der Heuneburg und Manching, der Hauptstadt der Vindeliker bei Ingolstadt, haben nur wenige Häuser zutage gefördert, sie lassen einen Schachbrettgrundriss erahnen.“[292]

„Zehn Jahre später kam es zu einem großen Zangenangriff auf die Kelten und Raeter in den Zentralalpen und am Bodensee. Der Stiefsohn und spätere Nachfolger des Augustus, Tiberius, unterwarf von Gallien aus das Wallis, sein Bruder Drusus zog das Etsch- und Eisacktal hoch über den nach den keltischen Breuni benannten Brennerpass an die Donau. Möglicherweise wurde

---

292 Ebenso, Seite 68.

damals die Keltenstadt Manching zerstört. Bei Ausgburg/Augusta Vindelicorum enstand möglicherweise ein Legionslager ...“[293]
Aber Veneter und Vindeliker waren sog. Slawen – die Slawen nach Slowo = Buchstabe.

„Das eroberte Gebiet blieb den Winter über besetzt. 57 erschien Caesar abermals mit neu ausgehobenen Legionen und bezwang in harten Kämpfen die keltisch-germanischen Belgen und Nervier in Nordgallien. Im Jahr 56 unterwarf er die Veneter am Atlantik und die Kelten in Aquitanien und damit schien, abgesehen von Bretagne, die Annexion Galliens gelungen. Im Folgejahr 55 musste Caesar seine Position innenpolitisch sichern, sein Kommando wurde um weitere fünf Jahre verlängert, seine Politik vom Senat ratifiziert.“[294]

Also, „Im Jahr 56 unterwarf er die Veneter am Atlantik“ – „Veneter am Atlantik“.

Nach Alexander Demandt,[295] „Die Kelten haben das Städtewesen nördlich der Alpen begründet. Viele noch heute bestehende Orte stammen aus keltischer Zeit oder tragen gar den alten keltischen Namen weiter ... in Österreich: Vindobona/Wien und Carnuntum ...“

Vindobona = vind ...: Vinden = Winden nur sog. Slawen.

Nach Alexander Demandt,[296] „Die Namengebung der Keltenstädte zeigt einheitliche Züge. Viele Stadtnamen enden auf -acum (Antennacum/Andernach; Mogontiacum/Mainz), andere sind mit dem Götter-namen Lug/Merkur zusammengesetzt (Lugdumum/Lyon und Leiden) oder enthalten Wörter wie briga/ ‚Berg‘ (Brigetio/Bregenz, Brixia/Brescia, Segobriga/Segorbe) ...“

Also, „wie briga/‚Berg‘“ – Brigien: Land mit den Bergen: Brigien = Frigien = Phrygien;

293 Ebenso, Seite 90.
294 Ebenso, Seite 87.
295 Alexander Demandt, Die Kelten, Verlag C.H.Beck oHG, München 2000, Seite 72.
296 Alexander Demandt, Die Kelten, Verlag C.H.Beck oHG, München 2000, Seite 72.

Brig = Briž = Brz = Brs + jak (Tier Jak) = Brsjak, Name der sog. Slawen in Makedonien.

Nach Jovan Cviić (Olga Luković- Pjanović), Brsjacen und Mijaken waren in Makedonien schon vor dem VI. Jahrhundert. Deswegen haben Makedonier eine ähnliche DNS wie die Kreter.

Nach Alexander Demandt,[297] „Die Kelten haben das Städtewesen nördlich der Alpen begründet. In Kleinasien waren Gordion, Pessinus und Ankara keltische Zentralorte vorkeltischen Ursprungs ...“

Nur Phrygisch = Frigisch = Brigisch: s. bei Herodot über die Brigier in Kleinasien usw.

„Im Allgemeinen ging die Herrschaft vom Vater auf den Sohn über, doch waren Töchter und Witwen ebenfalls thronfähig. In Britannien hatten die Römer mit Cartimandua, der Frau des Briganten (so der Stammesname, er bedeutet ‚Kämpfer‘) Venutius, zu tun, die sich 50 n. Chr. auf die römische Seite stellte, und zehn Jahre später mit der Römerfeindin Boudicca. Der Frau des Iceners Prasutagus (s. u.). Tacitus (Agricola 16) bemerkt ...“[298]

Es handelt sich um Briganten aus Brigien = Brigier und Venntius aus Veneten.

Marion Steinmetz[299] gibt an: „Imbolc (auch als Tag der heilige Brigid bekannt) ...“ – d = t; „Brigitta von Kildare“; „In der keltischen Tradition ist Mittsommer, Alban Hefin, der Muttergottheit geweiht, in der germanischen dementsprechende auch Baldurs Mutter Frigg“ = Brig;

„Brigid/Brigit|Brigit/Brigit/Bride (irisch) ...“

„Götter, Geister und Menschen konnten sich in Pflanzen verwandeln, aus Blumenkelchen wuchsen Kinder, die Bäume wurden von Nymphen bewohnt, die mit ihnen leben und starben. Die germanische Göttin Freia nahm allen Gewächsen den

---

297 Alexander Demandt, Die Kelten, Verlag C.H.Beck oHG, München 2000, Seite 72.
298 Ebenso, Seite 76.
299 Marion Steinmetz, Die Kelten, Internet.

Eid ab, ihren geliebten Sohn Baldur nicht zu verletzen (außer der Mistel). Das Überleben hing ab vom Wissen um die natürlichen und magischen Kräfte der Pflanzen, das man durch Beobachtung und Erfahrung gesammelt und seit heidnischer Vorzeit an die nachfolgenden Generationen weitergegeben hatte. In der Überlieferung, in Sage und Legende, Brauchtum und Volksweisheit fanden diese Kenntnisse ihren Niederschlag. Auch die Kirche konnte diesen Mythos nicht ausrotten; sie gab ihm nur einen christlichen Rahmen."

Nach Alexander Demandt,[300] „Das unklare Verhältnis zwischen Stamm und Gau beruht darauf, dass der Volkbegriff in der Antike mehrschichtig, der Volksname mehrdeutig sein konnte. Schon Caesar verwendet den Namen ‚Gallien‘ einerseits im weiteren Sinn unter Einschluss von Aquitanien und Belgien, andererseits im engeren Sinne als Gegensatz dazu, so dass die Stämme im mittleren Gallien als die eigentlichen, die reinen Gallier erscheinen. Die aquitanischen und belgischen Gallier zerfallen dann nochmals in eigene Stämme, wobei die ersteren iberisch, die anderen germanisch beeinflusst waren. In diesem Sinne besitzen auch die Keltiberer eigene Stammesgruppen innerhalb der keltischen Welt. Diese Großstämme werden teils mit geographischen Namen bezeichnet (Aquaitania, Britannia), teils nach dem vorherrschenden Einzelstamm (Belgae), teils nach einer Variante des Volksnamens (Galatai). Eine derartige Mehrschichtigkeit kennen wir ebenso von den Germanen, wo die Sweben als eine ihrer Untereinheiten zur Zeit des Tacitus, die Alamannen und Franken zur Zeit Ammians derartige Stammesverbände mit eigenen Teilstämmen bilden. Gelingt es einem von diesen, die Vorherrschaft zu erringen, sinken die anderen zu Gauen herab. Vielfach haben sich Stämme geteilt oder Ableger gebildet, bisweilen infolge eines Bürgerkrieges oder durch Abwanderung, aber ihre Stammesverwandtschaft im Namen

---

300 Alexander Demandt, Die Kelten, Verlag C.H.Beck oHG, München 2000, Seite 64.

bewahrt. Dieselben Stammesnamen begegnen beispielsweise in Südfrankreich, Mitteldeutschland und Kleinasien (Volcae Tectosages), andere gleichzeitig in Gallien, Osteuropa und Italien (Longonen, Boier, Veneter). Zwei Keltenstämme Britanniens, die Atrebaten (um Hampshire) und Parisit (um Yorkshire) gibt es namensgleich ebenso in Gallien."

Hier alle erwähnte Stämmen gehörten an einem Volk, das sprach das Barbarisch der Pelasger = sog. Slawen: Schweden = Sweden = s (mit) weden = Veneten = Veneter(Venedig = Venetia: t = z); Sweben = Sweden. Für die slawischen Autoren, Weden = Veneten waren nur Slawen.

Antiochos = anti;Antigen = anti gen; Antigone ... Tochter des Ödipus: Antigone = anti gone.

Nach dem Duden (1991),[301] „Antentempel <lat> (altgriech.) Tempel mit Anten".

Das Fremdwörterlexikon[302] gibt an: „Anten ... die verlängerten Längswände des altgriechischen Tempels [<lat. Ante ‚vor']".

„Antentempel (m.) altgriech. Tempel mit Vorhalle, die von Anten gebildet wird".

Nach dem Duden (1991),[303] „Veneter ... (Bewohner von Venetien); Venetien (ital. Region); Venezia (ital. Form von Venedig) ...".

Der Große Duden[304] gibt an: „Venedig ... italienisch Venezia (Hafenstadt in Oberitalien)".

„Veneter ... Altertum: 1. Angehöriger eines illyr. Volkes im öst. Oberitalien; 2. Angehöriger eines kelt. Volkes in Westgallien als Vorgänger der späteren Wenden anzusehenden Volkes

---

301 Duden, Rechtschreibung der deutschen Sprache, Band 1, Dudenverlag, Mannheim • Leipzig • Wien • Zürich, 1991.

302 Fremdwörterlexikon, Verlagsgruppe Bertelsmann GmbH/Mosaik Verlag GmbH, München, 1983.

303 Duden, Rechtschreibung der deutschen Sprache, Band 1, Dudenverlag, Mannheim • Leipzig • Wien • Zürich, 1991.

304 Der Große Duden, VEB BIBLIOGRAPHISCHES INSTITUT; LEIPZIG, 1971, Seite 508.

im mittleren Weichselgebiet; Venetien ... (Landsch. in Oberitalien); Venezia, Venedig".

Also, Veneter „als Vorgänger der späteren Wenden": Veneten = Venden = Wenden.

Hermann Kinder/Werner Hilgemann[305] schreiben: „Urheimat der Slawen (Slovene von Slovo = das Wort), eines Hauptzweiges der indoger. Völkerfamilie, ist das Gebiet der Pripet-Sümpfe.[306] Später umfasst das von Slawen besiedelte Gebiet Teile Polens, Weißrussland und der Ukraine. In den ersten Jahrhunderten ist die Geschichte der Slawen verknüpft mit der der Germanen (Goten), Hunnen, Alanen und Turkvölker, mit denen die Slawen sehr oft eine für alle Völker fruchtbare Lebensgemeinschaft (= Symbiose) eingehen. Von Plinius d. Ä., von Tacitus und dem Geographen Ptolémaios werden sie als Venedi oder Veneti (den Deutschen als Wenden bekannt) bezeichnet, seit dem 6. Jh. sprechen die byzantin. Schriftsteller (Prokopios und Jordanes) von den Sklavenoi, die zuerst an der unteren Donau, dann auch in den Ostalpen ansässig sind. Ab 600 siedelten slaw. Völker (Abodriten, Sorben, Veneter und Pomoranen) östl. der Elbe in den von den Germanen verlassenen Gebieten. Geschichtlich greifbar werden sie, wie die Tschechen, erst in der Karolingerzeit (805 Errichtung des ‚Limes sorbicus' durch Karl d. Gr. = Linie der östlichsten fränk. Marktorte)".

Sog. Slawen (Anten, Venedeten und Sklawinen), Sloveni nach Slovo (Buchstabe) ...

Die Römer bis 5. Jahrhundert kannten keine Sklawinen und kein Sklawa = Gebiet. Auf dem Balkan gab es Sklawinen nur seit dem 6. Jahrhundert. Sie waren nur Heiden. Sie verehrten die

---

305 Hermann Kinder/Werner Hilgemann, dtv-Atlas Weltgeschichte, dtv Verlagsgesell., München, 1964, Seite 111.

306 Auf Balkanhalbinsel gab es kein Befund der Slawen aus „Gebiet der Pripet-Sümpfe" und nördlich von Donau.

ägyptische Gottheit Horos,[307] und das war nur nach dem Tode von Alexander dem Makedonier.

Aber das Slawentum leitet sich ab von Slovo = Slowo = Buchstabe. Und es gab auch das göttische Slovo = Buchstabe. Das bestand bei ägyptischem Pthah, als lokaler Gott Memphis, Platonischem und Christlichem Logos (Buchstabe), das findet man im Evangelium Hl. Johann und laß es während des Osterfestes. Das beste Beispiel sind die Russen. Sie schrieben mit Strichen und Ritzen. Deswegen waren sie das „rocki (roski) Volk". Also, das Volk schrieb mit Ritzen = rotzen = rocken (rosken), die waren Runen als sog. slawische Schrift. Nur nach geheimer Mission in Russland der Brüder von Solun (Saloniki) in Makedonien, Konstantin (Kyrill) und Metodius, haben die Russen Slova = Buchstaben angenommen, die war Göttliche Slovo = Buchstabe. Und nur seit damals wurden die Russen Sloven = Slawen. Darüber schrieb nur Photios (860. Jahr), Patriarch der Kirche in Konstantinopel. Also, die Russen erklärten sich erst damals im 860. Jahr zu Slawen (Slovenen), aber nicht vorher.

Hermann Kinder/Werner Hilgemann[308] schreiben: „Urheimat der Slawen (Slovene von Slovo = das Wort), eines Hauptzweiges der indoger. Völkerfamilie ..."

Es gab keinen Fund für die Übersiedelung der Slawen über die Donau auf die Balkanhalbinsel.

Was für eine Sprache sprachen die Russen? Nach Jeronij Ruso (Mavro Orbini, 1601), war die Sprache der Russen wie im antikischen Makedonien. Also, das Barbarisch der Pelasger.

Otto Zierer[309] gibt an: „In diesen Tagen schreibt der 17-jährige Flavius Valerius Konstantinus, der Sohn des Cäsars des

---

307 Horos wurde Christus, der stammt von David (Bibel). David war unbekannt in Historie wie andere Personen.

308 Hermann Kinder/Werner Hilgemann, dtv-Atlas Weltgeschichte, dtv Verlagsgesell., München, 1964, Seite 111.

309 Otto Zierer, Sieg des Kreuzes Völkerdämmerung, Herbig, München • Berlin, 1983, Seite 11.

gallischen Reichsteiles, über seine Eindrücke aus Nikomedia an den politischen Berater seines Vaters in Trier: …"

„Wir erleben das hier in Trier, wo die Straßen aus den Rhein-, Scheide- und Rhonenprovinzen, aus Germanien und Gallien zusammenlaufen, mit besonderer Deutlichkeit. Die einstmals herrschende Oberschicht römischer Siedler ist lange schon den Zeitläufen zum Opfer gefallen. In Gallien findet man ganze Städte verödet; weite Landstriche sind unbebaut, altrömische Gehöfte verfallen, und über die Mauern ehemaliger Munizipien wuchert die Wildnis. Das sind Spuren von Pest, Kriegen und sozialer Unrast. Die Bauern wandern in die großen Städte ab oder laufen den Legionsadlern zu. [310]

Auf ihre verlassenen Felder in den Grenzprovinzen ergießt sich ein ständiger Strom wandernder Barbaren, vornehmlich Germanen, Kelten, Belgen und Briten, die aus ihren rauen Wald- und Bergländern in kultivierte Gebiete drängen. Von den Randprovinzen her fließt diese lautlose Wanderung weiter in die Städte, in das Kerngebiet am Mittelmeer.

Was wir hier im Norden mit den Germanen erleben, wirst du im Orient ebenfalls beobachten können. Der griechisch-römische Bevölkerungsteil dort versinkt langsam in der Flut der Fremden; dafür nehmen Syrer, Juden, Ägypter, Babylonier und Perser die aufgegebenen Positionen ein. Heute schon ist der römische Senat kaum noch zur Hälfte mit den Angehörigen aus altehrwürdigen Geschlechtern besetzt; die Mehrheit der Senatoren kommt aus dem Orient oder aus Afrika. Und die hohen Offiziere, die Truppenführer, die Legionäre sind zumeist Germanen, Illyrer, Thraker, Mauren und Perser.

Die Grenzprovinzen befinden sich heute bereits zu großen Teilen in den Händen barbarischer Siedler. Schon seit drei Menschenaltern sind immer wieder aufrührerische Generäle mit ihrer zum Grenzschutz bestimmten Truppenmacht nach Rom marschiert und haben die Provinzen der barbarischen Überflutung

---

310 Ebenso, Seite 17.

überlassen. Viele Kaiser haben bereitwillig Hunderttausende von Goten, Langobarden, Alemannen oder Franken aufgenommen und ihnen Land innerhalb der Reichsgrenze angewiesen. Jetzt zeigen sich die Folgen.

An der Lösung dieser inneren Probleme ist auch der große Diokletian gescheitert!"

In Briefen findet man keine Slawen, keine Sklawinen ... Also, gab es keine solchen usw.

Otto Zierer[311] gibt an: „Die ‚Austrogoten' – ‚die Glänzenden' – werden von den Römern als ‚Ostgoten' bezeichnet. Ihre Gaue erstrecken sich vom Ostufer des Borysthenes bis zum Tanais und im Südosten bis über den Kaukasus.[312] Ihre Könige entstammen dem Geschlecht der Amaler.[313] Viele slawische und fremde Völkerschaften, deren Herkunft unbekannt ist, entsenden Tributgaben. Die Dörfer und stattlichen Einselhöfe der Goten sind über die ganze Steppe verstreut. Ohne Nachbarn hausen sie wie Könige inmitten ihres treuen Gefolges. Wird irgendwo eine Siedlung so bevölkert, dass ein Bauer dem anderen über den Zaun schauen kann, dann beladen sie lieber ihre Karren und ziehen weiter in den Osten hinein, wo unendlich viel freies Land auf Urbarmachung wartet." (Austro = oustro = ostro, R. I.)

Also, „Viele slawische und fremde Völkerschaften, deren Herkunft unbekannt ist."

Da die Slawen bis heute am zahlreichsten sind, ist alles klar –, die Wahrheit ist verborgen.

---

311 Otto Zierer, Sieg des Kreuzes Völkerdämmerung, Herbig, München • Berlin, 1983, Seite 97.

312 Nach den neusten Erkenntnissen war der Don sicher die äußerste Ostgrenze gotischer bzw. Herulischer Besiedlung.

313 Den Amalern entstammte auch Ermarch.(Amal = a mal; in Peru Droge Amala = a mala[kleine Menge]. Als in Amerika kam Flotte von Alexander von Makedonien an, die brachte dort Hieroglyphen usw, R.I.)

Nach Alexander Demandt,[314] „Eine Ausnahme machte Britannien. Die Sachsen, Angeln und Jüten unter Henigst und Horsa, um 450 durch den König Vortigern (?) auf die Insel geholt, waren Heiden. Sie plünderten die Kirchen und Klöster ebenso wie die Städte und Villen. Das kirchliche Leben erlosch. Ohne es zu beabsichtigen, bewirkten die Eroberer indessen die Christianisierung Irlands. Wie andere antike Randvölker – so die Goten in Südrussland, die Iberer in Georgien, die Mauern und die Äthiopier – lernten die Iren das Christentum durch römische Kriegsgefangene kennen. Nach seiner allerdings erst aus dem späten 9. Jahrhundert überlieferten Vita kam der junge britische Christ Patrcius, später als der Heilige Patrick verehrt, schon im Jahre 405 gefangen auf die Grüne Insel. Verlässlich ist, dass Papst Coelestinus um 430 den Missionsbischof Palladius zu den irischen Schotten sandte."

Im 5. Jahrhundert gab es keine Slawen. Aber findet man Horsa = Horos, Sohn der Isis.

Otto Zierer[315] gibt an: „Der Isiskult gelangte im 4. Jh. v. Chr. von Ägypten nach Griechenland und von da nach Rom. (Unter Caligula offiziell anerkannt).

Der Dionysoskult, des Gottes der Fruchtbarkeit, insbesondere des Weines, wurde akstatisch gefeiert.

Der Mysterienkult um Mithra (ursprünglich aus der indoiranischen Mythologie) war im 2./3. Jh. im ganzen Imperium verbreitet und stärkster Konkurrent zum Christentum. Er war unter Kaiser Aurelian sogar Staatsreligion."

Dimitri Obolenski[316] gibt an: „Diese Slawen ... pannonische Ebene ... Noch bekannter ist das, dass das nördliche Ufer der

314 Alexander Demandt, Die Kelten, Verlag C.H.Beck oHG, München 2000, Seite 98.

315 Otto Zierer, Sieg des Kreuzes Völkerdämmerung, Herbig, München • Berlin, 1983, Seite 49.

316 Dimitri Obolenski, Vizantiskiot komovelt, Slovo, Skopje, 2002, Seite 44.

Donau, von Belgrad bis zum Zusammenfluss, noch im 500. Jahr mit den Slawen angesiedelt worden war."

Im 500. Jahr gab es keine Sklawinen – dort sprach man das Barbarische der Pelasger.

Also, die Sklawinen waren nur die Heiden und die Römer nur die Christen.

H. Kinder/W. Hilgemann[317] schreiben: „Die Christianisierung der Slawen beginnt mit dem Vordringen der röm. und byzantin. Kultur in Ost- und Mitteleuropa: Im 6 Jh. Ging die Mission unter den Kroaten von Aquileia, im 8. Jh. unter den Slowenen von Salzburg aus. Unter Karl d. Gr. setzt die Missionierung der Wenden, der Tschechen (von Regensburg aus), der Abodriten und Elbslawen (von Verden a. d. Aller aus) ein. Um 850 schließen sich die Serben der Ostkirche an. Seit 863 missionieren Konstantin (Cirill) und Methodius im Großmährischen Reich; sie schließen sich später Rom an.

864/65 Bekehrung der Bulgaren (1. autokephale Ostkirche).[318]

866 Christianisierung einer Gruppe der Rus.

948 Errichtung der Bm. Havelberg, Brandenburg und Oldenburg.

966 Taufe des Herzogs Mieszko von Polen.

968 Gründung des Ebm. Magdeburg mit den Suffaganen Meißen, Merseburg und Zeitz (1032 nach Naumburg verlegt) durch Otto I. (zur Bekehrung der Elbslawen).

973 Gründung des Bm. Prag.

983 Vernichtung der christl. Mission im Slawenaufstand (Havelberg, Brandenburg).

988 Taufe des warägischen Großfürsten Wladimir.

1000 Gründung des Ebm. Gnesen und

---

317 Hermann Kinder/Werner Hilgemann, dtv-Atlas Weltgeschichte, dtv Verlagsgesell., München, 1964, Seite 111.

318 Das war keine Wahrheit. Patriarch der bulgarischen Kirche war unter dem Patriarch der Kirche in Konstantinopel, der war unter Kaiser in Konstantinopel. D. h. die bulgarische Kirche als selbstständige war nicht anerkannt

1001 des Ebm. wird die poln. und ungar. Kirche dem deutschen Einfluss entzogen.

Alle slaw. Staaten versuchen, eine selbstständige Kirche zu gründen (autokephales Ebm. bzw. Patriarchat). Das auf einem makedonischen Dialekt aufbauende Slawisch wird zur Sprache der slaw. Kirchen und zur Schriftsprache der Balkan- und Ostslawen. Die Slawen erreichen in der Gemeinschaft der christl. Völker ein höheres kult. Niveau; und den slaw. Staatsgründungen trägt außerdem der Glaube zur Verschmelzung heterogener völk. und kult. Elemente bei. Trotz der Spaltung der Slawen in röm.-kat. (Westslawen) und griech.-orthodoxe Staaten (Ostslawen) gehören beide Teile seit der Christianisierung zum europ. Kulturkreis."

Nach Alexander Demandt,[319] „Als die Römerherrschaft in der Völkerwanderung zusammenbrach, erlebten die Kelten eine Germanisierung ... Die Donaukelten waren unter dem Einfluss der Thraker, Sarmaten, Quaden und Markomannen verschwunden. Als im 6. Jahrhundert n. Chr. die Slawen auf die Balkanhalbinsel kamen, haben sie vermutlich keine Kelten mehr vorgefunden."

Es waren keine Slawen, sondern nur die einheimischen Sklawinen – Sklawa = Gebiet.

Sie sprachen Barbarisch, die Sprache der Pelasger –, die Pelasger waren Hellenen (Herodot).

Nach Alexander Demandt,[320] „Im vielseitig entfalteten Landbau finden wir das System der Koppelwirtschaft: Ein bestimmtes Land wird mehrere Jahre als Acker verwendet, speziell zum Getreideanbau, dann längere Zeit als Weide. So erholt sich der Boden. Außer der natürlichen Düngung während der Weidephase kannten die Kelten den künstlichen Dung mittels Kalk und Mergel, der auch gehandelt wurde. Die Koppelwirtschaft bedingt

---

319 Alexander Demandt, Die Kelten, Verlag C.H.Beck oHG, München 2000, Seite 97.
320 Alexander Demandt, Die Kelten, Verlag C.H.Beck oHG, München 2000, Seite 28.

das Einfrieden der Äcker, dies wiederum setzt Privatbesitz am Boden voraus. Gemeinbesitz gab es gemäß Diodor (V 34,3) bei den keltiberischen Vaccae, die ihr Land gemeinsam bestellten, den Ertrag verteilten und jeden, der etwas beiseitegebracht hatte, mit dem Tode bestraften. Erst mit einer intensiven Bodennutzung kam es zum Privateigentum. Die lange beliebte Lehre vom Urkommunismus, die sich auf ähnliche Produktionsformen bei den Germanen stützt, kann damit freilich nicht die Egalität der Gesellschaft erweisen. Denn in der Gemeinde entschieden die Angesehensten. Gemeinbesitz verbürgt nicht Gemeinsinn; Zwist gab es immer. Um Streit zu vermeiden, wurde das Eigentum eingeführt, und seit es das gibt, streitet man über nichts lieber als über Eigentum."

Also, „Die lange beliebte Lehre vom Urkommunismus, die sich auf ähnliche Produktionsformen bei den Germanen stützt ..." Das galt auch bei Sklawinen = sog. Slawen.

Was Herodot über die Thraker schrieb, das galt für die sog. Slawen – stark nicht einig.

Nach Alexander Demandt,[321] „Der gesamtgallische Charakter des Druidentums zeigt sich in ihren zentralen Institutionen. Einmal im Jahr versammelten sich die Priester, so berichtet Caesar (VI 13), an geweihtem Ort im Lande der Carnuten, in der Mitte Galliens ... die Griechen, die den Ausdruck ‚Amphiktyonie' (Umwohner) geprägt haben, trafen sich zu Festspielen in Delphi und Olympia; die Etrusker versammelten sich regelmäßig beim Tempel der Voltumna in Volsinii. Die Germanenstämme feierten die Nertus, die Slawenstämme den Radgast in heiligem Hain."

Also, „Die Germanenstämme feierten die Nertus, die Slawenstämme den Radgast in heiligem Hain."

---

321 Alexander Demandt, Die Kelten, Verlag C. H.Beck oHG, München 2000, Seite 45.

DIE GERMANEN WIE SOG. SLAWEN

Nach Alexander Demandt,[322] „Für die weiter zurückliegenden
Perioden werden die Annahmen über das, was ‚keltisch' heißen
darf, ungewisser. Ob die der Hallstattzeit vorausgegangene
Urnenfelder-Bronzezeit (1200 bis 800 v. Chr.) oder gar davor
anzusetzende Hügelgräber-Bronzezeit (1500 bis 1200 v. Chr.)
bereits von keltisch Sprechende getragen wurde, bleibt umstritten. Der Begriff ‚Protokelten' ist eine Verlegenheitslösung. Nach
der herrschenden Ansicht ist die Ausbreitung der Urnenfelder
um 1100 v. Chr. mit der Wanderung der Indogermanen nach
Westen gleichzusetzen. Der Historiker steht bei den Kelten vor
demselben Problem, das mit der Herkunft der Griechen, Germanen und Slawen verbunden ist ..."

Also, „das mit der Herkunft der Griechen, Germanen und
Slawen verbunden ist".

Aber es gab keine Germanen, sondern nur die Kelten. Tacitus war ein Falsifikat: An Tacitus zweifelte Voltaire und Hartius
(1709) an der Germania vom Mittelalter ... Damit ist bestätigt,
dass Alexander der Makedonier ... Kleopatra kannten keine
Germanen, nur die Kelten.

Nach Alexander Demandt,[323] „Die Druiden waren zuständig
für die in der Antike allgemein üblichen Tieropfer, namentlich
aber für die vielfach bezeugten Menschenopfer der Gallier. Sie
glaubten, wie Caesar (VI 16) meldet, dass die Götter Leben nur
um Leben gäben und darum Menschenopfer forderten. Vorzugsweise dienten Verbrecher und Gefangene dazu, doch nahm man
in Notlagen auch Unschuldige. Caesars Bericht von den riesigen
Götterbildern aus Weidengeflecht, die mit Menschen gefüllt

---

322 Alexander Demandt, Die Kelten, Verlag C.H.Beck oHG, München
2000, Seite 15.
323 Alexander Demandt, Die Kelten, Verlag C.H.Beck oHG, München
2000, Seite 46.

und dann angezündet wurden, ist keine römische Gräuelpropaganda. Diodor (V 32, 6) bestätigt, dass die Opfer gepfählt oder gekreuzigt und auf großen Scheiterhaufen verbrannt wurden, und zwar in Hekatomben, das heißt zu Hunderten, wie Strabon (III 3, 7) anmerkt. Die Menschenopfer waren gemäß Diodor (V 31 f.) mit Weissagung und angeblich auch sakralem Kannibalismus verbunden. Entsprechendes berichtet Trogus (Justin XXVI 2, 2 ff.) von den Galatern: Um die Götter gnädig zu stimmen, schlachten sie vor dem Kampf eigene Frauen und Kinder; um den Göttern zu danken, opfern sie nach dem Sieg die Gefangenen, so lesen wir bei Diodor (XXXI 13) und Athenaisos (160 E). Cicero (Pro Fonterio 31) kommentiert die Menschenopfer in Gallien mit Abscheu."

„Die keltische Gesellschaft zeigt die gemeinantike Struktur: eine vertikale Gliederung in Familie und Gefolgschaften und eine dreiteilige horizontale Schichtung in Adel, Volk und Knechte. In der Familie herrschte Patriarchat: Die Männer hatten nach dem Zeugnis Caesars (VI 19) die volle Gewalt über Leben und Tod von Frauen und Kindern, vitae necisque potestatem. Wenn ein vornehmer Mann starb und Mordverdacht bestand, konnten Frauen wie Knechte gefoltert werden. Kurz vor seiner Zeit, schreibt Caesar weiter, sei es üblich gewesen, die jeweils besonders geschätzten Knechte und Hörigen auf dem Scheiterhaufen des Herrn mit zu verbrennen. Aus aufgedeckten Gräbern, so dem Hohmichele bei der Heuneburg und dem Tumulus bei Hochdorf, wissen wir, dass vornehmen Toten weitere zu dessen Ehren Getötete beigesellt wurden, ja, dass auch Frauen zuweilen mit sterben mussten."[324]

„Als die Römerherrschaft in der Völkerwanderung zusammenbrach, erlebten die Kelten eine Germanisierung ... Die Donaukelten waren unter dem Einfluss der Thraker, Sarmaten, Quaden und Markomannen verschwunden. Als im 6. Jahrhundert

---

324 Ebenso, Seite 49.

n. Chr. die Slawen auf die Balkanhalbinsel kamen, haben sie vermutlich keine Kelten mehr vorgefunden."[325]

Nur: „Die Donaukelten waren unter dem Einfluss der Thraker." Sie waren die Thraker.

Olga Luković-Pjanović[326] gibt über die Begräbnisse der Thraker an: „Die Begräbnisse der Reichen (Leute) unter sich sind folgende: Im Lauf der drei Tage stellt man den Toten aus und trägt Opfer aller Art bei, sie schmausen, vorher betrauert man (den Toten); nachher führt man das Begräbnis durch, abbrennend, oder auf andere Weise, begräbt man den Leichnam in der Erde; Mit der Anfertigung des Grabhügels, beginnt ein Wettkampf jeder Art, in deren Laufe teilt man größte Preise zu, mit Anlass an die Sieger der einzelnen Wettkämpfe. So sind die Begräbnisse bei den Thrakern."

Diese Tradition der Thraker war wie bei den Sklawinen = sog. Slawen:

„Die Sitten der Slawen waren am Anfang barbarisch und revoltierten die Fremden, die mit ihnen in Verbindung kamen. Nach Apostel Bonifacius vom VII. Jahrhundert, sie waren: ‚Ekelhafteste und hässlichste von allen Rassen.' Sie lebten in ältester Weise, bearbeiteten die Erde gemeinsam, opferten eigenen zahlreichen Götter Tiere und Gefangene, verbrannten die Toten und begleiteten die Begräbnisse mit den Gastmahlen und kriegerischen Spielen. Die Frauen verbrannten auf den Scheiterhaufen ihrer Männer."

H. Kinder/W. Hilgemann[327] schreiben: „... Slawen ... erst in der Karolingerzeit (805 Errichtung des ‚Limes sorbicus' durch Karl d. Gr. = Linie der östlichsten fränk. Marktorte)."

325 Ebenso, Seite 97.
326 Olga Luković- Pjanović, Srbi...narod najstariji, Dosije, Belgrad, 1990 (Ohne Seiten- durch Internet).
327 Hermann Kinder/Werner Hilgemann, dtv-Atlas Weltgeschichte, dtv Verlagsgesell., München, 1964, Seite 19.

Nachricht vom 30. Januar 2017:[328] „Dabei unterscheidet man … Teil der bedeutenderen Siedlungen und Villenkomplexe waren auch Heiligtümer der Götter. Dem Göttervater Jupiter weihte man titanische Säulen, für den Gott Mithras stifteten vermögende Bürger auf das 3. und 4. Jahrhundert datierte Heiligtümer, die etwa in Neustadt-Mußbach und bei Reichweiler und Schwarzerden. Die Überreste zweier ausgedehnter Tempel unbekannter Widmung fanden sich in der Nähe von Albessen."

Marion Steinmetz[329] gibt an: „Der Gewittergott Taranis (Donnerer) hat viele Beinahmen, und seine Embleme sind das Rad und der Blitzstrahl. Er wird dem römischen Jupiter gleichgesetzt."

„Die Hauswurz ist dem Gott Donar heilig und wird zum Schutz gegen Blitz und Donner auf die Hausdächer gepflanzt. Während man die Hauswurz auf das Dach setzt, spricht man folgenden Spruch: ‚Du Hauswurz bist als Deck, halt Feuer und Flammen weg!'

Hexen sammeln Hauswurz nur Donnerstags (dem Tage Donars), denn sonst besitzt sie nicht die rechten Kräfte."

Louis Leger[330] gibt an: Es scheint, der Gott Perun war oberster Gott der Russen. In einer altslawischen Übersetzung von der Legende über Alexander den Großen, gibt Afanasiev an, das Wort Perun ist die Übersetzung des griechischen Zeus' …

In einem Absatz des Romans über Alexander den Großen wurde Zeus mit Perun übersetzt. In einem apokryphen Denkmal, Dialog der drei Heiligen, liest man: „Es gab zwei Engel, den hellenischen Perun und jüdischen Horz."[331]

„Bei Südslawen, Serben und Bulgaren, erwähnte man den Namen Peruns nicht in historischen Denkmälern …"

328 Institut für Pfälzische Geschichte und Volkskunde, Von Kelten, Römern und Germanen, Bezirk, Verband Pfallz.

329 Marion Steinmetz, Die Kelten, Internet.

330 Louis Leger, La Mythologie Slave, serbische Ausgabe Rad, Belgrad, 1904, Internet.

331 Horos, Sohn der Isis. Nach dem Tode Alexanders der Makedonier verehrten Horos Sklawinen = sog. Slawen.

Die Sklawinen in Makedonien verehrten Horos aus Ägypten – Sklawinen nur Einheimischen. Deswegen sind (wir) Makedonier den Kretern DNA-nah ... (Velene ... Madrid, Spanien)

Politis, in eigener Studie über die Sonne (Ἴλιος), schrieb hl. Ilia mit Helios.[332]

... Ilios war Gott der Heiden, bei den Slawen und Warjagen ... erinnert slawischer Perun an skandinavischen Thor ...

„Die Eiche war ein Baum geweiht dem Perun wie dem Zeus."

Das Weihnachtsfeuer feiern wir Makedonier als die Nachfolger der Heiden mit Zeus ...

Hermann Kinder/Werner Hilgemann[333] schreiben: „Religion: Neben den Fruchtbarkeitsgöttern (‚Vanen') Njört (identisch mit Nerthus, der Muttergöttin), Frey und Freyja ... Wodan (Odin) ... Thor (Donar), der Beschützer der Bauern gegen die Riesen, und Tiwaz (Ziu, Tyr), der Kriegsgott der im Norden mit Wodan konkurriert ...“

„Religion: Die Quellen berichten über Götternamen und -bilder, über Tempel der Westslawen (Tempel von Arkona auf Rügen, Heiligtümer des Gottes Triglav in Stettin und des Gottes Svarozic in Rethra), von Baumkulten und Orakeln. Der Gebrauch von Amuletten und Sinnbildern lässt auf Berührungen mit den Iraniern und Turkvölkern schließen. Bekannt ist der Donner- und Blitzgott Perun (bei den Ostslawen). Höchste Gottheit der alten Slawen ist Swarog, ein alter Himmels- und Donnergott. Die Slawen im Hevelgebiet verehren Dazbag (Sonnengott) und Jarowit (Frühlingsgott). Innerhalb der Sippe werden Rod und Rozancy (Fruchtbarkeitsgötter) verehrt. Bei allen Stämmen gibt es eine Anbetung der Natur."[334]

---

332 Helios = Ilios, wie Herodot = Irodot, Herod = Irod. Nur il vrne il grme: Il regnet es Il donert es, wie Perun- Peru.

333 Hermann Kinder/Werner Hilgemann, dtv-Atlas Weltgeschichte, dtv Verlagsgesell., München, 1964,Seite 109.

334 Ebenso, Seite 111.

Nachricht vom 30. Januar 2017:[335] „Neben den Römern gab es einen zweiten Hauptfaktor für die demographische Ausdünnung der hiesigen Kelten: die vom rechten Rheinufer herüber drängenden Germanen. Wie ihre westlichen Nachbarn bildeten sie keine einheitliche Ethnie, sondern stellten vielmehr eine lose Kulturgruppe oft bis aufs Messer verfeindeter Stämme dar. Und selbst über die vermeintliche Geschlossenheit solcher einzelnen Stammesverbände bestehen in der Forschung je nach Quellenlage berechtige Zweifel. Grob verbindende Elemente stellten hier lediglich mehr oder weniger ausgeprägte Sprachverwandtschaften und der um Wodan (nord. Odin),[336] Freye, Donar (Thor) und Ziu (Tyr) gruppierte Götterhimmel. Dessen ungeachtet machten sich germanische Kulturen im 1. Jahrhundert v. Chr. auch linksrheinisch immer deutlicher bemerkbar und vermischten sich mit dem keltischen Element mitunter so stark, dass eine präzise Trennung beider Völkergruppen schon den zeitgenössischen Geschichtsschreibern (z. B. Tacitus in seiner Germania)[337] ...“

Louis Leger[338] gibt an: „Adam von Bremen, Gesta Hammaburgensis eclesiae pontificum, lebte in erster Hälfte des XI. Jahrhundets, wie e gab in Kapitel XXVI, XXVII, XXVIII, über skandinavische Gottheiten: Thor, Wodan und Fricco. Man glaubt in gewisser Verwandtschaft den Aberglauben der Saksonen, Slawen und Schweden ...“

Herbert George Wells[339] schreibt: „Bevölkerung ... Mehrgöttischer Glaube der alten Germanen und der Slawen war sehr

---

335 Institut für Pfälzische Geschichte und Volkskunde, Von Kelten, Römern und Germanen,Bezirk Verband Pfallz.

336 V + Odin = Odin: v = w + Odin = Wodin = Wodan, nur sog.Slawisch. Makedonisch Voda, v = w, Wasser usw.

337 Es gab keine Germanen, sondern nur die Kelten. Tacitus war nur Falsifikat- Germania von Mittelalter.

338 Louis Leger, La Mythologie Slave, serbische Ausgabe Rad, Belgrad, 1904, Internet.

339 Herbert George Wells, Istorija sveta, Narodno delo, Belgrad, 1929, Seite 360.

ähnlich dem ursprünglichen Glauben der alten Griechen. Sie waren männliche und aufrechte Gläubige, in den Tempeln spielten Priester und Opfer sehr unbedeutende Rollen. Eigene Götter erdachten sie als höhere Wesen sehr ähnlich den Menschen, wie eine Art Älteste, die sich unerwartet und nach eigenen Gemüts in menschlichen Sachen und Beziehungen einmischten. Bei den Germanen entsprach Jupiter Odin, Mars ungefähr Tor, Venera wieder Göttin Freja usw. Im Lauf des 7. und 8. Jahrhunderts wurde allmählich die Christianisierung der Heiden von germanischen und slawischen Stämmen durchgeführt."

„Im 7. und 8. Jahrhundert begegneten wir englischen Missionaren, wie sie in östlichen Gegenden des Fruschkeskönigtums wirken. Unter diesen Missionaren war der bedeutendste der Hl. Bonifacius (680–755). Er war in Kridton in Devonshar geboren, er taufte Frise, Tiriner und Hessener, und fand endlich den Martertod in Holland."[340]

Die Götter waren gleich, aber nur mit den verschiedenen Namen.

Deswegen hatten Germanen dieselben Götter wie die sog. Slawen mit dem Barbarisch.

---

340 Ebenso Seite 361.

DIE SCHRIFT DER KELTEN

Marion Steinmetz[341] gibt an: „Als die Indoeuropäer aus Osten her kommend auf Wanderung gingen, kamen sie durch Gebiete, die dicht mit Wald bedeckt waren. Die Bäume in den Wäldern boten ihnen Schutz, Nahrung, Werkstoffe und Heilmittel. In jener Zeit brachte man den Bäumen allgemein noch Achtung, Verehrung und Respekt entgegen. Angesicht dieses tiefen Respekts kam es dann, dass gewisse Nachfahren, z. B. Kelten, ein Buchstabenalphabet entwickelten, und jedem Baum bestimmte Eigenschaften, Kräfte und einen Buchstaben zukommen ließen. Das Baumalphabet nannte man ...

OGHAM
Das keltische Baum-Alphabet
W = Wales
ScG = Schottisches Gällisch"

„Das in Irland entwickelte Ogham-Alphabet ist möglicherweise benannt nach Ogma oder Ogmius, einer alten keltischen Gottheit des Wissens und der Schreibkunst. Die Schrift besteht aus senkrechten und diagonalen Strichen, die auf einer oder beiden Seiten einer horizontalen Trennungslinie angesetzt werden. Es handelt sich dabei um ein leicht beherrschbares System, das eine große magische Bedeutungsvielfalt in sich birgt, obwohl es für einen tieferen Ausdruck offenbar ungeeignet war. Die Buchstaben des Ogham Alphabets (aus der Zeit um 600 v. Chr.) sind phonetisch in fünf Gruppen zu je fünf Lauten geordnet: Jeder der 25 Buchstaben dieses Alphabets hat einen Namen –, den Namen eines Baumes, einer Pflanze oder von Naturelementen wie Blitz oder Meer. Ogham wurde auch auf Steine geritzt; dabei diente die Kante des Steins als Stammlinie, und die Buchstaben verliefen in der Regel von unten nach oben. Mehr als 360

---

341 Marion Steinmetz, Die Kelten, Internet.

solcher Steine sind in Irland, Wales, Südengland, auf der Insel Man und in Schottland erhalten.

(Nur auf Diskette ohne Ogham-Symbole da diese Javascriots sind und sich leider nicht ausdrucken lassen. Habe sie nach dem Ausdrucken mit Hand eingezeichnet)"

Nach Alexander Demandt,[342] „Über ein halbes Jahrtausend wurde die Geschichte Westeuropas von den Kelten bestimmt. Ihre Stämme fassen wir als politische Gebilde in der Zeit vom 6. Jahrhundert vor bis zum 1. Jahrhundert n. Chr. auf. Für Griechen und Römer waren die Kelten Barbaren ... Caesar (VII 22) nennt die Gallier ein Volk, das höchst geschickt darin sei, Anregungen und Erfindungen von anderen, woher auch immer, aufzugreifen und auszunutzen. So haben die Kelten von den Griechen und Römern Schrift- und Geldwirtschaft übernommen, beides aber nie völlig ausgebildet, bevor sie ihre politische Selbstständigkeit verloren. Dies wiederum beruht auf ihrer militärischen Unterlegenheit ..."

Also, „So haben die Kelten von den Griechen und Römern Schrift- und Geldwirtschaft übernommen". Die Schrift war Barbarisch als Sprache der Pelasger = sog. Slawen.

Nach Alexander Demandt,[343] „Der Übergang zur Geldwirtschaft zeigte positive wie negative Auswirkungen. Caesar erzählt von einträglichen Zöllen, die von Adligen eingezogen wurden und deren Reichtum begründeten. Auch das Kreditwesen florierte bereits samt seinen üblen Begleiterscheinungen, der Versklavung von Zahlungsunfähigen. Mehrere gallische Buchstaben auf den Münzen, darunter drei durch Caesar bekannte Männer: Dumnorix, Litaviccus und Vercingertorix. Mit dem Sieg Roms endet die keltische Prägung. Die wichtigste Münzstätte der nun römischen Typen blieb aber Lugdumum/Lion.

---

342 Alexander Demandt, Die Kelten, Verlag C.H.Beck oHG, München 2000, Seite 10.

343 Alexander Demandt, Die Kelten, Verlag C.H.Beck oHG, München 2000, Seite 34.

Nach griechischem Vorbild sind die Kelten zur Verwendung der Schrift übergegangen. Doch haben sie diese, ähnlich wie zuvor die Mykenäer das Linear B, nur zu praktisch-technischen Zwecken verwendet, nicht für Literatur. Caesar (I 29; VI 16) bezeugt Bürgerlisten in griechischen Buchstaben bei den Helvetiern. Der Kontakt lief über Massilia. Dorthin schickten die Gallier während der späten Republik ihre Söhne zur Schule, von dort holten sie sich Redner und Ärzte. Massiaila war in römischer Zeit dreisprachig. Der Schriftgebrauch der Kelten wird bestätigt durch archäologische Funde, sowohl von Inschriften, überwiegend auf Grabsteinen, beginnend um 500 v. Chr. an den lombardischen Seen, später zahlreich um Narbonne, als auch durch Schreibgerät, so in Manching, wo Griffel und vom Besitzer griechisch signierte Töpfe gefunden wurden.

Aus jüngerer Zeit kennen wir die Verwendung des lateinischen, iberischen und nordetruskischen Alphabets. Unter mediterranem Einfluss haben die Kelten auch Siegerringe benutzt. Trogus (Justin XLIII 4, 1f) bemerkt, durch den Verkehr mit den Griechen Massailas hätten die Gallier ihrem barbarischen Lebensstil überwunden: nicht nur Wein- und Ölbaumkultus, Ackerbau und Städtwesen übernommen, sondern auch die gesittete Lebensart. Er lobt ihre Bereitschaft, Gesetzen, nicht Waffen zu gehorchen, legibus, non armis vivere."

„Die Druiden gehörten neben den Rittern zum gallischen Adel. Sie waren gemäß Caesar (VI 14, 1) von Abgaben und vom Wehrdienst befreit, erst im gallischen Mythos treten sie auch kämpfend auf. Wer Druide werden wolle, schreibt Caesar, müsse 20 Jahre lernen: lange Gedichte, Lehren für die Jugend über die Seele, die Sterne, die Erde, die Natur und die Götter. Die Druiden sprachen in Form von Rätsel oder Bildern über Welt und Geschichte, über Rechte und Sitten. Caesar betont, dass diese Traditionen nur mündlich weitergegeben werden dürfen. Da die Kelten Buchstaben kannten und benutzen, liegt hier offenbar eine bewusste Verweigerung vor, die eine Profanisierung des Mythos verhindern und Macht und Ansehen des Druidenstandes schützen sollte. Im 3. Jahrhundert n. Chr. erfand ein irischer

Weiser die Ogamschrift. Sie ist abgeleitet aus dem lateinischen Alphabet und wurde überwiegend für Inschriften auf Grab- und Grenzsteinen genutzt, öfters auch als Bilingue. Sie war mithin keine Geheimschrift.[344]

Im Jahr 61 v. Chr. kam der Häduer Divitiacus in politischem Auftrag nach Rom und war dort Hausgast bei dem von ihm verehrten Cicero (De divinatione I 90). Dieser Druide wird als naturkundig bezeichnet, er kenne Künftiges aus Vogelzeichen. Weissagung wurde in Gallien somit wie bei den Etruskern und Römern durch Vogelschau (auguria) betrieben. Manche Autoren unterscheiden die Seher (vates) von den Priestern. Wahrscheinlich ist das lateinische Wort vates aus dem Keltischen entlehnt. Wenn es von den Silurern in Wales heißt, dass sie sich besonders auf die Weissagung verstanden, so könnte diese Notiz bei Solin (22,7), einem Kuriositätensammler aus dem 3. Jahrhundert, auf die Druiden verweisen. Plinius (XXX 13) nennt sie Seher und Ärzte. Auch das Kalenderwesen unterstand ihnen, wir kennen es aus dem Mondkalender von Coligny. Dieses 1897 gefundene, von einem römischen Altmetallhändler in 150 Bruchstücke zerlegte Bronzeblech ist das umfangreichste erhaltene altkeltische Schriftstück. Es stammt aus dem späten 2. Jahrhundert n. Chr. und hatte sicher kultische Bedeutung, die im Einzelnen freilich ebenso unklar ist wie die anderen Kalender der Frühzeit."

Marion Steinmetz[345] gibt an: „Von dem Kelten sind nur wenig Fundstücke mit Beschriftungen bekannt. Man weißt aber, dass die Druiden und Fürsten etruskische und griechische Schrift lesen und schreiben konnten. Trotzdem wurde alles nur mündlich beschlossen, beschworen und überliefert. Geld besaßen die Kelten ursprünglich kein eigenes. Sie übernahmen aber Goldmünzen ihrer südlichen Nachbarn (den Philliperstater). Er besaß etwa den Gegenwert von vier Schafen. Später haben sie die Münzen nachgeprägt. Mit der Zeit hat sich das Münzbild verändert. Um

---

344 Ebenso, Seite 43.
345 Marion Steinmetz, Die Kelten, Internet.

kleinere Zahlungsmittel zu haben gab es auch ‚Viertalstater' aus Silber und sogenannte ‚Regenbogenschüsselchen' aus Gold."

Marion Steinmetz[346] gibt an: „Die Sprache des Steinvolkes Der Legende nach wurden Steinsymbole einst am Ende der dritten Welt von den Blitzwesen in die Körper des Steinvolkes eingebrannt, um den Menschen in der vierten, heutigen Welt bei ihrem Streben nach Vervollkommnung weiterzuhelfen. Es handelt sich bei diesen Zeichen um die bildliche Darstellung von Energieeinflüssen und energetischen, kosmischen Zusammenhängen. Man kann sie als Meditationshilfe benutzen. Gegenstände mit ihnen energetisch aufladen, sie als Orakel befragen oder sie ganz einfach auf den Steinkörpern suchen. Diese Motive kosmischer Energien sind in ihrer Art mit den Runen im vorchristlichen europäischen Raum vergleichbar. In Europa hatten die Runen einen Bezug zu den Bäumen, hier werden die Steine als Träger und Übermittler der kosmischen Energieströme gesehen. (aus Symbolen der Indianer Nordamerikas. Heike Owusu)"

Die slawischen Striche und Ritzen waren Runen- auch mit kyrillischen Buchstaben.

---

346 Marion Steinmetz, Die Kelten, Internet.

DIE SPRACHE DER KELTEN

Nach Alexander Demandt,[347] „Gallia est omnis divisa in partes tres, quarum unam incolunt Belgae, aliam Aquitani, tertiam, qui ipsorum lingua Celtae, nostra Galli appelantur. ‚Ganz Gallien besteht aus drei Teilen, deren einen die Belgien, deren anderen die Aquitanier bewohnen, während im dritten Teil das Volk lebt, das sich selbst Kelten nennt, in unserer Sprache aber Gallier heißt.' Mit diesem Satz eröffnet Caesar sein autobiographisches Werk (commentarii) über den Gallischen Krieg 58 bis 51 v. Chr., das Generationen von Schülern als Lehrbuch des Lateinischen gedient hat."

„Trotz ihrer hohen historischen Bedeutung sind die Kelten von der politischen und ethnischen Landkarte Europas verschwunden. Nach ihrer durch Reiterei und Eisenwaffen erleichterten großen Expansion, die von Irland bis Zentralanatolien reicht, und den engen Berührungen mit den Völkern des Mittelmeerraums sind die Kelten im Zuge der Hellenisierung im Osten und der Romanisierung im Westen bis auf geringe Reste im Celtic Fringe untergegangen."

Die Hellenisierung mit der Koine vom makedonischen Alexandria und die Romanisierung mit Latein seit 240 v. Chr. Nach dem Tod des Alexanders von Makedonien war Hellenismus usw.

Alexander der Makedonier herrschte in Phrygien, gegründet von Brigern, auch Türkei.

S. S. Bilbija[348] gibt an: „Deswegen können Serben, Kroaten und Slowenen auf gleiche Weise türkische, lydische und lykische Denkmäler lesen und verstehen, aber nur, wenn sie sich kyrillischer Buchstaben bedienten, neben der etruskischen und

---

347 Alexander Demandt, Die Kelten, Verlag C.H.Beck oHG, München 2000, Seite 9.
348 S.S.Bilbija, Staroevropski jezik i pismo Etruraca, Published by The Institut of Etruscan Studies ..., S. IV.

Runenschrift, kam aus ... Kleinasien ..., die stammte aus kretischen malerischen Zeichen."(Auch Makedonier, R. I.)

Nach Alexander Demandt,[349] „Die Verbreitung der Griechischkenntnisse der Galater beweist der an sie gerichtete Brief des Apostel Paulus aus dem Neuen Testament. Er wurde um 54 n. Chr. vermutlich in Ephesos verfasst. Die hellenisierten Galater wurden auch als Gallograeci bezeichnet. Die Bereitschaft zur Vermischung mit anderen Völkern bezeugten zudem die Namen der Keltiberer in Spanien, der Keltoskythen an der Donaumündung und der Keltoligyer an der unteren Rhône. Im Unterschied zu den anderen Hauptbriefen des Paulus ist der Galaterbrief nicht an die Christen einer Stadt gerichtet, und das rührt daher, dass die Galater überwiegend auf dem Lande siedelten. Der Galaterbrief ist für die Theologie des Paulus deswegen bedeutsam, weil er sich hier in aller Schärfe gegen die Forderung der Judenchristen wendet, die neuen Gläubigen müssten sich zuvor beschneiden lassen. Widerstand gegen diese Verstümmelung gab es nicht allein bei den Galatern. Trotz der Hellenisierung der Galater überlebte das keltische Idiom. Das bezeugt noch um 400 Kirchenvater Hieronymus. Er hatte das Keltische in Trier kennengelernt und konnte, als er später zu den kleinasiatischen Galatern kam, deren Sprache verstehen. Diese beiden keltischen Gruppen waren damals über 700 Jahre getrennt."

Die Volkssprache der Makedonier, Hellenen, Römer, Kelten, Galater ... an Hieronymus war nur das Barbarische. Also, die Sprache der Pelasger als Sprache der sog. Slawen = Sklawinen ...

Nach Alexander Demandt[350]: „Die Namen der Keltiberer in Spanien, der Keltoskythen an der Donaumündung und der Keltoligyer an der unteren Rhône."

---

349 Alexander Demandt, Die Kelten, Verlag C.H.Beck oHG, München 2000, Seite 93.
350 Alexander Demandt, Die Kelten, Verlag C.H.Beck oHG, München 2000, Seite 93.

Nach Alexander Demandt,[351] „Im römischen Britannien hat sich die keltische Kultur ebenso wenig behaupten können wie im angelsächsischen die römische. Lediglich in den Randgebieten wurde das Keltische weitergesprochen und überdauerte hier allerdings sogar das Mittelalter …"

„Länger als die politische Eigenständigkeit hielt sich die ethnische Tradition der Kelten … Wenn in dem 533 n. Chr. publizierten Digesten des Corpus Juruis Civilis (32, 11 pr.) unterstrichen wurde, dass Testamente nach römischem Reich auch dann gültig seien, wenn sie auf Keltisch (lingua Gallicana) abgefasst seien, war das gewiss nicht nur eine im 6. Jahrhundert veraltete Bestimmung aus der Zeit Ulpians um 200 n. Chr. Aufregend daran ist, dass keltisch nicht nur gesprochen, sondern geschrieben wurde. Leider hat sich kein Text erhalten."[352]

Nach Alexander Demandt,[353] „Über ein halbes Jahrestausend wurde die Geschichte Westeuropas von den Kelten bestimmt. Ihre Stämme fassen wir als politische Gebilde in der Zeit vom 6. Jahrhundert vor bis zum 1. Jahrhundert n. Chr. Für Griechen und Römer waren die Kelten Barbaren, entsprachen dem damit verbundenen Bild und haben zu dessen Prägung beigetragen. Als nördliche Nachbarn der mediterranen Poliswelt (Welt der Stadtstaaten) gehören sie zu den antiken Randkulturen …"

Die Barbaren sprachen mit dem Barbarisch als Volkssprache. Die Makedonier und die Römer sprachen auch mit dem Barbarisch als Volkssprache der Pelasger. Aber die Makedonier hatten eine offizielle Sprache Koine aus Alexandria (300 Jahre v. Chr.) und die Römer nur seit 240 Jahren v. Chr. das Latein. Latein war Nachfolger der Koine (19. Jh. sog. Altgriechisch).

---

351 Alexander Demandt, Die Kelten, Verlag C.H.Beck oHG, München 2000, Seite 94.
352 Ebenso, Seite 95.
353 Alexander Demandt, Die Kelten, Verlag C.H.Beck oHG, München 2000, Seite 10.

Da die beiden Sprachen zu schwer waren, um sie zu lernen, gab es Vulgärkoine und Vulgärlatein. In Hellas seit dem 19. Jahrhundert bestehen Katharevousa (1868) und Dimotiki (1977).

Die europäischen Völker waren nur christliche Völker, entartet von dem Barbarischen.

Nach Alexander Demandt,[354] „Nach griechischem Vorbild sind die Kelten zur Verwendung der Schrift übergegangen. Doch haben sie diese, ähnlich wie zuvor die Mykenäer das Linear B, nur zu praktisch-technischen Zwecken verwendet, nicht für Literatur. Caesar (I 29; VI 16) bezeugt Bürgerlisten in griechischen Buchstaben bei den Helvetiern. Der Kontakt lief über Massilia. Dorthin schickten die Gallier während der späten Republik ihre Söhne zur Schule, von dort holten sie sich Redner und Ärzte. Massiaila war in römischer Zeit dreisprachig. Der Schriftgebrauch der Kelten wird bestätigt durch archäologische Funde, sowohl von Inschriften, überwiegend auf Grabsteinen, beginnend um 500 v. Chr. an den lombardischen Seen, später zahlreich um Narbonne, als auch durch Schreibgerät, so in Manching, wo Griffel und vom Besitzer griechisch signierte Töpfe gefunden wurden.

Aus jüngerer Zeit kennen wir die Verwendung des lateinischen, iberischen und nordetruskischen Alphabets. Unter mediterranem Einfluss haben die Kelten auch Siegerringe benutzt. Trogus (Justin XLIII 4, 1f) bemerkt, durch den Verkehr mit den Griechen Massailas hätten die Gallier ihren barbarischen Lebensstil überwunden: Nicht nur Wein- und Ölbaumkultus, Ackerbau und Städtewesen übernommen, sondern auch die gesittete Lebensart. Er lobt ihre Bereitschaft, Gesetzen, nicht Waffen zu gehorchen, legibus, non armis vivere."

Nach G. S. Grinevič, im Werk „Urslawische Schreibkenntnis", Pelasger sind die Minoen, Autoren der Linearschrift A und B, Schrift der Urslawen. Geöffnete Silben sind Charakter der slawischen Schrift mit Strichen und Ritzen. Die Schrift gehört zur

---

354 Alexander Demandt, Die Kelten, Verlag C.H.Beck oHG, München 2000, Seite 36.

Gruppe der ägäischen Silbenschrift. Sie sind eng verbunden, es sind drei Systeme der Schrift: Kretischhieroglyphisch, Linearschrift Klasse A und Linearschrift Klasse B. Zeichen der Linear A und B Schrift vergleicht man mit Zeichnen der Schreibkenntnis von Typ der Striche und Ritzen. Linearschrift A und B und die Schrift vom Typ der Striche und Ritzen, sind die einzige urslawische Schreibkenntnis. Beim Vergleich der Schrift von Typ Striche und Ritzen mit Kyrillisch, erscheinen zehn identische graphische Zeichen mit kyrillischen Buchstaben. Die zehn Buchstaben gibt es und im graphischen Alphabet. Es sind 22 Buchstaben der phönikischen Schrift und 22 der protobiblischen Schrift, sie sind von syllabischem Typ silbisch. Das ist die ägäische Schrift. Die gibt es auf Kreta während der Epoche der Bronze, wo sich die Linear A und B Schriften bilden.

Im Sommer 1908 begannen italienische Archäologen auf Kreta Untersuchungen. In der Stadt Phaistos fanden sie einen kleinen Diskus, ein Kochgerät[355] aus gebranntem Ton, der war mit vielen Symbolen an Zahl 45 geschrieben. Außerdem macht der russischer Archäologe Genadij Grinevič eine andere solche Entdeckung, südöstlich von Moskau. Ein anderer russischer Archäologe, Vasil Gordocov, fand einen anderen Diskus mit ähnlichen Symbolen wie auf Kreta. Nach ihm waren sie „slawischer Herkunft".

Weiter schreibt Grinevič, dass, während der Periode vom 8.–2. Jahrhundert v. Chr., eine neue Zivilisation zwischen Arno und Tiber in Norditalien unter anderem Namen erschien. Das waren die Etrusker, die sich Ressenen nannten. Historiker Helanikus (5. Jahrhundert v. Chr.) bewies, dass sie ein Zweig der ägäischen Pelasger waren. In Berichten des Stephanus von Byzant (6. Jahrhundert n. Chr.), klassifizierten sie sich als Slawen. Die Slawen verwendeten Lesen und Schreiben mit vertikalen und horizontalen Ritzen. Die Ritzen gaben der vorkyrillischen

---

355 Makedonisch vršnik (vrschnik) oder sač (satsch) = sauc = Darsteller (Behälter zum Braten der Speise) sauch.

Schrift ihren Namen. Die war nicht alphabetisch, sondern ,syllabisch', das Schreiben erfolgte durch Bildbücher oder Ritzen. Das ältestes Vorbild von dem Schreiben mit solchen horizontalen und vertikalen Ritzen wird auf einem spindelförmigen Reifen exponiert, der auf etwa 348 Jahre n. Chr. Datiert wurde. Der war in der Nähe der Stadt Jasch in Ostrumänien gefunden worden. Auf ihm steht: ,Nachbarn, bringen Sie diesen Ringreifen zu Solja' (Solja oder Solija war ein weiblicher Name). Dieser Brief war auf eine einfache Spindel geschrieben. Das zeigt, Lesen und Schreiben waren während des Heidentums viel verbreitet worden. Das suggeriert wahrscheinlich, dass das Quellen des vorslawischen Schreibens sind, sie sind viel älter und gehen zurück ins vorige Millennium. Aber, wie viel älter könnten sie sein?"[356]

Seit dem 6. Jahrhundert gab es Sklawinen, keine Slawen von Logos = Slovo = Buchstabe.

Nach Alexander Demandt,[357] „Der nach antiker wie moderner Ansicht entscheidende Grund für die Verschiedenheit von Kelten und Germanen liegt in der Sprache. Das Keltische, das in ganz Gallien gesprochen wurde, ebenso in Britannien und Galatien, gehört zu den 1810 von dem Dänen Conrad Malte Brun so benannten indogermanischen Sprachen. Wir besitzen keine längeren keltischen Texte, nur etwa 60 Inschriften der vorchristlichen Zeit. Dazu kommen Namen auf Münzen und Glossen antiker Autoren sowie eine Fülle von Personen- und Ortsnamen. Keltische Namen für Flüsse, Berge, zuweilen auch Siedlungen begegnen in einem Gebiet, dessen Nordgrenze von Niederrhein über das keltische ,Eisenach' bis nach Böhmen verläuft. Keltisch oder vorkeltisch sind die Namen vieler deutscher Flüsse, so die von Rhein, Lippe, Ruhr, Lahn, Main, Nidda, Necker und Tauber. Auch Donau, Isar und Lech tragen keltische Namen. Der

---

356 Risto Ivanovski, Kleopatra mit makedonischer Schrift- Striche und Ritzen (Runen), Bitola, 2019, DNB.
357 Alexander Demandt, Die Kelten, Verlag C.H.Beck oHG, München 2000, Seite 13.

Gesamtraum keltischer Ortsnamen greift dann aus über ganz Frankreich, nach Mittelspanien und Britannien."

Gustav Weigand[358] gibt an: „Das ist in kurzen Zügen ... Auch die Art der Musik und des Tanzes der Rumänen weisen ganz entschieden auf den Balkan. Ich möchte hervorheben, dass ich durchaus unabhängig von Tomaschek zu denselben Resultaten wie er gekommen bin ..."

Die rumänische Sprache hat den slawischem Dunkelvokal, der findet sich nicht in Latein.

Olga Luković-Pjanović[359] gibt an, was Surowiecki-Schafarik in „Über die Ankunft der Slawen" schreibt: „Von diesen 72 Völkern (Sprachen) war eines das slowenische Volk, und von Japhets Geschlechtern waren sie die sogenannten Illyrer, welche Slowenen sind. Dass an dieser Stelle nur Iljurci die einzig und allein wahre Lesart sein könnte, erhielt sich gegenseitig auch aus dem oben angeführten Ilurik Slowene, und aus dem ganzen in Nestor Th. II. Kap. IV und Th. III. Kap. IX und ganz besonders Kap. X ... mit ganz klaren, dürren Worten dargestellten Systemen desselben von der Ursitzen der Slowenen an beiden Ufern der Donau in Illyricum, Panonien und Mösien, woraus sie durch die Wlachen vertrieben worden seien. Die Schreibart Ilurik, Ilurci, oder ichtiger Iljurik, Iljurrci, statt Illirik, Illirci, wird nicht befremdet, wenn man bedenkt, dass in der altslowenischen Schrift das griechische v meist durch γ wiedergegeben wird und dass der Wichlaut, nach der slowenischen Sprache ganz eigentümlich ist. Übrigens haben beinahe alle römischen Stein- und Münzenaufschriften, auch die aus der späteren Zeit, Illurikum und Illurus statt Illyrcum, Illyrus, Katanecisch Epigr. II. Das Resultat ist demnach: Nestor hielt die alten Illyrier für Slowenen."

---

358 Gustav Weigand, Ethnographie von Makedonien, Friedrich Brandstetter, Leipzig, 1924, Seite 13.
359 Olga Luković-Pjanović, Srbi ... narod najstariji, Dosije, Belgrad, 1990 (Ohne Seiten- durch Internet).

„Dass er (Nestror) aber den Zeitpunkt der Ansässigkeit der Slowenen in Illyricum und die teilweise Verdrängung aus demselben in vorchristlichen Zeiten wissen will, erschließt sich daraus, weil er ihnen in Illyrikum den Apostel Paules und in Russland den Apostel Andreas zum Lehrer gibt ... Auf gleiche Weise fußen die bei Kadlubek ... Sagen ... von Ursitzen der Slowenen in Panonnien, an der Donau, usw. Man denke übrigens ja nicht, dass die Sage von der Urheimat der Slowenen in Illyricum bei nordischen Schriftstellern gewesen wäre ...“

Die Russen hatten Überlieferungen von der Donau, aber nicht von nördlicheren Regionen.

Herbert George Wells[360] schreibt: „Nun an Mittelmeer ... Nach der Unterwerfung Englands der Normannen Jahr 1066 wurden aus England eine große Zahl angesehener Dänen und Angelsachsen verbannt. Diese Verbannten gingen zu den russischen Warjagen und es schien, dass sie sich schnell und leicht in der Sprache und der Sitte angepasst haben.“[361]

Also, alle Erwähnten waren nur ein Volk mit einer Sprache und mit gleicher Sitte.

---

360 Herbert George Wells, Istorija sveta, Narodno delo, Belgrad, 1929, Seite 71.
361 Ebenso, Seite 370.

DIE ETRUSKER UND DIE RÖMER SPRACHEN NUR DAS BARBARISCHE

Christopher Smith[362] gibt im Titel an: „**Einleitung**

Von ca. 900 bis 400 v. Chr. waren die Etrusker das innovativste, mächtigste, wohlhabendste und schöpferischste Volk in Italien. Sie lebten in eindrucksvollen Städten auf den Hügeln und Ebenen Mittelitaliens; ihr Reich erstreckte sich im Süden bis nach Kampanien und im Norden bis in die Po-Ebene (Abb. 1). Sie trieben Handel über das Mittelmeer. Ihre Kultur war voller Kunst, Musik, Technik, Sport, Wein und Religion; sie lebten gut, und das wussten sie. Heutige Besucher der Region werden noch immer von den mit Malereien versehenen Gräbern in Tarquinia in den Bann gezogen, von den stillen Tumuli von Cerveteri (dem antiken Caere), den Städten, die, wie Volterra, auf steil abfallenden Plateaus und Hügelkuppen thronen. Museen sind voller Kunstwerke von außerordentlicher Meisterschaft und Schönheit, und etruskische Augen blicken uns, Zeit und Tod stolz trotzend, von Hunderten von Sarkophagen an.

Dennoch liest man, wohin man auch blickt – in Reiseführern oder Urlaubsbroschüren, von den ‚rätselhaften‘, den ‚geheimnisvollen‘ Etruskern, dem verborgenen Etrurien, dem unterirdischem Etrurien –, als sei die Kultur gleichsam vor uns versteckt. Es ist ein Verkaufstrick, der sich als äußerst nützlich und profitabel erwiesen hat, aber auch als irreführend.

Diese Einführung in die Welt der Etrusker geht von der Prämisse aus, dass die Etrusker nicht rätselhafter sind als die meisten anderen Völker des archaischen Italiens. Das Etikett des Geheimnisvollen, Rätselhaften, das ihnen anhaftet, hat zudem verhindert, dass die Etrusker angemessen in die Erzählungen klassischer Geschichtsschreibung Eingang fanden, und das ist bedauerlich, bilden sie doch einen faszinierenden Gegenpol zu

---

362 Christopher Smith, Die Etrusker, Oxford University Press, 2014, Philipp Reclam Stuttgart, Seite 7, Internet.

den anderen, häufiger diskutierten Mittelmeerkulturen, darunter Rom und Athen. Tatsächlich gibt es so viel Material, dass es eines umfangreicheren Werkes als dieses Bändchens bedürfte, um ihm gerecht zu werden. In der vorliegenden Darstellung sind die Etrusker Teil der mediterranen Welt, der mannigfaltigen und mannigfachen Verbindungen und Vermischungen von Völkern, Objekten und Ideen über zwei Jahrtausende hinweg, die das vielfältige Gesamtbild des Altertums von der Bronzezeit bis zum Niedergang des Römischen Reiches im Westen ausmachen.

Wir beginnen mit den beiden Fragen, die modernen Gelehrten Kopfzerbrechen bereiteten und zu der Behauptung beitragen, die Sache mit den Etruskern sei besonders schwierig: Woher kamen sie, und warum ist ihre Sprache so seltsam? Die erste dieser Fragen ist weder ungewöhnlich noch auf die Etrusker beschränkt; die Griechen diskutierten ausgiebig, aber ohne solide historische Basis, über ihre eigenen Ursprünge, und Bewunderer der makedonischen Kultur werden die endlose Kontroverse über die Frage, ob sie nun griechisch sei oder nicht, kennen. Die Sache mit der Sprache ist da schon ungewöhnlicher, doch wird sie häufig falsch dargestellt; wir sind sehr wohl in der Lage, das Etruskische zu lesen, doch ist das meiste, was erhalten geblieben ist, nicht sonderlich informativ.

Nach der Behandlung dieser beiden grundsätzlichen Probleme gehen wir im Rest des Buches chronologisch vor – von der späteren Bronzezeit bis zur spätrömischen Zeit – und schildern abschließend, was sich bei der Erforschung der Etrusker abspielte und wie dies zu deren vermeintlicher ‚Rätselhaftigkeit‘ betrug.

Ein Hauptanliegen dieses Buches ist es klarzumachen, dass es durchaus möglich ist, eine Geschichte der Etrusker zu schreiben; wir haben ausreichend Informationen über gesellschaftliche Organisation, über Aspekte politischen Verhaltens, über ökonomisches Verhalten im städtischen und ländlichen Umfeld, über Kulturgeschichte usw. Diese Geschichte muss jedoch im breiteren italienischen und mediterranen Kontext gesehen werden, und ein roter Faden, der sich durch das ganze Buch zieht, besteht darin, aufzuzeigen, wie die Etrusker die Verbindungen handhaben, die sie zu dieser Welt um sie herum hatten. Ein weiteres schwieriges Problem stellt die Frage dar, was wir eigentlich meinen, wenn wir von den Etruskern sprechen. Die meisten der Menschen, um die es hier geht, gehören einer relativ privilegierten Schicht an. Der archäologische Befund gibt kaum Erhellendes über die armen Etruriens preis, und die Allerärmsten waren vielleicht gar keine Etrusker, sondern vielmehr Sklaven. Es kann sich hier also nur um eine partielle Geschichte handeln, dennoch ist es wichtig, den Etruskern so viel an Stimme wie möglich wiederzugeben und mehr zu sehen als lediglich die Museumsartefakte.

Das antike Etrurien war ein Gebiet Italiens, das sich vom Tiber nordwärts bis zum Po erstreckte und im Osten vom Apennin begrenzt wurde. Die Küstenregion ist zumeist eben, das Binnenland wird jedoch sowohl in Ost-West- als auch in Nord-Süd-Richtung von stark zerfurchten Hügelketten durchzogen. Es ist eine Landschaft, die von Wasser, Kalkstein und lange zurückliegender vulkanischer Aktivität geprägt wurde, zerklüftet, aber passierbar; in manchen Regionen ist der Boden fruchtbar, in anderen reich an Erzvorkommen. Heute entspricht das Gebiet den Verwaltungseinheiten Nord-Latium und Toskana, die sich in etwa mit dem Lebensraum der jeweils gewisse Besonderheiten aufweisenden kulturellen Gruppen des südlichen und des nördlichen Etrurien decken. Damals wie heute und während ihrer gesamten Geschichte war die Region von unabhängigen Städten geprägt, die ganze Landstriche beherrschten, von den berühmten auf Plateaus und Hügelkuppen gelegenen Siedlungen, die ihr Hinterland kontrollierten und noch immer Reste der ausgedehnten etruskischen Mauern aufweisen, die sie einst umgaben.

Zu sozialer Entwicklung und Differenzierung kam es in Etrurien in der Spätbronzezeit (um 1300 bis 900 v. Chr.). Am Übergang von der Bronzezeit zur Eisenzeit (950 bis 750 v. Chr.) veränderten sich die Siedlungsmuster radikal, und es ist unübersehbar, dass Etrurien eine Revolution erlebte. Größere Ortschaften entstanden, Territorium geriet unter verschiedene Formen von Kontrolle. Im 8. Jahrhundert, zeitlich zusammenfallend mit der legendären Gründung Roms, eröffnete die Ankunft der Phönizier und insbesondere der Griechen aus dem Osten neue Möglichkeiten und Ideen, brachte eine neue Bildsprache für die Kunst, für religiöse Äußerung, für die Architektur und sogar ein Alphabet. Die Etrusker griffen früh und eifrig Fremdes auf, und die Zeit von 650 bis 500 v. Chr. war eine Phase enormer Kreativität und enormen Wandels. Konflikte innerhalb und außerhalb Etruriens verlangsamten indes das Tempo des Wandels, führten in einigen Gebieten zu sozialer Revolution und zur Verkleinerung etruskischen Territoriums. Um 400 v. Chr. machte sich der Einfluss der Römer allmählich bemerkbar; um 250 v. Chr. war die Eroberung durch die Römer weitestgehend abgeschlossen, die frühesten römischen Kolonien auf etruskischem Territorium wurden gegründet; um die Mitte des 1. vorchristlichen Jahrhunderts gab es keine etruskische Autonomie mehr, und die Sprache wurde seltener gesprochen, als die von Rom veranlasste Neuverteilung des Landes die ökonomische Leistungsfähigkeit der älteren Städte zunehmen untergrub. Um die Mitte des 1. Jahrhundert n. Chr. wurde kaum mehr Etruskisch gesprochen oder verstanden, und die Landschaft hatte sich vollkommen verändert, nachdem sich eine auf Großgrundbesitz und Sklavenarbeit basierende Landwirtschaft durchgesetzt hatte. Auch wenn es etwas ungewöhnlich ist, habe ich mich dazu entschlossen, dem Etrurien nach der römischen Eroberung gleiches Gewicht einzuräumen, und zwar deshalb, weil gerade der Umstand, dass die meisten Schilderungen diesen Zeitraum ausbleiben, uns dazu verleitet, die Etrusker mit ihrer Sprache zu identifizieren, und der Vorstellung Vorschub leistet, sie seien mit ihr verschwunden, womit sie ein gewisses Geheimnis umgibt, das es zu lösen gilt, nämlich die Frage, was mit ihnen geschehen ist. Doch die Übergangssprache sowie die Art und Weise, wie die Region den Realitäten der römischen Herrschaft Rechnung trug, sind genauso Teil der Geschichte der Etrusker und leisteten ihren Beitrag zur Schaffung der etruskischen Welt, die der Besucher heute sieht. Es gab umfassende Prozesse ökonomischen und sozialen Wandels im späten Altertum, und erst im frühen Mittelalter sollten sich allmählich die neue Architektur der aufstrebenden Kirche und neue Formen von Herrschaft ausbreiten; mit der Renaissance war die Toskana erneut zu einer der mächtigsten und eigentümlichsten Regionen der Welt geworden.

Man wusste schon immer, dass die Etrusker anders waren. ‚Sie waren ein Volk mit Sitten und Bräuchen, wie kein anderes sie hatte‘, sagte der griechische Schriftsteller Dionysios von Halikarnassos im späten 1. Jahrhundert v. Chr., der sich die Mühe gemacht hatte, sie zu studieren. Für einige waren sie eine Warnung davor, was passiert, wenn die Tugend verloren geht; sie hielten sie für wohlhabend und zügellos, Festgelagen und Vergnügungen zugetan. Andere richteten den Blick auf ihre Aktivitäten als Piraten oder ihre Grausamkeit. Ihre Frömmigkeit und ihr religiöses Wissen waren berühmt, wurden bewundert, gefürchtet und lächerlich gemacht. Es war ein etruskischer Wahrsager, der Julius Caesar vor den Iden des März waren. Sie waren Erfinder; mehreren Quellen zufolge sollen sie die Kriegstrompete erfunden haben, den Triumph (den die Römer bekanntlich übernommen haben), den Faustkampf, die Gladiatorenkämpfe, die Tracht und Insignien der Magistrate. Kaiser Augustus' gebildeter Freund Maecenas war stolz darauf, einem Geschlecht etruskischer Könige zu entstammen.

Doch wie fast alle Völker der antiken Welt hinterlassen die Etrusker keine eigene literarische Überlieferung und Geschichtsschreibung. Das etruskische Schweigen, verschärft durch das Verschwinden ihrer eigenen Sprache bereits im Altertum, scheint angesichts des Reichtums ihrer materiellen Kultur und ihrer offenkundigen Macht über gute fünf Jahrhunderte hinweg nur noch beredter. Dank der sorgfältigen Arbeit von Archäologen und Gelehrten wurde jedoch ein sehr großer Schritt hin zur Wiederbelebung des Wissens über die Etrusker getan. Der heutige Besucher einer etruskischen Stätte oder der etruskischen Sammlung eines Museums hat nicht den geringsten Grund, verwirrt zu sein oder ahnungslos zu bleiben. Auch wenn es viel gibt, was wir nie wissen werden, gibt es doch viel, was wir heute schon sagen könnten, und, was besonders spannend ist, noch viel mehr zu entdecken.“

1. Die Herkunft der Etrusker

In Bezug auf die Herkunft der Etrusker gibt es zwei unterschiedliche Diskussionsansätze, die sich allerdings überschneiden und schwer auseinanderzuhalten sind. Beim einen geht es darum, was die antiken Quellen dachten und warum sie so dachten; beim anderen darum, wie sich der Wandel im archäologischen Befund am besten erklären lässt, insbesondere im Kontext der späten Bronze- und frühen Eisenzeit. Die etruskische Fallstudie verdiente es, stärker in Diskussionen über antike Ethnizität eingebunden zu werden.[363]

Antike Schriftsteller glaubten, dass es etwas darüber zu sagen galt, woher Völker kamen, und hatten eine klare Vorstellung von ethnischer Identität. Die Griechen hielten sich für andere als andere. Ja, sie behaupteten, jeder Nichtgrieche sei ein barbaros oder Barbar, weil seine Sprache seltsam klinge, doch auch andere Formen unzivilisierten Verhaltens wurden als Gründe angeführt. Die Vorstellung, Ethnizität sei gewissermaßen ein essentielles oder primordiales Merkmal, ist jedoch, zumindest bisweilen, anfechtbar, und ihre Umsetzung fast immer anrüchig. Ethnizität wurde konstruiert; sie entwickelte sich teilweise als eine theoretische Strategie der Selbstidentifikation.

Die Diskussion über die Herkunft der Etrusker wurde durch die Aussagen antiker literarischer Quellen angestoßen. Herodot, ein griechischer Schriftsteller aus dem 5. vorchristlichen Jahrhundert, schildert eine Hungersnot, unter der die Lyder lange Jahre zu leiden hatten. Die Lage wurde so schlimm, dass etwas unternommen werden musste:

Als die Not aber nicht nachließ, sondern noch drückender wurde, habe ihr König [Atys, Sohn des Manes] alle Lyder in zwei Gruppen aufgeteilt und die eine durch Los zum Bleiben, die andere zur Auswanderung aus dem Land bestimmt; den Teil, dem das Los zu bleiben zugefallen war, habe der König sich selbst

---

363 Ebenso, Seite 15.

zugestellt, den Teil, der auswandern sollte, habe er seinem Sohn Tyrsenos mitgegeben. Die einen von ihnen, denen das Los auszuwandern zugefallen war, seien nach Smyrna gekommen, hätten Schiffe gebaut, alles darauf verladen, was für sie während einer Seereise von Nutzen war, und seien losgesegelt, um Lebensunterhalt und Land zu suchen. Nachdem sie an vielen Völkern vorbeigefahren waren, seien sie ins Land der Umbrer gekommen, hätten dort Städte gegründet und wohnten dort bis unsere Zeit. Statt Lyder hätten sie sich nun nach dem Sohn des Königs genannt, der sie dorthin geführt hatte. Nach ihm also hätten sie sich den Namen Tyrsener gegeben. (Herodot I,94, 5-7)

Nach Herodots eigener Berechnung muss dies vor dem Trojanischen Krieg stattgefunden haben, der herkömmlicherweise ins 12. vorchristliche Jahrhundert datiert wird. Seiner Sicht folgen alle weiteren Quellen, die sich zu der Frage äußern, außer einen Dionysios von Halikarnassos, der im späten 2. Jahrhundert v. Chr. schrieb. Dionysios macht zwei wesentliche Punkte geltend: Zum einen waren seiner Meinung nach die Etrusker nicht identisch mit den sogenannten Pelasgern (im Gegensatz zu der Ansicht, die Herodot an anderer Stelle offenkundig äußert), zum anderen gäbe es allen Grund für die Annahme, die Etrusker seien von jeher in Italien ansässig gewesen, und keinerlei Grund zu der Annahme, sie seien Lyder; ihre Sprache, Götter und Institutionen haben nichts miteinander gemein.

Wir haben also drei Theorien: Die Etrusker kamen aus Lydien; die Etrusker waren identisch mit den Pelasgern; die Etrusker waren schon immer in Italien heimisch. Die lydische Theorie erfuhr Herodot von den Lydern selbst. Wie zuverlässig die Informationen waren, über die sie diesbezüglich möglicherweise verfügten, ist unklar. Die Geschichte erinnert an verschiedene griechische Berichte von Kolonisation nach Katastrophen oder göttlichen Warnungen. Die Theorie ist eine reine Erfindung und mag als solche lokalen Zwecken gedient haben, die wir heute nicht mehr aufzudecken vermögen. Sowie Herodot sie einmal in sein Werk aufgenommen hatte, war sie offen für Neuinterpretationen, und jeder Aspekt der Etrusker, der ausländisch zu sein schien, konnte dazu benützt werden, die Verbindung zu belegen.

Die pelasgische Herkunft stammt aus einer anderen Überlieferung. Die Pelasger galten als die Urbevölkerung Griechenlands, und ihr Name wurde zu einer Art Sammelbegriff für die frühesten Siedler in der Ägäis. Über sie, oder auch über ihre Sprache, gab es keine gesicherten Erkenntnisse. Eine Reihe etruskischer Städte behauptete, von den Pelasgern abzustammen, darunter Cerveteri und Tarquinia. Die Griechen, wie auch die Etrusker selbst, mussten Fragen über die Ursprünge etruskische Städte beantworten, und eine Möglichkeit, dies zu tun, bestand darin, ihre Geschichte mit jener der Griechen zu verflechten. Nach dieser Theorie wurden die etruskischen Städte von eingewanderten Pelasgern gegründet, was natürlich den Vorteil hatte, dass sie gewissermaßen griechisch waren. Zudem ließ sich genealogisch ein mythischer Tyrrhenos als Sohn des Telephos und Enkel des Herakles konstruieren: Cortona beanspruchte für sich, Bestattungsort des Odysseus zu sein, der dort als Nanas (der ‚Wanderer') bekannt war. So schufen sich etruskische Städte auf die gleiche Weise wie griechische eine beeindruckende Vorgeschichte; es ist faszinierend, wie viele Bilder von Aeneas und seinem Vater Anchises, die der Einnahme Trojas durch die Griechen entkommen waren, in Veji zu sehen sind. Letztendlich beanspruchte Rom Aeneas für sich, doch es gab einen heftigen Konkurrenzkampf im Hinblick auf mythologische Gründergestalten.

Zusätzliche Schwierigkeiten bereitet bei der pelasgischen Theorie eine befremdliche Stelle bei Herodot, der, auf die Sprache der Pelasger eingehend, behauptet, sie würde in Kreston, ‚oberhalb der Tyrsener', noch immer gesprochen. (Ansonsten bezeichnet Kreston eine Stadt in Thessalien im nördlichen Griechenland.) Bis der Text zu Dionysios von Halikarnassos gelangte, war aus Kreston Kroton geworden, und man ging davon aus, dass es sich dabei um Cortona handelte (nicht um die Stadt in Kalabrien, die ebenfalls Kroton hieß). Das Einzige, was klar ist, ist, dass wir es hier mit einem riesigen Durcheinander zu tun haben. Die Sprachfrage wurde jedoch herausgepickt und entwickelte sich zu einem Schlüsselproblem.

Das Etruskische ist keine indogermanische Sprache, und das ist in Italien eigenartig. Es ähnelt ein wenig der Sprache auf einer Stelle (einer mit einer Inschrift versehenen Marmorplatte), die auf der griechischen Insel Lemnos gefunden wurde. Gab es hier eine genuine Verwandtschaft? Leider lässt sich die Inschrift in völlig unterschiedlicher Weise interpretieren: Sie könnte ein Hinweis auf ein Volk im Osten sein, von dem die Etrusker abstammen; auf eine Migration von (einigen wenigen oder vielen) Etruskern nach Osten oder darauf, dass es in sehr alter Zeit sowohl im Osten als auch im Westen eine als Tyrrhener oder Tyrsener bezeichnete Gruppe gab (was wiederum erklären könnten, wie Herodot sie in der Gegend von Thessalien verorten kann).

Das Gegenteil eines Ansatzes, der von einer Migration ausgeht, ist die Hypothese von der Autochtonie, das Argument, dass ein Volk schon immer an einem bestimmten Ort ansässig war. Wie wir gesehen haben, vertritt Dionysios von Halikarnassos diese Theorie. Autochtonie ist ein anderer Ansatz zur Erklärung der Eigenschaft der etruskischen Sprache und Religion; wie die Ägypter werden sie als das Andere konstruiert, nicht weil sie von außen kamen, sondern weil sie schon so lange in dem Gebiet heimisch waren.

Angesicht dieser Behauptungen und Gegenbehauptungen sind moderne Wissenschaftler natürlich immer bestrebt gewesen, die Antwort auf die Herkunftsfrage zu finden, doch alle wissenschaftlichen Bemühungen führten zu nichts, und in den Jahren nach dem Zweiten Weltkrieg war die Konzentration auf zweifelhafte Ansätze, die die These einer Herkunft aus dem Osten bzw. aus anderen Regionen stützen sollten, keine gute Werbung für eine wissenschaftliche Disziplin. Massímo Pallottino (1909–1995), den man durchaus als den bedeutendsten Etruskologen des 20. Jahrhunderts bezeichnen könnte und der selbst ein einflussreiches Buch über das Thema geschrieben hat, zog die Notbremse; wie er zu Recht betonte, hatte sich alles, was gesagt worden ist, lediglich um den Widerspruch zwischen Herodot und Dionysios von Halikarnassos gedreht, ohne dass dies weitergeführt hätte. Die wirklich wichtige Frage sei, wie die Etrusker tatsächlich waren, nicht, woher sie kamen, ihre Entwicklung also, nicht ihre Herkunft. Aufgabe der Etruskologie sei, die Kultur zu erforschen.

Dies bereitete der Diskussion über die Herkunftsfrage vorerst ein Ende und führte zu den entscheidenden Entwicklungen, die die wissenschaftliche Erforschung der Etrusker während der vergangenen 50 Jahre prägten. Die Wissenschaft schreitet jedoch immer weiter voran, und in jüngster Zeit drängte sich die Frage nach der Herkunft der Etrusker aufgrund von Bemühungen, mit Hilfe von DNA-Analysen eine Antwort zu finden, wieder ins Blickfeld. Eine Analyse von antiken Gebeinen wies auf eine große Kontinuität bis in die Jungsteinzeit hin, was das Autochtonie-Argument stützt. Eine andere verwies auf menschliche Kontakte mit dem Osten, und eine dritte auf Vieh, das aus dem Osten stammte; die Ergebnisse dieser beiden Untersuchungen wurden als Beweis dafür angeführt, dass Herodot recht habe. Allerdings bewegt sich die Zeitspanne im Hinblick auf die belegten menschlichen Kontakte irgendwo zwischen 800 vor und 800 nach Christus, weshalb die Untersuchungsergebnisse nicht als schlüssiger Beweis für Herodots Version von einer Wanderungsbewegung gelten können, die Generationen vor dem Trojanischen Krieg im 12. Jahrhundert stattgefunden haben soll. Allerdings lässt sich anhand maternalen mitochondrialer DNA ersehen, dass einige Frauen aus Gebieten jenseits des Mittelmeeres stammten. Im Kontext der in hohem Maße internationalen Elite, die sich im 8. Jahrhundert v. Chr. herausbildete, wäre dies nicht verwunderlich.

Sind also die Etrusker noch immer rätselhaft? Zweifellos wird die Wissenschaft immer neue Erkenntnisse gewinnen, und irgendwann erhalten wir vielleicht eine endgültige Antwort auf die Frage, woher die Etrusker kamen. Sollte das der Fall sein, wird dies sicher interessant sein, doch man ahnt, dass es keinen der historischen Berichte untermauern wird, die sämtlich zu bestimmen Zeiten, an bestimmten Orten und zu Zwecken konstruierte Identitäten beschrieben, die sich mehr an dem, was zu späteren Zeiten opportun erscheint, orientieren, als dass sie im Volk weiterlebende Erinnerungen überlieferten. Es ist keine

Kritik an Herodot, wenn man sagt, dass die Geschichte der Lyder über ihre Wanderungen wahrscheinlich nicht auf dem Wissen um Ereignisse basiert, die selbst für sie in der fernen Vergangenheit stattgefunden hatten, und dass auch ein DNA-Nachweis für eine Herkunft der Etrusker aus dem Osten kein Beweis dafür wäre, dass die Lyder oder Herodot wussten, wovon sie redeten.

Die Frage der Herkunft mag zumindest für einige eine Frage der Perspektive sein. Betrachtet man sie von einem Blickwinkel aus, der bis in die Altsteinzeit zurückreicht, würde man eine Entwicklung über einen langen Zeitraum hinweg erwarten. Mit anderen Worten: Jeder kommt von irgendwo her. Die Frage, wie Umwälzungen in Sprache und Landwirtschaft in der Jungsteinzeit verbreitet wurden, ist noch nicht geklärt: Gab es ein indogermanisches Volk, das sich über Europa ausbreitete, oder wurden technische Veränderungen und Gewohnheiten durch Kontakt verbreitet?

Wie immer die Antwort lauten mag, es gibt offensichtlich Ecken in Europa, die sich ihre eigenen Sprachen bewahrt haben: Baskisch ist das Standardbeispiel dafür. Gegen dieses Argument spricht im Fall der Etrusker der erstaunliche Umstand, dass eine so wohlhabende und fruchtbare Region nicht das vorrangige Ziel irgendeines vordringenden Volkes war, wo doch im übrigen Italien eine von Indogermanischen abgeleitete Sprache gesprochen wurde. Wenn die indogermanischsprachigen Völker tatsächlich in Italien einfielen, warum dann nicht auch in die Toskana?

Sowohl im Hinblick auf die Archäologie als auch auf die Sprache ist es durchaus sinnvoll nach Norden und nach Osten zu schauen. Wie wir sehen werden, bestehen im späteren 2. Jahrtausend v. Chr. enge Parallelen und Verbindungen zu dem, was nördlich und südlich der Alpen ist, und die einzige Sprache in Italien, die ansatzweise eine Ähnlichkeit mit dem Etruskischen aufzuweisen scheint, ist das wenig bekannte Rätische. Gab es jedoch eine Bevölkerungsbewegung, kann sie nur um 1200 v. Chr. oder früher angesetzt werden; trifft dies zu, dann sind die Etrusker auch nicht rätselhafter als all die anderen Völker Italiens. Niemand widmet der Frage viel Zeit, woher die Bevölkerung Roms 1200 v. Chr. kam.

Das bringt uns zu Pallottinos Einwand zurück. Aspekte der etruskischen Kultur verführten die antiken Schriftsteller dazu, ein Spiel kultureller Assoziation zu spielen, das ihnen Spaß machte. Ethnizität war ein wichtiges Konzept im Altertum, und die etruskische Fallstudie zeigt, wie viele Optionen sich entwickeln ließen. Dabei geht es jedoch um Fragen des Selbstverständnisses und der Fremdzuschreibung – und sie sind interessanter als die Frage, woher die Etrusker kamen.

2. Die etruskische Sprache

Das Etruskische war keine indogermanische Sprache, d.h., es besaß nicht die gemeinsamen überkommenen grammatischen Strukturen, die die meisten europäischen Sprachen aufweisen und von denen man allgemein annimmt, dass sie sich zusammen mit landwirtschaftlichen Anbaumethoden in der Jungsteinzeit ausgebreitet haben. Das erschwert das Verständnis des Etruskischen. Es bereitet jedoch keine Schwierigkeiten, Etruskisch zu lesen. Ab dem 8. Jahrhundert verwendeten die Etrusker ein Alphabet, das sie von den Phöniziern übernommen hatten und das im Mittelmeerraum in Gebrauch war. Die Buchstabenformen unterscheiden sich nur geringfügig von jenen, die die Griechen zur gleichen Zeit verwendeten; und obwohl das Etruskische sein Alphabet beibehält, so dass es im 2. Jahrhundert schließlich ganz anders aussieht als formale griechische Alphabete, ist es problemlos lesbar (Abb. 3). (Etruskische Inschriften sind in der Regel von rechts nach links geschrieben.)[364]

---

364 Abb. 3: Diese Aufstellung zeigt das phönizische, griechische und lateinische Alphabet und illustriert ihre Ähnlichkeit. Die Etrusker verwendeten leicht abgewandelte Versionen des griechischen Alphabets, in umgekehrter Richtung geschrieben, und bisweilen mit lokalen Abweichungen.

Das ist das genaue Gegenteil der Entzifferung der im mykenischen Griechenland benutzten Linearschrift B: Da verstanden wir die Schriftzeichen nicht, die verwendet wurden. Als dann klar wurde, dass sie für Silben stehen, erkannte man, dass es sich bei der Sprache um eine frühe Form des Griechischen handelte; damit wurden die Texte auf den gebrannten Tontafeln so oft mehr oder weniger verständlich. Im Fall des Etruskischen kennen wir zwar das Alphabet, doch sind damit Wörter geschrieben, deren Bedeutung sich uns nicht immer erschließt.

Nach dieser Vorbemerkung können wir uns nun den schriftlichen Zeugnissen zuwenden. Das Etruskische ist fast ausschließlich in Form von Inschriften auf Stein oder Metall oder auf Keramik gemalt überliefert; meist handelt es sich um Weihinschriften, doch gibt es auch einige längere Inschriften, u. a. auf drei dünnen Goldtäfelchen aus Pyrgi (Abb. 4), von denen eines mit einem parallelen phönizischen Text beschriftet ist und die von der Weihe eines Tempels oder einer Kultstätte erzählen. Auch zwei Opferkalender sind erhalten geblieben; einer stammt aus Copua, beim anderen handelt es sich um ein außergewöhnliches ‚Buch‘ aus Leinen. Das 1500 Wörter umfassende ‚Buch‘ wurde zerrissen, und die Leinenstreifen wurden als Mumienbinden verwendet, die sich heute im Archäologischen Museum in Zagreb befinden. Doch die große Mehrheit der Wörter in etruskischen Inschriften sind Namen. So lesen wir auf einem Grab in Volsinii ‚mi aranθia flavienas‘, was schlicht ‚Ich (bin das Grab von) Aranith Flaviens‘ bedeutet. Insgesamt gibt es ca. 12 000 Inschriften, die Mehrheit ist kurz und klar verständlich.

Das Vorherrschen von Namen in den Inschriften hat Anstoß zu einer sorgfältigen Erforschung der etruskischen Namensgebungspraxis und zu Vergleichen mit anderen Teilen Italiens gegeben. Bis ins 8. vorchristliche Jahrhundert sind Personen nur mit einem Namen bezeugt. Nach dem 8. Jahrhundert und dem grundlegenden Schritt hin zu urbaneren Siedlungsgründungen werden in weiten Teilen Mittelitaliens zwei Namen üblich. Anstelle von ‚x, Sohn des y‘ finden wir nun Namen wie ‚x, aus der Familie y‘; damit werden (genaugenommen) aus Patronymika (d.h. Adjektivableitungen vom Namen des Vaters) Gentilnomen. Warum war es für die Etrusker und andere zu diesem Zeitpunkt wichtig, einen klaren Bezug zu ihrer ..." (Ende, R. I.)

Olga Luković-Pjanović[365] gibt an, was Sveta Bilbija schreibt: „Die letzten zwei Jahrhunderte versuchte man, Entstehung und Herkunft etruskischer Sprache zu erklären. Deswegen haben westliche Schriftsteller mit 27 verschiedenen Sprachen und Dialekten gearbeitet, von denen sogar welche aus Zentralafrika stammten. Der britannische Schriftsteller James Wellard hat in seinem Buch ‚The Search for the Etruskans' alle Sprachen nach der Reihe erwähnt –, bei ihm gab es keine slawische ..."

Damit ist geklärt, die etruskische Sprache war nur Barbarisch der Pelasger = sog. Sklawen.

Pavel Tulajev[366] schreibt: „G. S. Grinievič, Autor des Buches ‚Urslawische Schreibkenntnis und Ergebnisse des Dechiffrierens' (Moskau, 1993.) kritisierte jede Kritik zum Lesen der etruskischen Schrift mit Unterstützung der phönikischen Vermittlung. Hauptfehler der Wissenschaftler sei die benützte Methode, nach der Meinung Grinevičs, mit der sie nicht den syllabischen Charakter des etruskischen Alphabets der urslawischen Abstammung in Betracht ziehen. Um die vorausgesetzten 28 Silben in gegebenem Alphabet zu erreichen, brauchen wir mehr als 50 Zeichen. Zweiter methodologische Fehler ist der, dass sie versucht haben, die Aufschrift von rechts nach links zu lesen, wie in der semitischen Weise des Lesens: ‚Etruskische Aufschriften, welche von rechts nach links gelesen wurden', schreibt Grinevič, ‚ergeben keinen Sinn'. Der Schriftsteller des Buches zum Dechiffrieren der urslawischen Schrift, hat eigene Methode ausgearbeitet, suchte für jeden Buchstaben die entsprechende Silbe und schlug eine eigene Deutung der goldenen Platte von Pirgien vor. Jenen, die die Absicht haben, seine Anleitung zum

365 Olga Luković- Pjanović, Srbi...narod najstariji, Dosije, Belgrad, 1990 (Ohne Seiten- durch Internet).
366 Pavel Tulajev, Veneti, Pešić i sinovi, Belgrad, 2004, Seite 89.

Dechiffrieren anzuwenden, rät Grinevič, sie sollen es wie ein erfahrener Weinbauer tun. Erstens: ‚Zu pfropfen des blumigen Zweigs, der saftige Früchte des Grundbaums hergibt‘, und nachher, erklärt er, ‚soll man den Sommerwuchs abhauen und Blatt nach Blatt abnehmen, vorsichtig und langsam.‘

Die Widersprüche zu den Erklärungen derselben Aufschrift, zeugen dafür, dass die Methode des Wissenschaftlers zusätzliche Prüfungen verlangt. Danach wird jener Forscher erfolgreich sein, der sich die vielversprechendste Methode beibehält bzw. auswählt, unabhängig von der ethnischen und politischen Angehörigkeit. Denn der linguistische Schlüssel liegt in der Grammatik der Abstammung der uralten Sprachen, Wissenschaftler sollten sich bemühen, in die Historie der Schreibkenntnis einzudringen, und diese neben der genetischen Bestimmung der Angehörigkeit der Sprache der Etrusker, Pelasgika, zu nutzen.“

Die Etrusker hatten als Volkssprache nur das Barbarische der Pelasger wie die sog. Slawen.

Herbert George Wells[367] schreibt: „Durchaus ist es möglich, dass sich vor acht- bis zehntausend Jahren sich in West- und Südeuropa eine Gruppe der Sprachen erstreckte, die vor dem Erscheinen arierischer Sprachen vollständig verschwand. Nachher werden wir beiläufig die Möglichkeit bemerken, dass drei verschiedene sprachliche Gruppe bestanden, die sich wie folgt darstellen: 1. Altkretisch, Lydisch und andere Sprachen (obschon sie, wie Hari X. Jonston anführte, der ‚baskisch-kaukasisch-drawidische Gruppe‘ angehören könnten); 2. das Sumerische; und 3. das Elamische.“

Christopher Smith[368] gibt an: „Man wusste schon immer, dass die Etrusker anders waren. ‚Sie waren ein Volk mit Sitten und Bräuchen, wie kein anderes sie hatte‘, sagte der griechische

---

367 Herbert George Wells, Istorija sveta, Narodno delo, Belgrad, 1929, Seite 71.
368 Christopher Smith, Die Etrusker, Oxford University Press, 2014, Philipp Reclam Stuttgart, Seite 13, Internet.

Schriftsteller Dionysios von Halikarnassos im späten 1. Jahrhundert v. Chr., der sich die Mühe gemacht hatte, sich zu studieren ...“[369]

„Antike Schriftsteller glaubten, dass es etwas darüber zu sagen galt, woher Völker kamen, und hatten eine klare Vorstellung von ethnischer Identität. Die Griechen hielten sich für andere als andere. Ja, sie behaupteten, jeder Nichtgrieche sei ein barbaros oder Barbar ...“[370]

„Die pelasgische Herkunft stammt aus einer anderen Überlieferung. Die Pelasger galten als die Urbevölkerung Griechenlands, und ihr Name wurde zu einer Art Sammelbegriff für die frühesten Siedler in der Ägäis. Über sie, oder auch über ihre Sprache, gab es keine gesicherten Erkenntnisse. Eine Reihe etruskischer Städte behauptete, von den Pelasgern abzustammen, darunter Cerveteri und Tarquinia. Die Griechen, wie auch die Etrusker selbst, mussten Fragen über die Ursprünge etruskische Städte beantworten, und eine Möglichkeit, dies zu tun, bestand darin, ihre Geschichte mit jener der Griechen zu verflechten. Nach dieser Theorie wurden die etruskischen Städte von eingewanderten Pelasgern gegründet. was natürlich den Vorteil hatte, dass sie gewissermaßen griechisch waren. Zudem ließ sich genealogisch ein mythischer Tyrrhenos als Sohn des Telephos und Enkel des Herakles konstruieren: Cortona beanspruchte für sich, Bestattungsort des Odysseus zu sein, der dort als Nanas (der ‚Wanderer‘) bekannt war ...“[371]

Also, die Etrusker sprachen nur Barbarisch – sog. Slawisch.

Gustav Weigand[372] gibt an: „Wenn die Thraker das Zentrum und den ganzen Nordosten der Balkanhalbinsel einnahmen, so nahmen die Illyrer den Nordwesten. Sie sind außerdem weit

---

369 Ebenso, Seite 19.
370 Ebenso, Seite 15.
371 Ebenso, Seite 17.
372 Gustav Weigand, Ethnographie von Makedonien, Friedrich Brandstetter, Leipzig, 1924, Seite 6.

über den Balkan hinaus vorgedrungen; nicht nur in Oberitalien finden wir die illyrischen Veneter, sondern auch auf der Südostküste der Apenninenhalbinsel begegnen wir den Japygern und Messapiern, deren Sprache als zum Illyrischen gehörig erwiesen ist ..."

Hermann Kinder/Werner Hilgemann[373] schreiben: „Literatur: Livius Andronicus, der ‚Erfinder der Übersetzungskunst‘, begründet eine Literatur in lateinischer Sprache (Übersetzung der ‚Odyssee‘ = ‚Odusia‘ und griech. Tragedöien) ..."

Herbert George Wells[374] schreibt: „... Septimium Severus war ein Karthager. Seine Schwester ganz eigenes Jahrhundert lernte nicht das Latein. Mitten in Rom verwaltete sie die eigene Hausdienerschaft mit punischer Sprache ..."

Latein war die offizielle Sprache, aber Volkssprache war das Barbarisch der Pelasger.

Da Röm von den Etruskern gegründet wurde, sprachen die Römer nur das Barbarische.

Es war unmöglich, ein kleines genetisches Gebiet mit mehr Völkern und Sprachen zu haben.

---

373 Hermann Kinder/Werner Hilgemann, dtv-Atlas Weltgeschichte, dtv Verlagsgesell., München, 1964, Seite 95.
374 Herbert George Wells, Istorija sveta, Narodno delo, Belgrad, 1929, Seite 264.

DIE MAKEDONIER PELASGER MIT DEM BARBARISCHEN

Herbert George Wells[375] schreibt: „Hintergrund nach alleinigen Griechen standen ihnen ähnliche Makedonier und Thraker; an ihren linken Flügel Phrygier über Bosporus in Kleinasien übergingen"

„Haben wir ... z. B. die Phrygier, ein Volk mit einer Sprache dem Griechischem fast so nahe wie Makedonisch ...[376]

Aber ihr Glaube ... Die Phrygier behielten eine eigene Sprache ähnlich dem Griechischen ... Athen, war nach seiner Herkunft phrygisch (wenn nicht thrakisch)."

„In Welthistorie ... Konstantin ... Er war verhältnismäßig schlecht gebildet. Er sprach Griechisch nur ein wenig oder gar nicht ..."[377]

„Westeuropäische Schriftsteller ... Konstantin der Größe sprach nicht Griechisch, und Iustinian sprach mit ihm mit fremdem Akzent ...[378]

... in den Adern des Iustinians wie in denen des Konstantins floss slawisches Blut ..."

Gustav Weigand[379] gibt an: „Einige der makedonischen Stämme waren thrakisch, wie z. B. die Bisalten, Krestonaeer und die Bottianeer im östlichen Makedonien, dann vor allem die Paeonier in Nordmakedonien in der Landschaft Pelagonien, andere wieder mehr im Westen mögen zu den Illyrern gehören, wie es von den Lynkestal und Elimirtae bezeugt wird (Thukydides 2,99 und 2,169). Und an der Küste und sicher auch in den Städten im Innern haben sich schon sehr frühzeitig griechische Kaufleute angesiedelt und die griechische Kultur verbreitet, aber immer

375 Herbert George Wells, Istorija sveta, Narodno delo, Belgrad, 1929, Seite 143.
376 Ebenso, Seite 150.
377 Ebenso, Seite 303.
378 Ebenso, Seite 314.
379 Gustav Weigand, Ethnographie von Makedonien, Friedrich Brandstetter, Leipzig, 1924, Seite 4.

wurden die Makedonier nach dem Zeugnis der Alten (Thukydides 2,68, Strabo 10, 449) als Halbbarbaren bezeichnet. Paul Kretschmer (Einleitung in die Geschichte der griech. Sprache, S. 288) meint, dass die Makedonier ‚ein den Griechen eng verwandtes Volk' zu sein scheinen".

„Wenn die Thraker das Zentrum und den ganzen Nordosten der Balkanhalbinsel einnahmen, so nahmen die Illyrer den Nordwesten. Sie sind außerdem weit über den Balkan hinaus vorgedrungen; nicht nur in Oberitalien finden wir die illyrischen Veneter, sondern auch auf der Südostküste der Apenninenhalbinsel begegnen wir den Japygern und Messapiern, deren Sprache als zum Illyrischen gehörig erwiesen ist. Wie weit sie nach Süden auf der Balkanhalbinsel gekommen sind, ist nicht ganz sicher. Epirus scheint in seinem südlichen Teil schon in vorgeschichtlicher Zeit stark griechisch gewesen zu sein, dann aber folgte ein Vordringen der Illyrer nach Süden.[380]

Die Grenze zwischen Illyrern und Thrakern ist im Norden leicht zu ziehen. Es ist ein Irrtum anzunehmen, dass der Timok jemals eine Völkerscheide gewesen sei ... Eine gerade Linie von Milanowatz an der Donau über Nisch nach Ochrida bildet die ungefähre Grenze zwischen Illyrern und Thrakern ... Nach Makedonien sind sowohl Thraker wie Illyrer eingewandert, wie bereits oben erwähnt; eine scharfe Scheidung ist also dort unmöglich, wir haben es vielmehr mit Makedoniern, stark vermischt mit Thrakern und Illyrern, und an der Küste und in den Städten mit Griechen zu tun...".

Strabon schreibt in der „Geographika": „Die Illyrer, die Epiroten und die Makedonier sprachen mit einer gleichen Sprache." Also sprachen sie nur das Barbarische der Pelasger.

Im Titel[381] „De origine et sedibus veterum Illyriorum"... Casimirus Schulz – Polonius zitiert Strabo: „Illyrer und Thraker

---

380 Ebenso, Seite 6.
381 Olga Luković- Pjanović, Srbi...narod najstariji, Dosije, Belgrad, 1990 (Ohne Seiten, durch Internet)

konnten sich nicht einander fremd sein, nie und in keiner Weise, weil beide Stämme gleicher Herkunft sind, außerdem haben sie ebenso gleiche Sitten und Ordnung und verehren gleiche Götter." (Also waren sie nur ein Volk, R. I.)

Die Balkanhalbinsel war als genetisch-geographisches Gebiet zu klein für mehr Völker.

Makedonier gehörten der weißen Rasse an, die bis nach China und Japan kam. Die Makedonen und Japaner hatten gleiche Traditionen. Die Makedonier haben vor ihrem Haus Steine, auf denen sie sitzen. Die Japaner gehen zu Steinen, um auf ihnen zu sitzen. Damit entladen sie ihre negative Energie, wie auch die Makedonier das tun. Die Makedonier, die Japaner und Chinesen fischen auf gleiche Weise wie in Makedonien mit Mandren (Dojransee). Die Makedonen und Japaner haben das gleiche Symbol der Sonne usw. Alles, was im Buddhismus von den Traditionen der hellhäutigen Ethnie im Buddhismus blieb, etwa Meditation und Samadi, verschwand mit Kaiser Iustinian I. Er verbot alle Traditionen der Heiden.

Ivo Vukčević[382] schreibt über Altgriechenland: „Es gibt Beweise, dass die slawischen Siedlungen vielleicht schon vor die Anfangszeit Altgriechenlands datieren. Kein anderer außer Toynbee bemerkt, dass einige geographische Namen aus der Periode einen besonderen slawischen Filter haben. Er zweifelt, ‚die uralten Paoner waren wahrscheinlich eigentlich irgendein Volk, das sich mit der slawischen Sprache verständigte'. Was bezieht sich um Besiedlung der Slaven, Toynbee schreibt: ‚Slawen nahmen wahrscheinlich in der thrakischen oder illyrischen Besiedlung der Völker/Völkerwanderung/in dem südöstlichen Europa 1700–1800 Jahr vor der massenhaften Besiedlung der Slawen im VI. und VII. Jh. christlicher Ära teil' ..."

Die Slawen „in der thrakischen oder illyrischen Besiedlung der Völker".

---

382 Ivo Vukčević, Slovenska Germanija, Pešić i sinovi, Belgrad, 2007, Seite 104.

Die Thraker und Illyrer sprachen Barbarisch = Pelasgisch = Homerisch = sog. Slawisch.

Schafarik gibt an: „nach massiver Kolonisation mischten sich Slawen mit Einheimischen, mit Illyrern, Liburnern, Veneten, Dessareten und mit Tribalen, weil sie gleichartige Brüder sind." Nach ihm: „Alteinwohner und Neueinwohner sprachen mit gleicher slawischer Sprache mit verschiedenen Dialekten. Aber, mit der Zeit verschmolzen sie und glichen sich aus." Damit ist bestätigt, Neueinwohner = Alteinwohner haben eine gleiche Sprache.

Es gab keinen Fund für die Übersiedung über die Donau. Wir Makedonier sind Einheimische.

Gustav Weigand[383] gibt an: „So entstand ... Wir sehen aber sehr deutlich den Einfluss der griechischen Syntax im ... (Altslawisch, R. I.), weil die aus Saloniki stammenden ersten Übersetzer der heiligen Schriften, die Brüder Kyrill und Metod, ihre griechischen Vorbilder mit solch ängstlicher Genauigkeit übersetzten, um nur nicht das heilige Wort Gottes zu verändern, dass sie der ... (makedonischen, R. I.) Sprache Gewalt antun mussten. Die ... (makedonische, R. I.) Sprache, wie sie in Makedonien gesprochen wurde, bildete die Grundlage der ... (makedonischen, R. I.) Literatursprache, für die ein besonderes Alphabet auf Grundlage der griechischen Initialschrift das kyrillische Alphabet, und auf Grundlage der griechischen Kurrentschrift das glagolische Alphabet aufkam ..."

Reinhold Lange[384] gibt an: „Nachdem der Kaiser den Rat einberufen hatte, ließ er Konstantin den Philosophen ... Und da setzte er Buchstaben zusammen und begann, die Worte des Evangelisten zu schreiben: Im Anfang war das Wort, und das Wort war bei Gott, und Gott war das Wort etc."

---

383 Gustav Weigand, Ethnographie von Makedonien, Friedrich Brandstetter, Leipzig, 1924, Seite 15.

384 Reinhold Lange, Imperium zwischen Morgen und Abend, Verlag Aurel Bongers Recklinghausen, 1972, S.53.

Es steht Buchstaben zusammensetzen, aber nicht etwas Neues schaffen, das Alphabet war alt.

Tamara Talbot Rice[385] gibt an, der Römer Manasses schrieb das sog. Slawisch, was nur das Barbarisch der Pelasger war; sog. Slawisch war nur Sklawisch, Sklawa = Gebiet, es folgt:

„Bulgariens Geschichte wurde im 12. Jahrhundert von dem byzantinischen Historiker Manasses aufgezeichnet. Die Miniaturen auf dieser und nächsten Seite gehören zu einer illuminierten slawischen Fassung des genannten Werkes, die für den Bulgarenkönig Johannes Alexander angefertigt wurde."

Es gab noch, neben Kyrillischem Text, Glossare im 15 Jh. „De Cruma rege Macediniae" und „Cruma rex Macedonie". Auf einer anderen Seite der Miniatur bei Iwan Alexander (1331–1365) steht sogar: „Sanctus Johannes Alexander Macedo."[386] Also, sie nannten sich die Makedonier.

Auch in Miniatur 5 an 1.145 und Miniatur 54 an 1.148 „De Cruma rege Macedonie" und „Cruma rex Macedonie"... Dujčev ...[387]

Sogar in Miniatur 1 an 1.1 Chronik des Manasses steht „Sanctus Johannes Alexander Macedo ad cuius petitionem iste liber fecit translatus de greco in sclabonico", mit einer Handschrift aus dem Jahr XVI ...[388]

Dimitri Obolenski[389] gibt an: „Zerfallen ... Schon bedeutendste ist, dass das Nordufer der Donau bis zum Flussgebiet von Slawen schon in 500 Jahren besiedelt worden war."

Dort sprach man Sklawinisch = sog. Slawisch, ohne, dass dort Sklawinen bestanden.

---

385 Tamara Talbot Rice, Morgen des Abendlandes, Deutsche Buch-Gemeinschaft, Berlin..., Seite 142 und 143.

386 Stjepan Antoljak, Srednovekovna Makedonija, Misla Skopje, 1985, Seite 176.

387 Ebenso, Seite 495.

388 Ebenso, Seite 497.

389 Dimitri Obolenski, Vizantiskiot komonvelt istočna Evropa, Slovo, Skopje, 2002, Seite 44.

Und es gab die sklawinische Sprache vor der sog. Invasion der sog. Slawen, sie sind nur eine Lüge.

Dimitri Obolenski[390] schreibt: „Richtend ... Vor der Christianisierung waren sie ‚Barbaren‘, und danach erwartete man von ihnen, dass sie Angehörige des oströmischen Kaisers würden ...“

Nur Heiden-Barbaren und Christrömer. Also gab es nur religiöse Völker.

„Aber ... Bajan ... Sirmium ... Avaren ... Von der großen Stadt blieb nichts außer kleinen, ausgegrabenen Trümmer und einer ärmlichen Aufschrift in schlechter griechischer Sprache, die wahrscheinlich von der letzten Agonie des Sirmium stammt ...“[391]

Die Volkssprache war Barbarisch = Pelasgisch, Koine war nur eine christliche Sprache.

Historiker Priskos, der die Abgeordnetenschaft von Konstantinopel bei Attila im Jahr 448 beschrieb, schreibt: „... (Einwohner in Pannonische Tiefebene, R. I.) mischten sich mit verschiedenen Völker, lernten Gotisch, Hunnisch und Lateinisch, und zwischen sich sprachen sie ihre barbarische Sprache.“ (Barbarische = varvarische = warwarische Sprache, R. I.)

Also, man redet über „Gotisch, Hunnisch und Lateinisch“, ohne die Koine als nur kirchliche Sprache der Christen und die „barbarische Sprache“ als die Sprache der nicht Christen.

Dimitri Obolenski[392] gibt an: „Der Standpunkt ... Zu Ende des zwölften Jahrhundert Michael Choniat, gelehrter athenischer Metropolit, unterwürdig von Entdeckung, seiner Kirchsprengel von armen Bauern, die sprechen Volkssprache, verstehen nicht seine glänzende Vorstellung für alten Griechen, schrieb folgende bedeutende Wörter: ‚Nach langem Aufenthalt in Athen und allein werde Barbaren‘ ...“

---

390 Dimitri Obolenski, Vizantiskiot komonvelt istočna Evropa, Slovo, Skopje, 2002, Seite 6.

391 Ebenso, Seite 52.

392 Dimitri Obolenski, Vizantiskiot komonvelt istočna Evropa, Slovo, Skopje, 2002, Seite 219.

Man kann folgern, dass die barbarische Sprache nur als Volkssprache diente, während Koine nur im kirchlichen Kontext benutzt wurde.

Stjepan Antoljak[393] redet über Miracula II. als Fortsetzung von Miracula I. „Der Autor von Miracula ist Angehöriger der niedrigeren kirchlichen Geistlichkeit von Solun (Saloniki), denn er ist Anonymus, er weißt nicht mit ausgebildetem Stil wie Erzbischof Johann zu schreiben und sich auszudrücken." „. die Sklawinen nennt er ‚Barbaren' ..."

Über die Sklawinen in Makedonien schreibt Anonymus, sie wären nur „Barbaren".

Der Anonymus kannte Koine nicht genug und die Sklawinen sprachen mit ihrer Volkssprache, sie war das Barbarisch = Pelasgisch, die Sprache Homers, Platons und anderer.

Kollektivautoren[394] geben an: „... Einnehmend der leitenden Plätze in den Kirchen, sie waren verpflichtet‚ berichtet Teophilakt, ‚in ihren Gebeten und Ratschlägen die römische Herrschaft und die hellenische Rede' im ‚barbarischen Land Makedonien' zu festigen."

Kollektivautoren[395] schreiben: „Die Nachfolger von Archiepiskop Teodul waren „die guten Beschützer der ‚römischen Herrschaft' in Makedonien. Hier hebte sich besonders Archiepiskop Teophilaktos Iphes hervor, bekannt als Teophilaktos von Ochrid. Er war an der Spitze der Archiepiskopalkirche von Ochrid zum Ende des 12. Jahrhunderts und Anfang des 13. Jahrhunderts". Er hatte seine Briefe und „zwei Lebensläufe für die Märtyrer von Tiverpol und Kliment von Ochrid. Für ihn war Makedonien ‚barbarisches Land', die Makedonier ‚Rüpel' und ‚Barbaren', ihre Sprache eine ‚barbarische Sprache', der Name des Flusses Vardar

---

393 Stjepan Antoljak, Srednovekovna Makedonija, Misla, Skopje, 1985, Seite 12.

394 Institut za nacionalna istorija, Istorija na makedonskiot narod, Prva kniga, Skopje, 1969, Seite 148.

395 Institut za nacionalnata istorija, Istorijata na makedonskiot narod, Tom prvi, Sk., 2000, Seite 408, 409 i 485.

‚barbarisch', an Kičevo ebenso ‚barbarisch' ..." Wie Archiepiskop Teophilakt in einem Brief offen gestand: „Da ich unter Barbaren lebe, wurde ich ein Rüpel" ... „in barbarischem Land", in Makedonien begannen allein sich zu „barbarisieren" ... „lebend langer unter Barbaren" ... „barbarische Sprache" ... „barbarisieren" ... „Barbaren" ... „nach Herkunft Makedonier" usw.

Dazu soll man noch bei dem Begriff Barbaren erwähnen, dass man ihn für antikische Makedonier benutzte, wie es bei Philipp dem Makedonier in der Rede Demostenos' geschah. Man sagt „nach Herkunft Makedonier". Aber auch die Sprache der Sklawinen war erst seit dem 6. Jahrhundert Barbarisch.

Auch noch die barbarische Sprache war gleich für Anten, Veneten und Sklawinen.

DIE EUROPÄER SPRACHEN NUR DAS BARBARISCHE = SOG. SLAWISCHE

Herbert George Wells[396] schreibt: „Es müssen irgendwo zwischen Mitteleuropa und Westasien eine gewisse Zahl der Stämme gewandert sein, sie vermischten sich genug um eine Sprache zu entwickeln und gebrauchen zu können. Ihnen wäre es gelegen, hier arierische Völker zu nennen. H. H. Jonston nannte sie ‚arierische Russen'. Die Mehrheit gehörten der weißen rassischen Gruppe an, und die blonden und nördlichen Unterabteile aus der Gruppe der nordischen Rasse."

Stjepan Antoljak[397] gibt an, Kaiser Otto der Große in Kwedlinburg sprach mit zwei Brüdern (Samuel mit seinem Bruder, der unbekannt war) in slawischer Sprache ...

„... schreibt Historiker Widmann: ‚... Praeterea Romana lingua Sclavinicaeque loqui scit. Sed rarum est que earum uti dignetur ...' (R. Köpke ...)"

Herbert George Wells[398] schreibt: „Angriffe des Karl des Großen ... Da Karl der Große in so vielen eigenen Feldzüge, für die Verbreitung des Christentums, bis zur Küste des Nord- und Baltikmeeres drang, waren die Heiden gezwungen zur See zu fahren. Auf die Verfolgung, der sie von den Christen aus ausgesetzt waren, antworteten sie mit räuberischen Feldzügen der Meergegenden von Nordfrankreich und dem christlichen England. Die Dänen und Normannen (Norsen), die in der englischen Historie erwähnt werden, sind Angelsachsen. Heiden vom Festland und ihre Verwandten aus Dänemark und Norwegen. Sie nannte man auch Wikinger vom Wort ‚Wik', was Fjord oder

---

396 Herbert George Wells, Istorija sveta, Narodno delo, Belgrad, 1929, Seite 66.

397 Stjepan Antoljak, Srednovekovna Makedonija, Misla Skopje, 1985, Seite 341.

398 Herbert George Wells, Istorija sveta, Narodno delo, Belgrad, 1929, Seite 362.

kleine Bucht bedeutet, d. i. ‚Leute aus der Bucht',weil sie aus tief eingeschnittenen Buchten der skandinavischen Küste kamen. Sie reisten mit einem langen schwarzen Galien, auf denen es sehr kleine Segel gab. Der Großteil der Angaben, die wir über Kriege und Feldzüge der Heiden Wikinger haben, stammte von christlichen Schriftstellern. Deswegen hören wir so viel über Gemetzel und andere Grausamkeiten dieser Seefahrer. Dagegen, schreibt man sehr wenig über Grausamkeiten, die Karl der Große bei den Saksonen Heiden anwandte, nach Blut Brüder der Wikinger. Es ist richtig, dass die Wikinger eine entsetzliche Feindschaft den Kreuz und Orden gegenüber verspürten und sie waren jedes Mal glücklich, wenn ihnen jemand dabei zur Hand ging, ein Kloster niederzubrennen und dessen Bevölkerung auszulöschen.

Im Lauf der Zeit vom fünften bis neunten Jahrhundert hatten sich diese Wikinger noch mehr wie in der Seefahrt fortgebildet, und sie drangen weiter und weiter voran. Sie wagten es, ins Meer des unendlichen Nordens zu segeln, und kamen bis zur Eisküste Grönlands. Mit der Zeit haben sie sich gut in diesem Land eingelebt, und im neunten Jahrhundert hatten sie eigene Siedlungen (Davon wusste man natürlich in Europa nicht). Viel ihrer ‚Saga' wurde auf Island im zehnten und elften Jahrhundert angemerkt. Die Wikinger beobachteten die Welt vom Standpunkt kühner Abenteurer aus. Sie jagten Wale, Walrosse und Bären. In ihren Gedichten spielte irgendeine legendäre, große und reiche Stadt im Süden, irgendeine Art von Mischung aus Rom und Konstantinopel, eine große Rolle. Die Stadt nannte man in Liedern der Wikinger ‚Miklagard' (‚Michailhof'). Das legendäre Miklagard zog mit seiner magnetischen Kraft alle neuen Nachkommen der Normannen zum Mittelmeer, und das über den Meerweg nach Westen und mit dem Weg über das Baltikmeer in Russland. Über die Feldzüge werden wir noch sprechen. Mit dem Weg durch Russland stießen sie später auf Schweden, die Nachkommen der Normannen."

„Nun am Mittelmeer ... Im neunten Jahrhundert kamen neue Feldzüge der Nordvölker durch Russland ... Die Normannen stießen durch Russland und reisten im Sommer, um die

Flüsse befahren zu können. Angekommen bei den oberen Läufen der russischen Flüsse, die gen Norden flossen, brachten sie ihre Schiffe zu Flüsse, die in südliche Richtung verliefen, und mit ihnen schafften sie es, zum Schwarzmeer und Kaspisee zu fahren und sich niederzulassen. Dort haben sie sich bald als Seeräuber, Eroberer und Händler eingelebt. Arabische Chroniker dieser Zeit erwähnen ihre Erscheinung an Kaspisee und bezeichneten sie mit dem Namen ‚Russen'. Die Normannen fielen in Persien ein, aber in einigen Zügen (in den Jahren 865, 904, 941 und 1043) griffen an und am alleinigem Konstantinopel mit flotten zusammengesetzten mit zahlreichen kleinen und leichten Schiffen. Einer der Häuptlinge der Normannen, Rurik, beherrschte um 850 Nowgorod, und sein Nachfolger Oleg eroberte Kiew und legte damit die Grundlage des heutigen Russlands. In Konstantinopel wurde der Wert dieser russischen Wikinger als kühne Krieger bemerkt. Die Griechen hießen sie Warjage. Es wurde eine kaiserliche Garde gebildet, die sich aus vermieteten Warjagen zusammensetzte. Nach der Unterwerfung Englands durch die Normannen im Jahr 1066 wurde aus England eine große Zahl angesehener Dänen und Angelsachsen verbannt. Diese Verbannten gingen zu den russischen Warjagen und es schien, dass sie sich schnell und leicht in der Sprache und der Sitte angepasst haben."[399]

Hanns Joachim Friedrichs[400] gibt an: „Schwedische Normannen (‚Waräger') besetzen unter Rurik Nowgorod, ziehen von der Ostsee mit Ruderbooten auf Wasserwegen durch Russland bis zum Schwarzen Meer, machen sich als Kriegerkaufleute die Bevölkerung tributpflichtig. Sie werden von den Slawen ‚Rus'[401] genannt (= Ruderer). Sie begründen durch ihre Verschmelzung

---

399 Ebenso, Seite 370.
400 Hanns Joachim Friedrichs, Weltgeschichte – Ein Chronik, Naturalis Verlag, Köln., Seite 109.
401 Ruß = ruß = blond- Makedonisch. Also, nur ruß = ruß = r u ß, in keinem Fall anderes.

mit der slawischen Oberschicht das Russische Reich. Das Geschlecht der Rurikiden stellt bis 1598 die russischen Herrscher. Normannen zerstören Xanten bei ihrem Zug rheinaufwärts.

Der von Ludwig dem Deutschen eingesetzte großmährische König Rastislaw bittet Kaiser Michael III. von Byzanz um die Entsendung oströmischer Geistlicher, um den Einfluss der ostfränkisch-bayerischen Kirche einzuschränken. Die von Patriarchen Photius entsandten ‚Mährischen Apostel‘ Methodus und Cyrillos begründeten eine von Ostfranken unabhängige Kirchenorganisation mit slawischer Liturgie.[402] Ihre Tätigkeit gewinnt weltgeschichtliche Bedeutung durch die rasche Verbreitung dieses slawisch geprägten slawischen Christentums in Bulgarien, Serbien und Russland.

Papst Nikolaus I. vertieft die Kluft zwischen ost- und weströmischer Kirche durch die Absetzung des Patriarchen Photius von Konstantinopel.“

Es gab keine slawische Liturgie, sondern nur die slawische Sprache der Pelasger – Weißen.

Reinhold Lange[403] gibt an: „Zunächst aber traten andere Probleme in den Vordergrund. Schwedische Wikinger hatten zu Beginn des 9. Jahrhunderts inmitten slawischer Stämme in Russland eine Reihe von Herrschaften errichtet, die der legendäre Rurik im Reich von Nowgorod vereinigte. Die ‚Waräge‘ legten ein weitgespanntes Netz von Handelswegen an, das vom Orient und Konstantinopel über das Schwarze Meer, den Dnjepr bis zur Ostsee und Schweden reichte. Zwei Vasallen Ruriks, Askold und Dir, zogen den Dnjepr abwärts und gründeten in der Gegend von Kiew eine eigene Herrschaft. Doch auch dort ließ ihr unruhiger Geist sie nicht rasten: ...“

---

402 Es gab keine slawische Liturgie sondern die slawische Sprache. Die Liturgie war nur orthodox.

403 Reinhold Lange, Imperium zwischen Morgen und Abend, Verlag Aurel Bongers Recklinghausen, 1972, S.49.

Herbert George Wells[404] schreibt: „Im Lauf der Zeit ... Die Wikinger ... In ihren Gedichten spielte irgendeine legendäre, große und reiche Stadt im Süden, irgendeine Art Mischung aus Rom und Konstantinopel eine große Rolle. Die Stadt nannte man in den Liedern der Wikinger ‚Miklagard' (‚Michailhof'). Das legendäre Miklagard zog mit seiner magnetische Kraft alle neuen Nachkommen der Normannen zum Mittelmeer, und das über den Meerweg nach Westen und mit dem Weg über das Baltikmeer in Russland. Über die Feldzüge werden wir noch sprechen. Mit dem Weg durch Russland stießen sie später auf Schweden, die Nachkommen der Normannen."

„Für das Leben des Karls des Großen ... In Ansicht der Rasse und gesellschaftlicher Beziehungen gab es kleine Unterschiede zwischen Englen, Saksonen, Jiten, Dänen und Normannen ..."[405]

„Nun an Mittelmeer ... Nach der Unterwerfung Englands der Normannen im Jahr 1066 wurde aus England eine große Zahl angesehener Dänen und Angelsachsen verbannt. Diese Verbannten gingen zu den russischen Warjagen und es schien, dass sie sich schnell und leicht in der Sprache und der Sitte angepasst haben."[406]

Also, alle Erwähnten waren nur ein Volk mit einer Sprache und mit gleicher Sitte.

Hanns Joachim Friedrichs[407] gibt an: „‚Damenrevolution' in Russland

1741 putschte Elisabeth, die Tochter Peters des Großen und Katharinas I., den schwachsinnigen Iwan VI. vom Zarenthron und verheiratete bald darauf ihren Sohn und Thronfolger Peter mit der deutschen Prinzessin Sophie Friederike Augusta von Anhalt-Zerbst (1729–1796) ... ging der Siebenjährige Krieg, den

404 Herbert George Wells, Istorija sveta, Narodno delo, Belgrad, 1929, Seite 362.
405 Ebenso, Seite 363.
406 Ebenso, Seite 370.
407 Hanns Joachim Friedrichs, Weltgeschichte – Ein Chronik, Naturalis Verlag, Köln., Seite 304.

Russland, Österreich, Frankreich und Schweden gegen Preußen führten, ins sechste Jahr, und Friedrich der Große musste schon Kühe vor seine Kanonen spannen. Da geschah das ‚Wunder‘, das Friedrich so bitter nötig hatte: Seine erbittertste Feindin Elisabeth starb, und ihr Sohn Peter III., ein Verehrer des Preußenkönigs, kam an die Macht.

Über Nacht ließ Peter der ganzen Welt mitteilen, dass Russland sich nunmehr mit Preußen im Frieden befinde, und kommandierte seine 20 000 Soldaten zurück. Damit nicht genug: Einen Monat später ließ er die Armee wieder kehrtmachen und unter Friedrichs Fahnen weiterkämpfen. Inzwischen aber hatte sich Peters deutsche Gattin an die Spitze der Adelsopposition gesetzt.

Im Juli 1762 machte die sogenannte ‚Damenrevolution‘ Peters Herrschaft ein Ende; Sophie Friederike ließ ihren Mann von ihrem Günstigen erdrosseln und setzte sich als Katherina II. die Krone des russischen Reiches auf.“

Erwin Angermayer[408] … führen auf: „Katherina II., 2.5.1729–17.11.1796.

Am 2. Mai 1729 wurde in Stettin die Prinzessin Sophie von Anhalt-Zerbst geboren. Sie wuchs auf als eine der vielen Duodez-Prinzessinnen, an denen Deutschland damals reich war. Das entscheidende Ereignis ihres Lebens wurde das Angebot der Kaiserin Elisabeth von Russland, Sophie mit dem russischen Thronfolger zu vermählen. Aus der 15-jährigen deutschen Prinzessin wurde die Großfürstin Katherina Alexjewna. Nach dem Tode der Zarin Elisabeth bestieg Katherinas Gemahl Peter für kurze Zeit den Thron. Schon bald erwies sich seine politische Unfähigkeit, und die ehrgeizige Katherina hatte wenig Mühe, ihn im Bündnis mit einflussreichen Petersburger Kreisen vom Thron zu stoßen. Mit 33 Jahren war die ehemalige deutsche Prinzessin Alleinherrscherin über das russische Reich. Imponierend ruhig und überlegen meisterte Katherina alle Schwierigkeiten,

---

408 Erwin Angermayer … Große Frauen der Weltgeschichte, Verlag Sanastian Lux, Murnau • München …, S. 256

die sich ihr entgegenstellten. Zunächst musste sich die Zarin Sicherheit im Inneren verschaffen. Dabei erwies sich ihre Anpassungsfähigkeit an die russische Mentalität. Katherina hat sich in der Behandlung dieser oft so rätselhaften Volksseele niemals vergriffen. Die Gouvernements-Verfassung wurde geschaffen und der Versuch unternommen, die Lage der Bauern zu besseren. Dieser Versuch schlug fehl, da der Adel, dessen wirtschaftliche Interessen gefährdet waren, sich mit allen Mitteln gegen eine Bauernbefreiung zur Wehr setzte. Bessere Erfolge errang Katharina auf außerpolitischem Gebiet. Mit einer geschickt geleiteten Marktpolitik gelang es ihr, das Gebiet Russlands nach Westen und Süden bedeutend zu erweitern. Unter ihrer Regierung stieg die Zahl der Einwohner Russlands von 20 Millionen auf 36 Millionen. Entscheidend für ihren Erfolg war der für eine Frau ungewöhnlich ausgeprägte politische Verstand. Es ist bezeichnend, dass von ihren zahlreichen Günstlingen sie keiner politisch beherrscht hat."

Ivo Vukčević[409] sagt: „Zerbst war lange Zeit Hauptstadt des Herzogtums Anhalt-Zerbst. Sophie Augusta von Anhalt-Zerbst, später Katharina die Große Kaiserin Russlands (1762–1796), verbrachte hier ihre Jugend und Jahre des Erwachsens. Eine der führenden französischen Autoritäten für alte slavische Zivilisation, Louis Leger, wollte seine Studenten erinnern: ‚Dass alte Kaiserin Historie ihres Vaterlands wenig mehr wusste, könnte sie ihren neuen russischen Staatsangehörige sagen, sie haben eine Prinzessin mit slawischer Herkunft.'"

Olga Luković-Pjanović[410] schreibt: „Katherine II. ... war keine Deutsche, sondern eine Serbin, weil außer das ... ihre wahre Familie noch heißt Serbst. Darüber schrieb unlängst ‚Revue des deux mondes' ... Und so, kann man die Quelle dieses Volksstolzes

409 Ivo Vukčević, Slovenska Germanija, Pešić i sinovi, Belgrad, 2007, Seite 367.
410 Olga Luković- Pjanović, Srbi ... narod najstariji, Dosije, Belgrad, 1990 (Ohne Seiten, durch Internet).

in längster Zeit suchen …“; „… Sie nahm in der Literatur ihrer
Zeit in satirischen Zeitschriften teil. Sie schrieb Komödien und
half den Schriftstellern und Wissenschaftlern. Sie nannten Katherina ‚Nordsemiramide‘. Sie schrieb das Drama ‚Oleg‘. Katherina die Große zählte zu ihren Freunden Voltaire, d’Alenmbert,
Diderot und hielt Korrespondenz mit Voltaire und mit Grimm
unter anderen und empfing Diderot an ihrem Hof …“ Bernar
Bonilori schrieb in „Figaro“: Katharina die Große „… war, die
veröffentliche Superiorität der slawischen Rasse. Und besonders wollte sie beweisen, dass das Slawische die ursprüngliche
Sprache des menschlichen Stammes war. In einem Brief, den
sie an Grimm im Jahr 1784 sandte, schrieb sie, dass die alten
Slawen zahlreichen Flüssen, Gebirgen, Ebenen und Gebieten in
Frankreich, Spanien, Schottland und anderen Gebieten eigene
Namen gaben …“

Olga Luković-Pjanović[411] gibt an, was Jan Kollar in „Archiv
für Slawische Sprache“ schrieb, mit Titel: „Der Einfluss des Slawischen auf das Italienische“:

„… Nestor, Burguchwal, Dalemil a. A. bestätigen das aus-
drücklich, und überdies so, dass Letzterer die Sitze der Slawen
nicht nur nach Ober-, sondern auch nach Mittelitalien, bis nach
Rom, ausdehnt, wenn er im I. Kap. so spricht:

‚Mesi jinymi Srbowe
Otkud kdez bydle R'ekowé
Podle more sie usadichu
Az do R'ima se rasplodichu‘
‚Unter der anderen Serben
Von da, wo die Griechen wohnen,
(bis) an das Meer sich festsetzen,
bis nach Rom sich auszersameten.‘

411 Olga Luković- Pjanović, Srbi … narod najstariji, Dosije, Belgrad,
    1990 (Ohne Seiten, durch Internet).

Mit einem Worte, Geschichte, Sprache und Gewohnheiten und tausend andere Gründe und Umstände bestätigen es als unumstößlich, dass schon in uralter Zeit, vor den Römern und Kelten nicht nur in ganz Oberitalien, im Venezianischen und Lombardischen, sondern auch im Helvetischen, in Tyrol, in einem Teile von Baiern, in Rhätien und in Noricum Wendoslawen wohnten, und das der Baum des italienischen Lebens seine Wurzel im slawischen Boden hat."

Ivo Vukčević[412] gibt an: „Martin Luther und Luthertum öffnen ein besonderes Kapitel in der Historie der germanischen Serben. Es scheint, allein Luther hatte serbisch-wendische Herkunft. Nach einem skandinavischen Handbuch, ‚Martin Luther (1483–1546) war Nachkomme des slawischen Geschlechtes von Stamm Lutići. Zuname ihrer Vorfahren war Luyt (in Bedeutung kräftig, roh, aderig). Die Vorfahren waren gezwungen Zunamen zu germanisieren in Lutyr. Nachher in Luthur und, endlich, in Luther. Er war in Untersaksonien geboren, in dem Wohnort, der heute Eisleben heißt, aber vorher unter dem eigenen slawischen Namen Sebenica bekannt war, das wird noch heute im Namen ‚der alten Stadt‘, dem Distrikt Zibenica (Siebenhitze) bewahrt.‘ Es bestehen auch mittelbare Beweise, dass Frau Luthers serbisch-wedische Vorfahren hatte. Das Dorf Lipa, später Lippendorf, als serbische Stadt Lipsk, das heutige Leipzig, ist die Heimat der Vorfahren von Bora und Geburtsort der Frau von Luther, Katherina von Bora. Bor, wie in Angabe liber homo Bor vocitatus natione Slavus, ist ein ausschließlich serbischer Name.[413] Bor, Bolibor, Mesibor und Borisslav sind vier von neun serbischen Namen in Meisen im 1071. Jahr."

---

412 Ivo Vukčević, Slovenska Germanija, Pešić i sinovi, Belgrad, 2007, Seite 447.
413 Da Begriff Serbe = srbe = srpe nur srp = Sichel bedeutet, gab es kein serbisches Volk, sondern Sichelsmann usw.

Olga Luković-Pjanović[414] gibt an: „... Baltik ... ein Dorf, unweit von jener Stadt, wo Bismarck geboren ist. Und jeder Deutsche ist überzeugt, dass Bismarck ein Nachkomme des serbischen Volkes ist."

Ljubomor Domatezović[415] schreibt: „Ein Deutscher ... die Illyrer ... am Baltikmeer oder auf Territorien des heutigen Deutschlands. Später wurde der Stamm germanisiert, wie Maretić sagt, in XVII. Jahrhundert. Von diesem Stamm stammte eine bekannte Person der deutschen Historie, Graf Koprivia, über den am Ende des XIX. Jahrhunderts die deutsche Presse schrieb, er wäre Slawe (Serbe). Otto Bismarck, der allein hervorhob, seine Großmutter wusste sogar kein Wort deutsch aufblöcken, aber ,sorabisch', Leibniz, der zu Peter dem Großen in einer Stelle in Torgawe sagte: ,Unsere Herkunft ist gleich, beide sind die Slawen' usw."

Es folgt, in Europa wird der sog. slawische Dunkelvokal gebraucht, etwa im Schkipitarisch (ë), Walachisch (ă), Rumänisch, Portugiesisch, bei allen Sprachen Frankreichs (um 50 % Französen), Deutsch ä = ae, ö = oe, ü = ue, drei Möglichkeiten mit den Dunkelvokalen; in Schweden = Sweden = s Weden, 100 % sog. Slawisch mit Vokalen: a, o, u, å, e, i, y, ä, ö;

---

414 Olga Luković- Pjanović, Srbi...narod najstariji, Dosije, Belgrad, 1990 (Ohne Seiten, durch Internet).

415 Ljubomor Domatezović, Antička istorija i poreklo Srba i Slovena, Izanje autora Lj.D, 1995, Seite 56.

ENTARTEN DER EUROPÄER VON IHRER VOLKSSPRACHE – DAS BARBARISCHE

Im Ägypten und Mesopotamien lebten Leute der weißen und schwarzen Rasse.

Carlo Maria Franzero[416] gibt an: „"Soeben … Die aus Afrika haben eine Hautfarbe, die an Erde nach dem Regen erinnert, und tragen große goldene Ringe durch die Nase, ihr kurzes Kraushaar berührt gerade die eckigen Schultern …"

Wolfhart Westendorf[417] gibt bei einem Bild an: „Holzmodell einer Truppe nubischer Söldner, aus einem Gaufürstengrab in Asjut. Anfang Mittleres Reich, um 2040 v. Chr. Holz, Höhe etwa 40 cm. Ägyptisches Museum, Kairo." (Die Söldner waren schwarz, R. I.)

Bild: „Modell eines Schiffes, aus dem Grabe des Mektire in Deir el-Bahari. Mittleres Reich, II Dynastie, auch 2040- 1990 v. Chr. Holz, geschätzte Länge 100 cm. Ägyptisches Museum, Kairo". (Die Ruderer waren schwarz, R. I.)

„Heje war unter Tutanchamun Vizekönig von Nubien und somit für die Tributlieferungen an die Verwaltung verantwortlich. In seinem Grabe ließ er eine solche nubische Abordnung festalten: Hinter einer schwarzen Fürstin, die nach der ägyptischen Mode elegant gekleidet …"[418]

Bild: „Zug der tributbringenden Nubier. Malerei auf Lehmputz im Grabe des Heje (Hui) in Theben (Nr. 40). Neues Reich, 18. Dinastie, um 1340 v. Chr. Holz des Ausschnitts 65 cm."[419]

Eberhard Zangger[420] gibt bei dem Bild an: „Das nubische Volk wird zur Zeit des ägyptischen Neuen Reiches als einziges

416 Carlo Maria Franzero, Kleopatra Ihr Leben Ihre Zeit, Deutsche Haubücherei Hamburg, 1960, Seite 186.
417 Wolfhart Westendorf, Das Alte Ägypten, Kunst im Bild, Naturalis Verlag, München, Seite 72.
418 Ebenso, Seite 127.
419 Ebenso, Seite 127.
420 Eberhard Zangger, Ein neuer Kampf um Troia, Droemer Knaur, München 1994, Seite 127.

durchwegs mit schwarzer Hautfarbe dargestellt. Dieser Nubier trägt rotes Kraushaar, eine kunstvolle Halskrause, ein langes, plissiertes Kleid mit gepunktetem Rand und Gürtel und einen kurzen Schurz darüber. Besonders charakteristisch ist der große goldene Ohrring."

Herbert Wendt[421] meint: „Die schwarzköpfigen Fremden hießen Semiten, deren Heim war das Tal des Euphrats und die nachher nahmen ihre (sumerische, R. I.) Kultur an …"

Die weiße Rasse war ein Volk mit pelasgischer Sprache, sie lebte lang in Levante.

Bei U. K. Paschke[422] … steht: „… Sumerer waren vom Typ der mediterranen Rasse und sie unterschieden sich von den semitischen „schwarzköpfigen" Akkadern …"

Also unterscheidet man nur zwei Rassen Weißen = Pelasger und Schwarze (Semiten).

Der Große Duden, auf Seite 462, schreibt: „Sumer (Südbabylonien <akkad> |Sumerer, der, -s,- (Angehöriger der ältesten, nichtsemit. Bevölkerung Südbabyloniens) …"

Hier versteht man: Sumerer als Weiße und Semiten (Akkadier) als Schwarze.

Andreas K. Heyne[423] schreibt: „Ja, die Yoruba sprechen eine gemeinsame Sprache, die Wissenschaftler zählten sie zur Niger-Kongo-Sprachfamilie. Das steht zumal in Afrika selten für eine Gruppe, die so zahlreich und über ein so riesiges Gebiet verbreitet ist. Dass es regionale Dialekte und Unterschiede in der Lebens- und Denkart gibt, versteht sich von selbst."

Herbert George Wells[424] schreibt: „Jüdische, arabische, abessinische, altassyrische, altphönikische und eine ganze Reihe der

---

421 Herbert Wendt (1961): „Počelo je u Babylonu", Zagreb.

422 Uwe K. Paschke u. a., „Enzyklopädie der Weltgeschichte, Holle Verlag, Baden- Baden.

423 Andreas K. Heyne, Wenig bekannte Hochkulturen, Editiones Rocha, Basel, 1993, Seite 67.

424 Herbert George Wells, Istorija sveta, Narodno delo, Belgrad, 1929, Seite 67.

verwandten Sprachen gruppieren sich zusammen wie Zweige aus einer anderen ursprünglichen Sprache, die hieß Semitisch.

Wir sehen wo im einsamen Anfang der eingeprägten Historie (und das wird um 4 000 Jahre v. Chr. und früher sein) Völker, die Arierisch, und Völker, die Semitisch sprachen, kamen mit Kriegen und Handel untereinander in lebendigsten Kontakt, und das um und neben dem östlichen Ende des Mittelmeeres. Aber, grundlegende Unterschiede bei ursprünglichen arierischen und ursprünglichen semitischen Sprachen verpflichten uns zu glauben, vor der historischen Periode der neolithischen Epoche mussten fast Tausende Jahre zwischen den Völkern eine Absonderung herrschen, die Arierisch und Semitisch sprachen.

Für diese anderen scheint es, als lebten sie in Südarabien, oder im nordöstlichen Afrika. Die Völker, die sich mit echter semitischer Sprache verständigten, wie jene mit echter arierischer, lebten vielleicht in der früheren neolithischen Periode so zu sagen in getrennten Welten."

Die Weißen waren ein abgesondertes Volk, ganz anderes als Schwarze (Semiten).

„Schon mit weniger Einstimmigkeit sprachen Philologen über eine dritte Gruppe Sprachen, die hamitische Gruppe; einige meinen, dass sie sich von der semitischen Gruppe unterscheidet, für andere sind die Gruppen verwandt. Stärker aber, ist jene Meinung, dass irgendeine Verbindung zwischen den beiden Gruppen bestand.

Die hamitische Gruppe ist gewiss viel ausgedehnter und viele unterschiedliche sprachliche Gruppe von semitische oder arierische, bis wieder semitische Sprachen gehören offenbar mehr an einer Familie und haben mehr zwischen sich Ähnlichkeiten als was das ist bei arierische. Semitische Sprachen könnten eine spezialisierte protohamitische Gruppe sein, vergleichbar damit, wie etwa Vögel und Säugetiere aus einer Gruppe der Kriechtiere entstanden sind. Es wäre eine attraktive Hypothese, nur ohne wirkliche Grundlage sogar nicht berichtigende Tatsachen, wenn wir wäre vermuten, erste und grobe ahnherrende Gruppe der arierischen Sprachen absonderte sich aus protohamitischen sprachlichen Gestalten in eine noch frühere Periode als was absonderte sich und spezialisierte eine semitische Gruppe."

Also man bestätigt, semitische Sprachen waren Sprachen der schwarzen Bevölkerung Afrikas.

Das, was H. G. Wells schreibt, kann mit den Schreiben Herodots bekräftigt werden.

„Wie Völker mit hamitischen und semitischen Sprachen gehören in hauptsächlicher mediterranen Rasse. Zu den hamitischen Sprachen gehören Altägyptisch und Koptisch, dann die berberischen Sprachen (Sprachen der Gebirgsvölker Nordafrikas, maskirende Taurege und andere Völker), und sogenannte äthiopische Gruppe der afrikanischen Sprachen in Ostafrika, eingeschlossen hier sind die Sprache der Galassi und Somaliser. Diese hamitischen Sprachen strahlten damals vielleicht aus einem Zentrum der afrikanischen Küste des Mittelmeeres aus, und sie erstreckten sich über damals bestehende territoriale Konnexionen, sogar sehr weit nach Westeuropa."

Also, die Äthiopier, Somalier ... waren/sind Schwarzafrikaner, sie waren Semiten.

„Über die hottentottische Sprache sagt man, sie hätte eine Verwandtschaft mit hamitischen Sprachen, aus denen ist mit ihrer Breite der Mittelafrika getrennt, in dem sprach man Bantusprache. In äquatorialem Ostafrika und heute spricht man eine Sprache ähnlich der hottentottischen und verwandt mit buschmännischer, und das bestätigt den Gedanken, dass man in Ostafrika Hamitisch redete."[425]

Nur Neger = Semiten und Negrisch = Semitisch, Sprache der schwarzen Menschen.

In Mesopotamien lebten die Sumer, sie waren weiße Leute und die Akkaden Schwarze.

„Solche Änderungen der Siedlungen ... um Tigris und Euphrat ... Das erste Volk, das dieses Gebiet kultivierte und die ersten Städte in dem Teil der Welt gründete, war das Volk der Sumerer.

425 Ebenso, Seite 72.

Das Volk setzte sich vielleicht aus schwarzpurpurischen Menschen zusammen, die verwandt waren mit Iberern oder Drawidern. Die Sumerer behalfen sich mit irgendeiner Art Schriften, die sie in Tonerde eingravierten, und ihr Alphabet wurde entziffert. Ihre Sprache war ähnlich der umklassifizierten, kaukasischen sprachlichen Gruppen ... Und wieder konnte man die Sprachen mit baskischer Sprache verbinden und sie könnten darstellen, das einst eine weiter verbreitete primitive sprachliche Gruppe, sich von Spanien über Westeuropa erstreckte, und bis nach Ostindien und nach Süden hin bis Mittelafrika reichte."[426]

Man kann folgern, es gab Nichtsemiten (die Weißer) und Semiten (Akkaden).

Herbert George Wells[427] sagt: „Von jenen Völkern, die semitisch sprachen, erschienen in westlichen Gegenden des Landes nomadische Stämme, die mit Sumerern handelten, kämpften und versklavten durch viele Generationen. Damals erhob sich zwischen den Semiten endlich ein großer Führer, Sargon (2750 v. Chr.), er vereinigte sie, und er knechtete nicht nur die Sumerer, sondern seine Herrschaft verbreitete sich vom Persischen Meerbusen nach Osten bis zum Mittelmeer nach Westen. Allein sein Volk hieß Akkader, sein Kaiserreich nannte er Sumer-Akkadisches Reich.

Von der Epoche Sargons und bis zum vierten oder dritten Jahrhundert v. Chr., und für eine Zeit von vor 2 000 Jahren, hatten semitische Völker Vorrang in fast ganz Nahost. Nur, obwohl die Semiten siegten und es Könige in sumerischen Städten gab, bewährte sich die sumerische Kultur. Fremde lernten das sumerische Alphabet (‚klimatisch‘) und die sumerische Sprache, ohne die Erfindung eines eigenen semitischen Alphabets. Für die Barbaren wurde die sumerische Sprache ein Zeichen des Wissens und der Macht der barbarischen Völker im Europa des

---

426 Ebenso, Seite 76.
427 Herbert George Wells, Istorija sveta, Narodno delo, Belgrad, 1929, Seite 77.

Mittelalters. Und die sumerische Wissenschaft verfügte über eine große, lebendige Kraft, weil es ihr Schicksal war, durch lange Reihen von Feldzügen und Änderungen zu gehen, die jetzt im Tal der beiden Flüsse anfingen."

Die Schwarzen hatten keine Schrift, zumindest ist eine solche in Schwarzafrika nicht entdeckt worden.

Die Sprache und Schrift der Weißen herrschten in Mesopotamien. Die Sprachen, die von dem Autor ... als Semitisch bezeichnet werden, waren eine Mischung der Weißen und Schwarzen.

„Als das Volk des sumerisch-akkadischen Reiches seine politische und kriegerische Festigkeit verlor, fing von Ost ein frischer Zudrang eines kriegerischen Volks, der Elamiten, an, bis von West Amoriten angriffen, die so das sumerisch-akkadische Reich zwischen sich erdrückten. Die Elamiten waren ein Volk mit unbekannter Sprache und Rasse, ‚weder Sumerer noch Semiten‘, wie Sejs sagt. Mittelstadt war ihnen Susa. Ihre Archäologie mit größerem Teil ist noch unentdecktes Bergwerk. Und wie H. Jonston dazu sagt, man denkt, dass sie nach Typ Negroiden waren. Und es besteht wirklich ein starker negroidischer Draht zu der modernen Bevölkerung Elams ...“

Nur „Volk mit unbekannter Sprache und Rasse, weder Sumerer noch Semiten ... Susa ... Und wie H. Jonston dazu sagt, man denkt, dass sie nach Typ Negroiden waren ...“

Also, Sumerer waren nur Weißen und die anderen waren als Akkader nur Schwarze.

Hanns Joachim Friedrichs[428] gibt an: „Fünf sumerische Epen aus dem letzten Drittel des 3. Jahrtausends besingen seine Wanderungen und Heldentaten, die er mit seinem Freund Enkidu vollbrachte. Seine Gestalt wurde bald vergöttlicht, und er galt nun als der siebente unfehlbare Totenrichter der Unterwelt, dem ‚Könige, Herrscher und Fürsten zu Füßen liegen‘. Später wurde König Gilgamesch zum Helden des nach ihm genannten

---

428 Hanns Joachim Friedrichs, Weltgeschichte, Eine Chronik, Naturalis Verlag,, München, Seite 9.

akkadischen (babylonisch-assyrischen) Großepos', des Gilga-mesch-Epos'. Die bedeutendste babylonische Dichtung blieb fragmentarisch auf zwölf Tontafeln der Bibliothek Assurbani-palis in Ninive erhalten."

„Anknüpfend an der sumerisch-akkadischen Tradition, nennt er sich ‚Herrscher der vier Weltteile' wie Sargon und benutzt das Akkadische zur Verkündung seiner Gesetze ..."[429]

Andreas K. Heyne[430] schreibt: „Bei den Ausgrabungen in Bo-gazköy hatten Winckler und seine Mitarbeiter jene Tontafeln, die zum hethitischen Staatsarchiv gehörten, ohne Weiteres lesen können. Sie waren auf akkadisch, einer semitischen Sprache des alten Babylons, abgefasst und in der babylonisch-assyrischen Keilschrift niedergeschrieben worden."

„So viel zu den geschriebenen Sprachen. Fragt sich, welche gesprochen wurden. Im Umgang mit den Nachbarvölkern wich das Akkadische als Handelssprache erst um 1000 vor unserer Zeitrechnung der Aramäischen Sprache, die auch Jesus von Nazareth sprach."[431]

„Glücklicherweise war der persische König Darius I. ein Monarch, der auf Ordnung hielt. Er ließ alle seine Inschriften in den drei Landessprachen anfertigen: Babylonisch, Persisch und Elamisch."[432]

Herbert George Wells[433] schreibt: „Vor dem Durchbruch der Arierier aus den Ländern ihrer Abstammungen nach Süd und nach West, verbreitete sich die iberische Rasse bis nach Groß-britannien, Irland, Frankreich, Spanien, Nordafrika, Süditalien und, in einem Bildungszustand, nach Griechenland und

429 Ebenso, Seite 12.
430 Andreas K. Heyne, Wenig bekannte Hochkulturen, Editiones Ro-cha, Basel, 1993, Seite 47.
431 Seite 50.
432 Ebenso, Seite 151.
433 Herbert George Wells, Istorija sveta, Narodno delo, Belgrad, 1929, Seite 135.

Kleinasien. Die Rasse war in naher Verwandtschaft mit der ägyptischen Rasse."

Herbert George Wells[434] schreibt: „Durchaus ist es möglich, dass sich vor acht- bis zehntausend Jahren in West- und Südeuropa eine Gruppe der Sprachen erstreckte, die vor dem Erscheinen arierischer Sprachen vollständig verschwand. Nachher werden wir beiläufig die Möglichkeit des Bestehens von drei verschiedenen sprachlichen Gruppe bemerken, die sich wie folgt darstellen: 1. Altkretisch, Lydisch und andere Sprachen (obschon sie, wie Hari X. Jonston anführte, der ‚baskisch-kaukasisch-drawidische Gruppe‘ angehören könnte); 2. das Sumerische und 3. das Elamische."

„Es muss irgendwo zwischen Mitteleuropa und Westasien eine gewisse Zahl der Stämme gewandert sein, die sich genug vermischten, um eine Sprache zu entwickeln und gebrauchen zu können. Ihnen wäre es gelegen hier arierische Völker zu nennen. H. H. Jonston nannte sie ‚arierische Russen‘. Die Mehrheit gehörten der weißen rassischen Gruppe an, und die blonden und nördlichen Unterabteile der Gruppe der nordische Rasse."[435]

Andreas K. Heyne[436] schreibt: „Das Koptische ist eine aus dem Altägyptischen hervorgegangene Sprache des ägyptischen Volkes. Diese in vielen Mundarten gesprochene Landessprache entwickelte sich bereits seit dem 2./3. Jahrhundert zur Literatursprache."

„Da die Hieroglyphen nur die Konsonanten bezeichnen, liefert das Koptische, welches auch die Vokale wiedergibt, die wichtigste Grundlage zur Erforschung der Sprache des pharaonischen Ägypten ..."[437]

---

434 Herbert George Wells, Istorija sveta, Narodno delo, Belgrad, 1929, Seite 71.
435 Ebenso, Seite 66.
436 Andreas K. Heyne, Wenig bekanntne Hochkulturen, Editiones Rocha, Basel, 1993, Seite 95.
437 Ebenso, Seite 98.

P. Du Bourguet S. J.[438] schreibt: „Die Kopten stammen un-mittelbar von dem Ägypten der pharaonischen Zeit ab ...“

„An der koptischen Sprache ... Durch einen, der neueren administrativen und religiösen Bedingungen entsprechenden Wortschatz bereichert, bildet sie die letzte Phase der pharao-nischen Sprache ...“[439]

„2. Jh. v. Chr. Erste Versuche das Ägyptische, mit griechi-schen Buchstaben[440] zu transkribieren, aus denen die koptische Sprache resultiert.“[441]

Hugh Seton-Watson[442] gibt an: „... Das Koptisch, die Spra-che stammte aus der Sprache des uralten Ägyptens ab, und wird weiter in religiösen Ritualen gebraucht ...“

Die Pharaonen hatte eine Sprache, die war das Barbarsche der Pelasger = sog. Slawen.

Louis Leger[443] redet über die Chronik des Nestors (11.–12. Jahrhundert) ... 1114. über Gott Swarog, auch setzt den Gott der Sonne Dažbog ein, die Ägypter ...

„In der Zeit Prob gab es einen großer Regen und großen Sturm ... Mestro vom Stamm Cham, und nach ihm Jeremie, nachher Feost, den die Ägypter Swarog nannten ... Nach ihm herrschte 7 470 Tage sein Sohn, mit dem Name Sonne, den hie-ßen sie Dažbog. Der Sohn des Swarogs, der König der Sonne, Dažbog, war ein kräftiger Mensch ...“

438 P. Du Bourguet S.J., Die Kopten, Holle Verlag • Baden- Baden, 1967, Seite 5.
439 Ebenso, Seite 6.
440 Ionische Buchstaben in Alexandria wurden in Koine eingesetzt. Sie wurden 19. Jh. sog. griechisch bezeichnet.
441 Ebenso, Seite 210.
442 Hugh Seton- Watson, Nations an States, 1977. Globus, Zagreb, 1980, Seite 305.
443 Louis Leger, La Mythologie Slave, serbische Ausgabe Rad, Belgrad, 1904, Internet.

Lj. Domatezović[444] zeigt einen Text: „Abb. 31. Koptisches Alphabet und alter koptischer Text von IV. Jahrhundert v. Chr. Die Schrift war in Ägypten seit VIII v. Chr. gebräuchlich. Bestimmte Wörter des Textes können leicht von Angehörigen der slawischen Völker verstanden werden, was man leicht mit der Ähnlichkeit der Schrift und der Sprache erklärt ..." (Slawisch = Koptisch)

Eberhard Zangger[445] gibt an: „Echnatons Revolution war wohldurchdacht und gut organisiert. Um die entstehende Kluft zur Allgemeinbevölkerung zu überbrücken, stellte er den liebevollen Umgang zwischen ihm, seiner Gattin und ihren Töchtern zur Schau. Er erklärte die Umgangssprache des neuen Reiches zur Schriftsprache und ließ Raum für eine freieren, von der ägyptischen Tradition stark abweichenden Kunststil mit expressiven Elementen und oft kühner Ikonographie ..."

Echnaton „erklärte die Umgangssprache des neuen Reiches zur Schriftsprache".

Hanns Joachim Friedrichs[446] gibt an: „Alexander der Große, der nur 33 Jahre alt wurde und nur 13 Jahre König der Makedonien war, hat durch seine im doppelten Sinne des Wortes sagenhaften Eroberungszüge gewiss die Welt verändert ... Durch seine Gründung von mehr als 70 Städten in den eroberten Gebieten – viele davon hießen Alexandria wie das heute noch bestehende Alexandria in Ägypten –, wurden die griechische Sprache und die griechische Kultur weit verbreitet, so dass durch eine Vermischung eine orientalische Weltkultur entstehen konnte."

---

444 Ljubomor Domatezović, Antička istorija i poreklo Srba i Slovena, Izanje autora Lj.D, 1995, Seite 290.
445 Eberhard Zangger, Ein neuer Kampf um Troia, Droemer Knaur, München 1994, Seite 134.
446 Hanns Joachim Friedrichs, Weltgeschichte – Ein Chronik, Naturalis Verlag, Köln., Seite 36.

15. Beilage:[447] „Noch seit der tiefen Vergangenheit, infolge einer belebenden Verbindung mit dem Osten, hatten die Griechen[448] von den Semiten sehr viele Wörter angenommen, deren Liste ist bei Lenorman Les premières civilisations. v. II. p. 425 etc. Im Mittelalter hatten die Verbindungen mit den Arabern die Vorräte vergrößert."

Das Arabische war nur Vulgäraramäisch. Also, Volksaramäisch, eine Mischung.

Martin Bernal[449] sagt: „Vier Jahre arbeitete ich entlang dieser Richtungen und wurde überzeugt, dass sogar ein Viertel des griechischen Vokabulars semitische Herkunft haben würde. Dies, zusammen mit 40–50 Prozenten, die sich als indoeuropäisch ausmachten, boten noch keine Erklärungen zu einem Viertel bis zu einem Drittel des griechischen Vokabulars. Ich bedenke mich, dieser unableitbare Teil konventionell zu sehen als ‚vorhellenisch' oder irgendeine dritte äußerliche Sprache zu postulieren, das Anatolische oder – wie ich meinte – das Huritische. Aber, als ich diese Sprachen sah, boten sie mir fast kein versprechendes Material. Sogar in 1979, als ich einen Blick in ein Beispiel für ein koptisch-etymologisches Wörterbuch der ägyptischen Sprache von Tscherni warf, bekam ich einen gewissen Sinn für die späterer antikisch ägyptische Sprache. So zu sagen begriff ich sofort, dass diese eine äußerlich dritte Sprache war. Innerhalb einiger Monate, wurde ich überzeugt, ich könnte für die erübrigen 20–25 Prozente des griechischen Vokabulars zuverlässige Etymologien der ägyptischen Sprache finden, ebenso wie für Namen des größten Teiles der griechischen Götter und für viele Toponymen. Vergleicht man indoeuropäische, semitische und ägyptische Wurzeln, so ich glaube jetzt, könnte man

---

447 Konstantin Porfirogenit, O temama, O narodima, Mandala, Belgrad, 2014, Seite 279.
448 Es gab keine Griechen. Es bestand das Makedonien und die Makedonier-Begriff Grieche ungebraucht.
449 Martin Bernal, Crna Atena, Tabernakul, Skopje- R. Makedonien, Seite 4.

mit späteren Untersuchungen zuverlässige Erklärungen für 80–90 Prozent des griechischen Vokabulars bieten, das ist eine Proportion, die hoch in Bezug der anwesenden Hoffnungen für irgendeine Sprache ist. Deswegen, bestand nun im Allgemeinen kein Bedarf von ‚vorhellenischen‘ Elementen.“

„Die ägyptische Zivilisation ist offenbar von reichen vordynastischen Kulturen aus Oberägypten und aus Nubien gegründet worden, deren afrikanische Herkunft unstreitig ist ... Die kulturelle Mischung war noch komplizierter mit grundlegenden linguistischen und, laut mir, kulturellen Verbindungen zwischen Ägypten und semitischen Komponenten in der mesopotamischen Zivilisation.“[450] (Die Nubier waren die Schwarzen, R. I.)

„Eine andere Weise ... Sogar zu Ende des 19. Jahrhunderts ... Ägypten ... konnte man wieder seine afrikanischen Kennzeichen bestimmen. Es wurde bemerkt, dass in allen Fällen eine offenbare Grenze zwischen Negern und Zivilisation gestellt ...“[451]

„Labiovelaren ... Labiovelaren sind gebräuchlich breit im übrigen Teil der afrikanischen und semitischen Sprachen in Äthiopien ...“.[452] (Die Äthiopier sind schwarz, R. I.)

„Diese positive Meinung, wie und die dauernde Überzeugung, dass die griechische Kultur aus Ägypten und Phönizien kam, spaltete sich in eine neue, unmysthisches Lehre. Im Jahr 1763 lebte der glänzende Abt Bartelemi, der die palmirische und phönikische Sprache entzifferte und eine Handlung mit dem Titel ‚Allgemeine Überlegungen für Beziehungen zwischen ägyptischer, phönikischer und griechischer Sprache‘ vorlegte. In der Handlung ist seine erste richtige Voraussetzung, die sich auf die Kircher- für Werk meine er, dass es fantastisch ist- koptische Sprache ist eine Gestalt des Altägyptisch. Er erkannte

---

450 Ebenso, Seite 19.
451 Ebenso, Seite 28.
452 Ebenso, Seite 44.

die sprachliche Familie, die später den Namen ‚semitisch' ...
tragen würde ...“[453]

„Lange Zeit ... Bartolemi Mitte des 18. Jahrhunderts, bestimmte Gelehrten von Typ an Samuel Bochard, der ein Jahrhundert früher lebte und arbeitete, waren überzeugt dass die Sprachen mit der sich Juden und Phönikier verständigten, Dialekte der gleichen Sprache darstellte. Bis zur Periode des 80. Jahres des 18. Jahrhunderts, wurden diese zwei Sprachen in dem gemeinsamen Kontext wie Arabisch, Aramäisch und die Sprache, die in Äthiopien gesprochen wurde, unter den gemeinsamen Nenner ‚semitische' Sprachen gesehen ...“[454]

Da die Koine Altägyptisch ersetzt hatte, stammte die Koine vom Altägyptisch ab.

Wikipedia: „Die Koine ... Sprachstufe der griechischen Sprache, die als überregionale Gemeinsprache von Hellenismus ... (etwa 300 v. Chr. ...)"

Hermann Kinder/Werner Hilgemann[455] schreiben: „Die hellenistische Staatenwelt

1. Phase: 304–220 Gleichgewicht der Großmächte. Ausbreitung und Weltgeltung der griech. Kultur."

Der Hellenismus war nach dem Tode Alexanders, Koine war Sprache der Ägypter.

Herbert George Wells[456] sagt: „In vielen ... Demosthenes, athenischer Demagoge ... In einer von Philippiken ...:

‚Philipp ... ist kein Hellene ... ist was für ein Barbar ... aus Makedonien ...' Makedonier waren ein arierisches Volk sehr ähnlich den Hellenen ...“ (Keine Griechen, R. I.)

Barbar bedeutet Nichthellene und Ungebildeterer, Rohling, Fremder usw.

---

453 Ebenso, Seite 112.
454 Ebenso, Seite 218.
455 Hermann Kinder/Werner Hilgemann, dtv-Atlas Weltgeschichte, dtv Verlagsgesell., München, 1964, Seite 67.
456 Herbert George Wells, Istorija sveta, Narodno delo, Belgrad, 1929, Seite 175.

Hellenen nützten Jonisch, sie waren Gebildete, Kulturelle und keine Fremde ...

Bei Herodot sind Barbaren fast alle, nicht nur Hellaser. Da nach ihm Hellenen in Jonien Barbaren waren, wie Makedonier (Demosthenes), gab es kein Volk der Hellenen –, Lüge.

„Philipp war altarierischer König ... (bei ihm, R. I.) Höfische Sprache durch mehr Generationen war das attische (athenische) Hellenisch ...“[457]

In Attika und Athen war die offizielle Sprache Jonisch mit Buchstaben von Miletos.

Lukian[458] schreibt: „21. Und folgender Fehler ist nicht klein, und ich meine dem anzumerken. Der Historiker bemüht sich einfach einen rein attischen Dialekt zu schreiben, seine Sprache zu reinigen und römische Namen in Hellenisch umzubilden ...“

Also, an Attisch schrieb man nicht, sondern in Hellenisch [die Koine]. Das sagt Lukian aus Samosata im Werk „Pos dei ten historian syngraphein“, „Wie soll man Historie schreiben“, geschrieben im Jahr 1556. Er schrieb auf Koine, das die hellenische Sprache war.

In römischer Zeit schreibt man weiter auf Pelasgisch = sog. slawische Sprache. Das war und Arian (II. Jh. n. Chr.). Er schrieb ‚Indische Historie‘ im jonischen Dialekt, obwohl er die Koine und das Lateinische beherrschte. Auf Jonisch schrieb Herodot in Athen usw.

Herbert George Wells[459] gibt an: „In ptolemäischer, makedonischer und hellenischer Herrschaft ... Attische griechische Sprache ist höfische und dienstliche Sprache. Die griechische Sprache wurde eine beträchtliche allgemeine Sprache der erziehenden Welt in Ägypten ... Die attisch griechische Sprache

---

457 Ebenso, Seite 176.
458 Lukian, The Complete Works, Volume VI Harvard University Press, 1969, Maked., Skopje 2004, S. 29.
459 Herbert George Wells, Istorija sveta, Narodno delo, Belgrad, 1929, Seite 193.

war in mehreren Jahrhunderten vor und nach Christus von der Adria und bis in die Persischen Bucht die Sprache aller gebildeten Leute."

Auf Attisch schrieb man nicht, sondern nur auf Jonisch mit der Schrift von Miletos.

Also, die Buchstaben des Jonisches wurden auch die Koinischen Buchstaben.

In ptolemäischem und makedonischem Ägypten war die offizielle Sprache die Koine.

Koine war keine Volkssprache, nur die „allgemeine Sprache der erziehenden Welt".

„Interessant ... Und in der Welt von 300 v. Chr. war nichts vergleichbar. Alexandria hatte erst eine eigene erste Grammatik und ein erstes Wörterbuch zu erschaffen ..."[460]

Die Koine war die Sprache aus Alexandria, und nur seit 300 v. Chr., nicht vorher.

„Museum ... Alexandria ... Juden ... befanden es als notwendig, ihre Schrift in das Griechische zu übersetzen ..."[461]

Die Bibel war in der syrisch-aramäischen Sprache geschrieben. Da die Koine vor 300 v. Chr. nicht existierte, konnte die Bibel im alexandrinischen und ptolemäischen Koine nur in Alexandria übersetzt und geschrieben worden sein,; alle Bücher waren vom Jahr 300 n. Chr.

„Lateinische Sprache ... Zentrum des Hellenismus' war mehr nicht in Hellas, sondern Alexandria. Seine Mentalität entsprach nicht mehr dem freien Geist und der Sprache Aristoteles' und Platons ..."[462]

Also, die Sprache Platons war nur das Barbarisch = Pelasgisch = sog. Slawisch.

„Bald ... Es Savle aus Tarsos oder Pavle (Paul, R. I.) ... Es scheint, dass Savle ein jüdischer und Paul ein römischer Name war ... Es

---

460 Ebenso, Seite 194.
461 Ebenso, Seite 197
462 Ebenso, Seite 284.

war genug im alexandrinisch-hellenischen Gottesdienst angewiesen und sie bedienten sich der griechischen Sprache. Einige
Forscher der Klassik befanden, dass seine griechische Sprache
unvollendet war. Er bediente sich nicht der griechischen Sprache,
wie man sie in Athen sprach, sondern mit alexandrinisch-grie-
chischer, und die beherrschte er vollkommen ..."[463]

Also, es gab zwei Sprachen: das Pelasgisch und die christliche Sprache Koine.

„In Welthistorie ... Konstantin ... war verhältnismäßig schlecht
gebildet. Griechisch beherrschte er wenig oder gar nicht ..."[464]

Damit ist bestätigt, Koine war nur die christliche Sprache,
Volkssprache war Pelasgisch.

„Es scheint, Konstantin ... Für den Zweck rief eine allgemeine
christliche Synode in Nikea (Jahr 325), eine Stadt nahe Nikomedia, fast über Weg allein Konstantinopel. Eusebius bietet eine
interessante Beschreibung dieser Versammlung, der allein der
Kaiser vorsaß ... da er wenig Griechisch beherrschte, musste er
sich damit befriedigen, Gesten, Stimmungen und Betonungen
zu verfolgen ... verwirrt drehte er sich zu Dolmetschen um, um
sie zu fragen, was so einen Lärm verursachte."[465]

Die Koine war keine Volkssprache, sondern nur die kirchliche
Sprache, das war so seit der Zeit des Apostels Paul. Aber Lateinisch
war nur die offizielle Sprache und auch nie die Volkssprache.

„Weströmische Schriftsteller ... Ebenso ist es richtig, dass
Konstantin der Große Griechisch nicht beherrschte und Justi-
nian sprach es mit fremder Betonung ..."[466]

„Sobald ... Es wird sein und in den Adern Justinians, wie in
den Adern Konstantins, strömte slawisches Blut ..."

Nur gleich: Barbarisch = Pelasgisch = sog. Homerisch = sog.
Platonisch = sog. Slawisch.

---

463 Ebenso, Seite 297.
464 Ebenso, Seite 303.
465 Ebenso, Seite 305.
466 Ebenso, Seite 314.

Harald Haarmann[467] sagt: „Das Patronat der etruskischen Zivilisation in Latium. Der kulturelle Aufschwung der Latiner, der italienischen Bevölkerung der Landschaft Latium, so wie er in der historischen Zeit seit dem 6. Jahrhundert v. Chr. zu verfolgen ist, ist ohne das Patronat der etruskischen Zivilisation nicht vorstellbar. Die historische Periode beginnt in Rom um 600 v. Chr. Aus der Zeit vor dem 3. Jahrhundert v. Chr. sind nur insgesamt neun lateinische Inschriften überliefern. Dies zeugt von einem äußerst spärlichen Schriftgebrauch, wenn man an die Tausenden von Inschriften in etruskischer Sprache denkt, die im gleichen Zeitraum entstanden."

Ulrich Wilcken[468] schreibt: „Einfluss Alexanders ... im großen Maß sättigt die griechische Kultur in der Mitte des dritten Jahrhunderts v. Chr. die römische Gesellschaft. Anfang dieses Prozesses ist das Jahr 240, ein Jahr nach dem siegreichen Ende des punischen Kriegs, als der griechische Freimensch Livius Andronik von Tarentum erstmals eine lateinische Übersetzung des griechischen künstlichen Werks für römische Spielen anfertigte. Es gibt zwei Sachen, die in diesem Sinn charakteristisch für Rom sind. An erster Stelle war das der Senat, der einen Befehl gab, das Werk auszuführen. Viel bedeutender ist zu vermerken, dass dieser Schritt offiziell von der Herrschaft kam. Wenn man weiß, dass das der Senat war, der vor 28 Jahren die silbernen Münzen initiierte, mit denen der römische Handel in der hellenistischen Handelszone eingeführt wurde, ist es vieler bedeutender, dass der gleiche Senat nun befahl das griechische Werk auszuführen ..."

„Die zweite, das war die höchste Errungenschaft, war, dass eine griechische Vorstellung der griechischen Sprache gemacht. Für die künftige Historie Europas war das ein wichtiger Augenblick,

---

467 Harald Haarmann, Geschichte der Sintflut, Verlag C.H.Beck, München, 2003, Seite 128.
468 Ulrich Wilcken,Alexander the Great:Ulrih Vilken, Aleksandar Makedonski, Misla- Skopje, 1988, S.340.

dass Römer, seit der Übernahme der griechischen Literatur, Latein annahmen, beziehungsweise die eigene Muttersprache ... Aber, da sich von Anfang an die griechische Poesie in Latein hielt, war die lateinische Prosa noch nicht entwickelt und erste Imitationen der griechischen prosaischen Literatur waren in Rom in griechischer Sprache. Der erste Römer, der die Absicht hatte, eine römische Historie zu schreiben, Fabius Piktor – römische Kopie von Beros und Maneto – schrieb am Ende des dritten Jahrhunderts sein Werk ‚Jahrbuch‘ in griechischer Sprache, und so machten es auch seine Nachfolger, Kato der Ältere in zweitem Jahrhundert war der erste, der die lateinische Historie in seinem Werk ‚Original‘ verfasste. Seitdem schreiben die Römer die eigene Prosa nur in lateinischer Sprache.“

Man sagt: „Die Römer nahmen, seit der Übernahme der griechischen Literatur, Latein an beziehungsweise die eigene Muttersprache ...“

Da Römer nur barbarische = pelasgische Sprache (Dionysius [60 v. Chr.–7 n. Chr.] von Halikarnas) redeten, die nur die sog. slawische Sprache war, „nahmen die Römer Latein an“. Damit ist bestätigt, Latein war keine eigene Sprache, nur eine offizielle, heute tote Sprache.

In Europa sprach man nur Barbarisch = Pelasgisch = sog. Homerisch = sog. Slawisch.

Die kirchlichen und offiziellen Sprachen waren Koine und ihr Nachfolger Latein.

Gustav Weigand[469] gibt an: „Das ist in kurzen Zügen ... Auch die Art der Musik und des Tanzes der Rumänen weisen ganz entschieden auf den Balkan. Ich möchte hervorheben, dass ich durchaus unabhängig von Tomaschek zu denselben Resultaten wie er gekommen bin ...

Ich möchte die Aufmerksamkeit noch besonders auf den Umstand lenken, dass auch die Gestalten des Volksaberglaubens,

---

469 Gustav Weigand, Ethnographie von Makedonien, Friedrich Brandstetter, Leipzig, 1924, Seite 13.

ihre Eigenschaften, ihr Charakter, ja sogar teilweise die Namen bei den Albanesen,[470] Bulgaren und Rumänen gleich sind, wodurch die Rumänen aufs engste mit den Balkanvölker verbunden sind ...“

„... den Balkanwalachen, die bei ihrer späteren Wanderung nach Norden ...“[471]

„So in Auskünften Ovidiuses in seinen Briefen ... in Form der Gedichte mit Namen ‚Tristie‘ ... er schreibt sogar Gedichte mit der Sprache der ‚Barbaren‘, die hieß er bald thrakisch, bald dakisch, getisch, skythisch, oder sarmatisch ... Ovidius sagt nicht, dass er fünf verschiedenen Sprachen lernte, an die schreibt er neue Gedichte, sondern mit einzigen Benennungen dient er sich immer in Singular ...“[472]

Wir haben bemerkt, Ovidius erwähnte getische, skythische und thrakische Name, als Grund kann man darauf schließen, dass die Geten Skythen und Thraker ähnlich sprachen, wenn nicht vollständig mit gleicher Sprache, könnten sie sich doch untereinander verstanden haben ...“

Ovidius (43 v. Chr.–18 n. Chr.) war von Augustus im Jahr 9 n. Chr. an die Küste des Schwarzmeeres verbannt worden ... In „Tristie“ schreibt er über Barbaren. Weiter schreibt er über ihre Sprache: Sie sprechen Thrakisch, Dakisch, Getisch, Skytisch und Sarmatisch. Also hatten für ihn alle erwähnten Völker ein und dieselbe Sprache[473]: Barbarisch = Pelasgisch = sog. Homerisch = sog. Slawisch; bis heute leben auf diesen Gebieten sog. Slawen = Barbaren.

---

470 „... von einer Weiterentwicklung zum Albanesischen unter sehr starkem lateinischen Einfluss“, Seite 9.

471 Ebenso, Seite 15.

472 Olga Luković- Pjanović, Srbi...narod najstariji, Dosije, Belgrad, 1990 (Ohne Seiten- durch Internet).

473 Olga Luković- Pjanović, Srbi ... narod najstariji, Dosije, Belgrad, 1990 (Ohne Seiten- durch Internet).

Hugh Seton-Watson[474] schreibt: „Der Prozess ... Die beste europäische Parallele für den Prozess, der den Historiker im verborgen blieb, ist die Erscheinung der rumänischen Sprache, die entstand aus einem rumänischen Dialekt auf Grund der Verschmelzung des Lateinischen mit dem Slawischen ...“

Die rumänische Sprache war ein Vulgärlatein, eine Mischung des Lateins mit Pelasgisch.

Die rumänische Sprache war das Werk des Vatikans, nicht des Volks mit pelasgischer Sprache.

Herbert George Wells[475] schreibt: „Wir wollen nicht ... Friedrich gründete im Jahr 1224 die Universität in Neapel ... Kaiser Friederich war einer von den ersten Menschen in Italien, die begannen Verse in Italienisch zu schreiben. Man kann sagen, die italienische Dichtkunst (im Gegenteil zur damaligen Literatur, die sich fast ausschließlich der lateinischen Sprache bediente) ist in seinem Hof geboren worden ...“ (Neapelische Sprache war nur Vulgärlatein, R. I.)

„Eine von unmittelbaren Folgen ... Nach dem 14. Jahrhundert beginnt die Historie der europäischen Literatur im wahren Sinne des Wortes ... Es entwickelten sich einheitliche und reine literarische Sprachen: italienische, englische, französische und einheitliche germanische Sprachen. Alle diese Sprachen ... in jedem Fall waren im Kader, um die griechische und lateinische Sprache zu ersetzen.“[476] (Die Sprachen waren nur Vulgärlatein, R. I.)

Das Volkslatein war Sprache der Franken, aber die Volkssprache war das Pelasgisch.

474 Hugh Seton- Watson, Nations an States, 1977. Globus, Zagreb, 1980, Seite 50.
475 Herbert George Wells, Istorija sveta, Narodno delo, Belgrad, 1929, Seite 383.
476 Ebenso, Seite 427

Reinhold Lange[477] gibt an: „… Abt Martin des elsässischen Klosters Pairis bei Colmar, dessen Kreuzfahrt Gunther von Pairis beschrieben hat."

„… Der aber erschrak mehr über den Lärm als über seine Worte, denn den Lärm hörte er, die Worte konnte er ja nicht verstehen; und da er merkte, dass jener (Martin) sich nicht in der griechischen Sprache auszudrücken verstand, begann er den Mann in romanischer (französischer) Sprache, die er teilweise beherrschte, zu beschwichtigen und seinen Zorn, der doch keiner war, mit Freundlichkeit zu begütigen. Darauf konnte der Abt nur mit Mühe wenige Worte dieser Sprache radebrechen (der griechische Priester spricht also besser Französisch als der elsässische Abt!), um den Alten klarzumachen, was er von ihm wolle. Der schätzte sein Gesicht und sein Äußeres ab und fand es wohl erträglicher, wenn ein Mönch heilige Reliquien aus scheuer Ehrfurcht sammelte …"

Also: „Der griechische Priester spricht also besser Französisch als der elsässische Abt!"

Man stellt fest, die französische Sprache war keine Volkssprache, sondern eine katholische.

Hugh Seton-Watson[478] gibt an: „Wahrscheinlich … Verkündete im Jahr 1539, mit dem Edikt in Villers-Cotterets, Frank I., dass die französische Sprache als einzige offizielle Sprache … Im 17. Jahrhundert wurde die Académie française, die gründete Kardinal Richelieu, ein mächtiges Instrument für die Gestaltung und Kontrolle der Sprache. Und die Akademiker und die großen Schriftsteller haben gemeinsam zum Prozess beigetragen, und bildeten die französische Sprache als vollkommenstes Instrument der menschlichen Rede und Sprache, der alle zivilisierten Menschen in der Periode von ungefähr 300 Jahren …"

---

477 R. Lange, Imperium zwischen Morgen und Abend, Verlag Aurel Bongers Recckinghausen, 1972, S. 336.

478 Hugh Seton- Watson, Nations an States, 1977. Globus, Zagreb, 1980, Seite 66.

Hugh Seton-Watson[479] gibt an: „In ‚alten Nationen‘, wie ich sie nenne, entwickelte sich dieser Prozess, der schwer in Perioden aufzuteilen ist, aber die Ergebnisse sind die Wirklichkeit. Zum Beispiel, im Jahr 1200 bestand weder eine französische noch englische Nation, aber 1600 waren beide schon unumgängliche Tatsachen ... Unter den Namen Frankreich und England herrschten Könige und Edelmänner, die sich mit gleicher Sprache verständigten ...“

„Anfangs bestanden in England zwei Sprachen. Die Eroberer sprachen irgendeine provinzielle Form des Französischen. Anglosaksonen, Angehörige der höheren Klassen und alle, die nach höherer Position oder höheren gesellschaftlichen Status unter den Eroberern strebten, lernten das normannische Französische ... Im Lauf der nächsten zwei Jahrhunderte, obwohl die höhere französische Kultur in höfischen Kreisen vorherrschte, sprach der Adelstand Englands immer häufiger in der Sprache des eigenen Landes. Aber die alleinige Sprache änderte sich schnell. In der Periode von ungefähr 1250 bis zu 1400 wurde die Sprache mit französischen Wörtern überschwemmt: ungefähr 10 000 Wörter ziehen Wurzeln aus derselben Zeit ...“[480]

Will[481] Durant[482] gibt an: „Die Römer waren August dankbar ... Dieser geistige Reichtum floss nun in Rom zusammen, anregendes Unterstützen und Überbieten veranlassten es, die Sprache zu richten und zu entwickeln. 10 000 Wörter gingen in das lateinische Lexikon ein ...“

Also, die Koine bestand seit 300 Jahr v. Chr. Ihr Nachfolger war das Lateinische seit 240 Jahr v. Chr. von dem Greiker Liv Androniku. Lateinisch war arm an Wörtern. Nach W. Durant,

479 Hugh Seton- Watson, Nations an States, 1977. Globus, Zagreb, 1980, Seite 31.
480 Ebenso, Seite 49.
481 Risto Ivanovski, Bez etnički narodi germanski narod, Bitola, 2013, Seite 112.
482 Will Durant, The Story of Civilization, Caesar and Christ, Narodna knjiga Alfa, 1996, Belgrad, S. 271.

war Rom ein Reich der hellenischen Kultur und aus der Koine waren in der lateinischen Sprache 10 000 Wörter eingesetzt worden. Damit kann man feststellen, dass Lateinisch nur eine „Kopie" des Koine war. Über diese 10 000 Wörter sagt man noch, sie wären griechischer und lateinischer Herkunft; in Französisch und Englisch.

Als Beweis, dass die Europäer entartet sind, blieb der sog. slawische Dunkelvokal. Er findet sich in allen Sprachen in Französisch, Portugiesisch, Rumänisch, Deutsch (ä = ae, ö = oe, ü = ue), Schwedisch, Walachisch und Schkipitarisch (Toskisch).[483]

Gustav Weigand[484] gibt an: „Wenn die Thraker das Zentrum und den ganzen Nordosten der Balkanhalbinsel einnehmen, so nahmen die Illyrer den Nordwesten. Sie sind außerdem weit über den Balkan hinaus vorgedrungen; nicht nur in Oberitalien finden wir die illyrischen Veneter, sondern auch auf der Südostküste der Apenninenhalbinsel begegnen wir den Japygern und Messapiern, deren Sprache als zum Illyrischen gehörig erwiesen ist ..."

Westermanns Atlas[485] gibt an: „Kulturen der Illyrer: im bosnisch-adriatischen Raum (Japyger, Messapier in Apulien, Picenter, Veneter u. a.)"

Ljubomir Klakić[486] spricht über deutsche Länder im XIX. Jh., deren Vereinigung mit dem protestantischem Prusija (Preußen, R. I.) möglich war, als dann nannte er ehemaliges Land der Polabischen Slawen. Allein Prussen sind Nachkommen slawische Borusen. Nach alten britannischen Autoren im XX. Jh., besonders Gordon Čajdl, Haldejn, Mekalister und andere, darüber

483 Risto Ivanovski, Volkssprache der Europäer war pelasgisch = sog. slawisch, Bitola, 2015.
484 Gustav Weigand, Ethnographie von Makedonien, Friedrich Brandstetter, Leipzig, 1924, Seite 6.
485 Westermanns Atlas zur Weltgeschichte, Georg Westermann Verlag Braunschweig, Berlin..., 1956, S. 5.
486 Lj. Klakić, Oslobađanje istorije I- III, prva kniga, Početak puta, Arhiv Kljakić, Belgrad 1993, S.245/6.

schrieb Miloš Crnjanski 1964, auf den Britannischen Inseln während des II.–I. Millenniums v. Chr., und nachher, fand sich slawische Anwesenheit.[487] Der große Slawist Jan Kollar veröffentlichte im Jahr 1853 sein Werk Staroitalia slavjanska mit über 700 Seiten, um zu erklären, dass in Italien Slawen sässig waren, und das vor und während des antikischen Roms. Das Buch war sofort verboten worden (vom Vatikan). Das Gleiche haben auch andere gefunden: Aleksandar Dimitrievič Čertkov in O jazike pelastov, naselivših Italiju, i sravnenie jevo s drevnoslovenskim, veröffentlicht in Moskwa im Jahr 1855. Auch Radivoje Pešić schrieb für die Kontinuität der slawischen Anwesenheit in Italien und in Europa.

Ursprache der Europäer war Barbarisch = Pelasgisch = Homerisch = sog. Slawisch.

Olga Luković-Pjanović[488] gibt an, was Schafarik schreibt: „Die slawische Sprache ist selbstständiger Natur und stammt von keiner anderen europäischen Sprache. So viel man nach langen Jahrhunderten und vielfacher Umgestaltung aus ihrem Baue und ihren Wurzeln entnehmen kann, scheint sie ein unmittelbar Sprössling derselben Ursprache zu sein, aus welcher die altindische Sanskrita hervorgehen …"

Also, das Slawische war nur eine Sprache der Weißen als das Barbarische der Pelasger.

„Ebenso ist unser altslawisches Swarog ganz bestimmt dem sanskritischen Swarg, der Aether, Cölum Indri, das auch als Beiname des Sonnengottes gebraucht wird, hinsichtlich der Bedeutung sehr verwandt, so wie es ihm hinsichtlich der Abstammung und Ableitung gleicht."

Da dieselbe Mythologie der Weißen in Indien und in Europa war, waren sie ein Volk.

---

487 Also, es handelt sich um illyrische Erbschaft. Auch in Ostdeutschland gab es illyrische Hinterlassenschaft

488 Olga Luković- Pjanović, Srbi … narod najstariji, Dosije, Belgrad, 1990 (Ohne Seiten- durch Internet).

„... Dann begann man darüber zu erörtern, wo die Arierer lebten ... Voraussetzung, ihre Heimat ist in Südrussland, wurde wegen Unübereinstimmung der Flora abgeschlagen. Nämlich, in Südrussland gedieh nicht alles jene verbunden mit den Begriffen von Indoeuropäern. Noch andere Voraussetzungen für die ursprüngliche arierische Heimat fanden sich in Indien und in Zentralasien. Indien wurde angenommen, wegen der im Hindu behaltenen, sehr alten sprachlichen Eigenschaften. Aber in Bezug auf Flora und Fauna wäre das abgelehnt worden ...“

Die Weißen lebten nur in Levante als ein Volk mit einziger Sprache der Pelasger.

Nach Alexander Demandt,[489] „Die Verbreitung der Griechischkenntnisse der Galater beweist der an sie gerichtete Brief des Apostel Paulus aus dem Neuen Testament.[490] Er ist um 54 n. Chr. vermutlich in Ephesos verfasst worden. Die hellenisierten Galater wurden auch als Gallograeci bezeichnet.[491] Die Bereitschaft zur Vermischung mit anderen Völkern bezeugten zudem die Namen der Keltiberer in Spanien, der Keltoskythen an der Donaumündung und der Keltoligyer an der unteren Rhône. Im Unterschied zu den anderen Hauptbriefen des Paulus ist der Galaterbrief nicht an die Christen einer Stadt gerichtet, und das rührt daher, dass die Galater überwiegend auf dem Lande siedelten. Der Galaterbrief ist für die Theologie des Paulus deswegen bedeutsam, weil er sich hier in aller Schärfe gegen die Forderung der Judenchristen wendet, die neuen Gläubigen müssten sich zuvor beschneiden lassen. Widerstand gegen diese Verstümmelung gab es nicht allein bei den Galatern. Trotz der Hellenisierung der Galater überlebte das keltische Idiom. Das bezeugt noch um 400 Kirchenvater Hieronymus. Er hatte das

---

489 Alexander Demandt, Die Kelten, Verlag C.H.Beck oHG, München 2000, Seite 93.

490 Neues Testament war an Koine (19. Jh. sog. Altgriechisch) verfasst worden, nur in makedonischem Alexandrien.

491 Vermutlich lateinische Quellen. Sonst nur die Makedonier und Hellenen, Volkssprache nur das Barbarische.

Keltische in Trier kennengelernt und konnte, als er später zu den kleinasiatischen Galatern kam, deren Sprache verstehen. Diese beiden keltischen Gruppen waren damals über 700 Jahre getrennt."

Volkssprache der Makedonier, Hellenen, Römer, Kelten, Galater ... bei Hieronymus war nur Barbarisch. Man darf nicht vergessen, Hieronymus war nur Illyrer/Illyrisch = sog. Slawisch.

Nach Friedrich, Lübkers Reallexikon[492]: „Hieronymus, geb. ca. 348 n. Chr. im dalmatischen Stridon, genoss in Rom den Unterricht des Grammatikers Ael. Donatus ..." (Illyrer, R. I.)

Nach Mihail Rostocev[493,] verfügten wir während der römischen Domination über ein bestimmtes Zeugnis vom Apostel Paul, der sagt, die Bevölkerung in Kleinasien spreche die phrygische und galatische Sprache. Die Kelten (Galater) kamen nach Kleinasien im Jahr 278. v. Chr. Sie drangen tief in Kleinasien ein und haben sich auf der phrygischen Ebene niedergelassen. Damals sprach man phrygische und galatische Rede von derselben Sprache der Pelasger. Nach Herodot, die Phrygen waren die Briger. In ganz Europa sprach man das Barbarische, wie von den Etruskern.

Christopher Smith[494] gibt an: „Man wusste schon immer, dass die Etrusker anders waren. ‚Sie waren ein Volk mit Sitten und Bräuchen, wie kein anderes sie hatte', sagte der griechische Schriftsteller Dionysios von Halikarnassos im späten 1. Jahrhundert v. Chr. ..."

„Antike Schriftsteller glaubten ... ein barbaros oder Barbar ... (an den Etruskern, R. I.)[495]

---

492 Friedrich, Lübkers Reallexikon, des klassischen Altertums, Druck und Verlag von B. G. Teubner • Leipzig • Berlin 1914, Seite 466 ... (Diokletian war Illyrer wie andere, R.I.)
493 Mihail Rostocev, "Istorija na stariot svet".
494 Christopher Smith, Die Etrusker, Oxford University Press, 2014, Philipp Reclam Stuttgart, Seite 13, Internet.
495 Ebenso, Seite 15.

„Wir haben also drei Theorien: Die Etrusker kamen aus Lydien; die Etrusker waren identisch mit den Pelasgern; die Etrusker waren schon immer in Italien heimisch.“[496]

S. S. Bilbija[497] gibt an: „Deswegen können Serben, Kroaten und Slowenen auf gleiche Weise türkische, lydische und lykische Denkmäler lesen und verstehen, aber nur, wenn sie sich kyrillischer Buchstaben bedienten, neben der etruskischen und Runenschrift, kam aus ... Kleinasien ..., die stammte aus kretischen malerischen Zeichen.“(Auch Makedonier, R. I.)

Christopher Smith[498] schreibt weiters: „Dies bereitete der Diskussion über die Herkunftsfrage vorerst ein Ende und führte zu den entscheidenden Entwicklungen, die die wissenschaftliche Erforschung der Etrusker während der vergangenen 50 Jahre prägten. Die Wissenschaft schreitet jedoch immer weiter voran, und in jüngster Zeit drängte sich die Frage nach der Herkunft der Etrusker aufgrund von Bemühungen, mit Hilfe von DNA-Analysen eine Antwort zu finden, wieder ins Blickfeld. Eine Analyse von antiken Gebeinen wies auf eine große Kontinuität bis in die Jungsteinzeit hin, was das Autochthonie-Argument stützt. Eine andere verwies auf menschliche Kontakte mit Osten, und eine dritte auf Vieh, das aus dem Osten stammte; die Ergebnisse dieser beiden Untersuchungen wurden als Beweis dafür angeführt, dass Herodot recht habe. Allerdings bewegt sich die Zeitspanne im Hinblick auf die belegten menschlichen Kontakte irgendwo zwischen 800 vor und 800 nach Christus, weshalb die Untersuchungsergebnisse nicht als schlüssiger Beweis für Herodots Version von einer Wanderungsbewegung gelten können, die Generationen vor dem Trojanischen Krieg im 12. Jahrhundert stattgefunden haben soll. Allerdings lässt sich anhand

---

496 Ebenso, Seite 16.

497 S. S. Bilbija, Staroevropski jezik i pismo Etruraca, Published by The Institut of Etruscan Studies ..., S. IV.

498 Christopher Smith, Die Etrusker, Oxford University Press, 2014, Philipp Reclam Stuttgart, Seite 19, Internet.

maternaler mitochondrialer DNA ersehen, dass einige Frauen aus Gebieten jenseits des Mittelmeers stammten. Im Kontext der in hohem Maße internationalen Elite, die sich im 8. Jahrhundert v. Chr. herausbildete, wäre dies nicht verwunderlich."

Grinevič: „Das waren die Etrusker, die sich Ressenen nannten. Historiker Helanikus (5. Jahrhundert v. Chr.) bewies, dass sie ein Zweig der ägäischen Pelasger waren. In Berichten des Stephanus von Byzant (6. Jahrhundert n. Chr.), klassifizierten sie sich als Slawen."

Die Etrusker als Pelasger sprachen nur Barbarisch = sog. Slawisch, sie gründeten Rom.

Dionysius[499] (60 v. Chr.–7 n. Chr.) von Halikarnas redet über Römer, die die barbarische Sprache sprechen. Er schreibt: „... Die Sprache, derer sich die Römer bedienen, ist nicht ganz barbarisch und auch nicht absolut hellenisch, aber stellt eine Mischung von beiden dar. Der größere Teil von der Sprache ist vergleichbar mit dem eolischen Dialekt ..."

Die hellenische Sprache war nur pelasgisch. Herodot sagt, dass „Eoler waren und nannten sich Pelasger".[500] Wie die Hellaser-Barbarisch=Pelasgisch Sprache an Platon.

Man darf nicht vergessen, dass das Wort Barbaren von Homer nicht gebraucht wird.

Damit ist festgestellt, die Römer (I. Jh. n. Chr.) sprachen nur die sog. slawische Sprache. Das bedeutet, von den Römern gab es kein Latinisieren. Das war in Europa und der Welt unmöglich ...

Das blieb der Grund, warum alle europäischen Autoren das verbergen, was Dionysius schrieb.

Historiker Priskos, der die Abgeordnetenschaft von Konstantinopel bei Attila im Jahr 448 beschrieb, schreibt: „... (Einwohner in Pannonische Tiefebene, R. I.) mischten sich mit verschiedenen Völker, lernten Gotisch, Hunnisch und Lateinisch,

---

499 Dionysius, Roman Antigueties I, 90. Auch bei N.Densunsianu, Dacia praistorica, Bukuresti, 1982, p. 717.
500 Herodots Historia, Polimien VII, 95.

und zwischen sich sprachen sie ihre barbarische Sprache." (Barbarische = varvarische = warwarische Sprache, R. I.)

Also, Gotisch = Gotisch, Hunnisch = Hunnisch, Lateinisch = Lateinisch, ohne Koine.

Die Koine war nur christliche Sprache, aber nachher auch eine staatliche.

David Icke[501] gibt an: „... Alle unrumänischen Sprachen in Europa stammen von dem Gotischen ab, einschließend das Englische, und die uralte schwedische Sprache wird noch immer ‚schwedo-gotisch' genannt. Alter Name des Dänemarks war ‚Gothland' ..."

Es folgt Peking = Pe (Stadt) king (Herrscher), aber nicht king = könig-Wikinger ...[502]

Auch die Endungen ung, ing ... Auch ch bei ich, mich, dich ... Aber auch Alarich ...

Nach A. Demandt[503]: „Der Titel des keltischen Königs lautet rigs. Es ist das alte indogermanische Wort für König und entstammt, wie lateinisch rex und indisch radischa ..."

Damit bestätigt ist, König = King war mongolisch und rigs von der Sprache der Pelasger.

Während der Ptolemäerzeit entstand aus der semitischen altägyptischen Sprache die koptische Sprache; aus der Koine entstand die altslawische als homerische Sprache.

Die Volkssprache der Balkaner (... die Makedonier und Hellaser) war nur Barbarisch.

In der Monembasischen Chronik liest man, dass es dort die Sklawinen schon gegeben hätte, als die Awaren auf dem Peloponnes ankamen. Die Sklawinen waren Heiden und die Römer

501 David Icke, Priče iz vremenske omče, Teledisk, Zagreb, 2008, Seite 254.
502 Risto Ivanovski, Goten waren Mongolen, Bitola, 2013, DNB.
503 Alexander Demandt, Die Kelten, Verlag C.H.Beck oHG, München 2014, Seite 76.

Christen. Und Sklawisch bestand von 587 bis 805. Das blieb bis ins Jahr 950 so, als die Sklawinen christianisiert wurden.

G. Weigand[504] gibt an: „Im oströmischen Reiche … Die Landschaften von Sparta und Elis waren Jahrhunderte hindurch von Slawen besiedelt und noch im 13. Jahrhundert mussten die fränkischen Feudalen mit diesen Slawen kämpfen, um ihre Herrschaft zu festigen."

Also war die sklawinische = sog. slawische Sprache nur eine: das Barbarische der Pelasger.

Max Vasmer[505] gibt an: „Schließlich ist noch als Zeugnis aus dem 15. Jahrhundert für das Fortleben der Slaven am Taygetos eine Stelle aus der Schilderung einer Reise des Laskaris Kananos nach Deutschland und den nördlichen Ländern zu erwähnen, deren Entstehung von Vasiljev (Buzeskul, Festschrift S. 397ff.) in die Jahre 1412–1418 gesetzt wird. Der Grieche schildert dort auch die Umgegend von Lübeck und nennt jenes Land Cϴλαβουνια. Er fügt dann eine Bemerkung über die Verwandtschaft der lübeckischen Slaven mit den Zygoten im Peloponnes hinzu: ἀπ' αὐτῆς τῆς ἐπαρχίος ὑπάρχουν οἱ Ζυγώταιαί οἱ ἐν Πελοποννήσῳ' ἐπεί ἐκεῖσε ὑπάρχουν πλείστα χωρία, ἄτινα διαλέγονται τὴν γλῶσσαν τῶν Ζυγιωτῶν. Vgl. Vasiljev a. a. 399 …"[506]

Auch im 15. Jahrhundert sprach man nur die pelasgische = sog. slawische Sprache.

Also, in Hellas und dem Peloponnes sprach man schon im 15. Jh. nur das Slawische.

Im Buch von Max Vasmer[507] (Leipzig 1970), schreibt Hans Ditten in dem Vorwort zur Neuausgabe: „Bei dem zweiten Viertel

504 Gustav Weigand, Ethnographie von Makedonien, Friedrich Brandstetter, Leipzig, 1924, Seite 10.

505 Max Vasmer, Die Slaven in Griechenland, Verlag der Akademie der Wissenschaften, Berlin,1941, S. 18.

506 Risto Ivanovski, „Oströmisches Reich (Byzanz in 16 Jahrhundert)", Bitola-R. Makedonija, 2018.

507 Max Vasmer, Die Slaven in Griechenland, Verlag der Akademie der Wissenschaften, Berlin, 1941.

des vorigen Jahrhunderts, als J. Ph. Fallmerayer, ausgehend von historischen Quellen und von Ortsnamenverzeichnissen, das Problem der Slaven in Griechenland in mehreren Arbeiten aufgeworfen und die überspitzte Behauptung aufgestellt hat, die Bewohner des nach langem Ringen mit den türkischen Unterdrückern wiedererstandenen Griechenlands seien überhaupt keine Nachkommen des antiken Hellenenvolkes, sondern der im Laufe des Mittelalters eingewanderten Völker, vornehmlich der Slawen und später der Albaner, eine Behauptung, die damals nicht nur Griechen selbst, sondern auch die für den Freiheitskampf dieses Volkes begeisterten Philhellenen in ganz Europa provozieren musste, ist der wissenschaftliche Meinungsstreit über diese Frage nicht mehr abgerissen."

„Die nationalen Leidenschaften der verschiedenen, an dem Problem interessierten Völker, in erster Linie natürlich der unmittelbar betroffenen Balkanvölker, waren in der Folge oft nicht ohne Einfluss auf die Art der Parteinahme. Bei den Griechen selbst stieß verständlicherweise Fallmerayers in recht verletzender Weise formulierte These auf völlige und zum Teil auch berechtigte Ablehnung, so z. B., wenn er das Neugriechische als einen halbslawischen Dialekt bezeichnet hatte. Während Gelehrte aus slavischen Ländern oft über das Ziel hinausschossen, indem sie ohne die nötige Berücksichtigung der Bedingungsweise und die Typologie der in Frage kommenden Ortsnamen – auf Grund bloßer Anklänge an slavisches Sprachgut – vorgingen, versuchte man demgegenüber griechischerseits, die eindeutigen Nachrichten der byzantinischen und anderen Autoren über Niederlassungen von Slaven auf heute griechischem Boden seit der Wende vom 6. zum 7. Jh., wenn nicht ganz beiseite zu schieben, so doch wenigstens in ihrem historischen Aussagewert herabzumindern. Die auch durch etymologische Kunstgriffe nicht weginterpretierbaren einwandfrei slavischen Ortsnamen Griechenlands, die die Nachrichten der historischen Quellen bestätigt, versuchte seit 1860 z. B. K. Sathas, als erst im Spätmittelalter durch albanische Vermittlung nach Griechenland gelangt, zu erklären, und auch andere jüngere griechische Gelehrte waren eher bereit, aus albanischem und romanischem Sprachgut zu deutende Ortsnamen hinzunehmen als slavisch.[508] Über den slavisch-griechischen Disput hinaus stritten sich auch Gelehrte aus verschiedenen slavischen Ländern untereinander über die Zuweisung der slavischen Ortsnamen Griechenlands an diese oder jene slavische Sprache, besonders über die Frage, ob sie auf Besiedlung vom bulgarischen oder vom serbokroatischen Sprachbereich aus hindeuteten.

Als Max Vasmers hier nachgedruckte große Arbeit ,Die Slaven in Griechenland' 1941 zum ersten Mal erschien, lag also bereits eine Reihe von Vorarbeiten aus der Feder von Wissenschaftlern mehrerer Länder über die nichtgriechischen Komponenten vor, die bei Ausgestaltung der Toponymie Griechenlands mitgewirkt haben; außer der slavischen seien hier die albanischen und aromunischen besonders hervorgehoben, weil diese beiden Komponenten auch für die Vermittlung slawischer Elemente in geographischen Namen Griechenlands – neben der Vermittlung durch die Griechen selbst – in Betracht kommen. Ferner gab es Vorarbeiten über griechische Wortentlehnungen aus anderen Sprachen, über die Ortsnamen in den slavischen Nachbarländern Griechenlands sowie über die Slaven in Albanien.[509] Es mag hier genügen, an Namen wie F. Miklosich, G. Mayer, G. Weigand, G. Hatzidakis., Sp. Lambros, K. Amantos, Ph. Kukulés, D. Georgakás, D. Matov, St. Mladenov, A. Iširkov, P. Skok und A. M. Seliščev zu erinnern."

G. Ostrogorski[510] gibt an: „Für gewisses Beleben ... Jacob Philipp Fallmerayer (1790–1861) ... die Griechen im Mittelalter lagen ganz an Slovenisieren unter, und griechisches Volk wie solch seit damals in der Tat und bestand nicht."

---

508 Nach Ami Boué, albanische Sprache war seit 19. Jh. Noch sie erhält Laute von Vuk Karadžić von 19. Jh.

509 Albaner haben sog.slawischen Dunkelvokal ë, makedonischen Laut dz (s), die sog. slawischen Laute ...

510 G.Ostrogorski,IstorijanaVizantija,Našakniga,Skopje,1992,Seite11.

H. R. Vilkinson[511] schreibt über die Thesen an J. P. Fallmerayer, 1830.

„Die Philhellenen der Neoklassiker waren grob von Werk des Fallmerayers durchgeschüttelt, das 1830 erschien.[512] Er behauptete, klassische Griechen waren während der Periode der barbarischen Invasion komplett weggewischt, und die modernen Griechen sind in keinem Fall die Nachfolger der Hellenen ..." („nicht ein Tropfen" Blut, R. I.)

Hugh Seton-Watson[513] schreibt: „Nun, also, es bestand ein griechischer Staat, aber erst sollte man eine griechische Nation zu schaffen. Der Prozess verhinderte die schon erwähnte Teilung in Traditionalisten und Westliche. Weiter sind Komplikationen um Frage der Sprache aufgetaucht. Korais hatte die Absicht eine neue Sprache zu schaffen, bereichert mit Elementen der antikischen Vergangenheit, in dem hielten ihn zuerst die Liberalen, bis Traditionalisten sich ihm widersetzten. Im neuen Staat nahm die ganz gebildete obere Schicht die neue künstlerische Sprache bald an, auch Progressisten und Konservative. Die ,reine' Sprache (Kathairevousa) war dem Volk, hauptsächlich, unverständlich, auch das bediente sich weiter seiner ,demotischen' Sprache. Der Unterschied zwischen beiden Sprachen verwandelte sich in klassische Unterschiede, und noch betonten die Trennung der Nation, oder, besser zu sagen, absondernd der griechischen Bevölkerung, verlangsamte sich das Schaffen der griechischen Nation. In der zweiten Hälfte des Jahrhunderts fingen fortgeschrittene Griechen an für Gebrauch des Demotisches einzusetzen, und teilten an Linken und Rechten in Politik, begann mit ihr zu übereinstimmen. In der künstlerischen Literatur überwog Demotisch, aber im Zeitungswesen und in

---

511 H. R. Vilkinson, Kartite i politikata, Pregled na etnografski karti, Makedonska kniga, Skopje, 1992, S. 53.
512 Geschichte der Halbinsel Morea während des Mittelalters (Stuttgart und Tubingen, 1830-36).
513 Hugh Seton-Watson, Nations an States, 1977. Globus, Zagreb, 1980, Seite 124.

dienstlichen Dokumenten bekam die ‚reine' Sprache Vorrang. Diese Polemik dauerte bis ins dritte Viertel des 20. Jahrhunderts, obwohl Demotisch ununterbrochen erstarkte."

Es gab keinen Staat, keine Nation und keine Sprache, es gab gar nichts Griechisches.

Ljubomor Domatezović[514] sagt: „Die Doppelsprachlichkeit behielt sich immer bis heute, obwohl im Jahr 1977 der Gebrauch des Kathairevousas abgeschafften worden ist und Dimotike als Sprache der gesellschaftlichen Kommunikation eingeführt wurde."

Volk = Sprache und Demotisch besteht seit 1977, das Volk des Hellas' existiert seit 1977.

H. R. Vilkinson[515] schreibt: „G. Weigand ... Dem griechischen Dichter Solomos (1789–1856) war im großen Maß die Gefahr im Gebrauch der nationalistischen Sprache bewusst, ‚eine Sprache die niemand sprach und nicht spricht und nicht sprechen wird' ...“

So diese künstliche Sprache entstand aus der Koine, die die erste christliche Sprache war und die dank des Apostels Pauls als Sprache von Alexandrien anerkannt wurde, was erst nach dem Tode Alexanders von Makedonien geschah. Apostel Paul kannte nicht die Sprache, die in Athen üblich war, welche die barbarische = pelasgische Sprache Homers, Platons ... war. Es folgt, als J. P. Fallmerayer Athen besuchte ..., sah er, dass man dort nicht die Koine sprach, sondern dort die Slawen mit ihrer slawischen Sprachen und einem slawischen Akzent lebten. Er und andere wie er schließen, Hellenen in Hellas entarteten sich mit slawischer Sprache. Aber der Zustand war umgekehrt: Die Hellenen redeten die Sprache Homers, die war nur slawisch (deutscher Linguist Passow, 1815) und Slawo-Makedonier in Lerin = Florina (eladischer Linguist Tsi⊠ulkas, 1907); Tsi⊠ulkas sammelte 4 000 makedonische Wörter ...

---

514 Ljubomor Domatezović, Antička istorija i poreklo Srba i Slovena, Izanje autora Lj.D, 1995, Seite 226.
515 H. R. Vilkinson, Kartite i politikata, Pregled na etnografski karti, Makedonska kniga, Skopje, 1992, S. 136.

Neben dem slawischen Akzent, welchen J. P. Fallmerayer be-merkte, schreibt M. Vasmer über den Dunkelvokal; in Hellas leb-ten nur die Pelasger, die sprachen nur Pelasgisch = sog. Slawisch.

Auf der Insel Kreta gab es slawische Begriffe vor der Ansied-lung der Slawen (M. Vasmer).

Um zu bestätigen, dass in Hellas keine Hellenen mit der Spra-che Koine lebten, sondern nur Slawen mit der Sprache Homers, waren die Bücher Fallmerayers nicht veröffentlicht worden:

Dimitris Litoksou[516] sagt: „Es sollten 149 beziehungswei-se 172 Jahre vergehen, bis seine Werke ‚Für Abstammung der heutigen Griechen' (Fallmerayer 1894) und der erste Band der ‚Geschichte der Halbinsel Morea während des Mittelalters' (Fallmerayer 2002) von Eretiken Konstantinos Romanos und Pandelis Sophzoglos übersetzt wurden."

Hans-Lothar Steppan[517] schreibt: „Als Weithmann an anderer Stelle über die griechische Behauptung, die Einwohner Makedo-niens, sind nach griechischer Meinung teilweise slawenisierte Griechen' schreibt, dann steht der Autor im Gegensatz zu dem, was mit vielem Recht von Erkenntnissen der wissenschaftlichen Autoritäten zwischen anderen, Max Fasmerer wird schließen, bei großem Teil der Einwohner des Griechenlands ist Rede mehr für griechisierten Slawen.

Die Griechen gaben sich nicht zufrieden mit solchen Erklä-rungen. Als Anfang des XX. Jahrhunderts der italienische Ab-geordnete in Athen, Silvestrelli anmerkte, dass Griechen eine Mischung von Slawen, Türken und Venedigern sind, griff ihn die ganze Presse des Landes an ..."

Im Jahr 1904 waren die Griechen „eine Mischung von Sla-wen, Türken und Vendigern".

„Moderne Griechen sind biologisch den Slawen viel näher, als den alten Griechen. Die heutigen Griechen sind nur hellenisierte

---

516 Dimitris Litoksou, Izmešana nacija ..., Az-Buki, Skopje, 2005, Seite 31.

517 Hans Lothar Steppan, Der mazedonische Knoten, Peter Lang, Frank-furt, 2004, Makedonisch 2004, S. 108.

Slawen die sich mit der Annahme des Christentums hellenisierten", schreibt Zbignjev Golomb in seinem Werk „Sprache der ersten Slawen in Griechenland, 7.–8. Jahrhundert (The language of the first Slavs in Greece: VII.–VIII. Centuries), veröffentlicht von MANU 1989 Jahr. (MANU = Makedonische Akademie ..., R. I.)

Die Koine war nur eine christliche Sprache, aber keine Volkssprache, das gilt bis heute.

Hans Ditten schrieb: „... Bei den Griechen selbst stieß verständlicherweise Fallmerayers in recht verletzender Weise formulierte These auf völlige und zum Teil auch berechtigte Ablehnung, so z. B., wenn er das Neugriechische als einen halbslawischen Dialekt bezeichnet hatte ..."

J. Ph. Fallmerayer schreibt: „... aus uralter Population blieben nur 30 Prozent von ihrer Sprache." Also sind es 30 % der Sprache, die auch in Hellas damals gesprochen wurde.

Gustav Weigand[518] gibt an: „Wenn man in Manastir (Bitola, R. I.) ... Ich tat es, und als ich fertig war, sagte er: ‚So, nun sag mir auf <Romäika> (Vulgärgriechisch) ...'"

„Das Neugriechische teilt eine ganze Reihe von Eigenheiten mit den übrigen Balkansprachen: Rumänisch, Albanesisch, Bulgarisch (Makedonisch)[519]; aber ebenso wie das Serbische hat es wieder so viele ganz abweichende Eigenschaften, dass es unmöglich auf eine Stufe mit diesen gestellt werden darf. Trotzdem darf man nicht verkennen, dass es einen mächtigen Einfluss im Wortschatz, gedanklichen Ausdruck und Syntax auf die Balkansprachen ausgeübt hat, denn es war vom Alter her die Kultursprache, aus der andere Völker schöpften."

Grundlage der balkanischen Sprachen war das Pelasgisch = sog. Slawisch, die Sprache Homers und Platons. Das Neugriechisch war nur im 19. Jh. sog. slawinisierte Koine.

---

518 Gustav Weigand, Ethnographie von Makedonien, Friedrich Brandstetter, Leipzig, 1924, Seiten 76.

519 Die Bulgaren, die Angehörigen der Bulgatexarchie, die unter Sultan war. Sie waren nur ein kirchliches Volk.

Der Beweis dafür, dass die Koine keine Sprache während Alexander dem Makedonier war, ist, dass die Makedonier in Pakistan die Koine nicht kennen. Auch bei Makedoniern in Pakistan sind Kalaschen mit dem Herrscher Mir barbarisch = sog. slawisch mir = mir = Friede.

Die Volkssprache war das Barbarisch der Pelasger, die Sprache Homers war nur Slawisch (deutscher Linguist Passow, 1815) und Slawo-Makedonisch aus Lerin = Florina (hellasischer Linguist Tsioulkas -1907);[520] Tsioulkas sammelte viele Wörter Homers …[521]:

Wikipedia gibt an: „Im 1907 Jahr Tsioulkas veröffentliche Wörterbuch ‚Beiträge zur Zweisprachigkeit der Makedonier im Vergleich des Slawephonischen mit Griechisch' mit über 4 000 Wörtern aus makedonischen Dialekten, die nach ihm aus dem dorischen uralten griechischen Dialekt hervorgehen."[522] – Alle Dialekte waren das Homerische.[523]

Zu seiner Zeit schrieb P. Kretschmer: „Kein kultureller Reichtum ist so andauernd und langlebig wie die Sprache. Besonders unveränderlich und beständig sind Namen der Stellen, obwohl sich sogar die Einwohner änderten." Es folgt das Nahestehen der makedonischen modernen Sprache mit der homerischen Sprache bzw. der slawischen Sprachen mit der Sprache vom ältesten lexikalischen Bestand vom homerischen Epos „Iliad". Der, zu seiner Zeit, noch in weiterstes 1815 Jahr konstatierte deutscher Linguist F.Passow, und schon in 1845 Jahr ist sein Werk für homerisches Lexikon von H. George übersetzt und

---

520 Wegen des Buches war der Autor ermordet worden- Die Makedonier 1907 Jahr sprachen das Homerische.

521 ΣΥΜΒΟΛΑΙ, ΔΙΓΛΩΣΣΙΑΝ ΤΩΝ ΜΑΚΕΔΩΝΩΝ, Κ. Ι. ΤΣΙΟΥΛΚΑ, ΕΝ ΑΘΗΝΑΙΣ, 1907.

522 Das wurde aus Wikipedia an Bulgarisch im 2019 Jahr übergenommen- ich übersetzte an Makedonisch.

523 F. Passow, Handwörterbuch der griechischen, Sprache I/2, Leipzig 1852, 165: Y. Pape, Handwörterbuch der griechischen Sprache II, Braunschweig 1880, 123; H. Megne, Griechisch-deutsch Schulwörterbuch, Berlin 1903, 364 usw.

veröffentlicht worden in New York.[524] In seinem Werk stellte Passow fest, dass ein großer Teil des homerischen Lexikons in der Iliad auch dem Lexikon des slawisch sprachigen Bundes angehört.[525] Da die makedonische Sprache diesem Bund angehört, und nach mehr Untersuchungen die antikische makedonische Sprache gleichfalls mit Pelasgisch die älteste balkanische Sprache war, ist der Schluss ganz berechtigt, dass die homerische Sprache wahrscheinlich näher der modernen makedonischen Sprache in bestimmten lexischen Elementen ist, die sind in ältere Ausgaben der ‚Iliad‘ behalten.

Nach etwa hundert Jahren bestätigt Konstantin Tsioulkas, im Jahr 1907, in seinem Buch das Gleiche. Dabei sagt er, dass die Sprache der Slavo-Makedonier von Lerin die Herkunft von der Frühhomerischen Sprache führt. Das Gleiche gibt er im Buch an, nämlich, dass das nicht die Sprache selbst ist, sondern Idiome der griechischen Sprache. Wie griechische Praxis, Autor kam ums Leben. In dem Fall, er führte ‚Selbstmord‘ aus. Es folgt, wegen Makedonier und ihrer makedonischen Sprache waren viel tot. Für alles war schuldig nur makedonische Wahrheit.

Gustav Weigand[526] gibt an: „Wenn man in Manastir (Bitola, R. I.) ... Mein Diener, der die griechische Vulgärsprache ... beherrschte, bat mich einst, als ich gerade eine Zeitung las, ihm auch vorzulesen, was ich gelesen hatte. Ich tat es, und als ich fertig war, sagte er: ‚So, nun sag mir auf ‚Romäika‘ (Vulgärgriechisch), was das eigentlich bedeutet‘ ...“

Es gab keine griechische Volkssprache. Die Sprache, die in Hellas gebraucht wird blieb als römische Sprache, Nachfolger der Koine (Alexandrinische Sprache, seit 300 v. Chr.). Die Koine

---

524 L. F. Passow, Lexicon of the Greek Language, 1845.
525 Nach Ludvig F. Passow, in „Iliad“ und „Odyssee“ bestehen viele Wörter ähnlich an tschechische und slowakische Sprache. So entdeckte er identische Wörter von homerischem Original.
526 Gustav Weigand, Ethnographie von Makedonien, Friedrich Brandstetter, Leipzig, 1924, Seite 76.

wurde die Sprache der Christen, Angehörigen der Patriarchalkirche in Konstantinopel.

Der beste Beweis für Name war und der Name der Römer (sog.
Byzantiner). Britannischer Schriftsteller Georg Fergusson Bowen
besuchte in 1849 den Staat und sprach mit seinen Bürgern. Er
teilte mit: „Die Bauern, welche in europäischem Teil des Otto-
manischen Imperiums sowie jene, die auf den Jonischen Inseln
leben, haben im ziemlichen Maß ihre eigene Herkunft vergessen
und nennen sich nicht Griechen, sondern Römer, d.h. Staats-
bürger des Römischen Imperiums. Sie meinen als Hauptstadt
eigener Nation und Religion Konstantinopel, aber nicht Athen."

Also, die Hellaser waren Römer mit einer Metropole, nämlich Konstantinopel = Carigrad.

Es geht hervor, dass das Dorf Athen keine Wichtigkeit hatte,
wie es von anderen Autoren angeben wurde, aber die Hauptstadt
der christlichen Nation und Religion war nun Konstantinopel.
Alle Bürger waren nur Römer, es gab keine ethnischen Völker.
Also, nur religiöse Völker.

Gustav Weigand[527] gibt an: „Es vollziehen sich zurzeit gewaltige Veränderungen in der Zusammensetzung der Bevölkerung
des südlichen Makedoniens, das unter griechischer Herrschaft
steht. Eine Völkerwanderung im großen Stil hat eingesetzt, die
gewaltige Menschenmassen bewegt infolge des Vertrages zwischen Griechenland und der Türkei, die türkische Bevölkerung
in Makedonien und Thrakien auszutauschen gegen die griechische in Kleinasien. Im Jahre 1923 wurden 150 000 Griechen aus
Kleinasien nach Europa gebracht, wovon ein sehr beträchtlicher
Teil sich in Saloniki niedergelassen hat, die übrigen in Thrakien,
Makedonien und Altgriechenland. Die gleich Zahl Türken[528]
wurde nach Kleinasien befördert. Weitere Hunderttausend von

---

527 Gustav Weigand, Ethnographie von Makedonien, Friedrich Brand-
    stetter, Leipzig, 1924, Seite 78.
528 Die Türken als Mohammedaner, aber hauptsächlich die Makedo-
    nier mit makedonischen Dalekten.

beiden Teilen sollen folgen. Da die Siedlungsverhältnisse noch nicht geklärt und bestimmt sind, lassen sich noch keine sicheren Angaben machen, nur das lässt sich feststellen, dass in Südmakedonien die Griechen das Übergewicht an Zahl bekommen werden und dass türkische Element ganz zurückgehen, wenn nicht gar verschwinden wird."

H. R. Vilkinson[529] schreibt: „Die Richtigkeit der Karten der Liga der Völker hängte auch von der Validität der Abschätzungen auf gleichem Zuwachs der hellenistischen Bevölkerung in griechischem Makedonien ab, welche im Jahr 1926 gemacht wurden. Schon war hervorgegangen, dass solche Schätzungen willkürlich gemacht wurden und keine Zuverlässigkeit haben. Sogar in offiziellen statistischen Angaben kann man alle Arten der Inkonsequenz sehen. Am Schluss, drückte sich das in griechischen Ansiedlungen der Flüchtlinge aus, z. B. wurde eine Zahl von 700 000 Griechen erwähnt, die sich in Makedonien angesiedelt hatten. Doch laut Informationen, welche ebenfalls auf den Karten wiedergegeben werden, zählt der Zuwachs der griechischen Bevölkerung um die 828 000."

Die Griechen sind kein ethnisches Volk, sondern die Angehörigen der Patriarchalkirche in Konstantinopel, aber nicht der Kirche von Athen in Hellas: Makedonien = Makedonier.

Die Archiepiskopalkirche in Ochrid (Makedonien) wurde in 1767 abgeschafft. Es gab nur zwei religiöse Völker: die Türken und als Christen nur die Griechen als Angehörige der Patriarchalkirche in Konstantinopel. Bei Mohammedanern war das Arabisch und bei Christen die Koine. Aber als offizielle Sprache der Türken in Anatolien war nicht das Phrygisch von Phrygen gängig, die Brigen waren und Anatolien und Armenien (Herodot) gründeten, sondern die Sprache der Osmanen, die Persisch mit der Mischung Tataro-Turskisch war.

---

529 H. R. Vilkinson, Kartite i politikata ... na Makedonija, Makedonska kniga, Skopje, 1992, Seite 268

Joseph von Hammer[530] gibt an: Im 13. Jahrhundert Mehmed Karaman „... an Thron führte sehr wesentliche Veränderungen in Verzeichnissen für Steuern ein. Diese waren bis dahin im ganzen Seldschukischen Kaisertum in persischer Sprache geschrieben. Mehmed Karaman mischte Türkisch mit Persisch, und besonders in der Buchhaltung mischte er beide Sprachen, nach dem führt man Verzeichnisse der osmanischen Schätzkammer, besonders mit Hilfe von schlechter Schrift und Sprache." (noch im 1836 Jahr, R. I.)[531]

Das war notwendig, in der Armee kämpften Tscherkessen aus dem Kaukasus und Tataren, welche heute als Gegen bekannt sind. Dagegen sind die Tosken (Schkipitaren). In R. Makedonien sind 90 % Gegen und 10 % Tosken. Gegen und Tosken sind Albaner, für Türken nur Arnauten.[532]

Also, es gab keine ethnischen Völker, sondern religiöse. Das gilt bis heute auf dem Balkan ...

Hans-Lothar Steppan[533] redet über Albanisch: „Folglich kann man in der Diskussion für Formen der Standardsprache nicht an eine alte kulturliche Sprache gerufen werden, sondern nur eine größere Zahl relativ junger Varianten des Volksdialekts vergleichen."

J. P. Fallmerayer sagt, die Schkipetaren sind Alphabeten, das war bis 1908.

H. R. Vilkinson[534] gibt Karte von E. Barbaritsch von 1905.

530 Joseph von Hammer, Geschichte des Osmanischen Reiches, Pesth C.A.Hartlebens Verlag, 1836, Yu 1979.
531 Risto Ivanovski, Oströmisches Reich (Byzanz in 16 Jahrhundert), 2018, R.Makedonien- im Katalog DNB.
532 Risto Ivanovski, Die zweirassischen Albaner,Bitola, 2017-im Katalog der Deutschen Nationalbibliothek.
533 Hans Lothar Steppan, Der mazedonische Knoten, Peter Lang, Frankfurt, 2004, Makedonisch 2004, S.55.
534 H. R. Vilkinson, Kartite i politikata, Pregled na etnografski karti, Makedonska kniga, Skopje,1992, S. 158.

„Von allen größten ethnischen Gruppen ... Albaner ... Sie haben keine eigenen Schulen, keine nationale Kirche, keine Schatzkammer mit traditioneller Literatur, und deswegen fühlen sie einen Mangel von Mitteln, um ihre kulturelle Identität zu definieren ..."

„Deswegen ... Nur einige Jahre später, in 1908, wurde am linguistischen Kongress in Bitola[535] ein geeignetes romanisches Alphabet evaluirt. Bis dann waren das italienische, kyrillische und sogar das arabische Alphabet im Gebrauch ... Aber, vor 1924 wurde in Schulen keine albanische oder ‚schkipitarische' Sprache unterrichtet ..."[536]

„Dominian[537] zeigt einige Beweise auf, die sich auf die Albaner beziehen ... Er betont, die Sprache ist nach ihrer Form ausschließlich Arian, aber er hebt hervor, dass von 5 140 Elementen im Etymologischen Wörterbuch der Albaner G. Mayer ‚könnte man nur 400 ungemischten indo-europäischen Elemente auszuzählen'. Tataro-türkisch zählt 1 180, Rumänisch 1 420, Griechisch 840 und Slawisch 540 Wörter.

Er ... Albaner in 1913 waren ganz von allem nationalen Gefühl entsagt ..."

Die schkipitarische Sprache enthält alle sog. slawische Laute, makedonischen Laut dz (s) und wie Tataro-türkisch ist es ohne Geschlechter, sie machen Fehler mit Geschlechtern usw.

Den Staat Albanien (Schkipitarien) gründeten Österreich und Italien. Russland hat Hellas, Serbien und Bulgarien befreit. Und es bestand eine Vereinbarung der großen Mächte Europas nicht nur den Staat Makedoniens zu gründen. Seit dem Jahr 1071 vernichtet der Vatikan die Orthodoxie der Makedonien und Makedoniern. Seit 1071 Jahr litten die Orthodoxie und die Makedonier ...

---

535 Bitola war administratives Zentrum an Rumelien des Osmanischen Reich- unter Bitola war ganz Albanien und alle Kirchen Albaniens. Auch für die Kirchen Griechenland im 19 Jahrh. war Zentrum Bitola mit Kirche Hl. Dimitrija mit ihrem Doppeladler, der ziert Kirchen Makedoniens, die Albaner blieben Kirchenvernichter ...
536 Ebenso, Seite 160.
537 Ebenso, Seite 215.

INHALTSVERZEICHNIS

Die Kelten 5

Die Sintfluten 109

Ansiedeln Europas nach Förderungen
der Metalle (Bronze) 121

Die Namen 141

Kelten und Germanen 157

Die Mythologie 160

Brigische Traditionen 173

... Die Iliade ... Tain, Irische Iliade 176

Merowinger 191

Verbindung mit Alexander dem Makedonier 195

Die Illyrer 199

Die Kelten, Germanen und Slawen 205

Die Germanen wie Sog. Slawen 222

Die Schrift der Kelten 229

Die Sprache der Kelten 234

Die Etrusker und die römer Sprachen
nur das Barbarische 242

Die Makedonier Pelasger mit dem Barbarischen 259

Die Europäer Sprachen nur das Barbarische =
Sog. Slawische 267

Entarten der Europäer von iirer Volkssprache –
Das Barbarische 277

DER AUTOR

Risto Ivanovski wurde 1945 in Bitola, Makedonien, geboren. Nach dem Studium der Landwirtschaft in Skopje war er 1972 bis 1976 als wissenschaftlicher Mitarbeiter in München tätig. Seit seiner Dissertation über die Fütterung der Haustiere in Wien schreibt der Autor laufend über Themen wie Biometrie und Populationsgenetik sowie historische Begebenheiten.

DER VERLAG

ein Verlag mit Geschichte

Bereits seit 1946 steht der Vindobona Verlag im Dienst seiner Bücher und Autoren. Ursprünglich im Bereich periodisch erscheinender Journale tätig, präsentiert sich der Verlag heute als kompetenter Partner für Neuautoren am deutschen, österreichischen und schweizerischen Buchmarkt. Engagement, Verlässlichkeit und Sachverstand – das sind die Grundpfeiler, auf denen der Verlag seit jeher sicher steht.

Sie möchten mit Ihrem Werk das vielseitige Verlagsprogramm bereichern? Der Vindobona Verlag garantiert Ihnen eine professionelle Prüfung Ihres Manuskriptes durch das Lektorat sowie eine zeitnahe Rückmeldung.

Genauere Informationen zum Verlag
finden Sie im Internet unter:

www.vindobonaverlag.com